OS GRANDES JULGAMENTOS DO SUPREMO

coordenador
Min. Luiz Fux

organizadores
Abhner Youssif Mota Arabi
Fernando Maluf
José Roberto de Castro Neves

OS GRANDES JULGAMENTOS DO SUPREMO

autores

Abhner Youssif Mota Arabi • Alberto Zacharias Toron • Aldo José Barros Barata de Oliveira • André Ramos Tavares • André Sposito Mendes • Armando de Oliveira Costa Neto • César Augusto Vilela Rezende • Cláudio Finkelstein • Daniel Kaufman Schaffer • Daniel Sarmento • Fernando Maluf • Gabriel C. Soares da Fonseca • Gabriel Canova Calil • Henrique Ávila • Ingo Wolfgang Sarlet • Joaquim Falcão • José Roberto de Castro Neves • Júlia Teixeira Rodrigues • Marcello Lavenère Machado Neto • Marcelo Junqueira Inglez de Souza • Marcus Vinicius Furtado Coêlho • Mário Guerreiro • Min. Maria Thereza Rocha de Assis Moura • Min. Carlos Mário da Silva Velloso • Min. Eros Roberto Grau • Min. Francisco Rezek • Min. José Antonio Dias Toffoli • Min. Luis Felipe Salomão • Min. Luís Roberto Barroso • Min. Luiz Edson Fachin • Min. Luiz Fux • Min. Reynaldo Soares da Fonseca • Min. Ricardo Lewandowski • Min. Rogerio Schietti Cruz • Min. Sidnei Beneti • Patrícia Perrone Campos Mello • Paulo Cesar Villela Souto Lopes Rodrigues • Pedro Felipe de Oliveira Santos • Thais Sampaio da Silva Machado • Thiago Del Pozzo Zanelato • Tomás Imbroisi Martins • Valter Shuenquener de Araujo • Welder Queiroz dos Santos

GZ EDITORA
Rio de Janeiro
2020

1ª edição - 2020

Presidente do Conselho Editorial
Nelson Nery

Diagramação
Olga Martins

CIP – Brasil. Catalogação-na-fonte.
Sindicato Nacional dos Editores de Livros, RJ.

G774

Os grandes julgamentos do supremo / organização: Abhner Youssif Mota Arabi, Fernando Maluf, José Roberto de Castro Neves; coordenação: Luiz Fux. - 1. ed. - Rio de Janeiro: GZ, 2020.

422 p.; 24 cm.

Inclui bibliografia e índice

ISBN 978-85-9524-077-3

1. Brasil. Supremo Tribunal Federal. 2. Direito constitucional - Estudo de casos - Brasil. 3. Julgamentos - Brasil. 4. Juízes - Decisões. I. Arabi, Abhner Youssif Mota. II. Maluf, Fernando. III. Neves, José Roberto de Castro. IV. Fux, Luiz.

20-64408

CDU: 347.95(81)

contato@editoragz.com.br
www.editoragz.com.br

Av. Erasmo Braga, 299 – Sala 202 – 2º andar – Centro
CEP: 20020-000 – Rio de Janeiro – RJ
Tels.: (0XX21) 2240-1406 / 2240-1416 – Fax: (0XX21) 2240-1511

Impresso no Brasil
Printed in Brazil

Apresentação

O Supremo Tribunal Federal, a mais alta corte do país, nasceu junto do Brasil. A primeira Constituição nacional, de 1824, instituiu sua criação. Em 1890, com a República, ele recebeu seu nome. Até 1960, o Tribunal funcionou na Avenida Rio Branco, no Rio de Janeiro. Depois, mudou-se, em abril daquele ano, para Brasília, a nova capital.

Em 2020, portanto, o Supremo Tribunal Federal completa 60 anos em sua nova casa. Foram seis décadas turbulentas, de grandes mudanças no país, tanto políticas como sociais, que levaram a Corte a hoje estar no centro dos debates quotidianos sobre os rumos do país.

Nesse período, o Supremo Tribunal Federal não foi apenas um espectador, porém um ativo personagem na construção do Brasil. Tamanho o protagonismo que, já há algum tempo, os Ministros do Supremo tornaram-se figuras públicas, cujos votos são discutidos abertamente pela população. Com efeito, na atualidade, as decisões do Supremo movimentam a sociedade, que, numa manifestação cívica, debate, muitas vezes de forma apaixonada, as conclusões da mais alta corte do país. A análise de temas jurídicos não estão mais, como aconteceu no passado, restritos a especialistas, mas preenchem as manchetes dos jornais e dominam as conversas. A mais alta corte judicial do país deixou de ser algo distante, inatingível. Ela se aproximou do cidadão, cuidando de temas com repercussões diretas no seu dia-a-dia. Mudou o Supremo Tribunal Federal ou mudamos nós?

Para marcar esses 60 anos do Supremo Tribunal Federal em Brasília e a contribuição fundamental de suas decisões para a construção da sociedade brasileira, figuras importantes do mundo jurídico nacional explicam, na obra que o leitor tem nas mãos, os grandes julgamentos ocorridos nessa corte constitucional.

Esses julgamentos notáveis são apresentados, neste livro, de forma inteligente, objetiva e descomplicada, com a intenção de permitir ao leitor percorrer o desenvolvimento das posições do Supremo ao longo do tempo – e verificar que ele caminha ao lado da sociedade.

Trata-se de um registro fundamental para compreensão da evolução jurídica, política e social do Brasil. O alargamento do conceito de família, a importância dada à dignidade da pessoa humana, a evolução do alcance dos direitos fundamentais, a valoração de aspectos éticos, além da posição do

Supremo em momentos cruciais do país, como no impeachment do ex-presidente Collor e as implicações dos planos econômicos, entre outros temas de grande relevância são examinados, a partir das decisões do Supremo e de seus significativos reflexos.

A agradável leitura dos textos contidos neste livro demonstra a importância e a contribuição do Supremo Tribunal Federal para a construção de um país justo e solidário, cujos significados a obra pretende tornar acessível e universal.

Brasília, abril de 2020

Luiz Fux
(coordenador)

Abhner Youssif Mota Arabi
Fernando Maluf
José Roberto de Castro Neves
(organizadores)

Sobre os Autores

Abhner Youssif Mota Arabi

Juiz instrutor no Supremo Tribunal Federal. Juiz de Direito. Mestrando em Direito, Estado e Constituição (linha: Constituição e Democracia) pela Universidade de Brasília (UnB).

Alberto Zacharias Toron

Mestre e Doutor em Direito Penal pela USP, ex-Presidente do Instituto Brasileiro de Ciências Criminais (IBCrim), ex-Diretor do Conselho Federal da OAB e Professor de Processo Penal da Fundação Armando Álvares Penteado (FAAP).

Aldo José Barros Barata de Oliveira

Assessor de Ministro do Supremo Tribunal Federal.

André Ramos Tavares

Professor Titular da Faculdade de Direito da USP, Professor da PUC/SP e Conselheiro da Comissão de Ética Pública da Presidência da República.

André Sposito Mendes

Doutorando em Filosofia e Teoria Geral do Direito pela Universidade de São Paulo (USP), Mestre em Direito Constitucional pela Pontifícia Universidade Católica de São Paulo (PUC-SP) e Professor Universitário.

Armando de Oliveira Costa Neto

Mestre em Direito Penal pelas Universidades de Barcelona e Pompeu Fabra e pós-graduado em Compliance Penal pela Universidade de Barcelona.

Carlos Mário da Silva Velloso

Ministro, aposentado, foi presidente do Supremo Tribunal Federal (1999-2001); professor emérito da Universidade de Brasília (UnB) e da PUC/MG, em cujas Faculdades de Direito foi professor de Direito Constitucional e Teoria Geral do Direito Público, é advogado.

César Augusto Vilela Rezende

Advogado em São Paulo, mestrando em Teoria Geral do Direito e Filosofia pela PUC São Paulo.

Cláudio Finkelstein

Possui graduação em Direito pela Pontifícia Universidade Católica de São Paulo (1989), mestrado em Direito Internacional - University of Miami (1991), doutorado em Direito pela Pontifícia Universidade Católica de São Paulo (2000) e Livre-Docência pela Pontifícia Universidade Católica (2011). Atualmente é professor da Pontifícia Universidade Católica de SP, em nível de graduação e pós-graduação. Diretor do Instituto Brasileiro de Direito Constitucional e Vice-Presidente da Sociedade Brasileira de Direito Internacional, ex-coordenador de Curso de Contratos Internacionais do IICS, do COGEAE PUC/SP e da Fundação Getulio Vargas - SP e orientador de TCC, Iniciação Científica, Mestrado e Doutorado da Pontifícia Universidade Católica de São Paulo. Autor de diversas obras. Árbitro. Tem experiência na área de Direito, com ênfase em Direito Internacional Privado, Societário e Contratos Comerciais

Daniel Kaufman Schaffer

Advogado, Bacharel em Direito pela Universidade Presbiteriana Mackenzie (2011), Pós-graduado (lato sensu) em Direito da Infraestrutura pela Escola de Direito de São Paulo da Fundação Getúlio Vargas (2015) e Mestre (LL.M.) com distinção pela University College London com especialidade em Contencioso e Métodos Alternativos de Resolução de Disputas (2017).

Daniel Sarmento

Professor Titular de Direito Constitucional da UERJ, Mestre e Doutor em Direito Público pela UERJ e Visiting Scholar da Yale Law School. Foi integrante do Ministério Público Federal, e hoje é advogado e coordenador da Clínica de Direitos Fundamentais da UERJ

Eros Roberto Grau

Ministro aposentado do Supremo Tribunal Federal. Professor Titular da Faculdade de Direito da USP [de 1990 a 2009]. Professor Visitante da Université Paris 1 [Panthéon-Sorbonne) [2003-2004], da Université de Montpellier I

[1996-1998), da Université du Havre (2009) e da Université de Cergy-Pontoise [2013]. Doutor em Direito e Livre Docente pela USP. Doutor Honoris Causa da Université Cergy-Pontoise (França), da Université du Havre (França), da Universidad Siglo 21 (Córdoba, Argentina), da Unisinos - Universidade do Vale do Rio dos Sinos e da Universidade Presbiteriana Mackenzie. Membro do Comité Scientifique International do Institut d'Études Avancés – IEA, da Université de Cergy-Pontoise [desde 2013]. Membro da Academia Paulista de Letras [desde setembro de 2011]. Officier da Légion d'honneur e Officier da Ordre National du Mérite, condecorações outorgadas pelo Presidente da República Francesa.

Fernando Maluf

Advogado. Professor da Pós-Graduação e do LLM em Direito da IBMEC-SP. Mestrando em Direito Internacional pela PUC-SP. Coordenador de obras coletivas, autor de capítulos de livros e artigos jurídicos.

Francisco Rezek

Ministro aposentado do Supremo Tribunal Federal. Também foi procurador da República, ministro das Relações Exteriores e juiz da Corte Internacional de Justiça.

Gabriel Canova Calil

Advogado em São Paulo, formado pelo Mackenzie.

Gabriel C. Soares da Fonseca

Assessor de Ministro do Supremo Tribunal Federal (STF). Ex-Secretário Parlamentar da Câmara dos Deputados. Mestrando em Direito Econômico e Economia Política pela Universidade de São Paulo (USP). Bacharel em Direito pela Universidade de Brasília (UnB).

Henrique Ávila

Conselheiro do Conselho Nacional de Justiça (CNJ), indicado pelo Senado Federal para os biênios 2017 - 2019 e 2019 - 2021. Advogado licenciado. Doutor e mestre em Direito das Relações Sociais pela Pontifícia Universidade Católica de São Paulo (PUC/SP). Professor da Escola de Direito do Instituto Brasiliense de Direito Público (IDP). Membro e Vice Coordenador de Assuntos Legislativos do Instituto de Direito Processual (IBDP). Membro do Comitê Brasileiro de Arbitragem (CBAr) e do Conselho Consultivo da Escola Nacional de Advocacia (ENA) para o triênio de 2019 a 2021.

Ingo Wolfgang Sarlet

Doutor e Pós-Doutor em Direito pela Universidade de Munique, Professor Titular e Coordenador do Programa de Pós-Graduação em Direito da Escola de Direito da PUCRS. Desembargador aposentado do TJRS. Advogado.

Joaquim Falcão

Advogado e escritor brasileiro. Sexto acadêmico da cadeira 3 da Academia Brasileira de Letras. Doutor em Educação pela University of Génève. LLM pela Harvard Law School. Graduado em Direito pela PUC-Rio. Professor da Graduação e do Mestrado em Direito da Regulação. Foi Diretor da FGV DIREITO RIO (2002 a 2017). Foi Conselheiro do Conselho Nacional de Justiça (2005 a 2009).

José Antonio Dias Toffoli

Presidente do Supremo Tribunal Federal

José Roberto de Castro Neves

Advogado, Mestre pela Universidade de Cambridge e Doutor pela UERJ, Presidente da Editora da OAB Federal, Professor de Direito Civil da PUC-RJ e da FGV-RJ.

Júlia Teixeira Rodrigues

Advogada do Demarest Advogados. Graduada pela Faculdade de Direito da Pontifícia Universidade Católica de São Paulo (PUC-SP) e em Filosofia pela Faculdade de Filosofia, Letras e Ciências Humanas da Universidade de São Paulo (FFLCH-USP).

Luis Felipe Salomão

Ministro do Superior Tribunal de Justiça

Luís Roberto Barroso

Mestre pela Universidade de Yale. Doutor e Livre-Docente pela Universidade do Estado do Rio de Janeiro – UERJ. Visiting Scholar na Faculdade de Direito de Harvard. Senior Fellow na Harvard Kennedy School. Professor titular da UERJ. Professor do Centro Universitário de Brasília – UniCeub. Ministro do Supremo Tribunal Federal.

Luiz Edson Fachin

Ministro do Supremo Tribunal Federal. "Alma mater": Universidade Federal do Paraná.

Luiz Fux

Ministro e Vice-Presidente do Supremo Tribunal Federal.

Marcello Lavenère Machado Neto

Advogado no escritório Marcello Lavenère Machado Advocacia e no escritório Motta Advocacia, Consultoria, Mediação e Arbitragem. Bacharel e mestre em Direito pela Universidade de Brasília. Pesquisador do "GETRIB – Grupo de Pesquisa Estado, Constituição e Tributação" da Faculdade de Direito da Universidade de Brasília.

Marcelo Junqueira Inglez de Souza

Doutor em Direito pela Universidade Albert-Ludwigs-Universität Freiburg (Alemanha). Mestre em Direito pela Pontifícia Universidade Católica de São Paulo. Pesquisador visitante pelo Max-Planck-Institut für Innovation und Wettbewerb (Alemanha). Autor das obras "O Instituto da Antecipação de Tutela na Proteção dos Direitos de Propriedade Intelectual"; e "Durchsetzung und Wirksamkeit der Rechte des Geistigen Eigentums in Brasilien" e de capítulos de livros. Professor convidado nas áreas de direito processual, arbitragem e propriedade intelectual. Sócio do Demarest Advogados.

Marcus Vinicius Furtado Coêlho

Advogado. Doutor em Direito pela Universidade de Salamanca. Presidente Nacional da OAB de 2013 a 2016

Maria Thereza Rocha de Assis Moura

Ministra Vice-Presidente do Superior Tribunal de Justiça. Professor Doutora de Direito Processual Penal da Faculdade de Direito da Universidade de São Paulo.

Mário Guerreiro

Conselheiro do Conselho Nacional de Justiça (2019-2021). Juiz de Direito do Tribunal de Justiça do Estado do Rio Grande do Sul (2010-presente). Professor da Escola Superior da Magistratura do Estado do Rio de Janeiro (2017-presente).

Paulo Cesar Villela Souto Lopes Rodrigues

Doutor e Mestre em Direito Internacional pela Universidade do Estado do Rio de Janeiro. Juiz Federal na Segunda Região.

Patrícia Perrone Campos Mello

Mestre e Doutora em Direito pela Universidade do Estado do Rio de Janeiro – UERJ. Visiting Researcher no Max Planck Institute for Comparative Public Law and International Law. Professora da Graduação e do Programa de Mestrado e Doutorado do Centro Universitário de Brasília – UniCeub. Assessora de Ministro do Supremo Tribunal Federal. Procuradora do Estado do Rio de Janeiro.

Pedro Felipe de Oliveira Santos

Juiz Federal do Tribunal Tribunal Federal da Primeira Região, atualmente em auxílio à Presidência do CNJ. Professor e Coordenador Pedagógico da Escola de Magistratura Federal do TRF1. Graduado em Direito pela Universidade de Brasília. Mestre em Direito pela Universidade de Harvard (Diploma revalidado pela Universidade de Brasília). Doutorando em Direito pela Universidade de Oxford. Foi Defensor Público Federal e Juiz Auxiliar do Supremo Tribunal Federal.

Reynaldo Soares da Fonseca

Ministro do Superior Tribunal de Justiça (STJ). Professor da Faculdade de Direito da Universidade Federal do Maranhão (UFMA) e dos cursos de extensão da Università degli Studi di Siena (Itália). Pós-doutorando em Direitos Humanos e Democracia pela Universidade de Coimbra (Portugal). Doutor em Direito Constitucional pela Faculdade Autônoma de São Paulo (FADISP). Mestre em Direito Público pela Pontifícia Universidade Católica de São Paulo (PUC/SP). Graduado em Direito pela Universidade Federal do Maranhão (UFMA).

Ricardo Lewandowski

Ministro do Supremo Tribunal Federal e Professor Titilar da Faculdade de Direito da Universidade de São Paulo

Rogerio Schietti Cruz

Ministro do Superior Tribunal de Justiça

Sidnei Beneti

Ministro Aposentado do STJ; Doutor e Livre-Docente de Direito Processual pela Faculdade de Direito da USP-SP; Professor Titular Emérito de Direito Processual Civil da Faculdade de Direito de São Bernardo do Campo; Ex-Presidente e Presidente Honorário da União Internacional de Magistrados (Roma).

Thais Sampaio da Silva Machado

Juíza Federal Substituta, instrutora no gabinete do Ministro Edson Fachin. Mestre em Direito do Estado pela Universidade Federal do Paraná.

Thiago Del Pozzo Zanelato

Advogado de Pinheiro Neto Advogados. Mestrando em Direito das Relações Econômicas Internacionais na Pontifícia Universidade Católica de São Paulo – PUC-SP, onde também concluiu a Graduação em Direito. Membro do Grupo de Estudos em Arbitragem Internacional e Compra e Venda de Mercadorias da PUC-SP (CNPq). Coach das equipes de arbitragem da PUC-SP. Integrante da lista de árbitros da Câmara de Mediação e Arbitragem da Câmara Ítalo-Brasileira de Comércio, Indústria e Agricultura (CAMITAL-ITALCAM). Secretário Executivo da Comissão de Arbitragem e Mediação da ICC Brasil. Diretor de Eventos da Iniciativa dos Novos Arbitralistas (INOVARB-AMCHAM). Membro fundador do Brazil Very Young Arbitration Practitioners (BRVYAP). Membro das seguintes instituições: Young-ICCA; ICC-YAF; Young International Arbitration Group (LCIA); ASA Below 40; Young ITA; Young Practitioners Group (KLRCA); Moot Alumni Association (MAA); Associação Brasileira dos Estudantes de Arbitragem (ABEArb); INOVARBAMCHAM; YSIAC (SIAC).

Tomás Imbroisi Martins

Assessor de Ministro do Superior Tribunal de Justiça. Servidor Público do Tribunal Regional Federal da 1ª Região. Pós-graduando em Ciências Jurídicas com ênfase em Atividades da Magistratura. Bacharel em Direito pela Universidade de Brasília.

Valter Shuenquener de Araujo

Professor Associado de Direito Administrativo da Faculdade de Direito da UERJ. Mestre e Doutor em Direito Público pela UERJ. Juiz Federal. Conselheiro do CNMP (2015-2020).

Welder Queiroz dos Santos

Advogado. Doutor e mestre em Direito das Relações Sociais pela Pontifícia Universidade Católica de São Paulo (PUC/SP). Especialista em Direito Processual Civil pela Pontifícia Universidade Católica de São Paulo (PUC/SP) e em Direito Empresarial pela Universidade Presbiteriana Mackenzie. Professor nos cursos de graduação, especialização e mestrado da Faculdade de Direito da Universidade Federal de Mato Grosso (UFMT). Membro e Secretário-Geral Adjunto do Instituto de Direito Processual (IBDP). Acadêmico, titular da cadeira nº 14, da Academia Mato-grossense de Direito (AMD). Membro da Comissão Especial do Código de Processo Civil do Conselho Federal da Ordem dos Advogados do Brasil (OAB) para o triênio de 2019 a 2021. Coordenador Pedagógico da Escola Superior da Advocacia de Mato Grosso (ESA/MT) para o triênio de 2019 a 2021.

Índice Sistemático

MS 32.033 – Limites ao controle judicial preventivo de constitucionalidade

Abhner Youssif Mota Arabi

O Supremo Tribunal Federal se popularizou. Diferentemente do que acontecia na maior parte de sua história, sabe-se atualmente quem são seus onze integrantes, os temas sob julgamento são amplamente noticiados e assim também os resultados de suas decisões. Em grande parte das vezes, a atuação da Corte e suas conclusões de julgamento despertam paixões diversas dentre a população, sobretudo a partir do que se veicula na mídia ou nas redes sociais.

Não obstante essa *popularização* da corte, sua forma de atuação ou os conceitos jurídicos que embasam sua atuação e suas decisões nem sempre são igualmente noticiados ou conhecidos. Nomes difíceis, expressões em latim e a multiplicidade de normas são alguns fatores que dificultam a tradução do *juridiquês*, mas é importante que se faça esse esforço, sobretudo porque decidir de uma ou outra forma pode representar consequências diretas à vida da população.

É dentro dessa perspectiva que o presente comentário se inicia. Na linha do que a este livro propõe, o caso a ser analisado é o Mandado de Segurança nº 32.033, em que se discutiu sobre o *controle judicial preventivo de constitucionalidade*. Mas o que isso significa e quais as consequências que derivam dessa decisão?

Primeiro passo: o que é controle de constitucionalidade? Essa é uma das várias funções atribuídas ao Supremo Tribunal Federal, que não atua apenas como corte constitucional, já que diversas outras matérias podem ser levadas à sua apreciação (como ações penais, recursos variados, ações cíveis que representam conflito entre a União e algum Estado da federação, *habeas corpus*, dentre outras matérias previstas no artigo 102 da Constituição). De todo modo, o controle de constitucionalidade se traduz no exame de compatibilidade entre atos normativos com o texto constitucional. Parte-se da premissa de que a Constituição possui natureza de norma jurídica e, portanto, é imperativa, cogente, de observância obrigatória (nem sempre foi assim, houve tempo em que era considerada apenas como um texto orientativo, propositivo e desprovido de coercibilidade) e que, além disso, é a norma de maior hierarquia em nosso ordenamento jurídico (que pode ser entendido como o conjunto de normas, leis e princípios que compõe o sistema jurídico brasileiro). Dessa forma, se há hierarquia entre as normas jurídicas e a Constituição ocupa o ápice da pirâmide que as organiza, todos as demais leis ou atos normativos – sejam elas editadas pelo Congresso Nacional, por Assembleias Legislativas ou Câmara de Vereadores – devem ser com ela compatíveis e esse exame de compatibilidade é o objetivo do *controle de constitucionalidade*.

Mas por que isso é importante? O objetivo principal é guardar uma sintonia mínima entre as normas jurídicas. Considerando que na Constituição estão previstas as regras e princípios gerais que orientam a organização e o funcionamento de todo o Estado Brasileiro e consolida um projeto de nação e de sociedade livre, justa e solidária que se quer alcançar. Dessa forma, não se pode permitir que atos normativos infraconstitucionais, isto é, de hierarquia inferior às normas constitucionais, contrariem ou divirjam desse projeto uniforme estabelecido para o Brasil.

A Constituição, porém, não é imutável. Apesar de, por um lado, se desejar que esse projeto de sociedade seja estável e coeso; por outro, não se pode privar as futuras gerações de fazer suas próprias decisões e ao seu próprio tempo sobre temas tratados pelo texto constitucional. Além disso, a acelerada dinâmica da vida social e da mudança da realidade (avanços tecnológicos, novas formas de comunicação, diferentes meios de relação humana) torna necessário a adaptação e a atualização do texto normativo promulgado em 1988. E as *emendas constitucionais* constituem a forma pela qual se torna possível promover essas alterações. No Brasil, inclusive, altera-se com frequência o texto constitucional: já são mais de 100 emendas em cerca de 30 anos.

Entretanto, há algumas disposições da Constituição que são tão importantes para a manutenção de seu sentido que nem mesmo por emenda constitucional podem ser abolidas ou extintas, tarefa que apenas poderia ser realizada a partir da elaboração de uma nova Constituição. Esses aspectos são chamados de *cláusulas pétreas*, por possuírem maiores rigidez e imutabilidade, e consistem em *limitações materiais*, isto é, de conteúdo, ao poder de reforma do texto constitucional. As cláusulas pétreas são essencialmente aquelas previstas no art. 60, § 4º, da Constituição: o federalismo (é a forma de estado adotada no Brasil desde 1891, que se traduz na coexistência de entes federativos distintos e autônomos, que atualmente são a União, os Estados, o Distrito Federal e os Municípios); o direito ao voto (e seu exercício de forma direta, secreta, universal e periódica); a separação dos Poderes da República (isto é, a existência autônoma, independente e harmônica entre Judiciário, Legislativo e Executivo), além dos direitos e garantias individuais assegurados pela Constituição.

De toda forma, na organização e distribuição de competências entre as diversas instituições, o exercício da atividade de aferição da compatibilidade de normas com o texto constitucional é majoritariamente atribuído ao Supremo Tribunal Federal, já que lhe foi incumbida a tarefa de "*guarda da Constituição*". Entretanto, outros órgãos *judiciais* e *políticos* também podem promover o controle de constitucionalidade.

Ainda, outra diferenciação importante diz respeito ao momento em que esse exame de compatibilidade é realizado: se antes ou depois da publicação do ato normativo questionado. Quando se opere depois que essa norma conclui seu processo de elaboração e passa a efetivamente existir, chama-se o controle de *repressivo*, isto é, que reprime uma situação de inconstitucionalidade já existente. Entretanto, há algumas situações em que é possível realizar o controle ainda durante o procedimento de elaboração e aprovação de uma proposta de norma jurídica, quando se chama de *preventivo*, isto é, que previne a existência de uma situação de inconstitucionalidade.

Nesse sentido, o controle *judicial* de constitucionalidade é quase sempre repressivo: após a publicação de um ato normativo, questiona-se sua compatibilidade com a Constituição. Esse questionamento pode se dar no âmbito de um caso concreto, ou seja, um processo judicial existente, no qual se discuta a possibilidade de aplicação ou não daquela norma jurídica. Nesse caso, chama-se o controle judicial de *concreto* (justamente por ser realizado de forma vinculada a um processo específico) e *difuso* (por poder ser realizado por qualquer órgão judicial que analisa aquele caso concreto). Entretanto, também é possível que esse questionamento se dê de forma autônoma, desvinculada de qualquer litígio concreto existente na vida social. Nesse caso, chama-se o controle judicial de *abstrato* (isto é, a questão da constitucionalidade, ou não, do ato normativo impugnado é a única questão discutida, sem vinculação a um caso concreto) e *concentrado* (já que, nesse caso, somente o Supremo Tribunal Federal é que poderá apreciar a questão).

Em algumas situações, porém, admite-se que o controle *judicial* se dê *preventivamente*, ou seja, antes mesmo que uma determinada proposta efetivamente passe a existir como norma jurídica. Nessas hipóteses, um parlamentar pode acionar o Supremo Tribunal Federal por meio de uma ação específica chamada *Mandado de Segurança*, que apresenta um rito mais rápido e que, ao final, pode resultar, ou não, em um mandamento judicial determinando alguma providência a uma autoridade pública.

Perceba que essa é uma situação mais drástica e uma competência mais invasiva, já que por meio de uma manifestação judicial se estaria a limitar ou impedir que um órgão do legislativo, por exemplo, discuta ou delibere sobre determinada proposta, por se entender que nela existe uma inconstitucionalidade *material*, ou seja, uma incompatibilidade de seu conteúdo com as normas constitucionais. Isso porque, nessas situações, a inconstitucionalidade já existe antes de o projeto ou de a proposta se transformar em lei ou em emenda constitucional, porque o próprio processamento já violaria a Constituição.

Mas isso não representaria uma intromissão do Judiciário no Poder Legislativo? Não se afeta a separação dos poderes? Quais os limites desse *controle judicial e preventivo de constitucionalidade*?

Vamos, finalmente, ao caso a se comentar: MS 32.033, julgado em 20 de junho de 2013.

Tramitava perante o Congresso Nacional um determinado Projeto de Lei (PL)[1] que propunha alterações nas regras de distribuição de recursos do Fundo Partidário e de distribuição do horário de propaganda eleitoral gratuita em rádio e televisão nas situações de migração partidária. Note-se que esse é um tema que voltou à atualidade com o recente anúncio de desfiliação pelo Presidente da República do Partido Social Liberal (PSL) para criação de um novo partido político, para o qual pretende levar consigo alguns parlamentares.

Buscava-se, com o PL, alterar a Lei dos Partidos Políticos (9.096/95) e a Lei geral das Eleições (9.504/97) para definir que relativamente à distribuição dos recursos do Fundo aos partidos políticos e do aceso gratuito para propaganda em rádio e televisão, fossem considerados exclusivamente os votos que os partidos obtiveram na última eleição. Assim, um partido recém-criado teria participação somente na parcela distribuída igualitariamente entre os partidos, parte essa que corresponderia apenas a cinco por cento do total a ser repartido. À época, ante à proximidade das eleições gerais de 2014, dizia-se que o principal objetivo da retomada da proposta era dificultar o jogo político para alguns partidos que então nasciam (como a Rede e o Solidariedade), além de outros que organizavam sua fusão (dois ou mais partidos que se unem em um só).

O curioso é que essa propositura contrariava expressamente entendimento anteriormente afirmado pelo Supremo Tribunal Federal no julgamento da Ação Direta de Inconstitucionalidade – ADI 4.430 (trata-se de uma ação do controle concentrado e abstrato de constitucionalidade, como acima se mencionou), julgada em 29 de junho de 2012. Nesse caso, com o objetivo e assegurar o direito de acesso proporcional aos recursos de financiamento dos partidos político novos e criados após a realização das eleições para o Legislativo federal, o STF entendeu que deveriam ser considerados os votos recebidos por

1 Na Câmara dos Deputados, a proposta foi numerada como PL 4.470/2012, o qual foi recepcionado no Senado como PLC 14/2013 e acabou sendo transformado na Lei nº 12.875/2013.

deputados federais que migrassem diretamente dos partidos pelos quais foram eleitos para a nova agremiação criada. Assim, por esse entendimento, o candidato que muda de partido em função da criação ou fusão de uma nova legenda, leva a esse novo partido a quota de participação no Fundo Partidário e o tempo de propaganda eleitoral gratuita que detinha pelos votos adquiridos nas últimas eleições. Ou seja: se um parlamentar se elegeu em 2010 pelo Partido A e posteriormente muda para o Partido B, os votos que ele recebeu nas eleições deveriam ser considerados para o cálculo do tempo de rádio e TV a ser oferecido ao Partido B.

Diante disso, enquanto o PL tramitava perante o Senado Federal, um Senador da República impetrou um Mandado de Segurança perante o Supremo Tribunal Federal, no qual pedia a expedição de ordem mandamental para determinar o arquivamento definitivo da proposta legislativa, sob a alegação de que a sua mera tramitação já representava incompatibilidade de conteúdo com a Constituição, isto é, inconstitucionalidade material. Ou, nos termos do que argumentava o impetrante, "sua mera tramitação, casuística e abusiva, além de se qualificar como causa de sensível perturbação institucional, ofende de morte os postulados básicos, centrais e fundantes da ordem constitucional, tais como o pluripartidarismo, a igualdade entre agremiações partidárias, o direito à livre criação de partidos, elementos sem os quais resta substancialmente comprometida a própria sobrevivência de nosso sistema democrático".

O feito foi distribuído à relatoria do Ministro Gilmar Mendes, que passou a ser o responsável pela condução do processo. Em juízo liminar, isto é, inicial e não definitivo, o relator determinou a suspensão da tramitação do PL, por entender se tratar de uma situação excepcional, em que alguns indícios não usuais se destacavam: a alta velocidade de tramitação no projeto no Congresso; a normatização aparentemente casuística (isto é, voltada para uma situação concreta); e a contrariedade ao entendimento anteriormente firmado pelo Supremo Tribunal Federal. Entretanto, no julgamento definitivo, em que os onze integrantes do Tribunal tiveram a oportunidade de se manifestar, duas posições adversas se colocaram.

A primeira, conduzida pelo relator Ministro Gilmar Mendes, defendia a possibilidade de realização do controle preventivo de constitucionalidade no caso, sob o fundamento principal de que o projeto de lei em trâmite perante o Senado Federal estaria violando princípios como a isonomia, a segurança jurídica, a proporcionalidade, a liberdade partidária e o pluralismo político, os quais poderiam ser interpretados como abrangidos pelas cláusulas pétreas, aquele núcleo essencial do texto constitucional que não pode ser abolido nem por emenda constitucional, sequer por lei infraconstitucional. Dessa forma, caberia ao Poder Judiciário agir preventivamente, de modo a suspender desde logo a tramitação de projeto de lei que ofende princípios constitucionais, suprimindo qualquer possibilidade de que essa proposta efetivamente se convertesse em um ato normativo existente. Essa posição foi também acompanhada pelos Ministros Celso de Mello e Dias Toffoli.

A segunda posição era mais contida e foi liderada pelo voto divergente do Ministro Teori Zavascki, tendo sido o entendimento que prevaleceu dentre a maioria da corte. Entendeu-se que essa intervenção preventiva do Judiciário no âmbito do trâmite do processo legislativo deveria ser excepcional, sendo possível apenas quando se trate de Proposta de Emenda Constitucional (PEC) que viole flagrantemente alguma das cláusulas pétreas, isto é, uma incompatibilidade material (hipótese que se restringiria aos casos de PEC, não se estendendo aos projetos de leis ou de outras espécies normativas); ou quando se esteja diante de ofensa manifesta a dispositivo constitucional regente do processo legislativo (uma incompatibilidade formal, isto é, a inobservância a alguma regra constitucional que disciplina a forma e as etapas que devem ser seguidas na confecção de um ato normativo). Assim, considerando que nenhuma dessas hipóteses estaria configurada no caso em análise, não seria possível realizar o controle preventivo de constitucionalidade, pelo que eventuais inconstitucionalidades materiais presentes na lei somente poderiam ser analisadas repressivamente, isto é, em momento posterior à sua promulgação. O pedido formulado, portanto, não foi acolhido, desconstituindo a medida liminar que havia sido deferida.

Dado o sinal verde à continuidade do projeto legislativo, seu procedimento foi concluído, resultando na Lei nº 12.875/2013. Essa lei foi posteriormente questionada em Ação Direta de Inconstitucionalidade

(ADI 5.105, julgada em 1º de outubro de 2015), em que o tema voltou à análise do Supremo Tribunal Federal, dessa vez no âmbito do controle repressivo de constitucionalidade. E o resultado foi similar ao que já se havia afirmado na ADI 4.410, confirmando a incompatibilidade material da alteração legislativa com o texto constitucional.

A grande importância desse julgamento se dá, sobretudo, pelas consequências que provoca na relação entre os poderes. Ao afirmar uma posição mais contida, o Supremo Tribunal Federal assumiu uma postura de autocontenção, isto é, limitou seus próprios poderes. Isso porque a ampliação exagerada da possibilidade de declaração de inconstitucionalidade de um projeto de ato normativo ainda em gestação retiraria a responsabilidade de outros Poderes da República, em especial o Legislativo, de deliberar sobre seus próprios projetos e aperfeiçoá-los frente ao texto constitucional. Privilegiou-se, assim, o Poder Legislativo como órgão deliberativo de representação da população, que democraticamente elege seus representantes para que ali tomem decisões, cientes das responsabilidades que devem assumir no exercício dessa função. Ainda, também se privilegiou o Poder Executivo, já que seu chefe, o Presidente da República, possui o poder de vetar um projeto de lei aprovado pelo Congresso pelo fundamento de sua inconstitucionalidade (esse é um controle *político* e *preventivo* de inconstitucionalidade), sem prejuízo do posterior controle *judicial* e *repressivo*, como de fato ocorreu na hipótese.

Dessa forma, a decisão histórica tomada pelo Supremo Tribunal Federal no âmbito do MS 32.033 fortaleceu as instituições democráticas, bem como a independência, a autonomia e as responsabilidades de sua atuação. Em postura de elevado republicanismo, ganhou destaque a separação dos poderes, cuja necessária harmonia não pode representar sobreposição de atribuições.

A crise econômica mundial e as manifestações de 2013 como origem do capital político para prática de arbitrariedades no âmbito da operação lava jato

Alberto Zacharias Toron
Armando de Oliveira Costa Neto

A Operação Lava Jato é constituída por uma multiplicidade de investigações, ações penais, recursos, *habeas corpus* e outras medidas, em distintos graus de jurisdição. Tal conjunto, mais o impacto político e social que causou dá a medida da sua amplitude e complexidade. Em outras palavras, diferentemente do que ocorreu no caso do Mensalão, não se pode falar da Lava Jato como um julgamento único que marcou ou marcará a história do Supremo e do Brasil, mas sim num conjunto de muitos julgamentos realizados neste mencionado contexto.

A complexidade deste cenário não deriva unicamente do tamanho e da longevidade da Operação. Por um lado, com incomum intensidade, os órgãos incumbidos da persecução penal atingiram agentes de elevado nível político e econômico e esse, sem sombra de dúvidas, foi, vem sendo e por muito tempo será o maior *merchandising* da Lava Jato, sempre sob uma bandeira em si legítima – como não poderia deixar de ser em um Estado Democrático – de combate à corrupção.

Por outro, o contexto da Operação foi manchado por méritos e deméritos. Isso vem ficando cada vez mais evidente para a sociedade em geral, em especial com as mensagens obtidas pelo *The Intercept*

Brasil e com o recente julgamento do *habeas corpus* nº 157.627do STF, em que se anulou uma condenação ao reconhecer-se a ilegalidade na ordem de apresentação dos memoriais finais em caso envolvendo réus delator e delatado.

Outras tantas ilegalidades, entretanto, foram questionadas perante as instâncias de controle no Tribunal Regional Federal da 4º Região e no Superior Tribunal de Justiça, que foram e continuam sendo especialmente coniventes. A Lava Jato, impossível negar, somente alcançou o patamar que tem em virtude da corroboração de suas práticas arbitrárias, também e principalmente pelo Supremo Tribunal Federal.

Outro importante demérito, por falar em corroboração de ilegalidades, foi o uso abusivo, profuso e prolongado de prisões preventivas que, além de baseadas em fundamentos em sua maioria ilegais[1], tiveram um nítido caráter coercitivo cujo intuito foi forçar o investigado a aderir ao famigerado acordo de colaboração premiada.

Não se trata, pasmem, de questão velada, tanto que a Procuradoria Regional da República da 4ª Região afirmou em parecer oferecido em *habeas corpus* que a prisão preventiva seria necessária pois "*tem importante função de convencer os infratores a colaborar com o desvendamento dos ilícitos penais, o que poderá acontecer neste caso, a exemplo de outros tantos*"[2]. Para o Procurador Manoel Pestana, em entrevista concedida ao portal CONJUR, "*em crime de colarinho branco, onde existem rastros mas as pegadas não ficam, são necessárias*

1 O poderio económico do réu não poderia, dissociado de outros elementos, justificar a prisão preventiva com base no risco de fuga, sob pena de criar-se a regra automática de que réus com elevado poder econômico deveriam ser automaticamente levados à prisão. Soma-se também ilações e conjecturas sobre possibilidade de cooptar testemunhas ou produzir provas falsas, todas também decorrentes do poderio econômico dos acusados. Mesmo com jurisprudência pacificada e antiga sobre a ilegalidade de tais fundamentos, o Superior Tribunal de Justiça simplesmente ignorou tal fato.

2 HC nº 5029016-71.2014.404.0000, rel. Des. Pedro Gebran.

pessoas envolvidas com o esquema para colaborar. E o passarinho pra cantar precisa estar preso".[3]

Os longos meses que o Supremo Tribunal Federal, omitindo-se atrás de questões formais relativas à superação da Súmula 691[4], demorou para reconhecer a ilegalidade de algumas (e somente algumas) prisões decretadas neste contexto teve a nítida consequência de corroborar a tática dos responsáveis pela Operação em primeiro grau.

As conduções coercitivas seguiam linha parecida e foram igualmente arbitrárias e ilegais. Decretadas como primeira medida – sem que o conduzido houvesse desatendido intimações previas, portanto –, tinham o objetivo de surpreender o investigado para evitar sua organização e mesmo consulta com advogado, possuíam, em outras palavras, o grave e inaceitável objetivo evitar o exercício do direito de defesa. Além, claro, de expor e humilhar o conduzido perante a mídia e opinião pública. Aliás, esse escracho público dos réus e investigados foi também uma tática daqueles responsáveis pela Operação.

A incongruência era tamanha que se conduzia coercitivamente o investigado como primeira medida para, no momento de seu interrogatório, informar-lhe de seu direito de permanecer em silêncio. Foi somente em dezembro de 2017, quando a Operação já contava com 3 anos de conduções decretadas indiscriminadamente, que o Ministro Gilmar Mendes deferiu as medidas liminares nos autos das ADPFs nº 396 e 444 impedindo a continuação de tais abusos. Como resultado[5], um escracho público agora do ilustre Ministro, tema ao qual em breve voltaremos.

---

3 https://www.conjur.com.br/2014-nov-27/parecer-mpf-defende-prisoes--preventivas-forcar-confissoes, acesso em 15 de novembro de 2019.

4 Obrigando os Pacientes a exaurir a jurisdição de todas as instancias anteriores. O tema é no mínimo curioso. Aponta-se a demora do sistema recursal como um dos grandes motivos para defender-se a necessidade de a execução da pena começar após a confirmação da condenação em segunda instancia, entretanto, os responsáveis pela Operação Lava Jato valeram-se desta mesma demora para poder exercer maior pressão sobre réus (e investigados) por meio do uso da prisão preventiva.

5 Ou contra-ataque ao que convencionou-se chamar de "interesses da Lava Jato", como abaixo voltaremos a ver.

Não obstante, foi pelo julgamento do *habeas corpus* 127.483, em agosto de 2015, que o Supremo Tribunal Federal proporcionou uma verdadeira blindagem aos acordos de colaboração premiada evitando que terceiros, à exceção do colaborador e Ministério Público, questionassem eventuais ilegalidades. Decidiu-se que os acordos feitos são "negócios jurídicos processuais" e "meios de obtenção de prova", não "meios de prova" e, por isso, produziriam efeitos somente sobre os signatários e não sobre os delatados.[6]

Ademais de simplesmente ignorar as diversas ações penais em que se imputava fatos a indivíduos unicamente com base em delações – algumas as vezes ainda sequer homologadas, cujo acesso fora, inclusive, negado às defesas –, a decisão fere uma lógica simples: Ministério Público e Colaborador firmaram o acordo e estão, ao menos em princípio, satisfeitos com ele. Os que tem verdadeiro interesse em questionar ilegalidades nestes acordos são os delatados que, ao serem inseridos no contexto investigativo como autores de crimes, são sim afetados pelo acordo de colaboração.

Este entendimento vem, na prática, impedindo que matérias importantes atinentes à legalidade destes acordos sejam discutidas pelas instâncias superiores, motivo pelo qual a autoridade judicial de primeiro grau homologadora acaba exercendo um poder de fato nestes casos superior ao do próprio Supremo.

Neste cenário, tanto os que praticaram as arbitrariedades e ilegalidades[7], como os que com elas vem sendo coniventes, atuaram gozando de uma popularidade absolutamente incomum para integrantes do Ministério Público e Poder Judiciário, em especial aqueles que exercem a função contra majoritária.

Por isso que não raras vezes vimos como fundamentos de acórdãos que tal ou qual interpretação ou consequência jurídica seriam as adequadas para dar voz à "opinião das ruas", ou mesmo que se deveria interpretar os preceitos legais à luz da opinião pública ou ainda

6 Relator Min. Dias Toffoli.

7 As acima foram mencionadas a título exemplificativo. A verdade é que não poderíamos exaurir o tema mesmo se dedicássemos um livro inteiro a tratar das ilegalidades praticadas no âmbito da Lava Jato.

que, ao julgar determinada causa, o Supremo não deveria deixar de considerar o que a sociedade espera.

Neste cenário, a dinâmica de poder no contexto da Lava Jato vem sendo algo curioso. Os responsáveis pela Operação em primeiro grau acabaram por definir o que se convencionou chamar de "interesses da Lava Jato"[8] e todo aquele que criticasse seu *modus operandi* ou proferisse decisão contrária a tais interesses seria automaticamente considerado contrário a tais interesses e, portanto, a favor da corrupção. É a lógica do discurso do inimigo em cujo enfrentamento se relativiza direitos e garantias fundamentais e se considera também inimigo o "amigo" do inimigo – tal qual todo discurso populista num contexto polarizado.

Ao amigo do inimigo, o contra-ataque. Pouco importando que o contra-atacado fosse Ministro da mais alta Corte de Justiça do País. Aproveitamos a lúcida crítica de Márcio Chaer sobre o tema que bem ilustra a questão utilizando como exemplo a campanha difamatória sofrida pelo Min. Gilmar Mendes:

> A onda moralista que os livros de história registram em outros tempos e lugares, sob o nome de macarthismo, inquisição, dulcinismo ou fascismo só avança. Quem é contra e tem coragem de dizer é candidato a ganhar no peito uma estrela de David, como as que distinguiam judeus sob o nazismo. O 'crime' agora é querer 'abafar a 'lava jato'
>
> *O melhor, ou o pior, exemplo é o do ministro Gilmar Mendes. Enquanto manteve o perfil condenador era um dos queridinhos da mídia. Herói nacional. Quase intocável. Foi questionar o atropelamento do Direito, a demagogia e o populismo judicial para tornar-se alvo de toda sorte (ou azar) de acusações. O Gilmar 1.0 tinha a mesma mulher, os mesmos amigos, ia às mesmas festas, a mesma verve e a mesma coragem do Gilmar 2.0. Mas foi mudar de discurso para tornar-se o "inimigo do Brasil", segundo o público que de Direito entende tanto quanto de física nuclear.*[9]

8 Como se a Operação fosse um ente autônomo com interesses próprios.

9 https://www.conjur.com.br/2017-out-02/marcio-chaer-herois-anonimos-garantem-sucesso-lava-jato, acesso em 30/10/2019

Assim que, e aqui a parte curiosa, nos últimos anos acabamos vivenciando uma inversão em que agentes públicos de primeiro grau – Procuradores e Juiz – acabaram exercendo um certo poder de fato até mesmo sobre o Supremo Tribunal Federal, o Superior Tribunal de Justiça, o Tribunal Regional Federal da 4ª Região e também sobre o Legislativo e o Executivo.

Não à toa que, em matéria publicada no portal CONJUR do dia 9 de outubro de 2019, também de autoria de Márcio Chaer, se comentava que "*o STF cedeu a primazia de topo do Judiciário para juízes de primeira instância. Um grupo de procuradores tomou o lugar da PGR. A voz do constitucionalismo foi abafada em favor de oportunistas que se aproveitaram da retórica populista*"[10]

Márcio comentava o então recente editorial do Jornal A Folha de São Paulo do dia 6 de outubro de 2019, com o título "*A Folha Faz Autocrítica, Jornal reflete sobre as manchetes produzidas a partir de delações premiadas*"[11], de autoria de Flavia Lima, *ombudsman* do grupo Folha. Mario Vitor Santos e Sérgio Dávila, atual diretor de redação do Jornal, também participaram da conversa de autocrítica retratada no editorial.

O motivo de tal autocritica: o conteúdo das conversas obtidas pelo *site Intercept* Brasil, também analisadas pelo Jornal Folha de São Paulo, em que se questiona a imparcialidade do então juiz de primeiro grau e a correção da conduta dos procuradores.[12]

O Jornal reconhece que o espaço dado ao conteúdo das denúncias vazadas pela Procuradoria é merecedor de críticas. "*Se eu tivesse que revisitar o caso* [afirmou Dávila] *e fazer a cobertura de novo, sei que isso não é possível, talvez repensasse o espaço que demos, manchetes atrás de manchetes. Então, sim, faço essa autocrítica. Mas a postura*

10 https://www.conjur.com.br/2019-out-09/folha-spaulo-admite-falhou-freguesia, consulta em 15 de novembro de 2019.

11 https://www1.folha.uol.com.br/poder/2019/08/lava-jato-driblou-lei-para-ter-acesso-a-dados-da-receita-mostram-mensagens.shtml, acesso em 30/10/2019

12 Questões amplamente denunciadas por parte significativa dos advogados que atuavam e ainda atuam na Operação.

que o jornal teve em relação à operação, talvez não desde o começo, mas desde que se configurou que eles estavam ultrapassando todos os sinais, eu estou satisfeito com ela"[13].

A autocrítica fala sobre o papel da mídia como um todo a longo da Operação e como o maciço apoio da opinião pública aos seus responsáveis tornou difícil a realização de abordagens críticas:

> *Falando especificamente de Lava Jato, é possível dizer que a imprensa foi transformada, muitas vezes, em linha auxiliar da operação como uma estratégia de angariar suporte.*
>
> *O forte apoio da população à operação e a heroicização dos líderes da Lava Jato de certa forma inibiram abordagens mais críticas aos métodos da operação, incluídos os exageros nas buscas e apreensões, as conduções coercitivas desnecessárias e as prisões por tempo indeterminado.*
>
> *Foi assim que apontar problemas na Lava Jato virou quase um tabu em nome de um objetivo maior: o combate à corrupção.*[14]

Nos causa alguma curiosidade, e para isso a contextualização anterior, entender como chegamos a este estado de coisas, de onde veio o capital político – e não jurídico, com o perdão pela obviedade – que viabilizou a "heroicização" dos Procuradores e Juiz da Lava Jato, permitiu o estabelecimento desta dinâmica de poder e fez com que imprensa atuasse de maneira acrítica e instrumentalizada.

É que o combate à corrupção, embora pauta absolutamente legítima e, portanto, refletindo os anseios da sociedade e opinião pública, nunca havia contado com tamanha comoção e efetivo apoio popular. Ademais, o combate à corrupção é um dos pilares básicos da democracia, democracia corrupta não é democracia.

E por falar em pilares da democracia, o jornal *El País* Brasil publicou, em meados de outubro de 2019[15], artigo intitulado "*Democracias*

13 Folha, idem.

14 Idem.

15 O que na época do fechamento desta obra ainda era recente.

em chamas", em que comenta e relaciona as crises políticas ao redor do mundo[16].

Qual seria, comenta a matéria, a relação entre os protestos no Chile, onde motivo inicial foi o aumento do preço do transporte público e, além de o presidente declarar estado de emergência, vinte e três[17] pessoas morreram[18]; em Beirute, onde os protestos começaram em virtude do aumento da taxa de uso do *Whatsapp*; em Barcelona, cujo estopim foi a condenação de políticos que, ao apontar uma traição do governo central ao acordo de autonomia com a Catalunha, deram vazão ao movimento independentista; em Londres, onde o motivo foi a insatisfação com a indefinição em relação ao *brexit*; no Iraque em que a população foi às ruas e morreu em protestos exigindo democracia e em Hong Kong, onde uma população que foi às ruas para protestar contra a ingerência chinesa na ilha, nas ruas permaneceu como ato de força para preservar seus direitos.

> *Em cada uma delas* [narra a matéria], *o que ficou claro foi a insatisfação popular diante da descrença em relação ao compromisso dos líderes em servir aos cidadãos. Abusados em suas inteligências, sofrendo para pagar suas contas e fartos de uma elite que insiste em não reconhecer a disparidade de renda cada vez maior na sociedade, esses locais foram tomados por um profundo desgosto em relação à autoridade.*
>
> *Pelas ruas de Quito, Beirute ou Argel, os cartazes assustadoramente se parecem. Palavras como "traidores", "democracia" e "poder popular" ganham espaço em diferentes línguas, em diferentes formas.*[19]

16 https://brasil.elpais.com/brasil/2019/10/19/opinion/1571517292_014318.html, acesso em 30/10/2019.

17 https://noticias.r7.com/internacional/numero-de-mortos-em-protestos-no-chile-chega-a-23-divulga-governo-16112019, acesso em 19 de novembro de 2019.

18 Até o fechamento da edição.

19 *El País*, idem.

Jamil Chade, *top 50 dos +Admirados Jornalistas Brasileiros* em 2015 e autor da matéria do *El País*, na linha do debatido no Fórum de Davos de 2019, aponta a grave concentração de renda e a piora geral na qualidade de vida vivenciada nos últimos 10 anos em decorrência da insuficiência das medidas econômicas adotadas após a crise de 2008, a qual seguimos sentindo seus efeitos, como principal fator desta insatisfação geral com a classe política. O balanço geral é de que os 10 trilhões de dólares lançados na economia pelos Bancos Centrais não funcionaram, ou melhor, "*não funcionaram para uma parcela da população, que foi obrigada a viver com menos, trabalhar mais e reajustar até mesmo seus sonhos* (...) *Para sociedades em diferentes partes do mundo, o que se viu foi o estabelecimento de uma década perdida, enquanto a concentração de renda ganhou um novo patamar até hoje inédito*".[20]

No Brasil também vivenciamos manifestações como as mencionadas no artigo do *El País*. De fato, sentimos os efeitos da grave crise econômica alguns anos depois, o que aliado aos exorbitantes gastos de dinheiro público em virtude dos preparativos da Copa do Mundo de 2014 no Brasil gerou um cenário de insatisfação generalizada. As manifestações eclodiram primeiro em São Paulo, em 2013, onde o estopim foi o aumento do preço do transporte público. A forte e violenta repressão policial surtiu efeito oposto ao pretendido e as manifestações ganharam cada vez maior corpo e adesão popular. De fato, nosso caso, no início, foi muito semelhante ao do Chile[21].

Não tardou muito para novos focos de protestos surgirem em apoio ao – e compartilhando o mesmo sentimento de – de São Paulo e, em pouco tempo, o que havia começado por conta do aumento do preço do transporte público se tornou algo grande e coeso suficiente para mobilizar praticamente todo o país.

20 Ibidem.

21 O que, dentre outras coisas, nos causa especial temor justamente por ser o principal exemplo de "sucesso" utilizado por economistas para justificar as reformas pelas quais estamos passando no Brasil, em especial a previdenciária.

Artistas, empresários, trabalhadores, desempregados, pobres, ricos, famosos, anônimos e até mesmo os próprios políticos aderiram, de alguma forma, à voz das ruas, cuja multiplicidade de pautas e reivindicações tinham, assim como as que vemos espalhadas atualmente pelo mundo, um elemento em comum: a completa insatisfação da população com seus representantes políticos.

Neste contexto, a corrupção endémica e consequente descrédito da classe política foram alçadas a uma das principais causas desta insatisfação generalizada, cuja legitimidade, importante dizer, não se discute. Estava, pois, definido o inimigo.

Até mesmo aqueles que não saíram às ruas manifestavam seu apoio e adesão ao movimento e quem, por algum motivo, não o demonstrasse, ou pior, fosse contrário ou crítico às manifestações, automaticamente seria taxado como alguém favorável à corrupção. Numa guerra com inimigo bem definido, ou se está de um lado, ou de outro.

O auge das manifestações no Brasil foi no mês de junho de 2013 e, não à toa, apenas nove meses depois, em março de 2014, foram deflagradas as primeiras fases da Operação, com a prisão de Paulo Roberto da Costa, ex-diretor de abastecimento da Petrobras.

Ao leitor menos atento vale uma ressalva: não estamos insinuando que as investigações da Lava Jato foram iniciadas apenas como uma resposta aos anseios de uma sociedade extenuada.

O que houve, ao contrário, foi uma apropriação oportunista deste sentimento popular legítimo e do correspondente momento político que atravessava o país. Esta apropriação é a origem do capital político que permitiu a "heroicização" de Procuradores e Juiz no contexto da Lava Jato e, com ela, a reiteração sistêmica de arbitrariedades. Não por acaso vimos na Lava Jato a mesma lógica de enfrentamento ao inimigo, contra o mesmo inimigo, que a presente nas manifestações de 2013.

O inimigo – a corrupção endêmica, os políticos[22] e corruptores detentores de grande poderio econômico – foi eleito em 2013 e ape-

22 Cuja generalização popular insere a todos no grupo dos corruptos.

nas alguns meses depois do ápice das manifestações lá estavam também os seus combatentes. Em um cenário de guerra, em que os fins justificariam os meios[23], se apresentavam os salvadores da pátria. A adesão popular e correspondente "heroicização" dos responsáveis, desnecessário dizer, foi imediata.

Como consequência - não apenas do ponto que aqui se pretendeu discutir, importante reconhecer –, notou-se um enfraquecimento das instituições em favor das vontades, opiniões e interesses pessoais de alguns "heroicizados", ainda que pretensamente legitimados pelas mais "nobres"[24] intenções. Em outras palavras, à década perdida brasileira[25], ao aumento da concentração de renda e da pobreza e à piora geral de qualidade de vida, adiciona-se o perigoso enfraquecimento das instituições mais caras à democracia.

Tal cenário não deixa de ter um toque paradoxal: sem sombra de dúvidas foi o fortalecimento das instituições, a liberdade e as garantias proporcionadas pela democracia que vem permitindo o tão necessário enfrentamento à corrupção[26], entretanto, é justamente a falta de controle sobre as fortalecidas instituições e a conivência com violações às liberdades e garantias nesse processo de combate à corrupção que hoje ameaçam a democracia. O combate à corrupção é fruto da e ao mesmo tempo ameaça à democracia.

Entender esse processo de apropriação do momento político vivenciado pelo Brasil em 2013 e, portanto, a origem do capital político dos "heroicizados" da Lava Jato é importante para que possamos melhor articular os instrumentos e instancias de controle, expor suas incongruências e, se o caso, criar novos mecanismos.

Por suas recentes decisões, o Supremo Tribunal Federal da indícios que começou a ver e entender as dinâmicas aqui retrata-

23 Ao menos esse passou a ser o discurso.

24 Vale a recordação de que o combate a corrupção foi usado ao longo da história para justificar atos e regimes antidemocráticos. No Brasil, além da pseudo ameaça comunista, o combate à corrupção também foi um dos pretextos utilizados no golpe militar de 1964.

25 Para utilizar a mesma expressão que a matéria do *El país*.

26 Antes escondida por trás das instituições e violência da ditadura.

das e *modus operandi* daqueles "heroicizados", motivo pelo qual, levando em conta seu histórico de enfrentamento de ilegalidades e arbitrariedades, podemos ter esperanças de um retorno à ordem democrática.

Execução provisória da pena após decisão de segundo grau

Aldo José Barros Barata de Oliveira

1. Contextualização do caso

O polêmico tema relativo à execução provisória da pena após decisão de segundo grau alavancou acirradas discussões jurídicas, especialmente quando esbarrou no contexto político, com o julgamento acerca da possibilidade de prisão do ex-presidente da República do Brasil.

Inicialmente, faz-se necessário um breve relato histórico, com as diversas fases com as quais a questão se deparou, até que, finalmente, tenha alcançado suposta solução definitiva. Após, será abordado o conteúdo de maneira a esclarecer o seu mérito, ou seja, o objeto que esteve em discussão.

A Suprema Corte do país, o Supremo Tribunal Federal, veio examinar a questão, em um primeiro momento, no julgamento do *habeas corpus*[1] nº 84.078, realizado em fevereiro de 2009. Naquela ocasião decidiu por admitir que o condenado poderia recorrer aos tribunais superiores, independentemente do início do cumprimento de sua pena. Ocorre que as duas Turmas do STF, órgãos colegiados constituídos por cinco Ministros e presididos pelo mais antigo dentre seus membros, vinham decidindo de maneira diversa, fato esse que fez nascer uma necessidade de se levar ao órgão maior da Casa, o

1 *Habeas corpus* é o remédio judicial que tem por finalidade evitar ou fazer cessar a violência ou a coação a liberdade de locomoção decorrente de ilegalidade ou abuso de poder. (*in* Capez, Fernando. Código de Processo Penal Comentado. São Paulo: Saraiva, 2015, p. 606).

Plenário, a solução da dissidência, evitando-se, assim, uma reprovada insegurança aos jurisdicionados.

Portanto, em virtude do julgamento no *habeas corpus* nº 84.078, o condenado tinha o direito de aguardar em liberdade até que todos os recursos a seu alcance fossem esgotados. Inclusive, a Lei nº 12.403, de 4 de maio de 2011, trouxe uma alteração ao Código de Processo Penal, com o propósito de positivar a necessidade do trânsito em julgado para fins de efetivação da prisão. Transcreve-se o texto normativo:

> Art. 283. Ninguém poderá ser preso senão em flagrante delito ou por ordem escrita e fundamentada da autoridade judiciária competente, **em decorrência de sentença condenatória transitada em julgado** ou, no curso da investigação ou do processo, em virtude de prisão temporária ou prisão preventiva. (grifamos)

Todavia, referido entendimento perdurou até 2016, quando por um novo julgamento realizado pela Suprema Corte, em 17 de fevereiro daquele ano, no *habeas corpus* nº 126.292, houve uma sensível alteração de posição. A partir de então, restou autorizada a dita execução de penas após a condenação pela Justiça em 2ª instância. Importante destacar que o julgamento desta feita se deu em um caso concreto, o que implica que não necessariamente o seu resultado deveria ser aplicado em todo e qualquer caso que surgisse posteriormente.

Em seguida, em data não tão distante, em outubro de 2016, por seis votos a cinco, o Supremo confirma o segundo entendimento. Contudo, nesta oportunidade, como o julgamento se deu em sede de medidas cautelares nas ações declaratórias (ADC's nºs 43 e 44), à decisão foi dado o efeito vinculante. Isto significa que a decisão tomada pela Corte passa a valer para os demais que trouxerem casos similares, devendo, assim, magistrados de todas instâncias e tribunais do país respeitá-la quando se depararem com o objeto coincidente.

Essas ações declaratórias foram ajuizadas com o fim de alterar o cenário até então apresentado, declarando constitucional o aludido artigo 283 do Código de Processo Penal. Sucede que, apesar do voto do Relator, Ministro Marco Aurélio, que concedeu a medida cautelar, a maioria do Tribunal entendeu que, a despeito da constitucionalidade da norma, não haveria que se falar em vedação à execução provisória da pena, uma vez esgotadas as instâncias ordinárias.

Na sequência, mais uma vez o tema veio à tona. A questão nessa oportunidade fora suscitada no Recurso Extraordinário com Agravo nº 964.246 com repercussão geral, ou seja, a tese que dali surgiria, no sentido da possibilidade de prisão ainda que pendente recurso especial e extraordinário, careceria, de igual maneira, de aplicação aos processos afins. Vejamos:

> A execução provisória de acórdão penal condenatório proferido em grau recursal, ainda que sujeito a recurso especial ou extraordinário, não compromete o princípio constitucional da presunção de inocência afirmado pelo artigo 5º, inciso LVII, da Constituição Federal.

Ocorre que, não obstante a tese ter sido aprovada sob o regime da repercussão geral – instituto que objetiva conferir maior uniformidade na aplicação do Direito –, a própria Corte que proferiu o veredito não vinha obedecendo a orientação dada, advindo posteriores decisões concedendo ordens para liberação de condenados. Para além disso, já se vislumbrava o retorno dessa pauta quando do julgamento do mérito das mencionadas ações declaratórias de constitucionalidade.

Todavia, nesse ínterim, o debate ressurgiu no *habeas corpus* nº 152.752, desta vez de maneira emblemática, tendo como paciente o ex-presidente Luiz Inácio Lula da Silva, o que fez os holofotes se voltarem ainda mais ao polêmico capítulo, e o país inteiro passa a acompanhar o que seria decidido na Sessão Plenária. Na oportunidade, o ex-presidente havia sido condenado na famosa Operação Lava Jato, travando-se o debate mais uma vez no âmbito de um caso concreto. O resultado do julgamento foi a reafirmação do entendimento de 2016, isto é, restou autorizada a execução provisória da pena em segunda instância ordinária.

Em outubro de 2019, foram pautadas as ADCs 43, 44 e 54, todas de relatoria do Ministro Marco Aurélio, e o tema retorna à mesa para julgamento. Em 7 de novembro de 2019, por um placar de 6x5, a maioria dos membros do STF seguiu o posicionamento do Relator das ações, revendo o entendimento que vinha sendo adotado, derrubando, assim, a possibilidade da prisão em segunda instância. O presidente da Corte, Ministro Dias Toffoli, foi o responsável pelo voto de desempate.

Por essas e outras razões, pode-se afirmar que se trata de um dos temas mais polêmicos que já aportou no Supremo Tribunal Federal. A seguir será tratado o objeto propriamente dito do estudo, com a finalidade de esclarecer o pano de fundo que envolve todo esse debate, expondo as justificativas que cada uma das correntes contrárias sustenta, demonstrando, em paralelo, a imprescindibilidade de se evitar indefinições jurídicas que possam ferir a segurança jurídica e, por consequência, o próprio ordenamento jurídico.

2. A questão jurídica debatida e seu impacto para a sociedade. Os fundamentos apresentados

A controvérsia que, como visto, foi rediscutida inúmeras vezes, diz com a possibilidade, ou não, de se permitir o início da execução da pena condenatória após a prolação de acórdão condenatório em segundo grau, questionando-se se a sistemática ofenderia, ou não, o princípio constitucional da presunção da inocência, o qual se encontra previsto no artigo 5º, inciso LVII, da Constituição Federal de 1988, que preconiza que *"ninguém será considerado culpado até o trânsito em julgado de sentença penal condenatória".*

Em outras palavras, indaga-se sobre o acerto na decisão que permite o réu condenado em 2ª instância ser obrigado a iniciar o cumprimento da pena, mesmo havendo ainda em suas mãos a faculdade de interposição de determinados recursos, quais sejam os recursos extraordinário e especial.

Sob este enfoque, importante ainda ressaltar que o princípio da presunção da inocência, também conhecido como presunção da não culpabilidade, restou encartado não apenas na Constituição Federal, mas também em documentos internacionais, especialmente na Declaração dos Direitos do Homem e do Cidadão de 1789 e na Declaração Universal dos Direitos do Homem de 1948, que dispõem, respectivamente:

Declaração dos Direitos do Homem e do Cidadão de 1789

Artigo 9º- Todo o acusado se presume inocente até ser declarado culpado e, se se julgar indispensável prendê-lo, todo o rigor não necessário à guarda da sua pessoa, deverá ser severamente reprimido pela Lei.

Declaração Universal dos Direitos do Homem de 1948

Artigo XI

1. Toda pessoa acusada de um ato delituoso tem o direito de ser presumida inocente até que a sua culpabilidade tenha sido provada de acordo com a lei, em julgamento público no qual lhe tenham sido asseguradas todas as garantias necessárias à sua defesa.

Primeiramente, cumpre esclarecer que o recurso extraordinário e o recurso especial são recursos de fundamentação restrita, pois o primeiro, previsto no artigo 102 da CF, tem por objeto questões de ordem constitucional e é julgado pelo Supremo Tribunal Federal (STF); enquanto que o segundo, tratado pelo artigo 105 da CF, é canalizado para a análise de questões de direito infraconstitucional, sendo da competência do Superior Tribunal de Justiça (STJ).

Feito o devido esclarecimento, é válido dizer que toda a controvérsia deságua na inexistência de efeito suspensivo para esses recursos dirigidos aos tribunais superiores. Isso quer dizer que, ainda que um desses recursos haja sido interposto, a decisão recorrida continua a produzir seus efeitos normalmente. Ou seja, não se impede o início do cumprimento da pena enquanto sobrevém o julgamento do meio de impugnação utilizado.

Outra elucidação relevante a ser feita é que, em regra, a interposição do recurso não inibe a eficácia imediata da decisão. Assim, não obstante a decisão ser objeto de recurso, gera seus efeitos regularmente. Por conseguinte, trata-se de exceção o recurso impedir a produção dos efeitos da decisão (efeito suspensivo).

Portanto, de maneira didática, o debate gira em torno da admissibilidade, ou não, do réu condenado em 2ª instância ver-se obrigado a iniciar o cumprimento da pena mesmo havendo a seu alcance instrumentos recursais tido como excepcionais, recursos estes, como visto, previstos para que sejam dirigidos aos tribunais superiores. Isso porque, tanto o Supremo Tribunal, como o Superior Tribunal são reconhecidos como tribunais de sobreposição, por exercerem papéis voltados, precipuamente, à fixação de teses jurídicas, seja no âmbito do direito constitucional, seja no campo do direito infraconstitucional, respectivamente.

Muito se discutiu a interpretação atribuível ao artigo 312 do Código de Processo Penal, que dispõe sobre os fundamentos e pressupostos da decretação da prisão preventiva. O condenado poderia até aguardar o julgamento dos recursos excepcionais encarcerado, acaso presentes os requisitos da prisão preventiva fixados naquele dispositivo legal. Mas daí sua prisão não teria a natureza de uma execução provisória da condenação, e sim de uma prisão cautelar (prisão preventiva). Esse ponto retratou interpretações diversas, em especial entre as Turmas do STF.

Aspecto enfatizado foi no sentido de que se aplicar o entendimento pela impossibilidade da execução da pena antes do julgamento dos recursos de natureza extraordinária estar-se-ia atribuindo-lhes, como consectário lógico, efeito suspensivo a tais recursos. Nas palavras do Ministro Menezes de Direito:

> Ora, o princípio da presunção da inocência não está enlaçado pela natureza típica desses recursos, o que quer dizer que o início da execução da pena com o encerramento do julgamento nas instâncias ordinárias não o atinge. Anote-se que esse raciocínio levaria ao resultado de subordinar sempre o julgamento penal proferido nas instâncias ordinárias ao julgamento dos recursos excepcionais, tornando-os também ordinários. A simples interposição dos recursos conduziria ao impedimento de cumprir-se a decisão condenatória.

Segundo os ensinamentos do saudoso Ministro Teori Zavascki, manifestado no ARE nº 964.246, a execução da pena na pendência de tais recursos não compromete o cânone da presunção de inocência, enquanto princípio constitucional interpretativo, isso porque o acusado foi mantido na condição de inocente no decorrer do processo ao qual foi submetido, restando velados seus direitos e garantias a ele inerentes, além de resguardadas as regras probatórias e o modelo acusatório vigente.

Por fim, soma-se o argumento que afirma que o Texto Constitucional não vislumbra a criação de uma terceira ou quarta oportunidade de impugnação contra um veredicto que já fora dado, revisto e, eventualmente, esclarecido. Nem mesmo permite a institucionalização de uma terceira ou quarta instância de jurisdição. Em verdade, o elevado propósito da Carta Magna, ao criar os recursos de natureza excepcional, foi tão somente afiançar à Corte Suprema e à Corte Superior o estimado papel de uniformização da compreensão das normas constitucionais e infraconstitucionais. É que a análise do acervo probatório não é admitida nas instâncias superiores, não servindo tais recursos para rediscussão de valoração de fatos e provas, naquilo que se mostra avalizada a execução da pena quando autorizada em sede de instância última apta a analisar o conjunto fático-probatório.

Representando posição contrária, especialistas enxergam clara inconstitucionalidade na execução provisória. Refutam a postura divergente em vários tópicos, a contar da negativa pontual dos argumentos contrários já apresentados, naquilo que se mostra desnecessário reprisá-los de forma inversa, sob pena de indevida repetição.

Os doutrinadores e juristas defensores desse posicionamento mais garantista[2] também muito se utilizam da literalidade da previsão constitucional, da Declaração Universal dos Direitos do Homem de 1948 (DUDH) e da Declaração dos Direitos do Homem e do Cidadão de 1789, documentos de extrema envergadura no ordenamento jurídico. Quanto à Constituição, já foi aqui transcrito o artigo 5º, inciso LVII, que prevê a necessidade do trânsito em julgado da sentença penal condenatória para que alguém seja considerado culpado. E no que tange à DUDH, afora o seu artigo XI, já mencionado, que traz o prin-

2 Garantismo é uma teoria jusfilosófica, tendo como seu precursor Luigi Ferrajoli, sendo a sua principal obra "Direito e Razão: Teoria do Garantismo Penal". A teoria trabalha com a ideia de impor limites à atuação pública e privada, buscando premissas sobretudo com a finalidade de construir as bases de um Estado Democrático de Direito.

cípio da presunção da inocência, seu artigo XXX exalta a proibição do retrocesso em matéria de direitos fundamentais, comando que tem por finalidade a vedação da supressão ou redução de direitos fundamentais em níveis já alcançados e garantidos, o que se denomina efeito *cliquet*. A título de curiosidade, a expressão *cliquet* é utilizada pelo alpinista e marca um movimento que só o permite avançar, não lhe sendo possível retroceder em seu trajeto de ascensão.

Para essa corrente, a alteração jurisprudencial sinalizou uma incompatibilidade com o direito fundamental do réu aguardar o trânsito em julgado da sentença penal condenatória. Nos dizeres do decano Ministro Celso de Mello a revisão *"retarda o avanço de uma agenda judiciária concretizadora das liberdades fundamentais"*, porquanto a norma constitucional reclama a certeza de culpa, não sendo suficiente a mera probabilidade.

Outro aspecto relevante ressaltado é que os tribunais superiores, além do papel de uniformização do direito, são os protagonistas quando o assunto é resguardar o Estado Democrático de Direito e, mais ainda, quando o cenário transparece atos de abusos de poder. Neste ponto, não haveria que se falar em criação de uma terceira ou quarta instância para reavaliar fatos e provas submetidos a instâncias inferiores. Tratar-se-ia, porém, de uma análise última enfrentada por órgãos máximos da jurisdição, no intuito de tolher ilegalidades, já que a posição que ocupa lhes proporciona maiores poderes para tanto.

Nessa linha, aduzem que não há como dar interpretação contrária a dispositivos de taxatividade tão transparente. Demais disso, a prisão antecipada não é obrigatória e exige fundamentação. Na intelecção do Ministro Marco Aurélio:

> A presunção de inocência não se esvazia progressivamente, à medida em que se sucedem os graus de jurisdição. Isso significa, portanto, que, mesmo confirmada a condenação penal por um Tribunal de segunda instância, ainda assim subsistirá, segundo entendo, em favor do sentenciado, esse direito fundamental, que só deixará de prevalecer - repita-se - com o trânsito em julgado da sentença penal condenatória, como claramente estabelece, em texto inequívoco, a Constituição da República.

Por estas razões, enquanto pendente qualquer recurso da defesa, aduzem pairar a presunção de inocência do o réu. Dito de outro modo, enquanto não houver trânsito em julgado para a acusação e para a defesa, o réu não pode ser obrigado a iniciar o cumprimento da pena porque ainda é presumivelmente inocente.

Com efeito, o termo *"trânsito em julgado"*, trazido pelo artigo 5º, inciso LVII, da Constituição encontra-se em plena sintonia com o princípio da não culpabilidade, razão pela qual muitos defendem a clareza do Texto Constitucional. A Ministra Rosa Weber já teve a oportunidade de se manifestar dizendo que a Constituição Federal tem o condão de amarrar o núcleo essencial do pressuposto da não-culpabilidade a uma condenação transitada em julgado, revelando-se inadmissível conteúdo hermenêutico diverso.

Apresentadas as premissas de cada uma das posições contrárias, e imerso nesse contexto de indefinição de uma posição sólida decorrente da constante mutação de entendimento, muito preocupa a experiência de momentos cruciais como esses, e outros que certamente surgirão, que impactam, para além do público jurídico, a população em geral, especialmente por infirmar a confiança que os indivíduos integrantes de uma sociedade têm na organização das estruturas estatais. Esse tipo de situação está relacionado à confiança que o cidadão detém em um ordenamento sempre sujeito a mutações. Por essa razão, momentos análogos ao aqui discutido devem ser rigorosamente desestimulados, sob pena de vulneração ao princípio da segurança jurídica, explícito na Carta Magna, inclusive considerado como direito fundamental.

Sob este viés, a segurança jurídica espelha a confiabilidade que a individualidade deposita no ordenamento jurídico, mostrando-se essencial para o bom funcionamento das instituições públicas. Nas lições do ilustre doutrinador Humberto Ávila:

> Uma questão importantíssima é a de saber se o Estado pode ser beneficiário da segurança jurídica. Nesse aspecto, é preciso, antes, definir em que sentido se está tomando a "segurança jurídica".
>
> Se segurança jurídica é empregada no sentido de princípio objetivo, obviamente a cognoscibilidade, a confiabilidade e a cal-

> culabilidade do ordenamento jurídico em geral também são imprescindíveis para o funcionamento do próprio ente estatal. A abstração e a tipificação são instrumentos técnicos para garantir a função-certeza inerente ao conceito de segurança jurídica, sendo essa certeza avaliável na perspectiva do emissor dos comandos normativos, como assevera Ferraz Jr. Não por outro motivo a doutrina emprega a expressão *Funktionsfahigkeit des Staates* para denotar a ideia de que sem racionalidade não há como assegurar a funcionalidade do próprio ente estatal. (*in* ÁVILA, Humberto. Segurança Jurídica. 1ª ed. São Paulo: Malheiros Editores, 2011, pp. 154-155).

Destarte, evitar mutações circunstanciais de entendimento denota o fomento da segurança e confiança que o cidadão investe nos atos e decisões públicas advindos da ordem estatal, de maneira que esse mesmo cidadão, para bem cumprir seus deveres e exercer seus direitos, deve estar certo das posições jurídicas emanadas da administração ao qual está sujeito. E justamente por essa razão é que se espera posicionamentos firmes e se repele a ideia de modificação de entendimentos, seja por motivos circunstanciais, seja por ausência de constância daquilo que já vem sendo adotado.

3. Conclusão

A discussão acerca da viabilidade da execução provisória da pena, isto é, antes do julgamento dos recursos tido como excepcionais, pois dirigidos a tribunais superiores, já teve inúmeras idas e vindas, caracterizando-se, com isso, um dos temas mais controvertidos dos últimos anos, a tratar do direito de liberdade dos cidadãos, ao mesmo tempo que tropeça em outro assunto de igual relevância, porquanto guarda relação com a segurança jurídica que deve permear todo Estado de Direito.

Nesse contexto, as questões aqui delineadas conduz à conclusão de que a Corte Suprema do país, independente da revisão salutar de entendimentos com o fim de evitar a petrificação do próprio Direito, não deve permitir que divergências pontuais conduzam diuturnamente os processos que aportam o Tribunal, tudo em nome do princípio constitucional da segurança jurídica. Em outras palavras, é dizer: a fossilização da ordem jurídica evidencia uma incoerência especialmente diante da dinâmica das relações jurídicas, todavia, na mesma proporção, é um contrassenso permitir alterações que malferem as expectativas voltadas ao Direito, as quais fazem jus a uma vigilante proteção.

Deste modo, o tema, para além de se apresentar como matéria de grande repercussão e de forte impacto prático e social, traz como um de seus desdobramentos a verificação da real necessidade de se coibir a mutação constante de entendimentos sobre questões que possuem grandes reflexos para a população em geral. Sob esta perspectiva, o legislador deve sempre procurar criar o direito, na mesma medida que o julgador deve procurar aplicá-lo, cada qual no âmbito das respectivas atribuições institucionais, forte no objetivo de se impedir toda e qualquer tipo de violação à isonomia e a agressão à segurança jurídica. Isso porque a indispensabilidade da segurança jurídica fundamenta a própria existência de um ordenamento jurídico.

ADI 4.650 – Financiamento de campanhas eleitorais por pessoas jurídicas

André Ramos Tavares

1. As razões democráticas do STF e seus efeitos

No sistema partidário brasileiro recente, três eram as formas possíveis de financiamento privado de campanha, do ponto de vista da origem dos recursos econômicos: (i) doações oriundas de pessoas físicas, (ii) doações oriundas de certas pessoas jurídicas[1], e (iii) financiamento com recursos do próprio candidato[2]. Em virtude desse modelo acentuava-se o alto custo da Democracia brasileira, com campanhas eleitorais que consumiam valores estratosféricos com o objetivo principal de realizar grandes produções de marketing e propaganda, esquecendo que o principal é o debate das ideias[3].

Em decisão corajosa e icônica, de 2015, com efeitos para toda a sociedade[4], o STF vedou a segunda forma, impedindo que partidos políticos pudessem obter recursos econômicos de empresas privadas para custearem suas campanhas eleitorais[5] (em realidade, a vedação

---

1 Excluídas, por Lei, as entidades sindicais e as associações civis sem fins lucrativos.

2 Lembrando que os Estados estrangeiros e as organizações estrangeiras também já tinham sua participação vedada por Lei, exatamente por questões de preservação de nossa soberania. O assunto foi retomado amplamente, em tempos recentes, pelas suspeitas e acusações de interferência de forças estrangeiras em diversas eleições no Mundo, que teriam atuado por meio de ações e ataques executados por meios digitais.

3 Essa observação também é registrada no voto do relator, Min. Luiz Fux.

4 Efeitos típicos das leis em geral, e que se aplicam para as decisões do STF proferidas me ações diretas como esta.

5 As empresas privadas eram responsáveis pela doação da grande parte dos financiamentos privados, algo em torno de 80% do total das doações, to-

é mais ampla, impedindo pessoas jurídicas em geral, como associações, indústrias e entidades empresariais em geral)[6].

As doações de pessoas jurídicas eram permitidas pela Lei 9.504/97, artigo 81, § 1º A Lei as limitava a 2% (dois por cento) do faturamento obtido e declarado pela empresa no ano anterior. Adicionalmente, e reforçando o acesso das pessoas jurídicas, o TSE já havia consagrado entendimento de que empresa nova pudesse realizar doação com base no valor declarado de seu capital social, justamente por inexistir o parâmetro "faturamento do ano anterior" (ao de sua criação). Tudo isso ficou proibido.

Considerando a importância do tema para a sociedade, e as repercussões que teria no processo de escolha dos representantes do povo, o relator do caso, Min. Luiz Fux, teve a sensibilidade de convocar ampla audiência pública, a fim de colher as diferentes opiniões, tanto de especialistas como de entidades representativas da sociedade civil. Advertiu, ainda, o Min. Fux, a esse propósito, para "o caráter interdisciplinar da temática" dessa ADI.

Em seus argumentos, o Conselho Federal da OAB falou em "mistura tóxica" entre eleições e poder econômico, para designar o que se pode considerar como promiscuidade entre o poder econômico e a formatação de candidaturas para a democracia.

Em conformidade com a OAB, a doação de pessoas jurídicas também facilitava a concentração dos recursos de campanha em poucos doadores, o que reforçava ainda mais o vínculo dos políticos com os interesses econômicos das pessoas jurídicas que haviam doado para suas campanhas.

Assim, o STF considerou inconstitucional a doção realizada por pessoas jurídicas para campanhas eleitorais dos partidos políticos.

---

mando por base os dados das últimas eleições das quais puderam participar dessa forma, conforme informações do TSE.

6 No recorte temático deste comentário não abordarei o financiamento com doação de pessoas físicas nem o financiamento com recursos do próprio candidato, sendo certo que ambos temas também foram enfrentados pelo STF nessa decisão história.

Vejamos trecho do voto do Min. DIAS TOFFOLI, que com muita precisão aborda as *razões públicas* da inconstitucionalidade, após advertir que estão em causa, no particular, cláusulas pétreas:

> "Ressalte-se que a Carta de 1988, inovando ao que já previsto desde a Emenda à Constituição de 1946 de nº 14/65, mais do que o abuso, vedou – sem nenhum adjetivo - a influência do poder econômico no processo eleitoral. Ora, se o comando constitucional foi expresso ao proteger a normalidade e a legitimidade das eleições da influência do poder econômico, como poderia o legislador autorizar que setores da iniciativa privada possam financiar o processo eleitoral?"

O Ministro não se furtou em responder de maneira a enfatizar as razões reais de nossa tolerância recente com essa verdadeira promiscuidade entre poder econômico, partidos políticos e cargos na República: "Nesse contexto, o financiamento eleitoral por pessoas jurídicas nada mais é do que uma reminiscência dessas práticas oligárquicas e da participação hipertrofiada do poder privado na nossa realidade eleitoral, em direta violação das cláusulas pétreas da Constituição de 1988, também chamada, convém lembrar, de 'Carta Cidadã'. É preciso reconhecer, portanto, que o financiamento eleitoral por empresas privadas é um instrumento – senão o principal – de permanência da forte influência do poder econômico no nosso processo eleitoral, instrumento esse capaz de desvirtuar a democracia representativa e a participação cidadã."

O Min. Luiz Fux, igualmente, enfatiza esse atraso, consistente no uso reiterado e indevido de cargos púbicos em proveito próprio, asseverando: "Existe verdadeiramente uma crise de representatividade no país, colocando em lados opostos os cidadãos, que a cada dia se tornam mais céticos em relação aos agentes eleitos, e os membros da classe política, que, não raro, privilegiam interesses particulares em detrimento do interesse público."

Esse é **um raríssimo exemplo de decisão em que se efetiva a chamada democracia econômica**[7], impondo severa derrota ao grande poder econômico e às oligarquias mais atrasadas do país, que mesmo no século XXI insistem em métodos e objetivos não-capitalistas, consistentes em um "vale-tudo" para obter altos cargos políticos e postos públicos em geral (distribuídos para apadrinhados). A luta pela inserção política visa a abertamente controlar e manejar o Estado e sua inequívoca capacidade alocativa de riqueza, para que este, e não o risco do mercado, permaneça sendo a grande fonte de riqueza nacional dos respectivos grupos privados, como já advertida na década de 60 um dos maiores economistas mundiais, Celso Furtado.

Apesar de algumas críticas pontuais apresentadas, especialmente quanto à extensão da decisão, que abarcou também as associações civis[8], a verdade é que, naquele momento, essa era uma decisão da qual dependia a existência de uma democracia verdadeira, como explicarei melhor adiante.

Considerando os acontecimentos políticos do país após esse julgamento, fica evidenciado que a decisão do STF não desestimulou o surgimento de inúmeras associações e movimentos diversos, fortemente comprometidos com a discussão política e com os caminhos do país.

Aliás, a esse propósito, considero que a contribuição de entidades civis para a democracia brasileira deve ser, prioritariamente, no campo da discussão das ideias e construção de soluções, e não com

7 Na Constituição brasileira a *democracia econômica* está consagrada e imposta pelo *caput* do art. 170 (vida digna na Ordem Econômica), não sendo mera concepção teórica.

8 A associações civis são tradicionalmente consideradas como base civil organizada em termos ideológicos, o que lhes deveria permitir financiar certos partidos políticos, em conformidade com algumas teses em voga. Essas associações, inclusive, podem ser ponto de partida eventual para a formação de alguns partidos políticos, ponto com o qual não se pode discordar. Mas a liberdade das associações, aqui, há de ser instrumental à Democracia, como bem ficou colocado na decisão do STF, não sendo aceitável construir uma liberdade absoluta, que não possa sofrer restrição em prol da Democracia econômica.

o financiamento de campanha dos partidos políticos com os quais supostamente estariam afinadas ideologicamente.

Mais ainda, a crítica de que a decisão do STF, em termos práticos, teria servido para favorecer os candidatos com grandes fortunas individuais também não se verificou. Basta observar que, nas eleições de 2018, o candidato com maior patrimônio declarado entre os presidenciáveis ficou em quinto lugar e o mais rico entre todos candidatos não emplacou sua candidatura ao Senado Federal pelo DF. Embora esses dados não possam servir para comprovar que a capacidade econômica individual seja irrelevante perante as regras eleitorais atuais, eles demonstram a construção de um cenário muito mais atento e engajado por parte da população, no qual passa ter lugar prioritário não o fluxo de dinheiro mas sim o debate de ideias - embora também aqui haja, ainda, muito a ser feito - precisamente o ponto sobre o qual está também ancorada a decisão do STF.

2. Um precioso pressuposto da vida em sociedade

A decisão do STF no caso da ADI 4.650 teria sido, na opinião de setores da sociedade e até mesmo da Doutrina, *uma indevida invasão (judicial) sobre a esfera política*[9], mais especificamente uma intromissão nas decisões do Parlamento (já que havia Lei permitindo a doação de PJ). A ideia de que estaríamos em face de mais um polêmico ativismo judicial merece esclarecimentos.

Verificaremos que é justamente sobre as regras eleitorais como a da doação para campanhas que deve incidir uma atuação mais intensa do Poder Judiciário, porque estamos, aqui, no campo das regras mínimas de funcionamento das demais regras, um **verdadeiro pressuposto da vida em sociedade**. Sem Democracia plena não há legitimidade nas Leis eventualmente produzidas. Trata-se de pressuposto geral, o que exige uma defesa rigorosa, a cargo, em última instância,

9 Nesse sentido foi, por exemplo, a manifestação da Presidência da Câmara dos Deputados, de que se trataria de uma decisão política do Congresso Nacional.

do Poder Judiciário, único ator apto a desvincular-se de interesses eleitorais e de perpetuação no poder.

O STF também considerou essa sua dimensão diferenciada ao proferir sua decisão. Vejamos em suas próprias palavras: "O funcionamento do processo político-eleitoral, conquanto matéria deveras sensível, *impõe uma postura mais expansiva* e particularista por parte do Supremo Tribunal Federal, em detrimento de opções mais deferentes e formalistas, sobre as escolhas políticas exercidas pelas maiorias no seio do Parlamento, instância, por excelência, vocacionada à tomada de decisão de primeira ordem sobre a matéria." (ADI 4650, rel. Min. Fux, trecho da ementa, original não grifado)

Em termos práticos, essa discussão se coloca como um embate entre Política e Direito. No campo teórico, essa discussão se coloca no debate entre maximalistas e minimalistas, debate bastante conhecido na literatura jurídica mundial. Mas esse debate adquire, segundo meu entendimento, uma dimensão própria quando se discute matéria eleitoral.

Essa abordagem própria é reforçada, no Brasil, pela circunstância de contarmos com um ramo do Poder Judiciário especificamente destinado a solucionar conflitos político-partidários, a chamada Justiça Eleitoral (tendo no STF o ápice desse modelo judicial), algo menos comum no Mundo, mas que reforça a pretensão de que devemos ter forte presença do Poder Judiciário nessa seara.

Os minimalistas costumam ser, em suas diversas vertentes, severos críticos da postura judicial que consideram como indevida "intervenção". Por isso enxergam em muitas decisões do Poder Judiciário uma invasão do Direito sobre a esfera política, esfera esta na qual deveria imperar a produção *democrática* de decisões, por meio das instâncias eleitas e controladas pelas urnas. Assim, não estaria o Poder Judiciário apto a substituir-se à formação democrática (leia-se: legislativa e executiva) de decisões centrais, sobretudo de aquelas de grande dissenso social.

Essa invasão da esfera política pela jurídica se daria principalmente pelas decisões dos tribunais constitucionais, quando anulam leis com efeitos gerais, como ocorreu no caso presente. Assim, para essas correntes de pensamento, os tribunais deveriam respeitar severos e largos limites temáticos e de ação (promovendo amplamente a *self restraint*). Na prática, os tribunais deveriam apenas atuar para garantir a lisura das condições necessárias para o bom desenrolar da Democracia (c.f. HABERMAS, 1997, vol. I, pp. 299- 354). A partir daí as decisões caberiam às instâncias democráticas, não às Cortes.

Essa linha de pensamento é estabelecida sob duas "premissas principais [...]: (i) neutralidade e; (ii) democracia" (TAVARES, 2007, p. 339). Tomo, aqui, como referência para fins de explicitar o sentido e alcance do que seriam, na essência, essas correntes de pensamento, o trabalho que mais se notabilizou nesse sentido, do teórico norte-americano J. HART ELY[10]. Este autor sustentou que tribunais deveriam se abster de interpretar com base no que chamou de "valores morais", não aceitando uma interpretação (leia-se "interferência judicial") dirigida por "princípios".

Entretanto, mesmo ELY admite que o controle de uma Corte Suprema deve centrar forças na manutenção das *condições procedimentais de formação democrática* da vontade. O autor, que pode ser considerado um representante do minimalismo, defende que a Constituição norte-americana previu um "processo de governo" e não uma ideologia (ELY, 1980, p. 101, *cf.* TAVARES, 2007, p. 342). Logo, as decisões são livres em seu espectro, e cabem às esferas políticas, não à Suprema Corte.

Nem mesmo essa defesa firme de uma atuação restrita em sua extensão, mas intensa dentro desse limite[11], contraria o julgamento do STF. Exatamente porque neste caso o STF atuou para manter as *condições procedimentais de formação democrática da vontade geral.* Esse o sentido reforçado pelo voto decisivo do Min. Luiz Fux: "Com efeito, não raro se vislumbram hipóteses em que se exige uma postura mais incisiva da Suprema Corte, especialmente para salvaguardar os pressupostos do regime democrático. Em tais cenários, diagnosticado o inadequado funcionamento das instituições, é dever da Corte Constitucional otimizar e aperfeiçoar o processo democrático, de sorte (i) a corrigir as patologias que desvirtuem o sistema represen-

10 Autor utilizado pelo relator, Min. Luiz Fux e relembrado também pelo Ministro GILMAR MENDES em seu voto no MS nº 32.033 (j. 20.06.2013).

11 Para os que admitem esse limite.

tativo, máxime quando obstruam as vias de expressão e os canais de participação política, e (ii) a proteger os interesses e direitos dos grupos políticos minoritários, cujas demandas dificilmente encontram eco nas deliberações majoritárias.".

Mesmo que a posição do autor norte-americano vise a garantir uma participação democrática para além das eleições[12], não se pode desconhecer que o pressuposto básico de todo sistema representativo atual é que se obtenha sucesso na manutenção de eleições periódicas, livres e justas. E o sucesso nas eleições depende do tratamento jurídico dispensado aos partidos políticos, que não pode privilegiar o grande poder econômico, sob pena de desvirtuar essas dimensões.

Assim, no que tange ao controle das leis sobre processo eleitoral, nem mesmo teorias como as de ELY, extremamente restritivas à atuação jurisdicional, condenariam a postura "interventiva" seletiva, como ocorreu, posto que essas correntes a exigem para garantir a realização plena dos procedimentos democráticos.

Minha advertência, pois, é a de que mesmo se adotada a postura restritiva, que visa a reduzir a presença e a atuação do Poder Judiciário nas decisões da sociedade, não se pode prescindir de um Poder Judiciário atuante para garantir o adequado funcionamento das engrenagens democráticas. Esse é um ponto de partida consensual e seguro para as demais opções da sociedade (especialmente via Poder Legislativo, constituído por representantes eleitos). E a jurisdição eleitoral brasileira é, fundamentalmente, encarregada de preservar os elementos democráticos, como desenhada pela Constituição de 1988, dando sentido prático à referida disputa teórica. Esse já é o mínimo assinalado por aqueles críticos à suposta expansividade do Poder Judiciário.

Com esse posicionamento também não se trata, como bem registrou o Min. Fux, de implantar qualquer juristocracia. Nesse sentido e quanto a esse específico ponto, considero que teorias abstratas sobre o grau de deferência de uma Corte ao Legislador, ou, ao contrário, sobre seu perfil supremacista, como o desenhado por C. Young,

12 "[...] the duty of representation that lies at the core of our system requires more than a voice and a vote." (ELY, 1980: 135).

ou mesmo sobre o nível de popularidade do tribunal, pouco colaboram para o debate da transformação democrática estrutural, que é o que efetivamente importa e que foi promovido no caso. Explico. É preciso, para além dessas posições abstratas, anotar o que ocorre na realidade concreta, avaliar as consequências efetivas de decisões adotadas, sejam elas supostamente supremacistas, deferentes ou mesmo populistas. E isso não significa, como se percebe facilmente, adotar alguma corrente para bloquear a ação do STF, mas sim alterar o modelo de análise deste, a fim de podermos aproveitar todas as melhorias e agentes nela engajados.

Assim, em resumo, a atuação judicial está (ou deveria estar) menos sujeita às críticas técnicas de intervenção (indevida) quando se trata da seara eleitoral, como ocorre no caso. Isso não impede que permaneça forte a crítica e, por vezes, o ataque direto, por parte de setores da sociedade e da mídia, desapegados de um debate mais profundo e sério.

O papel primacial do STF deve ser mais intenso em matéria eleitoral, base do Estado Constitucional de Direito do qual é seu guardião-mor, não se tratando propriamente de uma "intervenção" (que é a atuação em área de outrem), mas sim do desempenho de um dever, de uma função inadiável e inafastável (do ponto de vista conceitual, de Direito positivo e de Democracia efetiva).

3. Aspectos contextuais e estruturais da decisão

Tenho há algum tempo chamado a atenção para a importância de incorporarmos na teoria constitucional a análise mais ampla, que consiga ler a realidade material, superando a clássica lição de apenas comparar secamente a Lei com a Constituição (cf. Tavares, 2019: 304 e ss. e Tavares, 2006: cap. II).

Aspectos fático-concretos e contextos históricos podem ser determinantes para o resultado de uma análise de constitucionalidade, como me parece ter ocorrido na ADI 4.650. Assim é que, considerando-se elementos fáticos (elemento concreto), e circunstâncias históricas reais atuais (o Direito é um fenômeno cultural inexorável), pode-se encontrar um *pool* de elementos que "comprovam" a incompatibilidade do financiamento de campanhas por pessoas jurídicas com a Constituição.

Como adiantei logo no início, trata-se de rara decisão a concretizar a democracia no campo econômico. As reais relações econômicas subjacentes à sociedade capitalista podem operar tanto para o bem como para o mal. No caso julgado pelo STF as relações econômicas haviam produzido um intolerável desvirtuamento democrático, consideração esta que parece ter estado na base dessa decisão.

Partindo do modelo de produção capitalista, tenho por certo que os fatores "trabalho humano" e "tempo" (transformados em mercadorias) não podem ser excluídos quando se quer estudar o nível e a extensão da Democracia existente. A Constituição brasileira opera uma importante definição nesse assunto, pois inoculou nossa democracia com o princípio da dignidade[13], ou seja, requer que haja uma ampliação do acesso geral, da cidadania, no processo de decisão econômica privada[14], o que inclui a decisão privada (do poder econômico) que afete diretamente a democracia. A constatação da existência de um espaço de atuação desse poder econômico destituído de elementos democráticos mínimos merece toda reprimenda, como fez o STF.

Assim, o já bem conhecido e difundido "desencanto democrático", que vem enunciado no diálogo entre Ezio Mauro e Gustavo Zagrebelsky, não pode ser imputado à decisão do STF, nem à Democracia, mas sim à realidade chocante de um país de economia periférica, no qual o Estado (especialmente por meio de suas leis) não é capaz de conter os abusos do poder econômico, por vezes editando leis inapropriadas, que enfraquecem ainda mais a Democracia e enaltecem ou incitam a ação descontrolada de grupos econômicos que só atendem aos seus próprios e egoísticos interesses privados. Esse aspecto foi captado com precisão pelo Min. Fux: "a doação por pessoas jurídicas consubstancia, sim, fator de desequilíbrio nos certames eleitorais, máxime porque os *limites máximos previstos na legislação, em vez de inibir, estimulam que as maiores empresas façam maiores doações*. Diante desse quadro, eu indago: é salutar, à luz dos

13 Sobre o tema, cf. Bercovici, 2012.

14 As formas pelas quais pode se instrumentalizar esse acesso ou participação são variadas, mas elenco, desde logo, a edição de um marco legislativo sobre tributação do lucro e sobre livre movimentação e utilização desse excedente produzido no âmbito da unidade econômica privada.

princípios democrático e republicano, a manutenção de um modelo como esse, que permite a captura do político pelos titulares do poder econômico? Aqui também a resposta se afigura negativa." (original não grifado). E o Ministro continua: "outra consequência da adoção deste modelo é que o peso político atribuído à participação de uma pessoa jurídica variará de acordo com a sua renda. Quanto maior o poderio econômico da empresa doadora maior será a sua capacidade de influenciar decisivamente no resultado das eleições".

Um dos principais problemas que ficou exposto no contexto da chamada Operação Lava Jato foi a incontestável reiteração da fraude em licitações e contratos administrativos, por parte de autoridades e algumas das maiores empresas privadas nacionais. Isso era efetivado com o desvio de recursos inequivocamente públicos para agentes privados empresariais que, por sua vez, irrigavam fartas e milionárias campanhas eleitorais[15] de partidos políticos de todos espectros ideológicos.

Hoje é amplamente sabido que certas sociedades empresárias, que financiavam campanhas, em muitas ocasiões estabeleceram uma relação de proximidade com o eleito para o qual haviam doado dinheiro, a fim de efetuar uma "cobrança", que se viabilizava com dinheiro público. A "fatura" era paga por meio de quem, uma vez eleito, acabava de obter o poder de controlar, decidir e gerir dinheiro público.

Uma disputa política, que deveria ocorrer em termos democráticos nas urnas, havia se transformado, no Brasil, em uma disputa puramente negocial, com grandes agentes econômicos privados envolvidos com políticos e candidatos maculados, todos utilizando como moeda de troca o dinheiro público.

O STF encerrou esse contexto de corrupção, na parte em que era alimentado pelo financiamento de campanhas por PJ. A falta de

15 Chama a atenção o fato dessas campanhas não contribuírem para a educação eleitoral da população nem promoverem o debate programático. Os elevadíssimos gastos dessas campanhas estão mais propriamente ligados à produção e à propaganda midiática, aos custos do trabalho e dos espaços publicitários e de marketing geral.

mecanismos, estruturas, recursos humanos e, sobretudo, de uma cultura, capazes de atuarem eficazmente contra esse estado de coisas levaram à legitimidade da vedação absoluta do financiamento de campanhas com dinheiro privado advindo de pessoas jurídicas. Com ela se propiciou a construção de um espaço dialógico mais amplo, com o livre debate de ideias ocupando a posição central na arena democrática, como deve ser.

É bom que fique claro também que a mera publicidade e exposição de quem eram os financiadores privados, como elemento de controle e transparência, não foram suficientes. **A Democracia se encontrava sob grande risco antes da corajosa decisão do STF**.

Nesse cenário, o Supremo Tribunal Federal deve permanecer como um esteio da manutenção da Democracia tão duramente conquistada, permitindo que a pluralidade política e ideológica continue a brotar na sociedade. A decisão buscou preservar o jogo político, mas um jogo que seja lastreado na representatividade, contendo-se as pretensões de afastamento do modelo de Estado Democrático de Direito.

Referências bibliográficas

BERCOVICI, Gilberto. Política Econômica e Direito Econômico. *In*: *Revista Fórum de Direito Econômico e Financeiro*, v. 1, 2012, pp. 199-219.

ELY, John Hart. *Democracy and Distrust: a theory of judicial review.* Cambridge (Massachusetts): Harvard University Press, 1980.

FURTADO, Celso. *Dialética do desenvolvimento.* Rio de Janeiro: Fundo de Cultura, 1964.

HABERMAS, Jürgen. *Direito e Democracia:* entre facticidade e validade. Rio de Janeiro: Tempo Brasileiro, 1997.

TAVARES, André Ramos. *Curso de Direito Constitucional.* 17ª ed. São Paulo: Saraiva, 2019.

____. *A constituição é um documento valorativo? In*: *Revista Brasileira de Direito Constitucional – RBDC,* São Paulo, nº 09 – jan./jun. 2007. Referência pp. 337-348.

____. *Fronteiras da Hermenêutica Constitucional.* São Paulo: Método, 2006.

YOUNG, Katharine G. *Constituting Economic and Social Rights.* Oxford: Oxford University Press, 2012.

Entre deuses e césares: a antecipação terapêutica do parto e os impactos sociais da ADPF 54

André Sposito Mendes
Júlia Teixeira Rodrigues

"Está em jogo o direito da mulher de autodeterminar-se, de escolher, de agir de acordo com a própria vontade (...)"
Ministro Marco Aurélio[1]

I. Introdução

O início da vida é um dos temas mais debatidos na história do pensamento e ainda hoje é objeto de discussões acaloradas, a despeito dos recentes desenvolvimentos tecnológicos, que parecem ter apenas contribuído para acirrar os debates sobre o assunto.

E não é por acaso. A relevância do marco inicial da vida pode ser percebida em diversos campos do conhecimento humano, desde os ramos da filosofia relacionados à ética e metafísica, até as ciências biológicas e jurídicas.

Justamente por isso, foram desenvolvidas teorias, no âmbito dos diferentes ramos da ciência, em uma tentativa de estabelecer, de forma fundamentada, distintos marcos para o início da vida.

Nas ciências médicas e biológicas, a maioria dos estudiosos, com algumas variações técnicas e de nomenclatura específicas dessas áreas, parecem se dividir em duas grandes correntes: a teoria concepcionista, segundo a qual a vida começa a partir da concepção,

---

1 Trecho do voto condutor proferido na ADPF nº 54.

quando já é possível identificar uma carga genética própria do embrião que começa a se formar; e a teoria da nidação, segunda a qual esse momento somente ocorre quando o ovulo fecundado é fixado na parede do endométrio[2-3].

As ciências jurídicas também se depararam com esse problema, tendo sido estabelecidas três principais teorias[4]: a teoria natalista, segundo a qual a titularidade de direitos surge apenas com o nascimento, sendo antes disso apenas uma expectativa de direitos; a teoria da personalidade condicional, segundo a qual a titularidade de direitos surge com a concepção, mas está condicionada ao nascimento com vida; e a teoria concepcionista, segundo a qual o embrião nascituro é ser vivo, titular de direitos e possuidor de personalidade jurídica.

Os impactos da visão sobre o início da vida e da titularidade de direitos podem ser verificados em diversas questões jurídicas relevantes, dentre as quais se destaca a discussão acerca das pesquisas com células-tronco[5] e a discussão acerca da possibilidade de autorização de interrupção e antecipação terapêutica do parto em determinadas hipóteses[6].

As discussões a respeito da interrupção voluntária e antecipação terapêutica do parto normalmente envolvem a previsão constitucional do direito à vida[7], bem como os crimes contra a vida[8] previstos no Código Penal[9].

---

2 ALMEIDA JÚNIOR, Jesualdo Eduardo de. Técnicas de Reprodução Assistida e o Biodireito. Revista dos Tribunais, v. 838/2005, pp. 87-100.

3 FRANCO, Fernando Campilongo Pinheiro. A Dignidade da Gestante e A Interrupção da Gravidez do Feto Anencéfalo. Revista do Instituto dos Advogados de São Paulo, v. 26/2010, pp. 99-127.

4 OKUMURA, Daniela Bucci. Dimensões Jurídicas da Proteção da Vida e o Aborto do Feto Anencéfalo. Dissertação de Mestrado defendida na Universidade de São Paulo – Faculdade de Direito. São Paulo, 2012, pp. 90-91.

5 ADI 3510/600.

6 ADPF nº 54, ADI 5581 e ADPF 442.

7 Artigo 5º, *caput*, Constituição Federal.

8 Parte especial, Título I, Capítulo I.

9 Decreto Lei nº 2.484, de 7 de dezembro de 1940.

Os artigos 124 a 126, do Código Penal estabelecem as penas para aborto provocado pela gestante ou por terceiros. Por sua vez, o artigo 128 estabelece as circunstâncias nas quais tais penas não são aplicáveis, quais sejam: risco de vida para a gestante e gravidez resultante de estupro.

O mencionado artigo é crucial para o debate acerca do direito à vida e seus limites. Isto porque, as exceções à ilegalidade do aborto denotam que o legislador brasileiro admite circunscrições ao direito à vida, frente a outros bens jurídicos relevantes.

O Código Penal não faz nenhuma menção à antecipação terapêutica do parto nos casos de fetos anencéfalos. Dito isto, importante ressaltar que o mencionado texto normativo foi elaborado no ano de 1940 e está pautado pelas ferramentas tecnológicas disponíveis à época, que não permitiam o diagnóstico da anencefalia ainda no útero materno.

A doutrina jurídica sobre o assunto passou a se dividir em dois grandes grupos: os que interpretam o Código Penal de forma literal, para sustentar que a antecipação terapêutica do parto nos casos de fetos anencéfalos é ilegal[10] e aqueles que defendem uma interpretação mais aberta, levando em consideração os avanços tecnológicos que permitiram a identificação da condição ainda durante a gravidez[11], bem como inexigibilidade de conduta diversa[12], para afastar a ilegalidade da mencionada conduta.

Ambas as posições possuíam fortes defensores e ecoavam de forma relevante nos tribunais brasileiros[13], que ora decidiam por pu-

---

10 FRAGOSO, Heleno Cláudio. Lições de Direito Penal. 7ª edição, São Paulo: 1977, p. 123.

11 NUCCI, Guilherme de Souza. Código Penal Comentado. 18ª edição, São Paulo: Editora Forense, p. 811.

12 BITENCOURT, Cezar Roberto. Código Penal Comentado. 9ª edição, São Paulo: Saraiva, 2015, p. 498.

13 "Os tribunais estrangeiros também se depararam com o tema, tendo proferido decisões das mais variadas e que pouco auxiliam a pacificar a questão. Sobre o assunto, Luís Roberto Barroso faz interessante levantamento acerca das decisões proferidas pelas Cortes dos Estados Unidos, Canadá, Portugal, Espanha, França e Alemanha". In: BARROSO, Luís Roberto. O Novo Direito Constitucional Brasileiro. Editora Fórum, 2014. p. 334.

nir a antecipação terapêutica do parto nos casos de anencefalia e ora decidiam em sentido oposto[14].

II. ADPF Nº 54 e o Supremo Tribunal Federal

No cenário de insegurança acima descrito, a Professora Débora Diniz, uma das maiores autoridades brasileiras em matéria de direitos humanos e de gênero[15], buscou o auxílio jurídico do então advogado, Luís Roberto Barroso, e, com o apoio da Confederação Nacional dos Trabalhadores na Saúde[16], foi proposta a Arguição de Descumprimento de Preceito Fundamental nº 54.

A ação defende a necessidade de se interpretar conforme a Constituição Federal os artigos do Código Penal que estabelecem a proibição ao aborto, para afastar sua incidência nos casos de gestação de fetos anencefálicos, sob o fundamento de que a proibição da antecipação terapêutica do parto nesses casos viola a dignidade da pessoa humana, o direito à saúde e o direito à liberdade das gestantes[17].

Os três principais argumentos levantados pelo pedido inicial são que[18]: (i) a patologia em questão inviabiliza vida fora do útero materno, pressuposto necessário para a configuração do crime de aborto; (ii) o Código Penal deve ser interpretado evolutivamente, para levar em consideração as inovações tecnológicas que permitiram diagnosticar a patologia ainda durante a gestação; bem como (iii) a permanência no útero materno nesses casos fere a dignidade da pessoa humana e o direito à saúde da gestante, sendo situação analógica à tortura psíquica.

14 BARROSO, Luís Roberto. O Novo Direito Constitucional Brasileiro. Editora Fórum, 2014, p. 332.

15 A Professora Débora Diniz é doutora em antropologia e diretora do Instituto de Bioética, Direitos Humanos e Gênero.

16 BARROSO, Luís Roberto. O Novo Direito Constitucional Brasileiro. Editora Fórum, 2014, p. 332.

17 Artigos artigo 1º, IV, 5º, II, º e 196, da Constituição Federal.

18 Posteriormente também foi argumentado que a proibição viola a autonomia de vontade da gestante, no âmbito dos seus direitos reprodutivos.

Após amplos debates, com a realização de audiência pública[19] sobre o tema e exposição de motivos por diversos *amici curiae*[20], em abril de 2012, o Supremo Tribunal Federal proferiu decisão que pacificou a questão no território nacional: a antecipação terapêutica do parto nos casos de anencefalia não deve ser considerada crime de aborto previsto no Código Penal.

O voto do Ministro Relator abordou também os argumentos relacionados a questões religiosas, tendo consignado que *'deuses e césares têm espaços apartados. O Estado não é religioso, tampouco é ateu. O Estado é simplesmente neutro'*. Assim, para o Ministro Relator, a decisão a respeito da ilegalidade da antecipação terapêutica do parto em casos de anencefalia não deve decorrer de dogmas e entendimentos das diferentes religiões[21], mas sim de uma análise científica, do ponto de vista da medicina e do Direito.

A despeito da justificativa para tal decisão estar calcada na diferença entre o aborto, interrupção voluntária da gravidez punível criminalmente nos termos do Código Penal, e a antecipação terapêutica do parto nos casos de anencefalia, nos quais jamais poderia ocorrer vida extrauterina viável, importante reconhecer que diversos votos dos Ministros tocaram na relevante questão dos direitos reprodutivos das mulheres.

III. Reflexos sociais da ADPF 54

O aborto é tão habitual no Brasil que, ao completar quarenta anos, aproximadamente uma em cada cinco mulheres alfabetizadas

19 Participaram diversas instituições e entidades, dentre as quais entidades religiosas, médicas e científicas, da sociedade civil, bem como Ministros de Estado.

20 Expressão latina que significa 'amigos da corte', utilizada para designar pessoas, entidades ou órgãos com conhecimento e/ou interesse no tema sendo debatido em determinado procedimento judicial, que participam para auxiliar o julgador na compreensão da questão.

21 Páginas 11 e 12 do voto condutor proferido na ADPF nº 54.

já realizou o procedimento. O número de mulheres que fizeram aborto somente no ano de 2015 orbita em torno de 503 mil casos[22].

Entretanto, apenas uma parcela reduzida desse número realiza o procedimento com autorização legal. Os trinta e sete serviços de saúde no território brasileiro que têm capacidade para realizar procedimentos autorizados legalmente de término de gestação fizeram 2.442 interrupções de gravidez no período entre 2013 e 2015[23].

De acordo com a Pesquisa Nacional do Aborto de 2016[24], primeira pesquisa realizada em larga escala após a inovadora decisão do Supremo Tribunal Federal de 2012, as antecipações terapêuticas do parto em caso de anencefalia totalizam 4% de todos abortos realizados em território brasileiro com autorização legal. Por sua vez, os casos de estupro respondem por 94% das ocorrências, abortamento por motivo de risco à vida da mulher ocorrem em 1% dos casos e por outras malformações graves acontecem em 1% das situações.

Sem a decisão da ADPF 54, uma em cada vinte e cinco mulheres que têm direito ao procedimento de interrupção da gestação estariam sob grave risco de sofrer sanções penais, além do dano psicológico e físico que toda gestação interrompida pode causar.

Não fosse pela inovadora decisão, no momento de maior vulnerabilidade, o Estado brasileiro estaria oferecendo a sua face punitiva, ao invés de acolher e confortar a gestante que, por motivos naturais, não poderia gerar uma vida com chances reais de sobrevivência.

Um mês após a decisão do STF, o Conselho Federal de Medicina – CFM regulamentou o diagnóstico da anencefalia para a antecipação terapêutica do parto em sua Resolução nº 1989/2012[25]. Segundo tal

---

22 Dados na página 655 da Pesquisa Nacional do Aborto. Disponível em http://www.scielo.br/pdf/csc/v22n2/1413-8123-csc-22-02-0653.pdf. Acesso em 8 de novembro de 2019.

23 Dados na página 566 em DINIZ, Debora; MADEIRO, Alberto Pereira. Serviços de aborto legal no Brasil – um estudo nacional.

24 Disponível em: http://www.scielo.br/pdf/csc/v22n2/1413-8123-csc-22-02-0653.pdf. Acesso em 8 de novembro de 2019.

25 Disponível em: http://www.portalmedico.org.br/resolucoes/CFM/2012/1989_2012.pdf. Acesso em 8 de novembro de 2019.

dispositivo, os médicos poderiam interromper a gravidez com a ocorrência de diagnóstico inequívoco de anencefalia (art. 1º). Essa avaliação deve ocorrer a partir da 12ª semana de gestação e deve conter duas fotografias do exame ultrassonográfico e um laudo assinado por dois médicos (art. 2º).

Além de estabelecer o procedimento adequado para a interrupção voluntária da gravidez, a Resolução do CFM garantiu o direito das pacientes de receberem informação sobre os riscos de reincidência de anencefalia, prestando assistência no período contraceptivo, quando necessária, e no período anterior à concepção, quando livremente desejada (art. 5º). Tal assistência pode ser crucial para prevenir patologias e garantir a viabilidade da vida extrauterina, como demonstram estudos sobre a importância de ministrar ácido fólico para reduzir os defeitos na formação do tubo neural, responsável pela anencefalia[26].

IV. Novos Caminhos para o STF

Essas inovações sociais decorrem diretamente da decisão da ADPF nº 54. Inúmeras vidas potenciais serão salvas da anencefalia devido a uma decisão da Suprema Corte brasileira. Porém, essa deliberação ainda não abrange a proteção total dos direitos reprodutivos fundamentais.

Em números absolutos, a quantidade de antecipações terapêuticas de gravidez é módica perto da projeção da totalidade dos abortos realizados no Brasil. A cada ano, centenas de milhares de mulheres realizam abortamentos pelos motivos mais variados, sendo que a maioria deles ocorre sem a proteção jurídica prevista atualmente.

Relevante notar que, sob uma perspectiva demográfica, a diferença de renda familiar[27] das mulheres é irrelevante para estabele-

26 Por exemplo, o estudo de Leonor Maria Pacheco Santos e Michelle Zanon Pereira (2007), disponível em: http://www.scielo.br/pdf/csp/v23n1/02.pdf. Acesso em 8 de novembro de 2019.

27 Entre as mulheres que realizaram aborto, 17% das mulheres ganham até um salário mínimo e 14% das mulheres ganham mais de cinco salários mínimos. Dados constam na página 658 da Pesquisa Nacional do Aborto de 2016.

cer um perfil de quem realiza aborto no Brasil: mulheres com maior ou menor potencial econômico abortam em proporção semelhante. Contudo, esse dado isolado não demonstra o grave problema social relacionado a essa questão.

Todos os segmentos da sociedade abortam, mas apenas as mulheres com maior renda conseguem acesso a um aborto seguro, haja vista o maior acesso à informação e a abundância de recursos econômicos. A ausência de opção pública e gratuita faz com que as mulheres que possuem baixa renda estejam sujeitas a realizar procedimentos de forma precária e, usualmente, mais passível de gerar danos à saúde.

De acordo com dados do Ministério da Saúde[28], o número de internações hospitalares decorrentes de complicações mais graves em aborto foi de 22.273 pessoas no ano de 2017. Assim, a discussão a respeito do afastamento da proibição da interrupção voluntária da gravidez é relevante não apenas dos pontos de vista ético e jurídico, mas também (e talvez principalmente) do ponto de vista de saúde pública, especialmente no que toca às camadas mais vulneráveis da população.

Nesse contexto, considerando o elevado número de pessoas afetadas, a desigualdade econômica que gera reflexos na proteção da saúde das mulheres em condições vulneráveis e a possível consequência criminal a qual essas pessoas estão sujeitas, inegável que o tema está longe de ter sido pacificado.

A discussão pelo plenário do Supremo Tribunal Federal de outros casos envolvendo o aborto pode ser uma saída para assegurar a plenitude dos direitos reprodutivos no Brasil, principalmente no que toca à possibilidade de obter assistência de serviços públicos de saúde em caso de abortamento sem o risco de sofrer sanção penal.

Os debates constitucionais da ADI 5581 (interrupção voluntária de gestação da mulher que foi infectada pelo vírus Zika) e da ADPF 442 (interrupção voluntária de gestação da mulher realizada nas primeiras doze semanas) podem ser instrumentais para que se garanta, de forma definitiva, a dignidade das mulheres em território brasileiro.

28 Página 26 da nota técnica apresentada pelo Ministério da Saúde na ADPF 442. Disponível em: https://www.jota.info/wp-content/uploads/2018/08/312d26ded56d74e21deec42b8cf612e8.pdf. Acesso em 9 de novembro de 2019.

V. Conclusão

A decisão da ADPF nº 54, que afastou a ilegalidade da antecipação terapêutica do parto nos casos de anencefalia, foi passo importantíssimo na jornada pelo reconhecimento dos direitos reprodutivos das mulheres e crucial para garantir um mínimo de dignidade às brasileiras que se deparam com essa difícil decisão.

Para as mulheres que estavam sendo tolhidas do direito de escolher o caminho mais adequado para mitigar o seu sofrimento, a decisão concretizou uma possibilidade essencial, sem a qual sua dignidade seria verdadeiramente posta em risco.

A despeito disto, estatísticas sobre os abortos realizados no território brasileiro demonstram duas cruéis realidades: a maioria é realizada sem a guarida legal e as consequências da proibição afetam de forma mais severa justamente as camadas mais vulneráveis da população.

Nesse contexto, o debate sobre os direitos reprodutivos, muitas vezes dominado pelos "deuses" no Brasil, está longe de ter se encerrado e os próximos capítulos dessa saga pelos direitos reprodutivos podem ser cruciais em determinar o caminho que o Brasil trilhará com relação ao tema.

VI. Referências bibliográficas

ALMEIDA JÚNIOR, Jesualdo Eduardo de. *Técnicas de Reprodução Assistida e o Biodireito.* Revista dos Tribunais, v. 838/2005, pp. 87-100.

BARROSO, Luís Roberto. *O Novo Direito Constitucional Brasileiro.* Editora Fórum, 2014.

BITENCOURT, Cezar Roberto. *Código Penal Comentado.* 9ª edição, São Paulo: Saraiva, 2015.

CONSELHO FEDERAL DE MEDICINA. *Resolução nº 1989/2012.* Disponível em http://www.portalmedico.org.br/resolucoes/CFM/2012/1989_2012.pdf. Acesso em 8 de novembro de 2019.

DINIZ, Debora; MADEIRO, Alberto; MEDEIROS, Marcelo. *Pesquisa Nacional de Aborto de 2016.* Disponível em http://www.scielo.

br/pdf/csc/v22n2/1413-8123-csc-22-02-0653.pdf. Acesso em 8 de novembro de 2019.

DINIZ, Debora; MADEIRO, Alberto Pereira. *Serviços de aborto legal no Brasil – um estudo nacional.* Ciênc. Saúde coletiva [online]. 2016, vol.21, n.2, pp. 563-572. Disponível em. http://www.scielo.br/pdf/csc/v21n2/1413-8123-csc-21-02-0563.pdf. Acesso em 8 de novembro de 2019.

DINIZ, Debora; MEDEIROS, Marcelo. *Aborto no Brasil: uma pesquisa domiciliar com técnica de urna.* Disponível em http://apublica.org/wp-content/uploads/2013/09/PNA.pdf. Acesso em 8 de novembro de 2019.

FRANCO, Fernando Campilongo Pinheiro. *A Dignidade da Gestante e A Interrupção da Gravidez do Feto Anencéfalo.* Revista do Instituto dos Advogados de São Paulo, vol. 26/2010, pp. 99-127.

MINISTÉRIO DA SAÚDE DO BRASIL. *Nota técnica sobre interrupção voluntária da gestação e impacto na saúde da mulher.* Disponível em https://www.jota.info/wp-content/uploads/2018/08/312d26ded56d74e21deec42b8cf612e8.pdf. Acesso em 8 de novembro de 2019.

NUCCI, Guilherme de Souza. *Código Penal Comentado.* 18ª edição, São Paulo: Editora Forense.

OKUMURA, Daniela Bucci. *Dimensões Jurídicas da Proteção da Vida e o Aborto do Feto Anencéfalo.* Dissertação de Mestrado defendida na Universidade de São Paulo - Faculdade de Direito. São Paulo, 2012.

PEREIRA, Michelle Zanon; SANTOS, Leonor Maria Pacheco. *Efeito da fortificação com ácido fólico na redução dos defeitos do tubo neural.* Disponível em http://www.scielo.br/pdf/csp/v23n1/02.pdf. Acesso em 8 de novembro de 2019.

Recurso Extraordinário 888.815
Rio Grande do Sul – Da Educação

César Augusto Vilela Rezende
Gabriel Canova Calil

> *(...) Assim é que uma educação pode ser praticável na Suíça e não o ser na França; outra pode sê-lo entre os burgueses e outra ainda entre os nobres. A facilidade maior ou menor da execução depende de mil circunstâncias impossíveis de se determinarem a não ser através de uma aplicação particular do método a tal ou qual país, a tal ou qual condição social. Ora, não sendo essenciais a meu assunto, todas essas aplicações particulares não se incluem no meu plano. Outros poderão ocupar-se delas, cada qual para o país ou Estado que tiver em vista. Basta-me que, onde quer que nasçam homens, se possa fazer deles o que proponho; e que, tendo feito deles o que proponho, se tenha feito o que há de melhor, tanto para eles como para os outros. (...)"[1] (JEAN-JACQUES ROUSSEAU, Emílio ou Da Educação, p. 9).*

Trata-se de tema especialmente relevante ao direito, conforme observamos no Acórdão lançado pelo Supremo Tribunal Federal, porém ao subscritor do presente trabalho o tema ganha grande relevo, já que sou pai de quatro crianças e, se há um fato que nem em meus sonhos mais juvenis pensei, era a complexidade que envolve a educação formal de crianças. Isto é, o que a educação formal de crianças e adolescentes podem impactar em seu futuro, a relevância é mui-

---

1 JEAN-JACQUES ROUSSEAU, EMÍLIO OU DAEDUCAÇÃO, Tradução de SÉRGIO MILLIET, 3ª edição, DIFEL, São Paulo – Rio de Janeiro Título do original francês: Émile ou de l´éducation ★ 1979 Direitos exclusivos da Difel, Difusão Editorial S. A. Editions Garnier Frères, Paris.

to superior a capacidade de aprovação neste ou naquele vestibular, trata-se de relevo na formação de cidadão e cidadã.

Sim, o tema é e vem sendo pela sociedade brasileira, com certa falta de cuidado, debatido, questionamentos sobre o ensino público, principalmente, tornou-se uma odisseia, sem a grandeza dos cânticos de Homero, mas com grande violência e agressividade, veem passando por questionamentos acerca da utilidade para famílias.

Fato é que o ensino formal, aquele apregoado pelas escolas e universidades é o mesmo que nossos ancestrais praticaram, nada, ou muito pouco se alterou no ensino.

Realidade que a maneira degradante que alunos eram submetidos ao aprendizado foi superada, mas a condição de ensino, não a condição de tratamento, permanece muito similar.

A figura do Mestre e educandos, com carteiras e quadro negro é idêntica!

Curiosamente, o texto é iniciado com a citação, do que para mim, é o marco inicial da Pedagogia, pior, muito do contido no Tratado ou romance de Rousseau é observado nos dias de hoje, porém a obra que inaugura a Pedagogia é do século XVIII, ou seja, ao ler a obra do saudoso Filosofo aparentemente estamos lendo algo hordieno.

Apesar da antiguidade do texto, o grande autor de o Contrato Social, explica porque há um equívoco ao falar sobre educação sob o prisma da família ou do Estado, pois o objeto a ser estudado não são estas instituições, mas, sim, o educando, a quem se deve reverência e autonomia.

Tanto que ao iniciar a sua escrita, Rousseau descreve:

> "TUDO é certo em saindo das mãos do Autor das coisas, tudo degenera nas mãos do homem. Ele obriga uma terra a nutrir as produções de outra, uma árvore a dar frutos de outra; mistura e confunde os climas, as estações; mutila seu cão, seu cavalo, seu escravo; transtorna tudo, desfigura tudo; ama a deformidade, os monstros; não quer nada como o fez a natureza, nem o homem; tem de ensiná-lo para si, como um cavalo de picadeiro; tem que moldá-lo a seu jeito como uma árvore de seu jardim. Sem isso, tudo iria de mal a pior e nossa espécie não deve ser formada pela metade. No estado em que já se encontram as coisas, um homem abandonado a si mesmo, desde o nascimento, entre os demais, se-

> ria o mais desfigurado de todos. Os preconceitos, a autoridade, a necessidade, o exemplo, todas as instituições sociais em que nos achamos submersos abafariam nele a natureza e nada poriam no lugar dela. Ela seria como um arbusto que o acaso fez nascer no meio do caminho e que os passantes logo farão morrer, nele batendo de todos os lados e dobrando-o em todos os sentidos. (...)"[2]

Ou seja, para o autor, defensor que é da bondade do ser humano e que o meio é quem o corrompe, indigna-se com a capacidade que o homem tem em denegrir a natureza, incluindo, portanto, a natureza da criança, castrando-a de suas capacidades naturais.

E, nesse sentido, o Acórdão do Supremo prescreve exatamente o entendimento de Rousseau, pois já na ementa esclarece que nem Estado ou família deverão ser protegidos, mas, sim, a criança. Veja-se:

> *"(...) 2. É dever da família, sociedade e Estado* ***assegurar à criança****, ao adolescente e ao jovem, com absoluta prioridade, a educação. A Constituição Federal consagrou o dever de solidariedade entre a família e o Estado como núcleo principal à formação educacional das crianças, jovens e adolescentes com a dupla finalidade de defesa integral dos direitos das crianças e dos adolescentes e sua formação em cidadania, para que o Brasil possa vencer o grande desafio de uma educação melhor para as novas gerações, imprescindível para os países que se querem ver desenvolvidos. (...)".*

Nesse sentido pedagógico, o interesse e dignidade a serem protegidos são os da criança, não podendo Estado ou família castrarem qualquer preservação ou mitigação de direitos da criança.

A mesma direção aponta os direitos prescritos pela Constituição Federal de 1988. Pois, com extrema felicidade o Constituinte determinou:

> *Art. 205. A educação, direito de todos e dever do Estado e da família, será promovida e incentivada com a colaboração da sociedade,*

2 JEAN-JACQUES ROUSSEAU, EMÍLIO OU DA EDUCAÇÃO, Tradução de SÉRGIO MILLIET, 3ª edição, DIFEL, São Paulo — Rio de Janeiro Título do original francês: Émile ou de l'éducation ★ 1979, Difusão Editorial S. A. Editions Garnier Frères, Paris. P. 11.

> ***visando ao pleno desenvolvimento da pessoa**, seu preparo para o exercício da cidadania e sua qualificação para o trabalho. (grifamos).*

Veja, ocorre a subsunção perfeita entre a visão pedagógica e a legislação, portanto, o Constituinte preservou exatamente o interesse do educando e, não, como pretendem alguns a preservação da educação familiar, ou o que seria catastrófico, o direito do Estado de dirigir a educação.

O tema, por mais que seja óbvio, nem sempre foi recebido desta maneira, como por exemplo, a Constituição de 1934, claramente contrária ao fato pedagógico, preservação do educando, prescrevia:

> *Art 138 – Incumbe à União, aos Estados e aos Municípios, nos termos das leis respectivas: (...) **b) estimular a educação eugênica;** (...) (grifamos).*

Ou seja, sempre que o Poder Público ou a família pretendem ditar o que o educando pode ou não pode aprender, ou pior como o educando receberá o enorme grau de informações, irá contra a boa prática pedagógica.

Socorrendo-se de Rousseau, o problema da educação, desde o século XVIII, causa enorme embate acadêmico. O próprio filosofo foi objeto de críticas pelo seu livro Da Educação. Ora por não ter sido um pai brilhante[3], ora por não ser um livro sobre a prática da cátedra.

Ocorre que, como explica em sua obra, o livro é um romance pedagógico, ou um Tratado sobre Pedagogia, não se prestando aos detalhes, mas um tema filosófico, já que até o século XVIII, como se sabe, a educação da classe mais abastada era dedicada as amas e tutores, a família como reconhecida nos séculos seguintes, em que a mãe se tornou refém da maternidade e o homem era o macho provedor.

Frise-se que essa era a realidade dos nobres e burgueses, ao passo que após a revolução francesa e revolução industrial, ocorreu enorme alteração social, culminando com o padrão capitalista burguês de família e sociedade. Talvez, com a obra sobre educação de

3 Consta dos anais da história de que o filosofo entregou os filhos a roda.

Rousseau, tenha ocorrido importante alteração na formação da família tradicional.

Ocorre que, conforme o filosofo alerta, o Tratado apresentado por ele possuía limitações práticas, descrevendo:

> "(...) outra pode sê-lo entre os burgueses e outra ainda entre os nobres. A facilidade maior ou menor da execução depende de mil circunstâncias impossíveis de se determinarem a não ser através de uma aplicação particular do método a tal ou qual país, a tal ou qual condição social. (...)"

Nesse sentido, nada como o aclamado mundialmente, Paulo Freire, a quem sem sombra de dúvidas compete conhecimento de sobra para explicar na pratica as distinções praticas de cada tipo de ensino.

Muito do que se lê acerca da segregação, como é o caso da educação familiar, além do fato de retorno ao período medieval, decorre da nossa história:

> "(...) Essas condições econômicas e as linhas de nossa colonização não poderiam, na verdade, permitir o surgimento de centros urbanos com uma classe média, fundada sobre lastro econômico razoável. Centros urbanos que fossem criados pelo povo e por ele governados, através de cuja experiência de governo, fosse ele incorporando aquela sabedoria democrática a que chega o povo quando faz sua sociedade com suas próprias mãos. Ao invés de centros urbanos assim feitos de baixo para cima à base da solidariedade política a associar os grupos humanos em comunidades, o que nos teria ajudado no aprendizado de nossa sabedoria democrática, o que a História de nossas instituições políticas revela, ao contrário, é o surgimento de núcleos urbanos nascidos de cima para baixo. Criados compulsoriamente, com suas populações arrebanhadas. Só uma vez ou outra nascidos com a força e vontade do povo. De estranhar seria, na verdade, que esses centros urbanos tivessem nascido sob impulso popular. Impulso do povo, a quem vinham faltando condições necessárias para tê-lo. (...)"[4].

4 Paulo Freire, Educação Como Pratica de Liberdade, 1967. Editora Civilização Brasileira, p. 79.

A importância da educação está intimamente ligada a capacidade da população entender e compreender as decisões coletivas e, ao afirmar que se precisa compreender e entender as decisões coletivas, todo este histórico sectário e imposto de cima para baixo, prejudicam demasiadamente o principal direito de um Estado, a sua democracia.

A educação coletiva é construída a partir do coletivismo e permite que o entendimento e compreensão das decisões sejam efetivamente coletivas, originando uma democracia plena.

Esse é o fundamento primordial da necessidade de proteção do educando e, não como se tem observado em pequenos discursos, acerca do interesse do Estado ou da família.

Paulo Freire descreve que a educação não é para consagração deste ou daquele grupo, mas fundamento básico de constituição da democracia:

> "(...) Uma educação que possibilitasse ao homem a discussão corajosa de sua problemática. De sua inserção nesta problemática. Que o advertisse dos perigos de seu tempo, para que, consciente deles, ganhasse a força e a coragem de lutar, ao invés de ser levado e arrastado à perdição de seu próprio "eu", submetido às prescrições alheias. Educação que o colocasse em diálogo constante com o outro. Que o predispusesse a constantes revisões. À análise crítica de seus "achados". A uma certa rebeldia, no sentido mais humano da expressão. Que o identificasse com métodos e processos científicos. (...)"[5]

Retornando ao julgamento do Ensino domiciliar, excelente síntese apresentada pelo Ministro Luiz Fux[6]:

> "(...) Agora, no meu modo de ver, com a devida vênia – o Ministro Alexandre acaba de mencionar que o legislador entendeu que não era o momento certo -, evidentemente que esse projeto não passa na Câmara dos Deputados, porque não há consenso políti-

5 Ibidem, p. 97.

6 Notas taquigráficas do Julgamento, p. 79.

> co sobre isso. E quem tem de definir isso é o Parlamento. Nós não temos capacidade institucional para definir isso. Quando nós debatemos o ensino religioso, nós, humildemente, entendemos que não tínhamos formação pedagógica, formação psicológica para trabalhar na área de ensino sobre a ideia da idade que uma criança tem que ter para entrar ou sair da escola e se essa modalidade de ensino é a mais pertinente. Com a devida vênia do Ministro Barroso e do Ministro Alexandre, no campo do direito subjetivo público, estão partindo da seguinte premissa: a Constituição não veda. Não é bem assim! Se nós estamos no campo do direito subjetivo público, a ideia é: a Constituição permite? Não é «a Constituição não veda!» Não se pode fazer tudo, salvo o que a Constituição vedar. Não é esse o princípio que vigora no campo dos direitos subjetivos públicos. Então, acho que essa é a premissa que cria a divergência que foi inaugurada aqui. Quer dizer, o direito subjetivo público previsto na Constituição no sentido de que é direito de toda criança o direito à educação e é dever do Estado, isso não pode ser analisado sob o prisma da legalidade e do direito privado, em que tudo é permitido, salvo o proibido na Constituição. (...)"

O Ministro Ricardo Lewandowski, em seu voto, diversas vezes faz a referência de que a educação é base de qualquer democracia:

> "(...) À luz do ideal republicano, a postura que a Constituição exige do cidadão é a de cobrança, de luta pelo aprimoramento do ensino oficial, e não o de privar os filhos do necessário e salutar convívio com seus semelhantes, onde serão expostos à diversidade. A alienação do indivíduo da sociedade, sobretudo daquilo que ela tem de comum a todos os seus membros, como demonstra a História, constitui uma ameaça ao progresso da coletividade e até mesmo à liberdade individual. Em outras palavras, numa democracia, a faculdade de indignar-se e de reivindicar integra o ideal de autogoverno, servindo de verdadeira vacina para garantir a liberdade de todos. (...)"[7]

7 Voto do Ministro às fls. 137.

Evidencia-se que a decisão do Supremo Tribunal Federal aderiu ao pensamento pedagógico de preservar o educando, real destinatário do direito à educação.

Além disso, a maioria formada pelo Suprema Corte preservou um direito não expresso ao dispositivo sobre Educação, isto é, ao vedar o ensino domiciliar, os Ministros primaram pelo fundamento da República Brasileira, a Democracia.

Sem a educação como direito do educando, perde-se muito do que a democracia representa, democracia é exercício de cidadania que não se resume a votação em dias de escrutínio.

A ausência do convívio da diversidade e pluralidade impede que crianças e adolescentes obtenham conhecimento, tornam crianças e adolescentes alienados.

Desta forma, a Educação como fundamento da democracia é direito do educando e não pode ser castrado por interesses privados e ou estatais em dirigir a capacidade de ferramentais fundamentais para desenvolver um país democrático e com capacidade de prover decisões coletivas.

A constitucionalidade da arbitragem: o julgamento da SE nº 5.206

Cláudio Finkelstein
Thiago Del Pozzo Zanelato

I. Introdução

A arbitragem é um método alternativo de solução de controvérsias por meio do qual as partes decidem submeter seu litígio a um ou mais árbitros, abrindo mão de ter o mérito da questão apreciado pelo Poder Judiciário. Via de regra, o resultado da arbitragem é final e vinculante, não estando sujeito a recurso. No Brasil, apenas direitos patrimoniais e disponíveis podem ser submetidos à arbitragem, que pode ser contratada exclusivamente por pessoas capazes.

A existência da arbitragem no Brasil não é fenômeno recente. As Ordenações Filipinas já traziam regulamentações a seu respeito em seu Livro III, Títulos XVI e XVII; a Constituição do Império, de 1824 admitiu-a expressamente, em seu art. 150; o Código Comercial de 1850 também o fez, ao lado de diversas situações em que indicou ser necessário o juízo arbitral para resolução de questões mercantis. No entanto, foi somente com a edição da Lei nº 9.307 de 1996 (Lei de Arbitragem) que o instituto passou a ser regulamentado de forma moderna e eficiente em nível infraconstitucional.

Em que pese a Lei de Arbitragem datar de 1996, sua entrada em vigor não foi suficiente para que o instituto lograsse vigência social mais expressiva e fosse utilizado pelos agentes do mercado como uma ferramenta efetiva para resolução de disputas comerciais. Diversas incertezas rodeavam o instituto e a Lei de Arbitragem, tais como sua constitucionalidade, eficácia, legalidade, segurança jurídica, etc.

Foi nesse cenário que coube ao Supremo Tribunal Federal ("STF") decidir uma das questões mais importantes envolvendo arbitragem desde sua inserção em nosso sistema, em 1891. Importante notar que antes da Emenda Constitucional nº 45/2004, competia ao STF o julgamento dos pedidos de homologação de sentenças estrangeiras – e foi assim que ali chegou para análise a sentença arbitral proferida no Reino da Espanha e que resultaria no marco mais importante para o desenvolvimento da arbitragem no Brasil.

II. O caso

Em síntese, tratava o caso de pedido de homologação de sentença arbitral estrangeira apresentado por M.B.V. Commercial and Export Management Establisment, com sede em Genebra, Suíça, contra Resil Indústria e Comércio Ltda, sediada em território brasileiro, empresa que perdera a arbitragem.

A sentença arbitral fora proferida pelo árbitro Juan Escudero Claramunt em Barcelona, Espanha, e a empresa vencedora agora procurava obter seu reconhecimento perante o STF para que a decisão pudesse produzir seus regulares efeitos no Brasil.

Em que pese a empresa perdedora tenha concordado com o pedido de homologação, este foi inicialmente indeferido pelo então Presidente do STF, Ministro Sepúlveda Pertence, em decisão monocrática datada de 6.12.1995. A decisão fundamentou-se no argumento de que com base em jurisprudência da Corte (à época, uníssona), a homologação de sentença arbitral estrangeira só seria possível no Brasil desde que chancelada pelo tribunal ou órgão público equivalente do Estado em que prolatada. Em síntese, o STF entendia que o que era homologado não era a sentença arbitral em si, mas o julgamento *judicial* que confirmava tal sentença perante o Poder Judiciário local confirmando sua legitimidade, validade e eficácia.

Interposto agravo regimental para que a questão fosse apreciada pelo Plenário do STF (e não apenas por seu Presidente), sobreveio a Lei de Arbitragem. E foi nesse contexto que o papel desempenhado pelo STF alterou todo o curso da história da arbitragem no Brasil e colocou o país no mapa como uma respeitável potência no mundo da arbitragem.

III. O julgamento da SE nº 5.206

Iniciado o julgamento em 10.10.1996 o Relator, Ministro Sepúlveda Pertence, fez alusão à "recentíssima" Lei de Arbitragem (que datava de 23.9.1996 e já se encontrava em vigor desde a data de sua publicação) para indicar que o direito brasileiro sofrera "radical inversão de rumos" a alterar as linhas de fundamentação da jurisprudência do STF sobre o tema.

O Ministro Relator fez alusão aos novos dispositivos trazidos pela Lei de Arbitragem para indicar inovações radicais: **(i)** a possibilidade de execução específica da obrigação de firmar compromisso arbitral objeto de cláusula compromissória mediante, se necessário, provimento judicial substitutivo da vontade da parte que se recusa a concordar com a instituição da arbitragem (arts. 6º e 7º da Lei de Arbitragem); e **(ii)** a equiparação, no plano do direito interno, dos efeitos da sentença arbitral aos da sentença judicial independentemente de homologação judicial (art. 31 da Lei de Arbitragem).

Essa segunda inovação mostrou-se decisiva para a mudança de entendimento do STF sobre o tema, especialmente diante do que estabeleceu o art. 35 da Lei de Arbitragem: *"[p]ara ser reconhecida ou executada no Brasil, a sentença arbitral estrangeira está sujeita, unicamente, à homologação do Supremo Tribunal Federal".*

Ou seja, independentemente do Estado em que proferida a sentença arbitral estabelecer a necessidade desta ser confirmada ou chancelada pelo Poder Judiciário local, o Brasil passou a dispensar tais medidas. Bastava que a sentença arbitral estrangeira – agora equiparada a título executivo judicial (verdadeira sentença) – fosse homologada pelo STF.

O Ministro Relator afirmou que a Lei de Arbitragem não representava qualquer desrespeito à Constituição Federal, em especial ao acesso ao Poder Judiciário. Isso porquê a convenção de arbitragem estaria fundada no consentimento das partes em não submeter determinada lide ao Poder Judiciário, em ato livre de disposição de direitos.

Após o voto do Ministro Relator dando provimento ao agravo para homologar a sentença arbitral estrangeira no Brasil, o Ministro Moreira Alves apresentou proposta de conversão do feito em diligência. Isso porquê, no entendimento do Ministro, o Ministério Público Federal ("MPF") mereceria ser ouvido de forma a opinar se a Lei de Arbitragem seria contrária ou não ao princípio do livre acesso ao Poder Judiciário.

O STF, por decisão unânime, entendeu pela conversão do feito em diligência com a remessa dos autos para a Procuradoria Geral da República para o exame do incidente de inconstitucionalidade instaurado.

Após parecer favorável à homologação exarado pelo MPF através da Procuradoria Geral da República, o julgamento foi retomado em 08.05.1997. O Ministro Relator discorreu longamente sobre o sistema brasileiro de controle de constitucionalidade, concluindo ser necessário enfrentar integralmente os potenciais problemas de ordem constitucional surgidos em decorrência da Lei de Arbitragem.

Ao enfrentar o tema, o Ministro Relator esclareceu que a discussão acerca da constitucionalidade da arbitragem vinha desde a Constituição Federal de 1946, ocasião em que se estabeleceu um possível conflito entre o instituto e o enunciado erigido à esfera de garantia constitucional de que nenhuma lesão ou ameaça de direito pode ser excluída pela lei de apreciação por parte do Poder Judiciário.

E com relação ao mérito da arguição, entendeu que a posição majoritária sobre o tema - e que deveria prevalecer - era a de que a partir da disponibilidade da pretensão (objeto da lide), conclui-se que, pela viabilidade de transação ou mesmo renúncia a tal direito, torna-se legitimo o acordo que delega a terceiros a solução das controvérsias em torno do direito em discussão.

O Ministro Relator concluiu que "a sustentação da constitucionalidade da arbitragem repousa essencialmente na voluntariedade do acordo bilateral mediante o qual as partes de determinada controvérsia, embora podendo submetê-la à decisão judicial, optam por entregar a um terceiro, particular, a solução da lide, desde que esta, girando em torno de direitos privados disponíveis, pudesse igualmente ser composta por transação".

Foi analisada, também, a questão da execução específica da cláusula compromissória de arbitragem. Nesse ponto, o Ministro Relator entendeu que a possibilidade de substituição da vontade da parte em aderir à arbitragem representaria desrespeito à garantia constitucional de que "a lei não excluirá da apreciação do Poder Judiciário lesão ou ameaça a direito" (CF, art. 5º, inciso XXXV). A justificativa principal: a cláusula compromissória, diferentemente do compromisso arbitral, diz respeito a lides futuras e incertas, não podendo haver renúncia à jurisdição estatal em tais condições.

Foi também examinada a inconstitucionalidade dos arts. 18 (que equipara o árbitro ao juiz togado) e 31 (que equipara os efeitos da sentença arbitral aos da sentença judicial, possuindo natureza de título executivo). A inconstitucionalidade foi afastada sob o argumento de que a validade do juízo arbitral está fundada na disponibilidade do direito em questão, não fazendo sentido subordinar a exequibilidade da sentença arbitral à homologação judicial prévia - até porquê seria possível o controle posterior pela via da ação anulatória de sentença arbitral. Possível, portanto, a equiparação realizada.

Concluiu o Ministro Relator, portanto **i)** pela constitucionalidade do juízo arbitral; e **ii)** pela inconstitucionalidade dos arts. 6º, parágrafo único, e 7º da Lei de Arbitragem e, por consequência, dos outros dispositivos derivados - arts. 41 da Lei de Arbitragem e nova redação dada aos arts. 267, VII, e 301, IX, do Código de Processo Civil de 1973 ("CPC-73"), e 42 (também da Lei de Arbitragem) que acrescentou novo inciso (VI) no rol do art. 502 do CPC-73.

Retomada a análise do caso concreto, o Ministro Relator reiterou o entendimento por si já manifestado nas sessões anteriores e votou pela homologação da sentença arbitral estrangeira, sem prejuízo da declaração de inconstitucionalidade dos dispositivos apontados da Lei de Arbitragem.

Pediu vista então o Ministro Nelson Jobim, consignando a relevância do tema. O Ministro fez questão de pontuar o projeto de lei que veio a se tornar a Lei de Arbitragem, de autoria do Senador Marco Maciel e da qual participou ativamente, tanto junto à Câmara dos Deputados quanto no Executivo, no momento em que ocupou o cargo de Ministro da Justiça. Ressaltou a importância de se começar a valorizar eficazmente os sistemas alternativos de resolução de conflitos como forma de dar maior eficácia ao próprio sistema legal. Seguiu-se longo e percuciente debate entre os Ministros Nelson

Jobim, Sepúlveda Pertence e Moreira Alves acerca do escopo, limites e diferenças da cláusula compromissória e do compromisso arbitral.

O julgamento foi retomado em 22.11.2000, com o voto do Ministro Nelson Jobim. O Ministro discorreu de forma aprofundada sobre o sistema de arbitragem previsto na Lei de Arbitragem e os mecanismos nela previstos antes de ingressar na análise do voto do Ministro Relator e suas próprias considerações acerca da constitucionalidade dos dispositivos da legislação questionada e meandros do caso.

Para enfrentar o argumento do Ministro Relator no sentido de ser inconstitucional a renúncia à jurisdição estatal traduzida em cláusula compromissória de arbitragem prévia ao surgimento do litígio, o Ministro Nelson Jobim diferenciou dois momentos: o das estipulações da cláusula, cuja consensualidade é efetivada quando da contratação; e o da instituição da arbitragem, momento posterior ao surgimento do conflito.

Segundo o Ministro Nelson Jobim, existindo cláusula compromissória validamente pactuada, será no momento da instituição da arbitragem que será verificado se o pacto carece de um de seus elementos para execução – a natureza do direito submetido à arbitragem, que deve ser patrimonial e disponível. E a concepção prevalente é que se o contrato em que inserida a cláusula compromissória está inserido no campo das obrigações, os litígios dele decorrentes serão, em princípio, regidos pelo princípio da disponibilidade.

E assim o Ministro Nelson Jobim concluiu que "[a] disponibilidade dos interesses litigiosos ou 'das pretensões materiais contrapostas', para usar a expressão de PERTENCE, é condição de eficácia da cláusula compromissória".

Endereçando a alegada inconstitucionalidade por possível ofensa ao art. 5º, inciso XXXV, da CF, o Ministro Nelson Jobim foi assertivo: não há qualquer vedação em tal artigo no sentido de proibir as partes de pactuarem formas extrajudiciais de solução de conflitos, sejam eles atuais ou futuros. O mandamento constitucional possui como destinatário o legislador, inexistindo proibição para que seja renunciada a ação judicial relativa a litígios determináveis, decorrentes de contratos específicos.

No entendimento expressado no voto, não há renúncia abstrata à jurisdição, mas sim convenção de arbitragem sobre litígios futuros e incertos, circunscritos à relação contratual, estritamente determináveis. Há renúncia relativa, portanto, à jurisdição – e não a qualquer relação jurídica futura.

Este foi o entendimento para afastar a primeira "causa de inconstitucionalidade" da Lei de Arbitragem, relativa à instituição da arbitragem.

O Ministro Nelson Jobim seguiu sua análise de forma a enfrentar a alegada inconstitucionalidade do art. 7º, da Lei de Arbitragem. No entendimento do Ministro, o papel do juiz no âmbito da ação prevista no artigo em questão será no sentido de verificar se a cláusula, tal como pactuada, preenche os requisitos para execução específica. Tal procedimento está adstrito às cláusulas "vazias", visto que existindo manifestação de vontade no sentido de submeter as disputas à arbitragem, as partes nada dispuseram sobre a forma como esta deverá ser instituída.

Nesse contexto, o Ministro Jobim concluiu pela constitucionalidade dos dispositivos questionados, acompanhando o Ministro Relator no provimento do agravo de forma a homologar a sentença arbitral estrangeira.

Seguiu-se intenso debate entre os Ministros Nelson Jobim, Moreira Alves e Sepúlveda Pertence acerca da indisponibilidade do direito de ação e do momento em que ocorre a manifestação de vontade de submeter o litígio à arbitragem.

O Ministro Nelson Jobim seguiu o voto na tentativa de aclarar os pontos em debate. Também tratou da equiparação feita entre sentença judicial e sentença arbitral, e da possibilidade de homologação de sentença arbitral estrangeira pelo STF – no que concordou com o Ministro Relator.

O Ministro Relator confirmou o entendimento anterior lançado em seu voto, no que se seguiu novo debate sobre a necessidade de manifestação de vontade nos casos em que, surgido um litígio e existindo cláusula compromissória, deveriam as partes manifestar novamente sua vontade no sentido de submeter a questão à arbitragem. O Ministro Nelson Jobim insistiu em um ponto que é crucial para a arbitragem: a autonomia da vontade das partes, princípio que dialoga diretamente com tal discussão.

O Ministro Marco Aurélio uniu-se ao debate, fazendo coro ao Ministro Nelson Jobim. O julgamento foi suspenso em razão de pedido de vista dos autos feito pelo Ministro Ilmar Galvão.

Em 21.3.2001, o Ministro Ilmar Galvão iniciou seu voto com um importante retrato do cenário da arbitragem no mundo e seu aperfeiçoamento, bem como examinou o desenvolvimento do instituto sob o prisma do próprio desenvolvimento da sociedade. Com relação à análise de constitucionalidade, o Ministro Ilmar Galvão entendeu pela possibilidade de execução específica da cláusula compromissória e inexistência de ofensa ao art. 5º, inciso XXXV, da CF; fazendo referência à ação anulatória de sentença arbitral, administrador entendeu que o que ocorre é o deslocamento do momento de intervenção do Poder Judiciário quando a disputa é submetida à arbitragem. Acompanhou o Ministro Relator no sentido de homologar a sentença arbitral estrangeira.

O julgamento foi retomado em 3.5.2001 após pedido de vista dos autos formulado pela Ministra Ellen Gracie, que aderiu à divergência inaugurada pelo Ministro Nelson Jobim. O Ministro Maurício Corrêa votou na sequência, rememorando entendimento prévio expresso na SEC 5.847-1 para corroborar a constitucionalidade dos artigos questionados. Acompanhou, portanto, a divergência.

O Ministro Marco Aurélio foi o próximo a votar. Discorreu sobre a liberdade das partes, a autonomia da vontade e a importância de prestigiar-se a arbitragem – que entendia de todo compatível com o sistema jurídico brasileiro. Enalteceu a importância do julgamento para, acompanhando a divergência inaugurada pelo Ministro Nelson Jobim, declarar constitucional os dispositivos questionados.

O Ministro Sydney Sanches foi o último a votar naquela data, acompanhando o Ministro Relator.

Seguiu-se pedido de vista do Ministro Néri da Silveira, tendo o julgamento sido retomado em 12.12.2001 com mais um voto acompanhando o Ministro Relator. Votou, na mesma data, o Ministro Carlos Velloso, que acompanhou a divergência inaugurada pelo Ministro Nelson Jobim. Finalmente, votou o Ministro Moreira Alves que, confirmando entendimento já esposado ao longo do julgamento, acompanhou o Ministro Relator.

O resultado final do julgamento foi o seguinte: o STF decidiu, por unanimidade, dar provimento ao agravo interno para homologar a sentença arbitral estrangeira, restando parcialmente vencidos os Ministros Sepúlveda Pertence (Relator), Sydney Sanches, Néri da Silveira e Moreira Alves, que declaravam a inconstitucionalidade do parágrafo único do art. 6º, do art. 7º e seus parágrafos, no art. 41, das novas redações atribuídas ao art. 267, inciso VII, e ao artigo 301, inciso IX, do CPC, e do art. 41, da Lei de Arbitragem.

IV. Conclusão

Pouco mais de 5 (cinco) anos após sua promulgação, coube ao STF validar, em âmbito constitucional, a aplicação da Lei Brasileira de Arbitragem. Em que pese tenha o STF consignado, de início, que o diploma era, em larga escala, constitucional, fato é que o julgamento da SE nº 5.206 foi importante para analisar a possibilidade de convivência de alguns princípios importantes: a inafastabilidade do Poder Judiciário, o acesso à jurisdição e a autonomia da vontade das partes – este último, tão caro à arbitragem.

Ao realizar a análise da constitucionalidade do art. 7º da Lei de Arbitragem, o STF pode cotejar tais princípios e afastar sua incompatibilidade: deve ser enaltecida a autonomia da vontade das partes em livremente pactuar a submissão de disputas ao juízo arbitral através de cláusula compromissória, não representando tal situação negativa de acesso ao Poder Judiciário.

O julgamento, sem dúvidas, foi histórico para o desenvolvimento da arbitragem no Brasil. Seguiu-se um vigoroso aumento de sua utilização, com o número de casos crescendo exponencialmente. Hoje o Brasil é uma referência no desenvolvimento da arbitragem: apesar de uma realidade recente, o instituto vem se consolidando de forma cada vez mais forte – e muito disso está relacionado à posição adotada pelo STF em 2001 e o constante prestígio à arbitragem que vem sendo dado pelo Poder Judiciário desde então.

O caso Ellwanger: antissemitismo como crime de racismo

Daniel Kaufman Schaffer

Vivemos dias difíceis, com manifestações crescentes e difusas de toda forma de discriminação, por vezes oriundas de pessoas que nem sempre se declaram preconceituosas. Discursos nacionalistas, radicais e/ou rotulados como populistas – mas, na realidade, verdadeiramente retrógrados e perniciosos – têm ganhado força em todo o mundo, invariavelmente emergindo em meio a crises políticas, econômicas e sociais. De fato, uma verdadeira onda de intolerância e violência baseada no ódio está se difundindo rapidamente, atingindo a tudo e a todos em alguma medida.[1]

O antissemitismo em especial, termo utilizado de forma abrangente para designar manifestações de hostilidade contra judeus ou pessoas e instituições assim consideradas e que será tratado com maior destaque neste capítulo, tem crescido de forma exponencial,

---

1 A situação alarmante foi recentemente reconhecida pelo Secretário-Geral da Organização das Nações Unidas ("ONU"), António Guterres, por ocasião do lançamento em 2019 do "United Nations Strategy and Plan of Action on Hate Speech", onde se afirmou que: *"around the world, we are seeing a disturbing groundswell of xenophobia, racism and intolerance – including rising anti-Semitism, anti-Muslim hatred and persecution of Christians. (...) Neo-Nazi and white supremacy movements are on the march. Public discourse is being weaponized for political gain with incendiary rhetoric that stigmatizes and dehumanizes minorities, migrants, refugees, women and any so-called "other". This is not an isolated phenomenon (...). Hate is moving into the mainstream"* (disponível em <https://www.un.org/en/genocideprevention/hate-speech-strategy.shtml>, acesso em 12 de janeiro de 2020). Em território brasileiro, a situação de intolerância não destoa do movimento global, podendo ser retratada pela expressão *"tempos estranhos"* rotineiramente empregada pelo Ministro Marco Aurélio Melo.

atingindo proporções preocupantes. Apesar das dificuldades de registrar e coletar dados precisos sobre o volume dessas ocorrências, pela própria natureza dos atos em questão, pesquisas oficiais e independentes indicam um intenso crescimento de sua presença ao redor do globo, inclusive no Brasil. Triste e perturbadoramente, incidentes cruéis envolvendo antissemitismo estão se tornando corriqueiros, o que reforça a necessidade de se combater tais práticas com o rigor da lei.[2]

Dentro deste contexto bastante peculiar, este capítulo, produzido em atenção a convite que muito me honra, ao mesmo tempo em que busca recordar e homenagear o célebre julgamento do que se convencionou chamar de "Caso Ellwanger" pelo Supremo Tribunal Federal ("STF"), habeas corpus ("HC") 82.424-2 do Estado do Rio Grande do Sul ("RS"), sem dúvida alguma um dos processos mais emblemáticos relacionados à preconceito e aos direitos civis, dedicar-

2 Os exemplos de atos de antissemitismo são abundantes. Atentados foram e seguem sendo realizados a esmo; sinagogas foram cobertas de pichações racistas e danificadas com explosivos e bombas incendiárias; cemitérios judeus e memórias do Holocausto foram profanados; escolas e instituições comunitárias judaicas foram danificadas e incendiadas; pessoas foram física ou moralmente atacadas, inclusive por meios eletrônicos. Para um levantamento dos incidentes antissemitas, ver o primeiro relatório (A/74/47921) divulgado pela ONU em setembro de 2019 (disponível em <https://unwatch.org/wp-content/uploads/2019/09/2019-UN-Report-on-Antisemitism-A_74_47921ADV.pdf?utm_source=akna&utm_medium=email&utm_campaign=Newsletter+Conib+-+23-09-19>, acesso em 12 de janeiro de 2020), a pesquisa produzida pela Agência dos Direitos Fundamentais da União Europeia divulgada em novembro 2019 (disponível em <https://fra.europa.eu/sites/default/files/fra_uploads/fra-antisemitism-overview-2008-2018_en.pdf>, acesso em 12 de janeiro de 2020), o estudo produzido em 2018 pelo Kantor Center (disponível em <http://www.kantorcenter.tau.ac.il/sites/default/files/Antisemitism%20Worldwide%202018.pdf>, acesso em 12 de janeiro de 2020). Com relação ao Brasil, a mais recente pesquisa conduzida pela Anti-Defamation League (organização americana que luta contra discriminação) indica que o antissemitismo cresceu substancialmente nos últimos 5 anos (ver <https://global100.adl.org/country/brazil/2019>, acesso em 12 de janeiro de 2020).

-se-á a tecer breves considerações sobre a relevância e os impactos da decisão na vida dos brasileiros.

Para facilitar a compreensão, antecipa-se que este capítulo está dividido em quatro partes. A primeira apresentará o pano de fundo do Caso Ellwanger. A segunda, por sua vez, delimitará a discussão ocorrida perante o STF. A terceira tratará do enquadramento pelo STF da conduta antissemita como prática do crime de racismo. Ato contínuo, voltar-se-á o foco para a discussão entabulada em torno dos limites à liberdade de expressão. Finalmente, tecer-se-á considerações sobre os impactos desse relevantíssimo precedente.

1. O pano de fundo do Caso Ellwanger

Sigfried Ellwanger Castan (1928 - 2010) foi um industrial, escritor e editor gaúcho.[3] Enquanto sócio fundador da Editora Revisão Ltda., Ellwanger editou, distribuiu e vendeu ao público mais de uma dezena de obras antissemitas de sua autoria[4] e de outros autores nacionais e estrangeiros[5]. Pregou discriminação racial, incitou o ódio aos judeus e tentou responsabilizá-los por todos os males do mundo[6], chegando ao disparate de tergiversar ou negar por completo a ocorrência do lastimável extermínio em massa de mais de seis milhões de judeus durante a Segunda Guerra Mundial levado a cabo pela Alemanha, então liderada por Adolf Hitler.

Por ter de forma reiterada e sistemática editado, distribuído e comercializado ao público obras de conteúdo discriminatório contra

3 Nascido em Candelária, Estado do Rio Grande do Sul.

4 Entre elas, "Holocausto Judeu ou Alemão? - Nos bastidores da Mentira do Século", "A implosão da mentira do século", "Acabou o gás... O fim de um mito" e "SOS para a Alemanha".

5 Como "O Judeu Internacional", de Henry Ford; "A história secreta do Brasil", "Brasil - colônia de banqueiros", "Os protocolos dos sábios de Sião", os três de autoria de Gustavo Barroso; e "Os conquistadores do mundo - os verdadeiros criminosos de guerra", de Louis Marschalko.

6 REALE JÚNIOR, Miguel. Limites à Liberdade de Expressão. *In* Direitos humanos. São Paulo: Espaço Jurídico Journal of Law, v. 11, nº 2, 2010, pp. 374-401.

o povo judeu, em 12 de novembro de 1991, Ellwanger foi denunciado pelo Ministério Público do Estado do Rio Grande do Sul, como incurso no artigo 20, caput, da Lei nº 7.716/89 (com a redação dada pela Lei nº 8.081/90).[7-8]

Absolvido em primeira instância[9], em 31 de outubro de 1996, Ellwanger foi condenado por unanimidade pela 3ª Câmara Criminal do Tribunal de Justiça do Estado do Rio Grande do Sul ("TJRS")[10] a dois anos de reclusão, com *sursis*[11] por quatro anos.[12] Ao dar provimento ao apelo da Federação Israelita do Rio Grande do Sul, enquanto assistente de acusação, o TJRS reconheceu em alentado acórdão que as obras de Ellwanger *"fazem proselitismo de ideias anti-judáicas"*, materializando efetiva discriminação racial, sendo a *"intenção única do* [Ellwanger] *propagar uma realidade alicerçada em ideologia que chega às raias do fanatismo"*.

---

7 A disposição legal vigente à época tinha a seguinte redação: *"Art. 20. Praticar, induzir ou incitar, pelos meios de comunicação social ou por publicação de qualquer natureza, a discriminação ou preconceito de raça, por religião, etnia ou procedência nacional. (Artigo incluído pela Lei nº 8.081, de 21.9.1990) Pena: reclusão de dois a cinco anos."*

8 De acordo com a peça acusatória, as obras de Ellwanger *"abordam e sustentam mensagem anti-semitas, racistas e discriminatórias e com isso procuram incitar e induzir a discriminação racial, semeando em seus leitores sentimentos de ódio, desprezo e contra o povo de origem judaica"* (processo nº 001/0.13.9101325-5, fls. 37).

9 Por sentença de 14 de junho de 1995, de lavra da Juíza Substituta Bernadete Coutinho Friedrich, da 8ª Vara Criminal de Porto Alegre/RS, com fulcro na prova da inexistência dos fatos (artigo 386, inciso I, do Código de Processo Penal).

10 Participaram do julgamento, além do relator Desembargador Fernando Mottola, os Desembargadores José Eugênio Tedesco e Aristides Pedroso de Albuquerque Neto. Apelação crime registrada sob o nº 695130484.

11 Ou seja, suspensão da execução da reprimenda, desde que observados os requisitos impostos pelo TJRS.

12 O acórdão do TJRS foi assim ementado: *"RACISMO. Edição e venda de livros fazendo apologia de ideias preconceituosas e discriminatórias. Art. 20 da Lei nº 7716/89 (redação dada pela Lei nº 8081/90). Limites constitucionais da liberdade de expressão. Crime imprescritível. Sentença absolutória reformada"*.

Após a interposição dos recursos cabíveis, em 14 março de 2000, o decreto condenatório de Ellwanger foi confirmado pelo STF, tendo sido certificado o trânsito em julgado apenas no ano seguinte.[13]

Irresignada, a defesa de Ellwanger impetrou o HC 151.55/RS em seu favor perante o STJ, no qual não se contestou a configuração do crime de discriminação ou preconceito contra a comunidade judaica, mas que, no caso, não teria sido cometido crime de racismo, uma vez que o povo judeu não constitui uma raça, e, via de consequência, não se poderia cogitar da incidência da imprescritibilidade, de sorte que a pretensão punitiva estatal estaria prescrita.

Em 18 de dezembro de 2001, a Quinta Turma do STJ, sob a relatoria do Ministro Gilson Dipp, denegou a ordem por maioria[14], reconhecendo que *"a condenação se deu por delito contra a comunidade judaica, não se podendo abstrair o racismo de tal comportamento"*. Como bem consignado no acórdão, a palavra racismo contempla *"todos os tipos de discriminação ilegal, seja em relação à religião, nacionalidade, regionalidade, aparência física, etc."*, tratando-se de crime formal, de mera conduta, que não exige a realização do resultado material para a sua configuração e, ademais, que não comporta *"diferenciação entre as figuras da prática da incitação ou do induzimento (...), eis que, todo aquele que pratica uma destas condutas discriminatórias ou preconceituosas, é autor do delito de racismo"*.

Sem alternativa, em 13 de setembro de 2002, nova impetração, agora perante o STF (HC 82.424-2/RS), como substitutivo de recurso ordinário, trazendo à tona os mesmos argumentos que haviam sido enfrentados e rejeitados pelo STJ. Por maioria de sete a três, o Plenário denegou a ordem perseguida e manteve incólume a condenação de Ellwanger.

13 Vide Agravo de Instrumento registrado sob o nº 149.673/RS perante o Superior Tribunal de Justiça ("STJ") e Agravo de Instrumento registrado sob o nº 247.591-3/RS perante o STF.

14 Vencido o Ministro Edson Vidigal, o qual reconheceu a prescrição da pretensão punitiva estatal.

2. Delimitação da controvérsia perante o STF

No STF, o Caso Ellwanger foi amplamente analisado e discutido pelo Plenário por meses a fio, entre 12 de dezembro de 2002 e 17 de setembro de 2003[15], o que deu origem a um acórdão de quase sete centenas de laudas. De um modo geral[16], o debate se concentrou em duas questões centrais, a saber: (1) antissemitismo é racismo?; e (2) a liberdade de expressão e manifestação do pensamento autoriza a divulgação de discurso de ódio (também conhecido como *hate speech*) a que se dedicava Ellwanger, publicando e comercializando, de maneira contínua e sistemática, livros de propaganda antissemita e de denegação do holocausto? Passamos a tratar cada um desses pontos em separado.

3. Antissemitismo é racismo? A resposta é positiva

O primeiro grande tema discutido pelo STF nesse caso foi a possibilidade de o antissemitismo ser enquadrado como prática do crime de racismo. O debate veio à tona em razão de a defesa de Ellwanger buscar afastar a imprescritibilidade (disposta no artigo 5º, inciso XLII, da Constituição Federal[17]) da pena a que havia sido condenado.

15 Inclusive à luz de robustos pareceres apresentados por Miguel Reale Júnior ("Antissemitismo é racismo", in: Revista Brasileira de Ciências Criminais, nº 43, abr./jun. 2003, pp. 228-248) e Celso Laefer ("O caso Ellwanger: anti-semitismo como crime da prática do racismo", in: Revista de informação legislativa, v. 41, nº 162, abr./jun. 2004, pp. 53-89).

16 Deixando-se de lado, para os restritos fins deste capítulo, um debate suscitado de ofício pelo Ministro Carlos Ayres Britto em torno da data em que a prática do crime de racismo teria se dado e, via de consequência, em que medida seria ou não aplicável a Lei nº 8.081/1990, que deu nova redação ao artigo 20 da Lei nº 7.716/1989. De acordo com o Ministro Carlos Ayres Britto, como a lei que tipificou o crime de racismo por meio de comunicação teria sido promulgada depois da prática do fato imputado como ilícito ao Ellwanger, seria o caso de absolvição do réu por atipicidade do crime. O entendimento, porém, não prevaleceu.

17 *"Art. 5º Todos são iguais perante a lei, sem distinção de qualquer natureza, garantindo-se aos brasileiros e aos estrangeiros residentes no País a inviolabilidade do direito à vida, à liberdade, à igualdade, à segurança e à proprie-*

Sob o argumento de que os judeus não são uma raça, arguiu-se que o crime praticado não era e não poderia ser o do racismo. Assim, passou-se a determinar o sentido e o alcance da expressão racismo.

O relator inicial do Caso Ellwanger e que restou ao cabo vencido pela maioria, Ministro Moreira Alves, conferiu interpretação restritiva ao texto constitucional, que qualifica a prática do racismo como crime, e à correspondente legislação infraconstitucional que regula a matéria (Lei nº. 7.716/89). Em suma, entendeu que a prática da discriminação racista incidiria exclusivamente contra o negro e que os judeus, não sendo uma raça, não se enquadrariam e não estariam sujeitos ao âmbito das garantias constitucionais aplicáveis à espécie. Ao assim votar, o Ministro Moreira Alves posicionou-se pela concessão da ordem para declarar a extinção da punibilidade pela ocorrência da prescrição da pretensão punitiva.[18]

Após pedido de vista, o Ministro Maurício Corrêa abriu alentada dissidência, no que foi acompanhado pela ampla maioria do Plenário. Atento à multiplicidade das origens da sociedade brasileira e, portanto, a amplitude de que se pode revestir o crime da prática do racismo, bem como a redação do artigo 3º, inciso IV, da Constituição Federal[19]

---

dade, nos termos seguintes: (...) XLII – a prática do racismo constitui crime inafiançável e imprescritível, sujeito à pena de reclusão, nos termos da lei;"

---

18 A interpretação restritiva conferida pelo Ministro Moreira Alves foi inicialmente seguida tanto pelo Ministro Marco Aurélio quanto pelo Ministro Carlos Ayres Britto. O primeiro, porém, também tratou da aplicação da liberdade de expressão e manifestação do pensamento ao caso concreto, que seriam aptas a autorizar a concessão da ordem de HC em favor do Ellwanger para assentar a inexistência de prática de racismo e pela incidência da prescrição da pretensão punitiva. O segundo, por sua vez, por ocasião da confirmação de seu voto, passou a divergir em pequena parte do Ministro Moreira Alves para admitir que a palavra racismo alcançasse *"duas realidades: a dos negros e a daqueles povos, como os judeus, que se personalizaram, ganharam, por fatores histórico-culturais, uma identidade"*.

19 *"Art. 3º Constituem objetivos fundamentais da República Federativa do Brasil: (...) IV – promover o bem de todos, sem preconceitos de origem, raça, sexo, cor, idade e quaisquer outras formas de discriminação."*

e de tratados internacionais[20] e precedentes estrangeiros[21], reconheceu o relator designado que o antissemitismo é uma prática de racismo, mormente porque não existem "raças", mas apenas uma única espécie ao redor do globo, a espécie humana, e todos os seres humanos podem ser indistintamente vítimas da prática de racismo, que é e deve ser reputada como imprescritível. Neste particular, anotou que:

> "Com a definição e o mapeamento do genoma humano, cientificamente não existem distinções entre os homens, seja pela segmentação da pele, formato dos olhos, altura, pelos ou por quaisquer outras características físicas, visto que todos se qualificam como espécie humana. Não há diferenças biológicas entre os seres humanos. Na essência são todos iguais. A divisão dos seres humanos em raças resulta de um processo de conteúdo meramente político-social. Desse pressuposto origina-se o racismo que, por sua vez, gera a discriminação e o preconceito segregacionista."

E foi além:

> "Como evidenciado cientificamente, todos os homens que habitam o planeta, sejam eles pobres, ricos, brancos, negros, amarelos, judeus ou muçulmanos, fazem parte de uma única raça, que

20 Dentre outros, a Convenção Internacional sobre a Eliminação de todas as formas de Discriminação Racial de 1965, assinada pelo Brasil e ratificada sem reservas (Decreto nº 65.810/1969); o Pacto Internacional sobre Direitos Civis e Políticos de 1966, ratificado por meio do Decreto Legislativo nº 226/1991 e Decreto nº 592/1996; Pacto de São José da Costa Rica, também incorporado ao direito brasileiro (Decreto Legislativo nº 89/1998, Decreto nº 678/1992 e Decreto nº 4.463/2002); posicionamento do Brasil na Conferência Mundial sobre Direitos Humanos em Viena, realizada em 14 de junho de 1993; a Resolução nº 623 da Assembleia Geral da ONU, de dezembro de 1998.

21 Neste particular, o Ministro Maurício Corrêa mencionou em seu voto decisões proferidas pela Suprema Corte dos Estados Unidos da América (*Shaare Tefila Congregation vs Cobb, US 615*) e pela Câmara dos Lordes do Reino Unido da Grã-Bretanha e da Irlanda do Norte (*Mandla e outro vs Dowell Lee e outro*).

> é a espécie humana, ou a raça humana. (...) O racismo, pois, não está na condição humana de ser judeu. O que vale não é o que pensamos, nós ou a comunidade judaica, se se trata ou não de uma raça, mas efetivamente se quem promove o preconceito tem o discriminado como uma raça e, exatamente com base nessa concepção, promove e incita a sua segregação, o que ocorre no caso concreto. (...) Dessa forma, dúvida não pode haver que o anti-semitismo (..) constitui uma forma de racismo."

Para ao final concluir que:

> "A edição e publicação de obras escritas veiculando ideias antissemitas, que buscam resgatar e dar credibilidade à concepção racial definida pelo regime nazista, negadoras e subversoras de fatos históricos incontroversos como o Holocausto, consubstanciadas na pretensa inferioridade e desqualificação do povo judeu, equivalem à incitação ao discrímen com acentuado conteúdo racista, reforçadas pelas consequências históricas dos atos em que se baseiam. Discriminação que, no caso, se evidencia como deliberada e dirigida especificamente aos judeus, que configura ato ilícito de prática de racismo, com as consequências gravosas que o acompanham".

Ao acompanhar o voto do relator designado, o Ministro Celso de Mello acertadamente afirmou que a noção de racismo não se resume a um conceito de ordem estritamente antropológica ou biológica, projetando-se, ao contrário, em uma dimensão abertamente cultural e sociológica, além de caracterizar, em sua abrangência conceitual, um indisfarçável instrumento de controle ideológico. Com efeito, aceitar a tese exposta por Ellwanger significaria tornar perigosamente frágil a proteção que o ordenamento jurídico dispensa, no plano nacional e internacional, aos mais variados grupos minoritários.

Sem destoar, o Ministro Gilmar Mendes reconheceu que *"não há como negar o caráter racista do antissemitismo"*, mormente porque o seu conceito jurídico não se divorcia do conceito histórico, sociológico e cultural, o que, inclusive, está contemplado em instrumentos internacionais subscritos pelo Brasil sobre o tema.

Por sua vez, o Ministro Cezar Peluso, ao votar pela manutenção do decreto condenatório, destacou ainda o reprovável comportamento antissemita sistemático de Ellwanger: *"é o fato incontroverso de que o ora paciente se tornou, como editor e autor, especialista na publicação, redação e difusão de livros hostis à comunidade judaica. Ou seja, se ele se propusesse ou apresentasse apenas como editor casual de tais obras, ou até como editor de excentricidades, eu decerto consideraria com outros olhos este habeas corpus. Não é esse o caso, porém, senão de reprovável comportamento sistemático."*

Em seu voto, o Ministro Nelson Jobim defendeu uma reflexão caso-a-caso para verificação da ocorrência de crime de racismo. Em meio aos frequentes debates, asseverou que *"não é a edição do livro (...) que seja a prática do racismo, mas sim ser ele um instrumento, um veículo pelo qual pode-se produzir o racismo. (...) pode-se manejar, manipular e mexer esses instrumentos para, com eles, produzir o resultado desejado, que é exatamente difamar e praticar o racismo."* Ato contínuo, arrematou o raciocínio para consignar *"as edições dos livros* [por Ellwanger] *não foram por motivos históricos, não foram para o enriquecimento de sua biblioteca, foram instrumentos para se opor e produzir o anti-semitismo"*, o que configura prática do crime de racismo.

Os Ministros Sepúlveda Pertence, Carlos Velloso e Ellen Gracie, por sua vez, em seus percucientes votos, também expuseram um levantamento histórico da evolução dos direitos humanos e de precedentes similares ao caso concreto, tanto no âmbito nacional como no internacional, para ao cabo acompanharem integralmente o voto do relator designado e completar a maioria.

4. Liberdade de expressão abrange discurso de ódio? A resposta é negativa

A segunda questão discutida pelo STF versou sobre o tema do eventual conflito entre princípios constitucionais, tendo sido ponderada, no caso concreto, a existência ou não de uma antinomia e um conflito principiológico entre a liberdade de manifestação do pensamento e a condenação de Ellwanger pelo crime da prática do racismo.

Esse tema foi amplamente discutido pelo STF, tendo sido trazido à baila de ofício por ocasião do voto do Ministro Carlos Ayres

Britto[22], no que foi em grande parte acompanhado pelo Ministro Marco Aurélio Mello. Contudo, a interpretação desses dois Ministros sufragou frente à maioria acachapante do Plenário.[23]

A orientação fixada no acórdão foi a de que a garantia constitucional da liberdade de expressão não é absoluta, tem limites morais e jurídicos e não pode abrigar, em sua abrangência, manifestações que implicam ilicitude penal. No caso concreto, consta do acórdão que: *"o preceito fundamental da liberdade de expressão não consagra o 'direito à incitação ao racismo', dado que um direito individual não*

22 Em trecho do voto, o Ministro Marco Aurélio afirma que *"à medida que se protege o direito individual de livremente exprimir as idéias, mesmo que estas pareçam absurdas ou radicais, defende-se também a liberdade de qualquer pessoa manifestar a própria opinião, ainda que afrontosa ao pensamento oficial ou ao majoritário."* Em outra passagem, salienta que *"avocar ao Judiciário o papel de censor não somente das obras dos próprios autores, responsabilizando-os, como sobretudo daquelas simplesmente editadas, enseja um precedente perigosíssimo."* E depois, *"o tribunal, à medida que venha a relativizar a garantia da liberdade de expressão, enquadrando como manifestação racista o livro de autoria do paciente, bem como as publicações de que fora editor, terminará por praticar função simbólica, implementando uma imagem politicamente correta perante a sociedade. Estaríamos, então, diante de uma hipótese de 'Jurisprudência Simbólica', sobressaindo a defesa do pensamento antinazista, quando em jogo se faz, isto sim, a liberdade de expressão, de pensamento, enfim de opinião política."* Para ao cabo concluir que: *"aplicando o princípio da proporcionalidade na hipótese de colisão da liberdade de manifestação do paciente e da dignidade do povo judeu, acredito que a condenação efetuada pelo Tribunal de Justiça do Estado do Rio Grande do Sul – por sinal, a reformar a sentença do Juízo – não foi o meio mais adequado, necessário e razoável."*

23 Anote-se que a longa discussão de ofício em torno desse tema é objeto de dura crítica doutrinária. Nesse sentido, ver STRECK, Lenio Luiz. 30 anos da CF em 30 julgamentos: uma radiografia do STF. Rio de Janeiro: Forense, 2018. pp. 38-41. (*"Pode-se afirmar que o STF, neste caso, errou no fundamento da decisão, o que significa dizer que o debate jurídico não foi conduzido de modo adequado. Em outras palavras: embora o acerto da decisão em condenar Ellwanger, o STF errou porque não cumpriu com seu dever constitucional de apresentar a melhor resposta para a controvérsia. (...) Afirmar que existe uma "colisão" entre valores, neste caso, implica dizer que, ao mesmo tempo, a conduta de Ellwanger era legal e ilegal (ou lícita e ilícita). (...)* [Ocorre que] *no caso Ellwanger, não havia nada a ser ponderado."*).

pode constituir-se em salvaguarda de condutas ilícitas, como sucede com os delitos contra a honra. Prevalência dos princípios da dignidade da pessoa humana e da igualdade jurídica".

Cabe, por oportuno, destacar o voto do Ministros Celso de Mello, que, após fazer referência a diversos pronunciamentos emanados do STF e de cortes estrangeiras, reconheceu que não é ilimitada a extensão dos direitos e garantias individuais assegurados pela Constituição Federal, mesmo tratando-se da liberdade de manifestação do pensamento, cuja invocação não pode nem deve legitimar abusos cuja prática, como no Caso Ellwanger, qualifique-se como ato revestido de ilicitude penal. Neste particular, registrou-se que:

> "O fato é que a liberdade de expressão não pode amparar comportamentos delituosos que tenham, na manifestação do pensamento, um de seus meios de exteriorização, notadamente naqueles casos em que a conduta desenvolvida pelo agente encontra repulsa no próprio texto da Constituição, que não admite gestos de intolerância que ofendem, no plano penal, valores fundamentais, como o da dignidade da pessoa humana, consagrados como verdadeiros princípios estruturantes do sistema jurídico de declaração dos direitos essenciais que assistem a generalidade das pessoas e dos grupos humanos."

A par das ponderações acima, o Ministro Celso de Mello concluiu que o Caso Ellwanger nem sequer traduziria uma situação de antinomia entre direitos básicos, tampouco colocaria em confronto liberdades e prerrogativas asseguradas pela Constituição Federal, mormente porque manifestações natureza criminosa (como a incitação, de cunho racista, ao ódio público contra membros de determinada coletividade) não se revelam suscetíveis de proteção constitucional.

Ao acompanhar o voto do Ministro Celso de Mello, o Ministro Carlos Velloso, por sua vez, ponderou com cautela e cuidado que lhes são peculiares que os livros editados e escritos por Ellwanger não veiculavam apenas e simplesmente teses ideológicas, mas, em realidade, exprimiam verdadeiro preconceito contra os judeus e estimulavam o ódio, materializando, portanto, conduta criminosa que não comportaria jamais ser considerada sob o princípio da liberdade de expressão, mormente porque atentatória contra o princípio maior da dignidade da pessoa humana.

Na mesma toada, e fazendo referência para a jurisprudência americana e europeia, o Ministro Gilmar Mendes, valendo-se do que chamou de exercício de ponderação, afirmou que uma compreensão dos direitos fundamentais não pode dar guarida, no âmbito do direito à liberdade de expressão, a manifestações antissemitas à semelhança daquelas verificadas no Caso Ellwanger. De fato, a discriminação racial levada a efeito por um suposto exercício da liberdade de expressão compromete um dos pilares do sistema democrático, consubstanciado na própria ideia de igualdade.

Por seu turno, o Ministro Nelson Jobim reconheceu que *"o ódio racial causa lesão ao objetivo de uma política de igualdade, que e uma politica democrática. A igualdade, portanto, é precondição para a democracia e o objetivo da liberdade de opinião. As opiniões consubstanciadas no preconceito e no ódio racial não visam contribuir para nenhum debate inerente às deliberações democráticas para o qual surge a liberdade de opinião. Não visam contribuir para nenhuma deliberação, não comunicam ideias que possam instruir o compromisso que preside a deliberação democrática."* E, por tudo isso, não podem e não devem receber proteção constitucional sob o manto travestido da liberdade de expressão.

Formada novamente a maioria, vencidos neste particular os Ministros Marco Aurélio Mello e Carlos Ayres Britto, foi negado o HC e confirmada a condenação de Ellwanger pela prática do crime de racismo.

5. Reflexões sobre a importância do Caso Ellwanger

O julgamento do Caso Ellwanger representou um marco histórico na jurisprudência do STF. A repercussão do caso na mídia e na sociedade civil foi notória e a questão teve e segue tendo amplo destaque em debates e discussões por todo país. De fato, a decisão do STF evitou que o Brasil ficasse à margem e deixasse de observar os seus compromissos internacionais de combate ao racismo, inclusive o antissemitismo.

Como antevisto à época pelo Ministro Celso de Mello, o STF se reuniu e de fato proferiu *"um julgamento impregnado de indiscutível transcendência e revestido de irrecusável valor simbólico"*, pois nele estava em debate o *"permanente conflito entre civilização e barbárie"*. Como consignado no acórdão, o STF fez prevalecer:

> "a essencial e inconspurcável dignidade das pessoas, em solene reconhecimento de que, acima da estupidez humana, acima da insensibilidade moral, acima das distorções ideológicas, acima das pulsões irracionais e acima da degradação torpe dos valores que estruturam a ordem democrática, deverão sempre preponderar os princípios que exaltam e reafirmam a superioridade ética dos direitos humanos, cuja integridade, uma vez mais, será preservada, aqui e agora, em prol de todos os cidadãos e em respeito aos milhões de seres humanos que a crueldade inominável do regime nazista, em momento sombrio e declinante da História destruiu e martirizou em um holocausto que jamais deverá ser apagado da memória de todos nó, permanecendo, ao contrário, como uma grave advertência, para as presentes e futuras gerações, de que o mal jamais devera triunfar outra vez."

Sem sombra de dúvidas, a decisão do Caso Ellwanger pode e deve ser considerada como um divisor de águas, mormente porque estabeleceu de forma clara que todos os seres humanos podem indistintamente ser vítimas da prática do crime racismo. Mais do que isso, ao reafirmar a imprescritibilidade do crime de racismo, fez-se um alerta para as gerações daquela época, de hoje e de amanhã acerca da necessidade de se impedir o restabelecimento de conceitos ou discursos de ódio que a consciência jurídica, moral e histórica não mais admitem, o que se afigura especialmente necessário nos dias atuais.

Neste particular, tal como consignado pelo Ministro Nelson Jobim, levou-se à sociedade a mensagem de que a mais alta corte brasileira rechaça e não admitirá em hipótese alguma o ódio racial e o ativismo racista. Em um juízo de ponderação, deve-se defender o direito constitucional de ter opinião quando o objetivo é a comunicação e o debate, mas não se aceitará o uso irrestrito da liberdade de expressão para viabilizar o ódio e o racismo. A liberdade de expressão e de manifestação do pensamento não pode e não deve ser cúmplice ou veículo para a materialização do racismo, tampouco para o cometimento de outros ilícitos em detrimento da dignidade da pessoa humana ou da igualdade de todos.

A decisão vanguardista do STF sob análise neste capítulo[24] indubitavelmente encontrou uma forma ponderada de acomodar, frente ao arcabouço normativo constitucional, valores relevantíssimos que se encontram em estado de permanente tensão e que comportam as mais variadas interpretações e dimensionamentos. A posição vencedora, que na minha perspectiva pessoal se afigura a mais correta, tem reverberado positivamente na sociedade brasileira, sendo oportuno destacar a sua mais recente utilização como pedra fundamental para o reconhecimento pelo STF[25] da homofobia e transfobia como crimes de racismo, o que é, a meu ver, digno de aplausos.

24 Em absoluta consonância com o posicionamento de cortes alienígenas. Neste particular, cumpre fazer referência para a mais recente decisão proferida pela Corte Europeia de Direitos Humanos, datada de 3 de outubro de 2019, que, por ocasião do julgamento do caso *Pastörs vs. Germany* (*application* nº *55225/14*), reconheceu que a negação do Holocausto não encontra amparo na garantia à liberdade de expressão (prevista no artigo 10 da Convenção Europeia de Direitos Humanos) e configuram discurso de ódio.

25 Por ocasião do julgamento da Ação Direita de Inconstitucionalidade registrada sob o nº 26.

ADPF nº 130: A não recepção da lei de imprensa

Daniel Sarmento

1. Introdução

O Brasil não possui trajetória de proteção à liberdade de imprensa de que possa se orgulhar. O exercício das liberdades de imprensa e de expressão sempre foram temidos pelos governantes, vistos como ameaças ao poder político e ao *status quo* econômico, social e religioso, e por isso sofreram muitas restrições ao longo da nossa história. Até a chegada da família real portuguesa, em 1808, toda e qualquer atividade de imprensa era vedada no país. E depois da introdução da imprensa, a censura e a perseguição de críticos foram frequentes e generalizadas, notadamente em períodos autoritários, como durante o Estado Novo e a ditadura militar.

No período militar, especialmente depois da edição do AI-5, a liberdade de imprensa foi drasticamente restringida, com a imposição de censura prévia aos jornais e artistas, prisão e até assassinato de jornalistas, como Vladimir Herzog. Livros, músicas, filmes, programas televisivos e peças eram frequentemente censurados, não apenas por razões estritamente políticas, como também na tentativa de imposição de moralismo conservador e discriminatório no campo dos costumes. Os arroubos autoritários por vezes tangenciavam o ridículo: certa feita, proibiu-se a exibição televisiva de espetáculo do Balé de Bolshoi, da então União Soviética, por se tratar de "propaganda comunista"; em outro episódio, a imprensa foi impedida de noticiar surto de meningite, para não abalar a imagem do regime e o astral do país. Não é demais recordar esses episódios lamentáveis do passado, para evitar que se repitam, especialmente neste momento em que nuvens escuras ameaçam encobrir o céu da nossa democracia.

A Constituição de 1988 repeliu esse passado autoritário, assegurando de modo enfático as liberdades de expressão e de imprensa. Como disse Ulisses Guimarães no histórico discurso de promulgação da Carta de 88, *"a Constituição tem ódio e nojo da ditadura"*. Essa aversão dos constituintes ajuda a explicar a insistência do texto constitucional na garantia de liberdades comunicativas, que foram consagradas, de modo até redundante, em diversos dispositivos: artigo 5º, incisos IV, IX, XIV, e art. 220, *caput* e parágrafos 1º e 2º.

A proteção tão robusta se justifica não apenas por razões históricas, como também por fundamentos substantivos.[1] Afinal, as liberdades comunicativas são componentes indispensáveis da democracia, que pressupõe o amplo acesso de toda a sociedade a informações e a pontos de vista diversificados sobre os temas de interesse social, para que cada cidadão possa fazer mais conscientemente as suas escolhas políticas. Elas são também fundamentais para a autonomia e livre desenvolvimento da personalidade dos indivíduos. E se afiguram vitais para a proteção de todos os demais direitos. É que a denúncia pública configura muitas vezes o instrumento mais eficaz para coibir arbitrariedades, abusos e violações de direitos. Como disse Louis Brandeis, advogado e depois juiz da Suprema Corte dos Estados Unidos, *"não há melhor desinfetante do que a luz solar"*.

Porém, a Constituição não transforma a realidade tão logo é promulgada, como num passe de mágica. Quando nossa Lei Fundamental foi editada, predominava no Brasil uma cultura refratária às liberdades de expressão e de imprensa, com raízes profundas até mesmo no Poder Judiciário – infelizmente, ainda não completamente extirpadas. E vigoravam no país normas anteriores, elaboradas com base

1 Tratei mais detidamente do tema dos fundamentos das liberdades de expressão e imprensa em Daniel Sarmento, "art. 5º, IV". In: J. J. Gomes Canotilho *et ali. Comentários à Constituição do Brasil.* 2ª ed. São Paulo: Saraiva, 2018, pp. 260-264. Veja-se também, a propósito, Jónatas Eduardo Mendes Machado. *Liberdade de Expressão: dimensões constitucionais da esfera pública no sistema social.* Coimbra: Coimbra Editora, 2002.

em valores muito diferentes, quando não francamente antagônicos aos da Constituição de 88. Uma delas era a Lei de Imprensa (Lei nº 5.250/1967), editada em plena ditadura militar e impregnada pelo espírito autoritário daquele tempo.

A Lei de Imprensa continha preceitos claramente incompatíveis com a atual Constituição, como a previsão de censura de espetáculos e diversões públicas, a proibição de circulação de livros e periódicos clandestinos ou que atentassem contra a moral e os bons costumes, e a autorização de apreensão de impressos que promovessem a subversão da ordem pública e social ou fossem considerados imorais, o que poderia ser decretado pelo Ministro da Justiça, sem sequer necessidade de prévia ordem judicial.

Apesar da grande relevância do tema, demorou bastante o enfrentamento pelo STF da questão da compatibilidade entre a Constituição de 88 e a Lei da Imprensa do regime militar. É verdade que os preceitos da lei mais escancaradamente contrários à Constituição já não vinham sendo utilizados pelas autoridades brasileiras desde a promulgação da Carta. Alguns deles, inclusive, já eram rejeitados pela jurisprudência de outros tribunais. Mas o diploma legal continuava formalmente em vigor, pairando ameaçadoramente sobre a sociedade. O tema só foi definitivamente solucionado pelo STF com o julgamento da Arguição de Descumprimento de Preceito Fundamental (ADPF) nº 130, decidida em 30 de abril de 2009 – portanto, mais de vinte anos após a promulgação da Constituição cidadã. Como se verá, trata-se de uma das mais importantes decisões do STF, que elevou o patamar de proteção às liberdades de expressão e de imprensa no Brasil.

2. A ADPF nº 130: processo e decisão; elogios e crítica

A ADPF nº 130 foi proposta pelo Partido Democrático Trabalhista – PDT em 19 de fevereiro de 2008, subscrita pelos advogados Miro Teixeira e Erasto Villa-Verde Filho. Miro Teixeira, que liderou a causa, era à época deputado federal pelo PDT/RJ, além de advogado e jornalista. Sua atuação na vida pública sempre foi muito voltada para temas ligados à imprensa, tendo sido, inclusive, Ministro das Comunicações no governo Lula, entre 2003 e 2004.

Na petição inicial, o PDT impugnou especificamente diversos preceitos da Lei de Imprensa. Mas, além disso, formulou tese mais genérica no sentido de que toda a lei padeceria de *"autoritarismo congênito"*, e deveria por isso ser declarada inteiramente revogada pelo STF, porque *"incompatível com os tempos democráticos"*.

A ADPF nº 130 foi distribuída por sorteio à relatoria do Ministro Carlos Ayres de Britto, o que certamente contribuiu para o resultado alcançado. Carlos Ayres de Britto é um jurista sergipano que exerceu a judicatura no STF entre 2003 e 2012, e se notabilizou na Corte por adotar posições progressistas no campo dos direitos fundamentais, pelo espírito gregário e pacificador – em tribunal conhecido pelos frequentes atritos entre seus magistrados –, bem como pelo estilo peculiar de seus votos, em que as reflexões jurídicas frequentemente se combinavam com doses abundantes de lirismo (além de jurista, Britto é também poeta). Ele sempre foi defensor enfático das liberdades comunicativas na Corte Suprema, mesmo em casos considerados difíceis, por envolverem colisões com outros direitos fundamentais.

O Ministro Britto não perdeu tempo. No dia 21 de fevereiro de 2008 – portanto, apenas dois dias depois da distribuição da ADPF nº 130 – concedeu monocraticamente a medida cautelar. A concessão da cautelar foi parcial, com a suspensão da eficácia de apenas alguns preceitos da lei, cuja inconstitucionalidade era mais flagrante, mantendo-se os efeitos dos demais dispositivos. O relator submeteu sua decisão ao referendo do Plenário do STF, que se reuniu poucos dias depois, em 27 e 28 de fevereiro de 2008, para deliberar sobre a matéria, mantendo a medida cautelar concedida.

Considerando o tempo médio de tramitação das ações no STF, a ADPF nº 130 até foi julgada rapidamente, já que decidida pouco mais de um ano após a sua propositura. O julgamento consumiu duas sessões, dos dias 1º e 30 de abril de 2009. O resultado final, proclamado no dia 30, foi a procedência integral da ação, com o reconhecimento da não recepção de toda a Lei de Imprensa. Ficaram vencidos em parte os Ministros Joaquim Barbosa, Ellen Gracie e Gilmar Mendes, que votaram pelo reconhecimento da não recepção da maior parte dos preceitos da lei, mantendo, porém, a validade de outros; e vencido integralmente o Ministro Marco Aurélio, que julgava a ação totalmente improcedente.

Prevaleceu o voto do relator, Ministro Carlos Ayres Britto, que alterou seu entendimento inicial, de modo a tornar ainda mais ambiciosa e abrangente a decisão. Para o relator, não bastava afastar apenas alguns artigos da Lei de Imprensa do regime militar, ao contrário do que defendera na apreciação da medida cautelar. Era necessário ir além, reconhecendo a não recepção de toda a Lei nº 5.250/67. Como ressaltou em seu voto, o viés profundamente autoritário da Lei de Imprensa impediria *"de se preservar, após artificiosa hermenêutica de depuração, a coerência ou o equilíbrio interno de uma lei (a lei federal nº 5.250/67) que foi ideologicamente concebida e normativamente apetrechada para operar em bloco ou como um todo* pro indiviso".

O voto condutor caracteriza-se pelo enaltecimento da imprensa e da liberdade de expressão. Em passagens que passaram a integrar o cânone constitucional brasileiro, o Ministro Carlos Ayres Britto ressaltou a centralidade da imprensa para a democracia: *"Pelo seu reconhecido condão de vitalizar de muitos modos a Constituição, tirando-a mais vezes do papel, a Imprensa passa a manter com a democracia a mais entranhada relação de mútua dependência ou retroalimentação".* Nas suas palavras, a imprensa é *"verdadeira irmã siamesa da democracia".* O histórico voto também destacou a íntima ligação entre as liberdades de expressão e de imprensa e a dignidade humana, qualificando aquelas como *"sobredireitos da personalidade".* Apontou, ainda, o banimento constitucional da censura prévia, e registrou a necessidade de consideração da liberdade de imprensa na calibração da responsabilidade civil, de modo a evitar que indenizações excessivas por dano moral ou material possam inibir a atuação de uma imprensa livre e corajosa, tão indispensável para a vida democrática. E ressaltou que essa proteção reforçada da liberdade de imprensa vale em todos os âmbitos e espaços, inclusive na internet.

Tecidas as merecidas loas, é preciso reconhecer que o voto condutor é exemplo paradigmático do que a literatura constitucional denomina de *maximalismo judicial,*[2] na medida em que foi muito além

2 O maximalismo judicial é corrente que sustenta que o Poder Judiciário não deve ter receio de se valer de teorias muito ambiciosas para embasar suas decisões, nem de apresentar razões nos julgamentos que extrapolem

do que seria preciso dizer para chegar ao resultado alcançado. É que, além de ressaltar pontos extremamente relevantes e necessários, como os destacados acima, o voto adotou também posições bastante polêmicas que não precisariam ter sido equacionadas no julgamento da ADPF nº 130, já que não se relacionavam com preceitos da Lei de Imprensa. Algumas dessas posições provavelmente nem eram compartilhadas pelos demais ministros que compuseram a corrente majoritária, mas, apesar disso, acabaram registradas até na ementa do acórdão.

Dentre essas posições, cabe destacar a controversa afirmação a respeito da *prioridade absoluta e incondicional* da liberdade de imprensa sobre direitos da personalidade como a intimidade, a vida privada, a honra e a imagem, no momento anterior à publicação. Em suma, o Ministro Carlos Ayres Britto manifestou o entendimento de que em nenhum caso seria possível limitar previamente a atuação da imprensa, em favor da tutela de outros direitos fundamentais, nem mesmo por decisão judicial. Apenas depois das manifestações, os eventuais abusos poderiam ser objeto de responsabilização civil, penal ou administrativa. Na própria ementa do julgado constou essa orientação:

> *"Daí que, no limite, as relações de imprensa as relações de intimidade, vida privada, imagem e honra são de mútua excludência, no sentido de que as primeiras se antecipam, no tempo, às segundas; ou seja, antes de tudo prevalecem as relações de imprensa como superiores bens jurídicos e natural forma de controle social sobre o poder do Estado, sobrevindo as demais relações com eventual responsabilização ou consequência do pleno gozo das primeiras.* [...] *Noutros termos, primeiramente, assegura-se o gozo dos sobredireitos da personalidade em que se traduz a 'livre' e 'plena' manifestação do pensamento, da criação e da in-*

àquelas necessárias para solucionar o caso. Essa teoria se opõe ao minimalismo judicial, que tem como principal referência o professor norte-americano Cass Sunstein. Veja-se, a propósito, Cass R. Sunstein. *One Case at a Time: Judicial Minimalism on the Supreme Court*. Cambridge: Harvard University Press, 1999.

> *formação. Somente depois é que se passa a cobrar do titular de tais situações jurídicas ativas um eventual desrespeito a direitos constitucionais alheios, ainda que também densificadores da personalidade humana."*

Cabem aqui duas questões. *Primeiro*, essa posição é constitucionalmente correta? *Segundo*, trata-se da orientação do STF sobre o tema, ou ela corresponde apenas ao entendimento, certamente respeitável, do relator da causa? Não terei espaço para aprofundar nenhuma das respostas, mas vamos rapidamente a elas.

Quanto à correção, não me parece que essa hierarquização absoluta de direitos fundamentais seja adequada, à luz da Constituição de 88. Será que, por exemplo, o Judiciário não pode impedir a imprensa de divulgar o nome e a imagem de uma vítima de estupro, evitando a sua revitimização? Se um veículo de imprensa anunciasse a intenção de fazer essa divulgação, seria cabível apenas a responsabilização ulterior, quando os gravíssimos danos causados à vítima não teriam mais como ser revertidos?

Entendo que a solução adequada em praticamente todos os casos de colisão entre liberdade de imprensa e direitos da personalidade é, de fato, a rejeição a qualquer restrição prévia aos veículos de comunicação, com a sua responsabilização ulterior por abusos eventualmente praticados. Mas não penso que seja possível estabelecer regra tão rígida como a preconizada no voto condutor da ADPF nº 130. Há hipóteses excepcionais – como a da vítima do estupro – em que os valores concretamente em jogo, analisados sob o prisma constitucional, podem justificar restrições prévias à liberdade de imprensa, decretadas por decisões judiciais devidamente fundamentadas (reserva de jurisdição) – nunca por decisões administrativas. Trata-se de aplicação da técnica da ponderação de interesses constitucionais, pautada pela aplicação do princípio da proporcionalidade. Foi, aliás, o que registraram os Ministros Celso de Mello e Gilmar Mendes em seus votos.

E tampouco me parece que a "visão absolutista" da liberdade de imprensa, constante na ementa do acórdão da ADPF nº 130, tenha sido coletivamente endossada pelo STF naquele julgamento. Aqui, tem-se caso paradigmático de falha decorrente do modelo de processo deliberativo adotado pela Corte.[3] Nesse modelo, cada ministro pode apresentar, junto com sua conclusão sobre o julgamento, os seus próprios fundamentos decisórios. Ocorre que os votos são computados não com base nesses fundamentos, mas levando em conta apenas o resultado proposto por cada magistrado. Com isso, surgem situações em que a ementa do acórdão e o voto condutor espelham as visões particulares de quem os elaborou – o relator do caso, ou, quando este tenha ficado vencido, o autor do primeiro voto divergente tornado majoritário –, mas não expressam conclusões compartilhadas pelos demais ministros integrantes da corrente vencedora. Afinal, aqueles que concordam com determinado resultado não necessariamente o fazem com base nas mesmas razões e argumentos. E não existe em normas jurídicas ou mesmo na práxis institucional do Supremo a exigência de que o redator do voto condutor e da ementa registre apenas as razões endossadas pela maioria da Corte.

Trata-se de problema grave, especialmente no contexto de valorização da jurisprudência do STF. É que, no modelo vigente, muitas vezes não se consegue identificar com precisão quais razões, constantes no acórdão, efetivamente correspondem à orientação da Suprema Corte sobre a matéria discutida, e quais refletem apenas a opinião de quem as redigiu.

Isso *não* aconteceu na ADPF nº 130 em relação, por exemplo, ao reconhecimento da relevância impar da liberdade de imprensa na democracia, ou da proibição de censura imposta pela Administração Pública. Esses eram pontos consensuais na Corte. Mas ocorreu na questão da hierarquização absoluta entre liberdade de imprensa e direitos da personalidade, na fase anterior à publicação. Quem ler desavisadamente a ementa do acórdão e o voto do relator, ficará com a ideia de que, para o STF, em absolutamente nenhum caso o Judiciário pode proibir qualquer tipo de divulgação a ser feita pela impren-

---

3 Veja-se, a propósito, Patricia Perrone Campos Mello. *Precedentes: o desenvolvimento judicial do direito no constitucionalismo contemporâneo.* Rio de Janeiro: Renovar, 2008; Conrado Hübner Mendes. "*O projeto de uma corte deliberativa*". In: Jurisdição constitucional no Brasil, Adriana Vojvodic et. alli (org.), São Paulo: Malheiros, 2012.

sa. E não me parece que essa tese, abraçada pelo Ministro Carlos Ayres Britto, tenha realmente correspondido à orientação da nossa Suprema Corte sobre a matéria.

Feita essa ressalva, não há dúvida de que o julgamento da ADPF nº 130 foi histórico e elevou para outro patamar a proteção das liberdades de expressão e imprensa efetivamente desfrutada no Brasil. É o que se verá no próximo item.

3. Repercussões da ADPF nº 130: reforço à proteção das liberdades comunicativas

O julgamento da ADPF nº 130 representou novo marco na proteção das liberdades de expressão e de imprensa no Brasil. Embora desde o final da ditadura militar não mais se praticasse a censura administrativa no país, não havia suficiente enraizamento na nossa cultura jurídica, política e social dos valores subjacentes à liberdade de expressão.

Tal déficit se refletia profundamente no próprio Poder Judiciário. Havia forte tendência judicial à atribuição de primazia à tutela dos direitos da personalidade, como honra e intimidade, quando em confronto com as liberdades comunicativas, mesmo em casos envolvendo personalidades públicas, em temas de efetivo interesse social. Essa tendência se manifestava ainda mais intensamente no âmbito da internet, em que eram proferidas com frequência decisões judiciais determinando a retirada do ar de matérias ou manifestações hospedadas em sítios eletrônicos, apenas porque criticavam com contundência ou ironia certas pessoas – via de regra, exatamente aquelas detentoras de maior poder social, como políticos e magistrados.

A ADPF nº 130 foi clara ao condenar essa prática. Em seu voto condutor, o Ministro Carlos Ayres Britto registrou que a liberdade de imprensa *"assegura ao jornalista o direito de expender críticas a qualquer pessoa, ainda que em tom áspero ou contundente, especialmente contra as autoridades e os agentes do Estado"*. Contudo, mesmo depois do histórico julgamento, segmentos relevantes do Poder Judiciário brasileiro persistiram na tônica de desvalorização das liberdades comunicativas, quando em confronto com outros direitos ou interesses.

Evidentemente, essa rebeldia diante não só da decisão do STF, como da própria Constituição, fragiliza a liberdade de imprensa no país. O Ministro Celso de Mello, em decisão proferida mais de cinco anos após o julgamento da ADPF nº 130, expressou sua preocupação com o fenômeno: *"Preocupa-me* [...] *o fato de que o exercício por alguns juízes e tribunais, do poder geral de cautela tenha culminado por transformar-se em inadmissível instrumento de censura estatal, com grave comprometimento da liberdade de expressão, nela compreendida a liberdade de imprensa".*[4]

Umas das fórmulas utilizadas pelo STF para lidar com essa "rebeldia judicial" foi a admissão de reclamações constitucionais na própria Corte contra decisões jurisdicionais que, afastando-se da linha estabelecida na ADPF nº 130, criem restrições excessivas à liberdade de imprensa. Como se sabe, a reclamação é instituto que se volta à preservação da competência ou da autoridade das decisões do STF. A maior parte dessas reclamações vem logrando bons resultados, com a cassação das decisões judiciais impugnadas, em razão de descumprimento da orientação jurisprudencial vinculante firmada na ADPF nº 130.[5] Tais reclamações, além de afastarem atos de censura judicial incompatíveis com o espírito da ADPF nº 130, também desempenham relevante papel de *pedagogia constitucional,* auxiliando a disseminar pela sociedade e pelo próprio Judiciário os valores democráticos subjacentes às liberdades comunicativas. Em caso recente de grande repercussão, ela foi empregada para afastar ato de censura da Prefeitura do Rio de Janeiro que determinara o recolhimento de revistas em quadrinhos expostas na Bienal do Livro, as quais exibiam um beijo entre homens, sob a alegação de que a imagem seria imprópria para o público infantil.[6]

A influência da ADPF nº 130 também se fez sentir no próprio Supremo. O julgamento inaugurou uma sucessão de outras impor-

4 STF, Rcl 18.836-MC, Rel. Min. Celso de Mello, decisão de 27/11/2014.

5 Vejam-se, *e.g.,* STF. Rcl 18.566-MC, Rel. Min. Celso de Mello; Rcl n°18.638-MC, Rel. Min. Gilmar Mendes; Rcl 18.290, Rel. Min. Luiz Fux; Rcl 16.434, Rel. Min. Rosa Weber; Rcl 24.760, Rel. Min. Roberto Barroso.

6 STF, Rcl n° 36742, Rel. Min. Gilmar Mendes, decisão liminar deferida em 08/09/2019.

tantes decisões favoráveis às liberdades de imprensa e expressão. ***À título ilustrativo, vale recordar a ADI nº 3.741, em que se declarou a inconstitucionalidade da proibição de divulgação de pesquisas eleitorais a menos de 15 dias da data do pleito; a*** ADI n° 4.451, em que se liberou o humor contra candidatos no período eleitoral em emissoras de rádio e televisão; a ADPF n° 187, em que se protegeu o direito à realização da "Marcha da Maconha", promovida em defesa à legalização do entorpecente; a ADI n° 4.815, em que se afirmou a inconstitucionalidade da vedação à publicação de biografias sem a anuência do biografado; e a ADPF 548-MC, em que o Supremo sustou decisões da Justiça Eleitoral que impediam manifestações políticas em universidades públicas durante o período eleitoral.

Em suma, desde o julgamento da ADPF nº 130, o STF tornou-se não só na teoria, como também na prática, um firme guardião das liberdades de expressão e de imprensa no país. Isso não significa que a Corte conceba essas liberdades como direitos absolutos. Há decisões importantes e igualmente louváveis do Supremo reconhecendo que a proteção de outros direitos pode justificar a imposição de limites a tais liberdades. No famoso caso *Ellwanger* (HC 82.424), por exemplo, o STF assentou a constitucionalidade da punição, pelo crime de racismo, de editor que se especializara na publicação de livros antissemitas, atribuindo prioridade à tutela da igualdade e dignidade dos judeus sobre a liberdade de imprensa.

Porém, o elogio à jurisprudência do STF em matéria de liberdades comunicativas não pode ser feito sem ressalvas, já que a Corte também já deu suas "escorregadas" nessa área. O mais grave delas foi a recente decisão proferida no polêmico inquérito que apura ataques ao próprio Supremo, na qual se determinou a retirada do ar de matéria jornalística que continha forte crítica à atuação do próprio STF, sob o pretexto de que se trataria de *fake news*.[7] Felizmente, diante da reação negativa da sociedade e de integrantes do próprio STF, o ministro que proferiu a decisão depois reconsiderou-a.

7 STF, Inquérito nº 4.781, Rel. Min. Alexandre de Moraes.

4. Desafio futuro: a liberdade de imprensa em tempos difíceis

O país vive tempos difíceis para as liberdades de expressão e de imprensa. Ascendeu ao poder, por eleição democrática, um Presidente pouco comprometido com a própria democracia,[8] que não se cansa de elogiar a ditadura militar e seus torturadores, e que elegeu a imprensa livre como inimiga preferencial, ao lado das universidades públicas, dos povos indígenas, das feministas e das ONGs ambientalistas. Não se trata de "jaboticaba" nacional. O Presidente Jair Bolsonaro repete no país a fórmula de outros governos populistas autoritários de direita e de esquerda – em países como Hungria, Turquia, Polônia e Venezuela –, no seu repúdio à imprensa livre e ao pensamento crítico.

Os ataques não têm se resumido a acusações infundadas e ameaças dirigidas contra veículos de imprensa e jornalistas que não se curvam. Graves atos concretos também têm sido praticados contra a imprensa independente, visando a asfixiá-la financeiramente, ou contra artistas cuja trajetória e produção não se afine com os valores conservadores professados pelo atual governo. A censura parece estar de volta. E é preciso repudiá-la e combatê-la, com as armas da Constituição.

Por isso, nunca foi tão importante honrar o legado da decisão proferida na ADPF nº 130, protegendo as liberdades de imprensa e de expressão, neste momento em que se agravam as ameaças contra o seu exercício. Nunca foi tão relevante a atuação firme e corajosa do Supremo Tribunal Federal, na defesa dos direitos fundamentais, das minorias, da democracia e da Constituição.

8 Há extensa bibliografia sobre a tendência contemporânea de crise da democracia causada não por golpes de Estado e uso da força, mas por líderes populistas que ascendem ao poder pela via eleitoral e passam a atentar contra a democracia, violando direitos e atacando as instituições. Veja-se, por todos, Steven Levitsky e Daniel Ziblatt. *Como as Democracias Morrem.* Rio de Janeiro: Zahar, 2018.

Competência disciplinar do Conselho Nacional de Justiça: o julgamento do referendo na medida cautelar na ação direta de inconstitucionalidade nº 4.638-DF

Henrique Ávila
Welder Queiroz dos Santos

Introdução

O Conselho Nacional de Justiça é órgão do Poder Judiciário[1], de colegialidade heterogênea[2], instituído pelo art. 103-B da Constituição

1 Conforme art. 92, I-A, da CRFB/1988: "São órgãos do Poder Judiciário: o Conselho Nacional de Justiça".

2 O CNJ é composto por 09 (nove) magistrados e 06 (seis) membros externos, nos termos do *caput* do art. 103-B da CRFB/1988: "Art. 103-B. O Conselho Nacional de Justiça compõe-se de 15 (quinze) membros com mandato de 2 (dois) anos, admitida 1 (uma) recondução, sendo: I – o Presidente do Supremo Tribunal Federal; II – um Ministro do Superior Tribunal de Justiça, indicado pelo respectivo tribunal; III – um Ministro do Tribunal Superior do Trabalho, indicado pelo respectivo tribunal; IV – um desembargador de Tribunal de Justiça, indicado pelo Supremo Tribunal Federal; V – um juiz estadual, indicado pelo Supremo Tribunal Federal; VI – um juiz de Tribunal Regional Federal, indicado pelo Superior Tribunal de Justiça; VII – um juiz federal, indicado pelo Superior Tribunal de Justiça; VIII – um juiz de Tribunal Regional do Trabalho, indicado pelo Tribunal Superior do Trabalho; IX – um juiz do trabalho, indicado pelo Tribunal Superior do Trabalho; X – um membro do Ministério Público da União, indicado pelo Procurador-Geral da República; XI – um membro do Ministério Público

Federal, acrescido pela Emenda Constitucional nº 45, de 30 de dezembro de 2004, conhecida como a emenda da "Reforma do Judiciário", com a finalidade de controle administrativo e financeiro do Poder Judiciário e do cumprimento dos deveres funcionais dos magistrados, exercendo atividade censória, sem incidir sobre atos jurisdicionais.

No julgamento da Ação Direta de Inconstitucionalidade nº 3367-DF, concluído em 22 de setembro de 2006, o Supremo Tribunal Federal decidiu pela constitucionalidade da criação do Conselho Nacional de Justiça como órgão do Poder Judiciário[3] e, a respeito de sua competência disciplinar, estabeleceu – a apenas aos magistrados situados, hierarquicamente, abaixo do Supremo Tribunal Federal,

estadual, escolhido pelo Procurador-Geral da República dentre os nomes indicados pelo órgão competente de cada instituição estadual; XII – dois advogados, indicados pelo Conselho Federal da Ordem dos Advogados do Brasil; XIII – dois cidadãos, de notável saber jurídico e reputação ilibada, indicados um pela Câmara dos Deputados e outro pelo Senado Federal".

3 O Supremo Tribunal Federal, no julgamento da Ação Direta de Inconstitucionalidade nº 3367-DF, proposta pela Associação dos Magistrados Brasileiros – AMB, julgou improcedente o pedido de inconstitucionalidade da criação do Conselho Nacional de Justiça como órgão do Poder Judiciário, nos termos do seguinte excerto da ementa: "(...) 2. INCONSTITUCIONALIDADE. Ação direta. Emenda Constitucional nº 45/2004. Poder Judiciário. Conselho Nacional de Justiça. Instituição e disciplina. Natureza meramente administrativa. Órgão interno de controle administrativo, financeiro e disciplinar da magistratura. Constitucionalidade reconhecida. Separação e independência dos Poderes. História, significado e alcance concreto do princípio. Ofensa a cláusula constitucional imutável (cláusula pétrea). Inexistência. Subsistência do núcleo político do princípio, mediante preservação da função jurisdicional, típica do Judiciário, e das condições materiais do seu exercício imparcial e independente. Precedentes e súmula 649. Inaplicabilidade ao caso. Interpretação dos arts. 2º e 60, § 4º, III, da CF. Ação julgada improcedente. Votos vencidos. *São constitucionais as normas que, introduzidas pela Emenda Constitucional nº 45, de 8 de dezembro de 2004, instituem e disciplinam o Conselho Nacional de Justiça, como órgão administrativo do Poder Judiciário nacional.* (...)". (STF, Tribunal Pleno, ADI 3367, Rel. Min. Cezar Peluso, j. em 13/04/2005, DJ 17/03/2006, p. 4).

não tendo competência sobre os Ministros do órgão máximo do Poder Judiciário brasileiro.[4]

Ademais, no julgamento da Ação Declaratória de Constitucionalidade nº 12, encerrado no dia 20 de agosto de 2008, o Plenário do Supremo Tribunal Federal debateu amplamente as características e os limites do poder normativo do Conselho Nacional de Justiça, ao julgar o feito conhecido como Caso do Nepotismo[5], no qual vedou a prática de nepotismo no Poder Judiciário brasileiro, que posteriormente alcançou os demais poderes, com a edição da Súmula Vinculante nº 13.[6]

---

4 "(...) 4. PODER JUDICIÁRIO. Conselho Nacional de Justiça. Órgão de natureza exclusivamente administrativa. Atribuições de controle da atividade administrativa, financeira e disciplinar da magistratura. *Competência relativa apenas aos órgãos e juízes situados, hierarquicamente, abaixo do Supremo Tribunal Federal.* Preeminência deste, como órgão máximo do Poder Judiciário, sobre o Conselho, cujos atos e decisões estão sujeitos a seu controle jurisdicional. Inteligência dos art. 102, caput, inc. I, letra "r", e § 4º, da CF. *O Conselho Nacional de Justiça não tem nenhuma competência sobre o Supremo Tribunal Federal e seus ministros, sendo esse o órgão máximo do Poder Judiciário nacional, a que aquele está sujeito.* (...)". (STF, Tribunal Pleno, ADI 3367, Rel. Min. Cezar Peluso, j. em 13/04/2005, DJ 17/03/2006, p. 4).

5 No que diz respeito às características e aos limites do poder normativo do Conselho Nacional de Justiça, assim constou na ementa do acórdão do julgamento da Ação Declaratória de Constitucionalidade nº 12-DF, proposta pela Associação dos Magistrados Brasileiros – AMB pelo Plenário do Supremo Tribunal Federal: "(...) 2. Improcedência das alegações de desrespeito ao princípio da separação dos Poderes e ao princípio federativo. O CNJ não é órgão estranho ao Poder Judiciário (art. 92, CF) e não está a submeter esse Poder à autoridade de nenhum dos outros dois. O Poder Judiciário tem uma singular compostura de âmbito nacional, perfeitamente compatibilizada com o caráter estadualizado de uma parte dele. Ademais, o art. 125 da Lei Magna defere aos Estados a competência de organizar a sua própria Justiça, mas não é menos certo que esse mesmo art. 125, *caput*, junge essa organização aos princípios "estabelecidos" por ela, Carta Maior, neles incluídos os constantes do art. 37, cabeça. (...) ". (STF, Tribunal Pleno, ADC 12, Rel. Min. Carlos Ayres Britto, j. em 20/08/2008, DJ 18/12/2009).

6 Súmula Vinculante nº 13: "A nomeação de cônjuge, companheiro ou parente em linha reta, colateral ou por afinidade, até o terceiro grau, inclusive, da autoridade nomeante ou de servidor da mesma pessoa jurídica

Nos referidos julgamentos, o colegiado do Supremo Tribunal Federal não se manifestou a respeito da controvérsia sobre a competência disciplinar do Conselho Nacional de Justiça ser subsidiária à competência censória das Corregedorias dos Tribunais ou concorrente, autônoma e originária, independentemente de atividade delas.

O tema foi objeto de inúmeras decisões monocráticas em Mandados de Segurança contra atos do Conselho Nacional de Justiça e o debate pelo Plenário da Corte iniciou na sessão de 16 de março de 2011, no julgamento do MS 28.003, no qual após o voto da Relatora, Ministra Ellen Gracie, pela denegação da segurança, o Ministro Luiz Fux pediu vista dos autos. Naquela ocasião, a Ministra Ellen Gracie afastou a tese da subsidiariedade e defendeu competir "ao Conselho Nacional de Justiça a relevante missão de exercer o controle do cumprimento dos deveres funcionais dos magistrados brasileiros, cabendo - lhe receber e conhecer de reclamações contra membros do Poder Judiciário".

A questão somente veio a ser decidida pelo Plenário do Supremo Tribunal Federal no julgamento do Referendo na Medida Cautelar na Ação Direta de Inconstitucionalidade nº 4.638 - DF, de relatoria do Ministro Marco Aurélio, com julgamento iniciado em 1º de fevereiro de 2012, continuado no dia 02 e encerrado no dia 08 do mesmo mês.

O presente trabalho tem por objetivo analisar os posicionamentos e os principais fundamentos dos votos Ministros do Supremo Tribunal Federal neste marcante julgamento, no qual ficou definido que o Conselho Nacional de Justiça possui competência originária, autônoma e concorrente — e não subsidiária — em relação às Corregedorias dos Tribunais para fins de apuração de violação disciplinar por parte dos membros do Poder Judiciário.

---

investido em cargo de direção, chefia ou assessoramento, para o exercício de cargo em comissão ou de confiança ou, ainda, de função gratificada na Administração Pública direta e indireta em qualquer dos poderes da União, dos estados, do Distrito Federal e dos municípios, compreendendo o ajuste mediante designações recíprocas, viola a Constituição Federal."

1. Ação Direta de Inconstitucionalidade n° 4.638-DF, proposta pela Associação dos Magistrados Brasileiros

Na Ação Direta de Inconstitucionalidade nº 4.638 – DF, proposta em 15 de agosto de 20111, a Associação dos Magistrados Brasileiros sustentou a "inconstitucionalidade do art. 12", *caput*, da Resolução nº 135, de 15 de julho de 2011, do Conselho Nacional de Justiça "por inverter o sentido da norma que atribui competência apenas 'subsidiária ao CNJ', para passar a atribuir uma competência 'concorrencial' que ele não possui, em detrimento da competência originária dos Tribunais".[7]

Eis o dispositivo questionado da referida Resolução:

> "Art. 12. Para os processos administrativos disciplinares e para a aplicação de quaisquer penalidades previstas em lei, é competente o Tribunal a que pertença ou esteja subordinado o Magistrado, sem prejuízo da atuação do Conselho Nacional de Justiça".

O texto normativo acima foi analisado pela Associação dos Magistrados Brasileiros em confronto com o inciso III do § 4º do art. 103-B da Constituição Federal, que possui a seguinte redação:

> "Art. 103-B. (...)
>
> § 4º. Compete ao Conselho (...)
>
> III – receber e conhecer das reclamações contra membros ou órgãos do Poder Judiciário, (...) sem prejuízo da competência disciplinar e correicional dos tribunais (...)"

A partir do cotejo dos dispositivos, a Associação de Magistrados defendeu a inconstitucionalidade do art. 12 da mencionada Resolução com o seguinte argumento:

7 ASSOCIAÇÃO DOS MAGISTRADOS BRASILEIROS. Petição Inicial da Ação Direta de Inconstitucionalidade nº 4.638-DF. Brasília, 15 de agosto de 2011, p. 03.

> "Enquanto a Constituição atribui uma 'competência' 'disciplinar' para o CNJ 'sem prejuízo' da competência 'disciplinar' 'originária' dos Tribunal – o que pressupõe a abertura da competência do CNJ somente se e quando o Tribunal não exercitar a sua competência disciplinar de forma adequada – a Resolução fixou uma competência disciplinar para os Tribunais 'sem prejuízo' da competência do CNJ, o que pressupõe a supremacia da competência do CNJ em detrimento da competência dos Tribunais".[8]

Ao final, requereu o deferimento de medida cautelar para suspender imediatamente a eficácia integral da Resolução nº 135 do Conselho Nacional de Justiça ou, subsidiariamente, no que importa para fins desse trabalho, suspender o seu art. 12, até o exame final da Ação Direta de Inconstitucionalidade. No mérito, pugnou pela declaração de inconstitucionalidade integral ou parcial da mencionada Resolução.

2. Liminar concedida pelo Relator, Ministro Marco Aurélio

Após o Ministro Relator liberar o processo para apreciação do pedido de concessão de medida cautelar pelo Plenário do Supremo Tribunal Federal em 05 de setembro de 2011 e de ter estado na pauta das sessões de 14, 21 e 28 de setembro, 5, 13, 19 e 26 de outubro, 3, 16, 23 e 30 de novembro, 7 e 14 de dezembro, o processo não teve a oportunidade de ser apregoado pelo Presidente do Supremo Tribunal Federal.

Por esta razão, somado ao fato de estar convencido da urgência do exame do pedido liminar formulado, o Relator, Ministro Marco Aurélio, em 19 de dezembro de 2011, deferiu a liminar para conferir interpretação conforme ao *caput* do artigo 12 da Resolução 135 do Conselho Nacional de Justiça, para "assentar a competência subsidiária do Conselho Nacional de Justiça em âmbito disciplinar", em caráter provisório, por entender que o mencionado dispositivo invadia a

---

8 ASSOCIAÇÃO DOS MAGISTRADOS BRASILEIROS. Petição Inicial da Ação Direta de Inconstitucionalidade nº 4.638-DF. Brasília, 15 de agosto de 2011, p. 42.

autonomia administrativa dos Tribunais para regular o procedimento disciplinar, nos termos do art. 96, I, "a", da Constituição Federal e da Lei Orgânica da Magistratura.

3. Referendo na Medida Cautelar, pelo Plenário do Supremo Tribunal Federal

Na sessão de abertura do ano jurídico de 2012, em 1º de fevereiro de 2012, o Presidente do Supremo Tribunal Federal, Ministro Cezar Peluso, colocou para julgamento o Referendo na Medida Cautelar na Ação Direta de Inconstitucionalidade nº 4.638-DF, que se prolongou, em um elevado e constante debate, inclusive entre um voto e outro, por quatro sessões.

A respeito da competência disciplinar do Conselho Nacional de Justiça, o Relator, Ministro Marco Aurélio, sustentou que não se pode "conceber que o Conselho Nacional de Justiça possa pinçar, aleatoriamente, as reclamações que entenda deva julgar". Afirmou que "uma única corregedoria não pode substituir noventa existentes e pagas pelo contribuinte", devendo o Conselho atuar apenas em situações anômalas, ocasião em que pode avocar os autos do processo em curso ou reabrir o findo em até um ano. Assim, ao atribuir interpretação conforme, votou pela competência subsidiária do Conselho Nacional de Justiça na esfera disciplinar em relação às Corregedorias dos Tribunais locais.

Em seguida, o Ministro Ricardo Lewandowski, pelo fato de ter sido designado para representar o Supremo Tribunal Federal na abertura do ano legislativo do Congresso Nacional, pediu vênia para adiantar o seu voto. Inicialmente externou que, do ponto de vista administrativo e em seu modo de ver, a competência disciplinar é uma "competência material (ou administrativa) comum" (art. 23, I, Constituição de 1988[9]), que se complementa dentro de determinadas condições, mas que o Conselho Nacional de Justiça não pode exercê-

9 Art. 23. "É competência comum da União, dos Estados, do Distrito Federal e dos Municípios: *I – zelar pela guarda da Constituição, das leis e das instituições democráticas e conservar o patrimônio público*".

-la de forma imotivada, sob pena de colisão "com princípios e garantias que os constituintes originários instituíram em favor dos juízes e tribunais". Sustentou que se aplica o "princípio da subsidiariedade", no qual "a comunidade maior só pode executar as tarefas próprias das comunidades menores em caso de necessidade, e desde que estas não possam desempenhá-las de forma mais eficaz". Argumentou ainda que a competência correicional dos tribunais não pode ser anulada ou cerceada pelos constituintes derivados, sob pena de ferir a "autonomia (administrativa) dos tribunais", assegurada pelos constituintes originários, não se excluindo uma intervenção supletiva ou corretiva em situações anômalas ("a inércia dos tribunais, a simulação investigatória, a indevida procrastinação das correições ou a falta de isenção das autoridades locais para promover a responsabilidade funcional dos magistrados"). Aduziu que a garantia do devido processo legal impõe "a submissão dos magistrados às corregedorias ou, quando for o caso, aos órgãos de cúpula dos tribunais", por se equivalerem aos juízes naturais em matéria administrativa, cabendo ao Conselho Nacional de Justiça atuar nos casos em que "as corregedorias ou os órgãos de cúpula dos tribunais claudiquem no cumprimento de seus deveres". Por fim, afirmou que a motivação e a proporcionalidade são impostas ao administrador público, devendo o Conselho Nacional de Justiça atuar de forma excepcional, mediante decisão motivada, em casos anômalos.

Imediatamente, o Relator, Ministro Marco Aurélio, externou sua dificuldade em admitir, no caso, competências comuns, mas observou que estariam de acordo quanto às situações anômalas. Após isso, o Plenário deu continuidade a um longo e interessante debate entre todos os seus membros.

No decorrer do debate, o Ministro Joaquim Barbosa proclamou seu voto. Em seu modo de ver, a Emenda Constitucional nº 45, ao criar o Conselho Nacional de Justiça, quis requalificar de maneira substantiva a função correicional, atribuindo – lhe uma posição de proeminência ou primazia, decorrente do fato de a Constituição ter conferido ao Conselho "o formidável e extraordinário poder de avocar (...) processos disciplinares em curso nas Corregedorias dos Tribunais". Expôs, em segundo lugar, que o fato de o Conselho Nacional de Justiça ter o poder de atuar de ofício em um campo de atuação de um órgão inferior, como são as Corregedorias dos Tribunais, não permite compreender "jamais" que "a competência do órgão superior tem natureza subsidiária, a não ser que haja uma norma expressa a estabelecer essa subsidiariedade", o que não foi aventado pela Emenda nº 45. Assim, pediu vênia ao Relator para divergir.

Retomada a colheita dos votos, a Ministra Rosa Weber explanou que o Constituinte derivado instituiu o Conselho Nacional de Justiça como órgão administrativo, estratégico e de controle, integrante do Poder Judiciário (art. 92, I – A, da Constituição Federal), conferindo "o controle da atuação administrativa e financeira do Poder Judiciário e o controle do cumprimento dos deveres funcionais dos juízes (...)". Adotou como premissa exegética a constitucionalidade da criação do Conselho Nacional de Justiça, conforme decidido pela Corte no julgamento da ADI 3.367 – DF. Em seu modo de ver, "a Emenda Constitucional 45/2004 teve o objetivo (...) de conferir novos arranjos a desenhos institucionais que a experiência há muito evidenciava desgastados, ineficientes, inócuos a seus fins". Assim, para Sua Excelência, se a Constituição atribuiu competência ao Conselho "para exercer o controle do cumprimento dos deveres funcionais dos juízes, não o fez sem disponibilizar os meios necessários para que alcançasse essa finalidade institucional", sendo "imperativa a releitura sistemática das normas constitucionais e infraconstitucionais envolvidas". Por fim, externou que a leitura hermenêutica do art. 103 – B, § 4º, I, II, III e V, da CF, conduz, em seu sentir, à conclusão de que, em matéria disciplinar, "a competência do CNJ é originária e concorrente, e não meramente supletiva ou subsidiária (...), à luz do regime constitucional estabelecido pela Emenda 45/2004".

Em seguida, foi a vez do Ministro Luiz Fux votar. Inicialmente, observou que estabelecer que o Conselho Nacional de Justiça somente pode atuar em casos motivados, seria adaptar a "realidade normativa à realidade prática" da época. Por isso, votou por referendar a liminar proferida pelo Ministro Marco Aurélio – no sentido da competência subsidiária –, "com a observação de que é possível ao Conselho Nacional de Justiça ter competência primária originária todas as vezes que se coloca uma situação anômala", devendo essa situação anômala "ser declinada para que ele possa assumir originariamente aquele feito".

O Ministro Dias Toffoli destacou que uma das premissas da ação dizia respeito à competência disciplinar direta e ampla do Conselho Nacional de Justiça. Ao tratar do processo histórico de criação do Conselho Nacional de Justiça, mencionou que o órgão se consolidou na estrutura central do Poder Judiciário nacional, com "poderes sensórios e competência disciplinar, apurando indícios de descumprimento dos deveres da magistratura", razão primitiva de seu próprio surgimento. Sustentou ser imprescindível afastar a tese da atuação correicional subsidiária e residual, por ter "implicações notórias para a definição da natureza, das funções e da autoridade do Conselho Nacional de Justiça, que não pode ter suas prerrogativas constitucionais barateadas, sob pena de não mais se prestar aos objetivos colimados pela Sociedade brasileira quando de sua instituição no texto magno pela Emenda nº 45/2004". Manifestou no sentido de não se poder subtrair do Conselho os meios de exercer diretamente e plenamente suas funções, uma vez que a Constituição, em nenhum momento, limitou a competência correicional a uma atuação subsidiária, o que seria uma excessiva restrição à atuação do Conselho Nacional de Justiça e enfraqueceria sua autoridade correcional, além de servir de fundamento para alegações de nulidade dos procedimentos e para impugnações pela via jurisdicional perante o já assoberbado Supremo Tribunal Federal, gerando "mais impunidade e ineficiência nas apurações dos desvios de conduta dos membros da magistratura, contrariamente ao espírito da criação desse órgão". Assim, entendeu tratar – se de "competência concorrente, paralela à competência disciplinar e correicional dos tribunais", devendo ser prestigiada a autonomia do Conselho Nacional de Justiça no campo disciplinar.

A seguinte a votar foi a Ministra Cármen Lúcia, que começou pedindo vênia ao Ministro Relator para negar o referendo, "por considerar que a matéria constitucionalmente posta ao Conselho Nacional de Justiça exerce natureza primária e concorrente". Lembrou Sua Excelência que, em 1992, "o argumento principal que congregava toda a preocupação era exatamente (...) a tentativa de se dar eficiência ao princípio do controle". Assim, votou no sentido de que "a competência constitucionalmente estabelecida do Conselho Nacional de Justiça é uma competência primária, extraídos os seus fundamentos da própria Constituição, e que se exerce concorrentemente de maneira a respeitar e até fortalecer as autonomias dos tribunais", "sem necessidade de nenhuma outra formalização que seja uma fonte de embaraços e não de maior eficiência".

Em seguida, o Ministro Carlos Ayres Britto externou que, na sua ótica, o sistema não experimentou nenhuma antinomia com a inclusão do Conselho Nacional de Justiça, mas, sim, aperfeiçoou o sistema de controle, que, em sua visão, ficou mais lógico. Ao final, pediu vênia ao Relator para negar referendo à liminar. No decorrer dos debates prévios ao seu voto, Sua Excelência disse extrair da Constituição que o Conselho desempenha a função de controle, que é tida, no mundo contemporâneo, "como a quarta função estruturante do Estado: legislação, jurisdição, execução e controle", "porque quem gerencia interesses públicos, bens, valores públicos deve mesmo ser controlado, até em prol do princípio da transparência".

Em continuidade, o Ministro Gilmar Mendes destacou a necessidade de se reconhecer que as características e os limites do poder normativo do Conselho Nacional de Justiça foram amplamente debatidos pela Corte no julgamento da Ação Declaratória de Constitucionalidade nº 12 (caso do nepotismo), de relatoria do Ministro Carlos Ayres Britto, e seu posicionamento seguiria uma linha de coerência com os fundamentos daquele precedente. Afirmou que "quando a Constituição confere ao Conselho Nacional de Justiça a competência de fiscalizar a atuação administrativa do Poder Judiciário e de fazer cumprir o art. 37, implicitamente concede os poderes necessários para o exercício eficaz dessa competência" (poderes administrativos inerentes ou implícitos). Especificamente sobre a competência constitucional disciplinar e correcional do Conselho Nacional de Justiça, afirmou que a Emenda Constitucional nº 45/2004 "operou uma verdadeira *quebra de paradigma* em matéria disciplinar e correcional no âmbito da magistratura nacional", nos quais os tribunais passaram a compartilhar com o Conselho Nacional de Justiça o seu poder correcional e disciplinar de seus magistrados. Sustentou em seu voto que a própria Emenda Constitucional nº 45/2004 atribuiu ao Conselho Nacional de Justiça o poder normativo quanto à sua atividade correcional e disciplinar da magistratura em âmbito nacional. A respeito do princípio da subsidiariedade, entendeu que deve ser iluminado pelo subprincípio da leal colaboração, em aplicação em via de mão dupla, devendo "agir o órgão que se encontrar em melhores condições de realizar o objetivo com eficiência". Esclareceu que a elaboração da Resolução questionada foi iniciada a partir da solicitação da Corregedoria - Geral de Justiça do Tribunal de Justiça do Estado do Ceará, com oitiva de todos os demais Tribunais do Brasil, inclusive com apresentação de propostas de aperfeiçoamento pela grande maioria, muitas implementadas na versão final. Entendeu que não há violação ao pacto federativo e à autonomia dos tribunais, pois a Constituição inseriu o Conselho Nacional de Justiça no âmbito do Poder Judiciário, como órgão nacional de controle, com o fortalecimento da concepção unificada da magistratura e a atenuação da autonomia dos tribunais locais perante o próprio Judiciário. Por fim, aduziu que o Conselho Nacional de Justiça, pelo texto constitucional, não necessita motivar sua atuação frente às corregedorias dos Tribunais, uma vez que age movido por uma causa ou um motivo (recebimento de representações, reclamações, inspeções etc.). Assim, concluiu pelo indeferimento da medida cautelar em relação ao *caput* do art. 12 da Resolução nº 135 de 2011.

Após, chegou o momento de o decano da Corte apresentar seu voto. O Ministro Celso de Mello inicialmente destacou não ter dúvida sobre a competência disciplinar do Conselho Nacional de Justiça de instaurar, em sede originária, procedimentos contra magistrados e de avocar procedimentos da mesma natureza. No entanto, compreendeu Sua Excelência que a legitimidade da atuação do Conselho Nacional de Justiça deve observar a autonomia político - jurídica dos Tribunais, razão pela qual defendeu que o postulado da subsidiariedade consistia em um fator de harmonização e de equilíbrio entre o autogoverno da Magistratura e o poder de controle do Conselho Nacional de Justiça, cabendo ao Tribunal local o desempenho da competência primária em matéria disciplinar dos magistrados a ele vinculados. Mas, caso deixe de exercer sua competência primária ou vier a manipulá-la, dando causa a situações anômalas (inércia, simulação investigatória, indevida procrastinação, incapacidade de promoção de procedimentos disciplinares etc.), o Conselho Nacional de Justiça estará legitimado para agir, em sede originária, e instaurar procedimento censório. Ao final, acompanhou o voto do Relator.

Por fim, o Presidente do Supremo Tribunal Federal à época, Ministro Cezar Peluso, observou que o constituinte derivado entendia haver, na atuação correicional das corregedorias, situação que não atendia plenamente às expectativas da população e que o Conselho Nacional de Justiça vinha para remediar esse mal funcionamento, mas não para extingui-las. Asseverou que a função de controle do Conselho "pressupõe verificar se os tribunais e os magistrados cumprem seus deveres legais e constitucionais". Entendeu que o Conselho Nacional de Justiça tem de intervir se houver desvio funcional que não seja corrigido pela Corregedoria, para apurar o desvio e a responsabilidade de quem tinha que ter evitado e apurado o desvio. Registrou que, em seu modo de ver, a atuação do Conselho tem como "pressuposto necessário o reconhecimento de um vício do tribunal que deveria ter corrigido a situação e não a corrigiu, tem que estar justificada". Ao final, acompanhou o Relator no sentido de haver a necessidade de o Conselho Nacional de Justiça justificar o ato de instauração direta, originária e primária de procedimento administrativo disciplinar.

Portanto, o Plenário do Supremo Tribunal Federal, nesse grande julgamento histórico, firmou a tese de que a competência disciplinar do Conselho Nacional de Justiça é originária, autônoma e concorrente em relação às Corregedorias dos Tribunais, por seis votos a cinco, ficando vencidos os Ministros Marco Aurélio, Ricardo Lewandowski, Luiz Fux, Celso de Mello e Cezar Peluso e vencedores os Ministros Joaquim Barbosa, Rosa Weber, Dias Toffoli, Cármen Lúcia, Carlos Ayres Britto e Gilmar Mendes.

Conclusão

É possível concluir que o entendimento firmado pelo Supremo Tribunal Federal de que a competência do Conselho Nacional de Justiça em matéria disciplinar é originária, autônoma e concorrente em relação às Corregedorias dos Tribunais representa um marco significativo para a sociedade brasileira na consolidação da sua função de controle da probidade e da ética da atuação do membros do Poder Judiciário, seus serviços auxiliares, serventias e órgãos prestadores de serviços notariais e de registro que atuem por delegação do poder público ou oficializados.

É alvissareiro notar que, cerca de 15 anos depois da sua instalação, o Conselho Nacional de Justiça hoje é visto como um órgão indispensável à gestão da Justiça, seja no âmbito disciplinar ou administrativo, mesmo para aqueles que no início o criticaram. Ao contrário de serem substituídas pelo Conselho Nacional de Justiça, as Corregedorias locais tiveram o seu desempenho aprimorado, muito em razão do padrão estabelecido pelo CNJ e adotado por elas, nas suas respectivas competências. Além disso, é possível afirmar também que as Corregedorias locais passaram a vê-lo como um órgão de divisão de toda a sua responsabilidade, sempre delicada em razão da atribuição sensível de conhecer e julgar os próprios pares nos seus Tribunais, tudo a conformar o acerto e a efetividade da importante deliberação tomada pelo Supremo Tribunal Federal que delineou a competência e a forma de atuação do Conselho Nacional de Justiça.

Referências bibliográficas

ASSOCIAÇÃO DOS MAGISTRADOS BRASILEIROS. Petição Inicial da Ação Direta de Inconstitucionalidade nº 4.638 - DF. Brasília, 15 de agosto de 2011.

BRASIL. Supremo Tribunal Federal. Referendo na Medida Cautelar na Ação Direta de Inconstitucionalidade nº 4.638 - DF. Relator: Ministro Marco Aurélio. Brasília, 08 de fevereiro de 2012. Publicado no Diário da Justiça de

BRASIL. Supremo Tribunal Federal. Ação Direta de Inconstitucionalidade nº 3367 - DF. Relator: Ministro Cezar Peluso. Brasília, 13 de abril de 2005. Publicado no Diário da Justiça de 17 de março de 2006, p. 4.

BRASIL. Supremo Tribunal Federal. Ação Declaratória de Constitucionalidade nº 12 - DF. Relator: Ministro Carlos Ayres Britto. Brasília, 20 de agosto de 2008. Publicado no Diário da Justiça de 18 de dezembro de 2009.

BRASIL. Supremo Tribunal Federal. Súmula Vinculante nº 13. Brasília, 20 de agosto de 2008. Publicado no Diário da Justiça de 18 de dezembro de 2009.

A influência dos direitos fundamentais e relações privadas, em especial na jurisprudência do STF – o caso do RE 201.818-RJ[1]

Ingo Wolfgang Sarlet

1. Introdução

O tema (e problema) da eficácia dos direitos fundamentais nas relações privadas, ademais de se tratar de um dos mais controversos e discutidos temas da dogmática dos direitos fundamentais, tem sido também no Brasil objeto da análise de ampla doutrina e objeto da atenção do Supremo Tribunal (STF). No Brasil, diferentemente de países como a Alemanha, tal evolução é mais recente, de cerca de 1990 em diante, na esfera do Direito Privado[2], mas, no âmbito do direito constitucional e de modo mais intenso e sistemático, apenas do ano 2000 para cá.

De outra parte, convém registrar que a expressiva influência da literatura e jurisprudência estrangeira também nesta seara inexoravelmente tem por conseqüência que uma investigação sobre a evo-

---

1 O presente texto representa versão reduzida e em parte reestruturada e ajustada, ademais de atualizada de artigo mais alentado publicado anteriormente em língua alemã e portuguesa, na Alemanha, Portugal e Brasil.

2 Esse é caso em especial de Gustavo Tepedino, Luiz Edson Fachin e Maria Celina Bodin de Moraes, apenas para citar alguns dos nomes mais expressivos e que podem ser considerados fundadores e principais representantes do movimento em prol de um Direito Civil-Constitucional.

lução no âmbito das relações entre direitos fundamentais e o Direito Privado no Brasil acabe refletindo boa parte da discussão promovida em outros lugares (com destaque, no que concerne às fontes mais acessadas para efeitos desta perspectiva, para a Alemanha, Espanha e Portugal), seja na teoria, seja na prática jurisprudencial. Mas também a consideração das peculiaridades da ordem jurídico-constitucional brasileira é cogente, o que nem sempre tem sido suficientemente levado a sério.

Nesse sentido, com inteira razão Claus-Wilhelm Canaris, quando, embora apontando para a circunstância de que o tema de há muito já transpôs as fronteiras das ordens jurídicas nacionais e que não se deve deixar de observar as vantagens de um diálogo cada vez mais aberto a modelos transnacionais e estruturas argumentativas de cunho universal, adverte, todavia, sobre a necessidade de que as soluções para os problemas específicos devem levar em conta as circunstâncias e peculiaridades de cada ordem jurídica[3].

Na sequência, é nosso propósito discorrer sobre os aspectos nucleares da discussão travada no Brasil (em nível doutrinário e jurisprudencial) sobre as relações entre os direitos fundamentais e o Direito Privado, com destaque para a evolução no âmbito da jurisprudência do STF e, em particular, o seu *leading case* na matéria, designadamente o RE n° 201818-RJ, Relatora Min. Ellen Gracie, Relator para o Acórdão, Ministro Gilmar Mendes, julgado em 11.10.2005.

Antes, contudo, é o caso de registrar que oferecemos o presente texto para integrar oportuna obra coletiva organizada para comemorar os 60 anos de instalação do STF em Brasília, parabenizando os respectivos coordenadores pela oportuna iniciativa.

---

3 Cf. CANARIS, Claus-Wilhelm, no prefácio de sua obra *Direitos Fundamentais e Direito Privado* (Tradução de Ingo W. Sarlet e Paulo M. Pinto do original Grundrechte und Privatrecht – eine Zwischenbilanz), Coimbra: Almedina, 2003.

2. Observações de caráter geral sobre a eficácia dos direitos fundamentais no âmbito do Direito Privado, em especial na esfera das relações privadas

Sem que se vá aqui enfrentar, de modo mais detido, a evolução histórica em termos de constitucionalização da ordem jurídica[4], é significativo que as relações entre a Constituição (com destaque para os direitos fundamentais!) e o Direito Privado sempre se revelou como sendo pautada por um relacionamento dialético e dinâmico de influência recíproca[5]. Também por isso a relação entre a Constituição e o Direito Privado pode ser descrita pelo menos a partir de duas perspectivas: a do Direito Privado na Constituição e a da Constituição no Direito Privado[6].

Em primeiro lugar e ocupando um papel de destaque situa-se a eficácia da Constituição na esfera do Direito Privado (a Constituição no Direito Privado), onde se cuida principalmente de uma interpretação conforme a Constituição das normas de Direito Privado e da incidência da Constituição no âmbito das relações entre sujeitos privados, seja por meio da concretização da Constituição pelos órgãos

---

4 A respeito dos pressupostos e dimensões da constitucionalização da ordem jurídica de um modo geral (e não com ênfase na influência da Constituição na esfera do Direito Privado), v. especialmente, dentre tantos, SHUPPERT, Gunner Folke; BUNKE, Christian, *Die Konstitutionalisierung der Rechtsordnung: Überlegungen zum Verhältnis von verfassungsrechtlicher Ausstrahlungswirkung und Eigenständigkeit des "einfachen" Rechts*. Baden-Baden: Nomos, 2000, assim como – embora na perspectiva da Itália – Roberto Guastini,"La Constitucionalización del Ordenamiento Jurídico", in: Miguel Carbonell (Comp), *Neoconstitucionalismo (s)*, pp. 49-74. No Brasil, v., em caráter meramente exemplificativo, a monumental coletânea organizada por NETO, Cláudio Pereira de Souza; SARMENTO, Daniel. *Constitucionalização do Direito*, Rio de Janeiro: Lumen Juris, 2006, que reúne um expressivo número de ensaios gerais e específicos sobre o tema.

5 Sobre este tópico v., por todos, as ponderações de HESSE, Konrad. *Derecho Constitucional y Derecho Privado*, Madrid: Civitas, 1995.

6 Cf. anota NETO, Eugênio Facchini. "Reflexões Histórico-Evolutivas sobre a constitucionalização do Direito Privado", in: SARLET, Ingo Wolfgang (org). *Constituição, Direitos Fundamentais e Direito Privado*, 2ª ed. Porto Alegre: Livraria do Advogado Editora, 2006, especialmente pp. 35 e ss.

legislativos, seja pela interpretação e desenvolvimento jurisprudencial. Além disso, importa não esquecer do fenômeno da inserção, na Constituição, de institutos originariamente oriundos do Direito Privado, em outras palavras, da presença do Direito Privado na Constituição. Justamente nesta hipótese, quando não estamos mais em face de institutos de Direito Privado propriamente ditos, mas sim, de disposições e normas constitucionais (que, por sua vez, incidirão na esfera jurídica privada por meio da outra via da constitucionalização!) é que não nos parece a solução mais adequada – pelo menos em termos terminológicos – falar em um Direito Civil-Constitucional ou de um Direito Privado com "status" ou hierarquia constitucional.

Apenas em caráter ilustrativo, vale referir alguns exemplos extraídos da CF e que apresentam direta relação com o Direito Privado: o direito à indenização por violação da honra, intimidade e da imagem (artigo 5º, Inciso X); a função social da propriedade e o direito de propriedade em termos gerais, que abrange também a propriedade intelectual e industrial (art. 5º incisos XXII-XXIX); o direito à herança (artigo XXX-XXXI); a tarefa do Estado no sentido de proteger o consumidor (artigo 5º, inciso XXXII); disposições sobre aquisição da propriedade por usucapião especial urbano e rural (Art. 183 e 191); proteção da família, do casamento, das uniões estáveis, assim como a vedação da discriminação entre os cônjuges e dos filhos (artigos 226 e 227), dentre tantos outros que poderiam ser colacionados.

De qualquer sorte, em ambos os casos os Direitos Fundamentais impactam o Direito Privado, seja no tocante à vinculação do Legislador, seja do Poder Judiciário, mas também na esfera das relações entre os próprios atores privados. O que se discute, nesse contexto, é em especial o "se" e o "como" se dá a influência dos Direitos Fundamentais, com destaque aqui para as relações entre particulares, objeto do presente estudo.

Antes de prosseguir e em caráter complementar, convém referir que no caso de direitos fundamentais cujo destinatário direto e principal é o Estado (como no caso da nacionalidade, dos direitos políticos e das garantias contra extradição, entre outros) uma eficácia na esfera das relações entre particulares resulta, em princípio, afastada, o que não significa que também nestes casos não se possa falar em uma eficácia mediata (indireta), aspecto que, todavia, não será desenvolvido neste ensaio.

Outro aspecto de relevo, diz com a existência de uma confluência entre o que se tem convencionado designar de uma eficácia horizontal (mais precisamente, da eficácia na esfera das relações entre atores privados) e vertical (em relação aos agentes estatais) dos direitos fundamentais. Por um lado, as relações entre particulares são cada vez mais marcadas pelo exercício de poder econômico e social, portanto, não afastam situações de evidente desequilíbrio de poder entre os atores sociais e uma verticalidade similar e por vezes até mesmo mais evidente do que a encontrada nas relações entre os particulares e o Estado. De outra parte, a aplicação efetiva dos direitos fundamentais acaba sendo habitualmente implementada por meio de um agente estatal e, portanto, guarda conexão com uma ação estatal, o que ocorre mesmo no âmbito da assim designada eficácia direta dos direitos fundamentais nas relações entre particulares, onde em muitos casos se atribui ao Poder Judiciário a solução da controvérsia.

Exatamente em função da complementariedade e influência recíproca entre a eficácia dos direitos fundamentais em relação a atos emanados de agentes estatais e atos de atores privados (em outras palavras, aquilo que habitualmente tem sido designado de uma eficácia vertical e horizontal) é possível partir da premissa de que uma estrita distinção entre ambas as manifestações da eficácia dos direitos fundamentais (tendo como critério o destinatário) não parece ser a melhor solução. Nunca é demais lembrar que na maior parte dos casos o legislador já editou alguma norma aplicável ao caso concreto, de tal sorte que a regulamentação legal ou se encontra (presentes os pressupostos) sujeita a uma interpretação conforme a Constituição ou eventualmente haverá de ser declarada inconstitucional, não sendo, neste caso, sequer aplicada.

Outrossim, no caso do direito constitucional positivo brasileiro, mediante sua compreensão em perspectiva sistemática, diferentemente do que se passa na Alemanha e outros lugares, há como encontrar fundamento sólido para o reconhecimento de uma eficácia dos direitos fundamentais nas relações privadas que, a depender do caso, também se dê de maneira direta, isso mesmo além das hipóteses em que a eficácia direta já se dá em virtude da previsão constitucional relativa aos destinatários dos direitos, como é o caso dos direitos dos trabalhadores, mas também do direito à indenização vinculado à liberdade de expressão, direito de herança, igualdade dos filhos e dos cônjuges, união estável, entre outros.

Note-se que a CF expressamente dispôs (artigo 5º, parágrafo 1º) que as normas definidoras de direitos a garantias fundamentais têm aplicação imediata. Isso tem sido considerado, pela doutrina majoritária, como uma inequívoca decisão em favor de uma eficácia direta das normas de direitos fundamentais, no sentido de que todos os órgãos estatais estão obrigados a assegurar a maior efetividade e proteção possível aos direitos fundamentais[7]. Tal obrigação, por sua vez, abrange a garantia da eficácia e efetividade dos direitos fundamentais em todos os setores da ordem jurídica e da vida social de um modo geral.

Embora a formulação adotada pela Constituição Brasileira não seja idêntica ao texto da Constituição Portuguesa de 1976, que, no seu artigo 18, além de afirmar a aplicabilidade direta das normas de direitos fundamentais, expressamente inclui as entidades privadas no rol dos destinatários dos direitos, liberdades e garantias, a doutrina dominante no Brasil, assim como o próprio STF, tem aceito a eficácia na modalidade direta. Todavia, isso não afasta a possibilidade de contestação dessa tese, sendo possível lançar mão das conhecidas objeções em relação a uma eficácia e vinculação direta dos direitos fundamentais nas relações privadas.

Além disso, pelo que se pode observar, nem mesmo em Portugal existe um consenso a respeito da tese de uma eficácia imediata, já que, a teor de expressiva doutrina, a constatação de que os direitos fundamentais vinculam as entidades privadas, não responde necessariamente a pergunta de se esta eficácia irá ocorrer de modo direto ou indireto[8]. Já a fórmula textual adotada na Lei Fundamental da

7 Cf., por todos, o nosso SARLET, Ingo Wolfgang. *A Eficácia dos Direitos Fundamentais*. Porto Alegre: Livraria do Advogado, pp. 269 e ss.

8 Cf. por todos, ANDRADE, José Carlos Vieira de. *Os Direitos Fundamentais na Constituição Portuguesa de 1976*. Coimbra: Almedina, 1987, p. 259.

Alemanha (artigo 1º, III) acaba por sugerir (ainda mais a partir de uma exegese literal) uma eficácia em princípio indireta dos direitos fundamentais no que diz com as relações entre particulares, já que expressamente estabelece uma vinculação dos órgãos estatais e a não-referência aos particulares no texto do dispositivo ora mencionado tem sido considerada como excludente da possibilidade de uma vinculação direta dos agentes privados. Importante é, considerando apenas os exemplos citados, que as peculiaridades de cada ordem constitucional concreta e os seus respectivos limites textuais sejam suficientemente considerados para efeitos também do debate ora travado, que não pode dispensar um olhar sobre o direito comparado.

Em que pese a existência de outros argumentos, importa fique consignado que a tese da eficácia direta dos direitos fundamentais nas relações entre particulares - embora alguma resistência[9] - tem sido acolhida, em termos gerais e consideradas variações de maior ou menor monta, tanto em sede doutrinária quanto em sede jurisprudencial. Também o STF, na esteira de algumas decisões anteriores[10],

---

9 No Brasil, como exemplo de representantes relativamente isolados da tese divergente, no sentido de que a eficácia dos direitos fundamentais nas relações entre particulares é indireta, podem ser citados DIMOULIS, Dimitri; MARTINS, Leonardo. *Teoria Geral dos Direitos Fundamentais*, São Paulo: RT, 2007, pp. 104 e ss.; DUQUE, Marcelo e, por último, a notável contribuição de RODRIGUES JR., Otávio Luiz. *Direito Civil Contemporâneo. Estatuto Epistemológico, Constituição e Direitos Fundamentais.* 2ª ed. Rio de Janeiro: GEN/Forense Universitária, 2019. No direito lusitano, a defesa mais forte (em termos de ênfase) e mais consistente da refutação de uma eficácia direta foi promovida por NOVAIS, Jorge Reis. *Direitos Fundamentais: Trunfos contra a maioria*. Coimbra: Coimbra Editora, 2006, mais recentemente consolidada na obra mais recente do autor onde veio a reforçar a atualizar os seus argumentos (*Direitos Fundamentais nas Relações Privadas. Do dever de proteção à proibição de défice.* Coimbra: Almedina, 2018).

10 Assim, por exemplo, as decisões no Recurso Extraordinário 158215-4/RS, Relator Ministro Marco Aurélio, e no Recurso Extraordinário 161.243-6/DF, Relator Ministro Carlos Mario Velloso, ambas do ano de 1996, onde se discutiu, respectivamente, a aplicação da garantia da ampla defesa e do contraditório em caso de exclusão de sócio de cooperativa, e a aplicação do princípio da igualdade às relações trabalhistas no caso de empresa

acabou por adotar, pelo menos de acordo com a tendência ora registrada, a tese de uma eficácia direta dos direitos fundamentais nas relações entre particulares. Neste caso, que de fato assume a condição de *leading case* para a matéria, a decisão versou sobre a aplicação da garantia constitucional do devido processo legal (especialmente da ampla defesa e do contraditório) na hipótese do afastamento de um sócio de uma sociedade civil, portanto, de uma entidade privada[11], julgado que será apresentado e comentado logo mais adiante.

Que o reconhecimento da eficácia direta das normas de direitos fundamentais nas relações entre particulares exige uma pauta de soluções diferenciada, também tem sido de modo geral aceito pelos seus partidários. A diversidade de efeitos jurídicos já resulta da circunstância de que os direitos fundamentais formam um conjunto complexo e heterogêneo de posições jurídicas, seja no que diz com seu objeto e âmbito de proteção, seja no que concerne à sua estrutura normativa[12].

Nesse contexto, retomando a evolução brasileira, marcante a influência do pensamento do nosso homenageado, José Joaquim Gomes Canotilho, no sentido de que a garantia de uma eficácia social dos direitos fundamentais, como fenômeno complexo, exige a consideração coordenada de uma multiplicidade de aspectos fáticos e técnico-jurídicos, de tal sorte que somente uma metódica suficiente-

estrangeira que discriminava entre empregados brasileiros e estrangeiros. Embora no bojo de ambas as decisões não se tenham discutido com mais vagar os aspectos dogmáticos envolvidos (nem mesmo a distinção entre uma eficácia direta e indireta) e a despeito das diversas críticas que já foram endereçadas ao Tribunal, acabou sendo privilegiada a tese da eficácia direta.

11 Cf. Recurso Extraordinário nº 201818-RJ, Relator para o Acórdão, Ministro Gilmar Mendes, que, no seu alentado voto, sustentou a tese da eficácia direta dos direitos fundamentais nas relações privadas.

12 Neste sentido, por todos, o nosso SARLET, Ingo Wolfgang. Direitos Fundamentais e Direito Privado, algumas considerações em torno da vinculação dos particulares aos direitos fundamentais. In: SARLET, Ingo Wolfgang (Org.). *A Constituição Concretizada – Construindo Pontes para o Público e o Privado.* Porto Alegre: Livraria do Advogado, 2000, pp. 138 e ss.

mente diferenciada se revela apta a dar conta das diversas facetas do problema[13].

Diante deste pano de fundo e partindo do pressuposto da existência tanto de uma convivência dialógica entre a vinculação dos órgãos estatais e dos particulares, quanto entre uma eficácia direta e indireta, seguimos sustentando, desde o nosso primeiro texto específico sobre o tema e que antecedeu uma série de publicações importantes na literatura constitucional brasileira[14], que a resposta constitucionalmente adequada no caso do Brasil é no sentido de reconhecer uma eficácia direta *prima facie* dos direitos fundamentais também na esfera das relações privadas[15].

---

13 Cf. CANOTILHO, José Joaquim Gomes. *Direito Constitucional e Teoria da Constituição.* 7. ed. Coimbra: Almedina, 2010, pp. 1293 e ss.

14 Cf. V., Confira-se, dentre outros e apenas considerando a literatura brasileira, as contribuições (todas admitindo uma eficácia direta – embora não linear e absoluta – dos direitos fundamentais nas relações entre particulares) de *Direitos Fundamentais e Direito Privado, algumas considerações em torno da vinculação dos particulares aos direitos fundamentais*, cit., pp. 154 e ss., SARMENTO, Daniel, *Direitos Fundamentais e Relações Privadas.* Rio de Janeiro: Lumen Juris, 2003, pp. 297 e ss., SOMBRA, Thiago Luís Santos, *A Eficácia dos Direitos Fundamentais nas Relações Jurídico-Privadas: a identificação do contrato como ponto de encontro dos direitos fundamentais.* Porto Alegre: Fabris, 2004, pp. 123 e ss., VALE, André Rufino do. *Eficácia dos Direitos Fundamentais nas Relações Privadas.* Porto Alegre: Fabris, 2004, especialmente pp. 139 e ss. (adotando também um modelo diferenciado em termos de níveis de eficácia), STEINMETZ, Wilson Antonio. *Vinculação dos Particulares a Direitos Fundamentais.* São Paulo: Malheiros, 2005, p. 181 e ss., SILVA, Virgílio Afonso da. *A Constitucionalização do Direito*: os direitos fundamentais nas relações entre particulares. São Paulo: Malheiros, 2005, pp. 133 e ss., PEREIRA, Jane Reis Gonçalves. *Interpretação Constitucional e Direitos Fundamentais.* Rio de Janeiro: Renovar, 2006, pp. 486 e ss., BARROSO, Luís Roberto. "Neoconstitucionalismo e Constitucionalização do Direito (O Triunfo Tardio do Direito Constitucional do Brasil)", in: NETO, Cláudio Pereira Souza; SARMENTO, Daniel (Coord*), A Constitucionalização do Direito.* Rio de Janeiro: Lumen Juris, 2007, pp. 203-251, bem como MOREIRA, Eduardo Ribeiro. *Obtenção dos Direitos Fundamentais nas Relações entre Particulares*, Rio de Janeiro: Lumen Juris, 2007.

15 *Direitos Fundamentais e Direito Privado, algumas considerações em torno da vinculação dos particulares aos direitos fundamentais,* cit. Vale aduzir que

Nessa senda, a concepção adotada, no sentido de uma eficácia direta *prima facie* dos direitos fundamentais na esfera das relações entre particulares, significa, em termos gerais, que, em princípio, podem e devem ser extraídos efeitos jurídicos diretamente das normas de direitos fundamentais também em relação aos atores privados, não resultando obstaculizada pela falta ou insuficiência de regulação legal. Que somente as circunstâncias de cada caso concreto, as peculiaridades de cada direito fundamental e do seu âmbito de proteção, as disposições legais vigentes e a observância dos métodos de interpretação e solução de conflitos entre direitos fundamentais (como é o caso da proporcionalidade e da concordância prática) podem assegurar uma solução constitucionalmente adequada, resulta evidente e não está em contradição com a concepção aqui sustentada e, ainda que com alguma variação, majoritariamente defendida e praticada no Brasil.

Por outro lado, ao se afirmar – como temos proposto já uma eficácia direta *prima facie* não se está a sustentar uma eficácia necessariamente forte ou mesmo absoluta, mas uma eficácia e vinculação flexível e gradual. Nesse contexto a ressalvados outros argumentos que poderiam ser colacionados, convém aduzir que o próprio dever de conferir a máxima eficácia e efetividade às normas de direitos fundamentais há de ser compreendido, s.m.j., no sentido de um mandado de otimização, vez que a eficácia e efetividade dos direitos fundamentais de um modo geral (e não apenas na esfera das relações entre particulares) não se encontra sujeita, em princípio, a uma lógica do tipo "tudo ou nada"[16].

---

em Portugal a concepção por nós advogada desde 2000 foi expressamente acolhida por CRORIE, Benedita Ferreira da Silva Mac. *A vinculação dos particulares aos direitos fundamentais*, Coimbra, 2005, pp. 86 e ss.

16 Para maiores desenvolvimentos v. o nosso *A Eficácia dos Direitos Fundamentais*, cit., p. 278 e ss, no que diz com a problemática ora versada, o nosso igualmente já referido *ensaio Direitos Fundamentais e Direito Privado*, cit., pp. 147 e ss.

3. O entendimento do STF e o julgamento do RE 201819/RJ

Nessa perspectiva, calha referir a paradigmática decisão proferida pelo STF (RE nº 201818-RJ, Relatora Min. Ellen Gracie, Relator para o Acórdão, Ministro Gilmar Mendes, julgado em 11.10.2005) ao reconhecer, na esteira dos julgados já referidos, a eficácia direta dos direitos fundamentais nas relações privadas, julgado no qual o problema foi amplamente discutido e examinado na perspectiva da dogmática dos direitos fundamentais. Segue transcrição da ementa do respectivo Acórdão:

> *"EMENTA: SOCIEDADE CIVIL SEM FINS LUCRATIVOS. UNIÃO BRASILEIRA DE COMPOSITORES. EXCLUSÃO DE SÓCIO SEM GARANTIA DA AMPLA DEFESA E DO CONTRADITÓRIO. EFICÁCIA DOS DIREITOS FUNDAMENTAIS NAS RELAÇÕES PRIVADAS. RECURSO DESPROVIDO.*
>
> *I. EFICÁCIA DOS DIREITOS FUNDAMENTAIS NAS RELAÇÕES PRIVADAS.* As violações a direitos fundamentais não ocorrem somente no âmbito das relações entre o cidadão e o Estado, mas igualmente nas relações travadas entre pessoas físicas e jurídicas de direito privado. Assim, os direitos fundamentais assegurados pela Constituição vinculam diretamente não apenas os poderes públicos, estando direcionados também à proteção dos particulares em face dos poderes privados.
>
> *II. OS PRINCÍPIOS CONSTITUCIONAIS COMO LIMITES À AUTONOMIA PRIVADA DAS ASSOCIAÇÕES.* A ordem jurídico-constitucional brasileira não conferiu a qualquer associação civil a possibilidade de agir à revelia dos princípios inscritos nas leis e, em especial, dos postulados que têm por fundamento direto o próprio texto da Constituição da República, notadamente em tema de proteção às liberdades e garantias fundamentais. O espaço de autonomia privada garantido pela Constituição às associações não está imune à incidência dos princípios constitucionais que asseguram o respeito aos direitos fundamentais de seus associados. A autonomia privada, que encontra claras limitações de ordem jurídica, não pode ser exercida em detrimento ou com desrespeito aos direitos e garantias de terceiros, especialmente aqueles positivados em sede constitucional, pois a autonomia da vontade não confere aos particulares, no domínio de sua incidência e atuação, o poder de transgredir ou de ignorar as restrições postas e definidas pela própria Constituição, cuja eficácia e força normativa também se impõem, aos particu-

> lares, no âmbito de suas relações privadas, em tema de liberdades fundamentais.
>
> *III. SOCIEDADE CIVIL SEM FINS LUCRATIVOS. ENTIDADE QUE INTEGRA ESPAÇO PÚBLICO, AINDA QUE NÃO-ESTATAL. ATIVIDADE DE CARÁTER PÚBLICO. EXCLUSÃO DE SÓCIO SEM GARANTIA DO DEVIDO PROCESSO LEGAL.APLICAÇÃO DIRETA DOS DIREITOS FUNDAMENTAIS À AMPLA DEFESA E AO CONTRADITÓRIO.*
>
> As associações privadas que exercem função predominante em determinado âmbito econômico e/ou social, mantendo seus associados em relações de dependência econômica e/ou social, integram o que se pode denominar de espaço público, ainda que não-estatal. A União Brasileira de Compositores - UBC, sociedade civil sem fins lucrativos, integra a estrutura do ECAD e, portanto, assume posição privilegiada para determinar a extensão do gozo e fruição dos direitos autorais de seus associados. A exclusão de sócio do quadro social da UBC, sem qualquer garantia de ampla defesa, do contraditório, ou do devido processo constitucional, onera consideravelmente o recorrido, o qual fica impossibilitado de perceber os direitos autorais relativos à execução de suas obras. A vedação das garantias constitucionais do devido processo legal acaba por restringir a própria liberdade de exercício profissional do sócio. O caráter público da atividade exercida pela sociedade e a dependência do vínculo associativo para o exercício profissional de seus sócios legitimam, no caso concreto, a aplicação direta dos direitos fundamentais concernentes ao devido processo legal, ao contraditório e à ampla defesa (art. 5º, LIV e LV, CF/88)".

Na hipótese em exame, a exclusão de associado da União Brasileira de Compositores sem a observância das exigências essenciais da ampla defesa e do contraditório foi tida como constitucionalmente ilegítima, ainda mais - como enfatizado na argumentação deduzida na decisão, em especial no alentado voto Ministro Gilmar Mendes - quando se trata de associações privadas que exerce função preponderante em determinado âmbito econômico e/ou social, mantendo seus associados em relações de dependência econômica e/ou social, de tal sorte que tais associações integram o espaço público não-estatal.

O que já de partida chama a atenção na fundamentação do voto divergente do Ministro Gilmar Mendes, foi um salto qualitativo (nem por isso imune a controvérsia) no tratamento do tema, porquanto, ademais de consolidar - até o presente momento - a tese de que os direitos fundamentais geram efeitos mesmo diretamente nas relações privadas, agregou elementos extraídos tanto da dogmática alemã e portuguesa, quanto aspectos da assim chamada *state action doctrin* norte-americana. Isso porque, de acordo com tal doutrina, embora os particulares não estejam vinculados diretamente às cláusulas constitucionais, quando se tratar de situações similares às que marcam a atuação do poder público e que a ele podem ser diretamente reconduzidas ao Estado (portanto, quando o Estado se fizer presente), os direitos fundamentais operam da mesma forma, ainda que inexistente legislação específica sobre o caso.

Outro aspecto que calha sublinhar, é que nada obstante a convencional assertiva de que os direitos-garantia processuais tenham por destinatário direito apenas o Estado, como também se dá no caso dos direitos políticos, o STF acabou reconhecendo que em se tratando de uma entidade privada com o perfil da Ordem dos Compositores, pela natureza de suas atribuições, a exclusão de um associado deveria observar os elementos nucleares do devido processo, quais sejam, o contraditório e a possibilidade efetiva de defesa.

Muito embora a presença, num dos polos da relação privada, de um ator social poderoso não possa ser invocada como o único e nem mesmo principal critério para o reconhecimento de uma eficácia direta dos direitos fundamentais nesse domínio, o fato é que se cuida de um elemento importante para ser acionado quando da aplicação do princípio da proporcionalidade. Com efeito, o maior ou menor desequilíbrio objetivamente aferível nas relações entre particulares serve em geral como critério justificador da maior ou menor necessidade de efetivar os deveres de proteção do Estado, viabilizando eventual restrição (sempre proporcional!) da autonomia privada do ator social "poderoso" em benefício da parte mais frágil da relação, com o escopo de assegurar a manutenção (não meramente formal) do equilíbrio entre as partes, quando efetivamente rompido ou ameaçado[17].

17 Neste sentido, na esteira de autores como Klaus Stern, Claus-Wilhelm Canaris e tantos outros, o nosso ensaio *Direitos Fundamentais e Direito Privado...*, cit., pp. 128 e ss., bem como, mais recentemente e pelos demais, *Direitos Fundamentais e Relações Privadas*, cit., pp. 297 e ss.

Cumpre anotar que embora a autonomia privada e a liberdade contratual não estejam explicitamente previstas no texto constitucional brasileiro, cuida-se de direitos fundamentais implicitamente consagrados e que, a despeito de sua possível e necessária relativização, representam limites importantes para as intervenções na esfera das relações entre particulares, sem que tal circunstância seja tida como um obstáculo à eficácia direta dos direitos fundamentais nessa seara.

4. Considerações finais

Com base em todos os argumentos colacionados - aqui em particular tendo em conta o julgado do STF ora anotado – , é possível afirmar que os direitos fundamentais e a despeito de importantes vozes em sentido contrário, geram efeitos diretos *prima facie* no âmbito das relações privadas, o que, além de pressupor uma metódica diferenciada, também implica o reconhecimento de uma relação de complementariedade entre a vinculação dos órgãos estatais e a vinculação dos atores privados aos direitos fundamentais, que também se verifica em relação ao modo pelo qual se opera esta eficácia.

Nesse contexto, importa relembrar aqui as sempre atuais lições de Vasco Pereira da Silva, no sentido de que independentemente do modo pela qual se dá, em concreto, a eficácia dos direitos fundamentais nas relações privadas, entre as normas constitucionais e o Direito Privado o que se verifica não é um abismo, mas uma relação pautada por um contínuo fluir[18], o que apenas reforça a tese da necessidade de uma metódica diferenciada, amplamente adotada no Brasil, em que pesem algumas variações de autor para autor e na seara jurisprudencial.

A despeito disso e mesmo assumindo como constitucionalmente adequada a posição aqui sustentada, é de fato possível constatar que, notadamente (mas não exclusivamente) em virtude da insuficiente consideração das estruturas argumentativas e dos métodos e princí-

18 Cf. SILVA, Vasco M.P.D. Pereira da. "Vinculação das entidades privadas pelos direitos, liberdades e garantias", in: *Revista de Direito Público*, n° 82 (1987), p. 46.

pios de interpretação mais adequados ao direito constitucional positivo, especialmente no que diz com o correto manejo dos critérios da proporcionalidade e das diretrizes que presidem a solução das colisões entre direitos fundamentais de um modo geral, seguidamente ocorrem certos abusos também na seara da assim designada constitucionalização do Direito Privado, com particular ênfase na aplicação dos direitos fundamentais às relações privadas.

Não é sem razão, portanto, que mesmo adeptos de uma eficácia dos direitos fundamentais também na esfera das relações privadas têm pugnado por uma postura mais cautelosa, destacando, por exemplo, que um dos efeitos colaterais indesejáveis decorrentes de uma hipertrofia da Constitucionalização da ordem jurídica acaba por ser uma por vezes excessiva e problemática judicialização das relações sociais[19], uma das razões pelas quais também os refratários à uma eficácia direta orientam seu entendimento.

Cientes disso, não há como deixar de enfatizar, por outro lado, que o pleito em prol de uma eficácia direta *prima facie* dos direitos fundamentais nas relações privadas não se justifica apenas por razões de ordem dogmática, mas também em função da necessidade evidente de limitação do poder social e como resposta às persistentes desigualdades sociais, culturais e econômicas, ainda mais acentuadas em sociedades periféricas como a do Brasil.

19 Nesse sentido v. *Neoconstitucionalismo e Constitucionalização do Direito (O Triunfo Tardio do Direito Constitucional do Brasil,* cit., especialmente pp. 242 e ss.

A ambição do Supremo e o Plano Real[1]

Joaquim Falcão

Introdução

Na sessão de 17 de março de 1994, na Comissão de Assuntos Econômicos do Senado, Fernando Henrique Cardoso, então Ministro da Fazenda explicava:

> No ano passado, a Comissão de Orçamento tomou a decisão de refazer o Orçamento -refiro-me à 93 – tendo em vista que achávamos e mostramos que não haveria condições de uma execução minimamente razoável, em termos de obtenção de algum equilíbrio nas contas, se não fizéssemos também um esforço de contenção de gastos.
>
> (...)
>
> Propusemos conter os gastos e, ao mesmo tempo, a não utilizar mecanismos de contingenciamento de tal maneira que embora reduzindo o montante da verba despendida, isso seria compensado pela oportunidade que seria utilizada na despesa.

E, finalmente:

> Assim procedemos até novembro, quando, por decisão do Supremo Tribunal Federal, nos foi negada a possibilidade de completar o Orçamento com recursos do IPMF, o que nos

1 Uma versão deste texto foi publicada no livro De Belíndia ao Real: Ensaios em Homenagem a Edmar Bacha, Civilização Brasileira, 2018.

> obrigou, no último bimestre do ano a contingenciar o dispêndio.[2]

A questão anuncia a participação do Supremo no Plano Real. Momento de debate sobre o papel do Tribunal na definição da economia.[3]

Murilo Portugal, na época, secretário do Tesouro Nacional, apontou:

> O Ministério da Fazenda perseguia a consolidação fiscal mesmo antes da posse de Fernando Henrique Cardoso como Ministro da Fazenda, com a adoção de importantes medidas.
>
> Aproveitando o processo de aprovação simplificada de emendas constitucionais de revisão após cinco anos de vigência da Constituição Federal, o Ministério da Fazenda havia conseguido incluir importantes mudanças na Emenda Constitucional nº 3, promulgada em 17/3/93: a criação do Imposto Provisório sobre Movimentações Financeiras (IPMF)[4] ...

O IPMF vinha sendo definido como um meio privilegiado em meio a tentativas de ajuste fiscal anterior ao lançamento do Plano por parte da equipe econômica do governo.

O novo Plano Real iria depender da conversão voluntária pelo mercado e da renegociação de contratos e preços. Evitando tablitas e congelamento que estimulariam milhões de ações judiciais. Muitas até hoje pendentes.

---

2 Discurso de Fernando Henrique, o Ministro da Fazenda, na Comissão Assuntos Econômicos do Senado, em 17 de março de 1994. Diário do Congresso Nacional (Seção li). Sexta-feira 18 de março de 1994. Disponível em <http://legis.senado.leg.br/diarios/BuscaPaginasDiario?codDiario=6789&seqPaginaInicial=1&seqPaginaFinal=96 >. Acesso em: 15.01.2017.

3 FALCÃO, Joaquim. O Supremo e a Revisão. In: FALCÃO, Joaquim. O Supremo.

4 PORTUGAL, Murilo. Política Fiscal na Primeira Fase do Plano Real 1993-1997. In: BACHA, Edmar (org.). A Crise Fiscal e Monetária Brasileira. Rio de Janeiro: Civilização Brasileira, 2016.

O momento era de construção da credibilidade do Plano Real. Diferentes atores e perspectivas em jogo: Mário Henrique Simonsen, Eduardo Suplicy, Maria da Conceição Tavares, Paulo Nogueira Batista.[5] Edmar Bacha e Gustavo Franco também estiveram presentes.

Discutia-se o plano de estabilização em meio às estratégias de conquista das lideranças, do mercado e da sociedade civil. Técnica, transparência e legitimidade precisavam surgir alinhadas no debate público.

A presença do Supremo também estava em debate. Lawrence Summers, então Subsecretário para Assuntos Internacionais, comentava que mesmo que o Supremo declarasse constitucional o IPMF, outras fontes precisariam também ser consideradas no cálculo.[6]

O congresso aprova e sanciona o novo imposto, por meio de Emenda Constitucional (nº 3).

Mas o novo imposto não pôde ser cobrado.

Os campos se tensionaram. O direito, segundo Fernando Henrique, teria sido uma "pedra no meio do caminho". Os advogados acabam atestando a inconstitucionalidade, disse.[7]

Os argumentos foram: a cobrança imediata do IPMF feria o princípio da anualidade, ou da anterioridade fiscal, bem como os princípios da não cumulatividade, do equilíbrio orçamentário, da capacidade contributiva e da vedação da bitributação do contribuinte.[8]

5 Comissão de Assuntos Econômicos do Senado, em 17 de março de 1994. Diário do Congresso Nacional (Seção II). Sexta-feira 18 de março de 1994. Disponível em <http://legis.senado.leg.br/diarios/BuscaPaginasDiario?codDiario=6789&seqPaginaInicial=1&seqPaginaFinal=96 >. Acesso em: 15.01.2017.

6 Do PRADO, Maria Clara. Real História do Real: Uma Radiografia Da Moeda Que Mudou O Brasil. Rio de Janeiro: RECORD, 2005, p. 153.

7 Mesa redonda sobre os 20 anos da criação do Plano Real, suas consequências e perspectivas para o futuro da economia brasileira. Participação de Edmar Bacha, Gustavo Franco e o jornalista Guilherme Fiuza. Debate publicado em 26 de agosto de 2014. Disponível em:<https://www.youtube.com/watch?v=goGwxH_TcrA>. Acesso em 10.01.2017.

8 Ação Direita de Inconstitucionalidade (ADI) nº 939 – DF. Relator: Min. Sydney Sanches. Julgamento em 15.12.1993.

Ganhou.

O futuro Plano Real começava perdendo.

A pressa teria sido fator crucial dessa derrota. Afinal, era preciso estancar o déficit no tesouro. Criar e cobrar o IPMF no mesmo ano de 1993.

Por isto a Emenda nº 3 previu expressamente que ao novo imposto não se aplicaria o princípio da anterioridade fiscal:

> Art. 2: (...) § 2º Ao imposto de que trata este artigo não se aplica o art. 150, III, b, da Constituição, em que é vedada a cobrança de tributos no mesmo exercício financeiro em que haja sido publicada a lei que os instituiu ou aumentou.

A cobrança não esperaria entrar em vigor em 1 de janeiro de 1994. Mas cerca de 127 dias antes, em 24 de agosto de 1993.

A disputa constitucional por estes 127 dias mudaria o equilíbrio dos poderes. Até hoje.

O debate era travado, sobretudo, no domínio da inconstitucionalidade da forma.

Foi a pressa, poderia ter dito Tecio Lins e Silva, que acordou "o monstro por dentro". Despertou a ambição do Supremo.

Aldous Huxley disse certa vez, em Apipucos, no Recife, na varanda da casa grande de Gilberto Freyre, que o Brasil era apenas um país improvável. O Supremo parecia concordar.

O que seria um problema apenas micro jurídico – a constitucionalidade ou não de um prazo fiscal –, transformou-se em problema macro jurídico – o desequilíbrio dos poderes da República.

O constitucionalismo de realidade

Para decidir se o IMPF feria ou não o princípio da anterioridade fiscal, o Supremo se deu, logo no deferimento de medida cautelar,[9] questão maior.

9 Medida Cautelar na Ação Direita de Inconstitucionalidade (ADI) nº 939 – DF. Relator: Min. SYDNEY SANCHES. Julgamento em 15.09.1993.

Pode a constituição, ou parte já integrante dela, ser pelo Supremo considerada inconstitucional, em nome da própria constituição?

Teria o Supremo o poder de tanto interferir em decisões do Congresso?[10]

Votou assim Marco Aurélio, ministro indicado por Fernando Collor:

> Tenho que, pelo ângulo do sinal do bom Direito, deve a Corte caminhar no sentido da suspensão do preceito no que transgride a norma proibitiva de emendas que suprimam direitos e garantias individuais.[11]

Mas esta não é apenas uma questão de formalismos constitucionais. Longe disto. É preciso ler a realidade do Brasil, antes de ler o texto da constituição.

O constitucionalismo de realidade busca inquirir a fonte do formalismo legislativo e judicial, assim como o seu impacto, por exemplo, na política econômica. Sendo assim, a decisão do Supremo, ao final, seria sobre quem deteria a competência última para mudar a constituição.

A representação popular direta ou a indireta? Sobressaiu-se a disputa entre os poderes da República.

Como ficaria o poder constituinte derivado? Aquele que pode reformar a constituição. De quem seria?

O debate repercute até hoje.

Este caminho aberto em 1993 aumentou a incerteza judicial que estará embutida, daí em diante, em qualquer decisão do Congresso Nacional sobre emendas à constituição. O Supremo se deu a competência de gerir mais uma incerteza que ele mesmo criou.[12]

---

10 Ação Direita de Inconstitucionalidade (ADI) nº 939 – DF. Relator: Min. SYDNEY SANCHES. Julgamento em 15.12.1993.

11 Voto do Min. Marco Aurélio na Ação Direita de Inconstitucionalidade (ADI) nº 939 – DF. Relator: Min. Sydney Sanches. Julgamento em 15.12.1993.

12 FALCÃO, JOAQUIM. O Supremo, a Incerteza Judicial e a Insegurança Jurídica. Journal of Democracy, 2016. Disponível em: <http://www.journalofdemocracy.org>. Acesso em: 20.01.2017.

O poder se acumula no tempo. Além de intérprete da constituição, o Supremo passou a ser fazedor de nova constituição.[13] Constituinte derivado, aquele que determina o que pode mudar, ou não, na constituição.

Passou a deter dois instrumentos "técnico-jurídicos" para mudar a constituição: (a) interpretar seus artigos e (b) proibir ou permitir novos artigos.

Para o bem ou para o mal.

O formalismo presente nas argumentações do Supremo vem elaborar a legitimidade cotidiana dessa ascensão.

Por dentro do Supremo

O Ministro Ilmar Galvão, levado ao Supremo pelo presidente José Sarney votou:

> Assim sendo, tenho por perfeitamente plausível a tese de que a emenda constitucional sob apreciação (IPMF), bem como a lei complementar que a regulamentou, padecem do vício capital da inconstitucionalidade, no ponto em que afrontam o princípio irredutível da anterioridade.[14]

---

13 Diego Werneck Arguelhes e Leandro Molhano Ribeiro sobre o tema escreveram "Isso equivale a dizer que o STF é copartícipe, junto do constituinte de 1988, da tarefa de definir as estruturas constitucionais básicas do país – incluindo, portanto, o próprio poder do tribunal. Se isso é verdade, então o STF também tem o poder de interpretar, em última instância, o alcance de suas próprias competências, dotando a si próprio de uma decisiva margem de manobra para influenciar as condições da sua participação na política. ARGUELHEES, Diego Werneck; RIBEIRO, Leandro Molhano. Criatura e/ou Criador: transformações do Supremo Tribunal Federal sob a Constituição de 1988. Revista Direito GV. São Paulo. V. 12. N. 2. Pp. 405-440. MAI-AGO, 2016.

14 Voto do Min. Ilmar Galvão na Ação Direita de Inconstitucionalidade (ADI) nº 939 – DF. Relator: Min. Sydney Sanches. Julgamento em 15.12.1993.

Votou o relator, Ministro Sydney Sanches, indicado pelo Presidente João Baptista Figueiredo:

> Uma Emenda Constitucional, emanada, portanto, de Constituinte derivada, incidindo em violação a Constituição originária, pode ser declarada inconstitucional pelo Supremo Tribunal Federal, cuja função precípua é de guarda da Constituição. A Emenda Constitucional nº 3 (...) incidiu em vício de inconstitucionalidade.[15]

O governo foi pego de surpresa?

Acho que não. Afinal, em nenhum momento a constituição diz textualmente que o princípio da anterioridade é protegido constitucionalmente. Não existia precedente.

Na maioria dos países, a data de entrada em vigor de um imposto é estabelecida em lei infraconstitucional.

Criar imposto, a história revela, é sempre risco político. A ambição guerreira do Rei João da Inglaterra, João Sem Terra, o levou a perder poder para os barões pelo tratado de 1215, a Carta Magna. A derrama estimulou também, na primeira metade do século XVIII, a Inconfidência Mineira.

No mesmo século, o princípio de *no taxation without representation* estimulou a independência dos Estados Unidos (1776). Sem falar na Revolução de 1817, que levou pernambucanos exaustos de pagar as despesas cariocas da Corte d. Joao VI, a quererem se separar do Brasil.

Mas do ponto de vista do prazo fiscal como direito de garantia, a cobrança do IPMF não parecia impor danos adicionais.

Afinal, se o imposto tivesse sido criado depois, em dezembro de 1993, e não em 24 de agosto, poderia ter sido cobrado em apenas 32 dias, em 1 de janeiro de 1994. Muito antes dos 127 dias antecipados pretendidos pela Emenda.

15 Voto do Ministro Relator Sydney Sanches na Ação Direita de Inconstitucionalidade (ADI) nº 939 – DF. Relator: Min. Sydney Sanches. Julgamento em 15.12.1993.

Matematicamente não havia dano.

Foi uma decisão gregoriana, diria Regis Bonelli.

O Supremo, inesperadamente e sem precedentes – nacionais ou internacionais – deu vida a uma cláusula pétrea que os constituintes de 1988 inseriram na constituição. Ao lhe dar vida, aumentou-se a si próprio. Acordou sua ambição de deter a palavra final no que diz respeito a políticas públicas.

Se foi algo que os ministros fizeram deliberadamente ou não, é secundário. Mas as implicações do que estavam fazendo, deviam estar claras, ao menos, para alguns deles.

Não é difícil seguir o raciocínio do Supremo.

As Cláusulas Pétreas

Qual artigo da constituição garante a inviolabilidade do princípio da anterioridade fiscal?

O Ministro Néri da Silveira revelaria:

> A emenda constitucional só pode ser declarada inconstitucional quando ela ferir uma cláusula pétrea da Constituição. (...) A Constituição de 88 ampliou as cláusulas pétreas (...) abriu-se um leque: o voto direto, o voto secreto, os direitos, garantias individuais, tudo isso (...) possibilitou ao Supremo Tribunal Federal (...) um exame bem mais amplo da atividade parlamentar, inclusive nisso que ela tem de mais nobre, que é exatamente reformar a Constituição.[16]

A "pedra no meio do caminho" do IPMF eram as cláusulas pétreas. Mas o que são cláusulas pétreas?

16 Entrevista concedida pelo Ministro Néri da Silveira ao História Oral do Supremo, Projeto da Escola de Direito da Fundação Getulio Vargas Rio de Janeiro. Páginas 92 e 93. Disponível em:< http://bibliotecadigital.fgv.br/dspace/handle/10438/13570>. Acesso em 10.01.2017.

São as do artigo 60, §4º:

> Não será objeto de deliberação a proposta de emenda (constitucional) tendente a abolir:
>
> I - a forma federativa de Estado;
>
> II - o voto direto, secreto, universal e periódico;
>
> III - a separação dos Poderes;
>
> IV - os direitos e garantias individuais.
>
> Para entender a força indomável das cláusulas pétreas, permitam dois minutos de teoria constitucional, digamos, ortodoxa.

O poder da constituição, que é a norma maior sobre outras normas - as leis infraconstitucionais, decretos, resoluções, regimentos e etc. - reside no fato de que seus artigos são os mais difíceis de serem mudados em toda a pirâmide legal. Ou, como preferem os economistas, em todo o "sistema legal".[17]

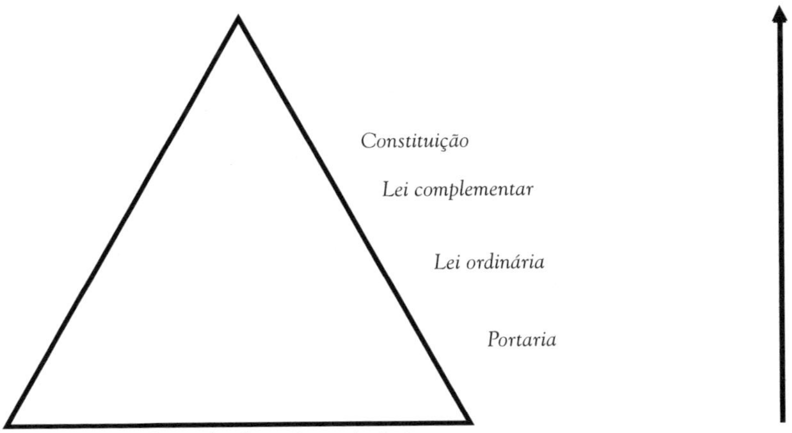

Figura 1 Pirâmide Rigidez da mudança das Leis

17 FALCÃO, Joaquim. Constituição, Constituições. In: ABREU, Alzira Alves. (Org.). Caminhos da Cidadania. Rio de Janeiro: Editora FGV, 2009, pp. 13-33.

A escala do poder das normas deriva da rigidez de sua mudança.

A estrutura do sistema legal resulta das articulações entre a hierarquia das normas e dificuldade de mudança.

Não é a relevância política, social ou econômica do conteúdo que define o que deve estar ou não na constituição.

Dificilmente pode-se atribuir a mesma relevância entre o Colégio Pedro II e o monopólio do refino do Petróleo pela Petrobras. Mas ambos são igualmente difíceis de alterar pela constituição de 1988, isto é, têm o mesmo grau de rigidez. Artigos 242[18] e 45[19].

É devido a esse artifício da rigidez que a constituição e objeto de interesse dos lobbies e corporações.

Acontece que os constituintes de 1988 criaram um artigo na constituição ainda mais difícil de mudar do que os outros, seus irmãos siameses.

É, digamos, um artigo "classe *premium*": o das cláusulas pétreas.

Criaram uma constituição de duas classes: as cláusulas pétreas e as demais. Aquelas, controlam estas.

É necessária proposta de iniciativa de: (a) no mínimo, um terço dos membros da Câmara dos Deputados ou do Senado Federal; (b) do Presidente da República ou de mais da metade das Assembleias Legislativas das unidades da Federação.

Mais ainda. (c)Precisará ser discutida e votada em cada casa do Congresso Nacional, em dois turnos; (d) sendo aprovada apenas se obtiver, em ambos, três quintos dos votos dos respectivos membros.

Mas para mudar quatro cláusulas do artigo 60, §4º, os constituintes foram mais exigentes ainda: Não podem ser suprimidos. Podem, em tese, somente ser aumentados, acrescidos.

---

18 Art. 242. (...) § 2º O Colégio Pedro II, localizado na cidade do Rio de Janeiro, será mantido na órbita federal.

19 Art. 177. Constituem monopólio da União: (...) II – a refinação do petróleo nacional ou estrangeiro.

As palavras vazias

O problema é que a constituição apenas nomeia as cláusulas pétreas. Não as especifica e qualifica.

Em nenhum momento, na constituição ou no artigo 60, é mencionado expressamente que o princípio da anterioridade fiscal é garantia individual e, portanto, cláusula pétrea. Ao contrário, não dizem.

Foi o Supremo quem auto inventou esta tese.

As cláusulas pétreas seriam, nesse sentido, palavras vazias. São topoi[20]. Ou seja, são apenas o ponto de partida de uma discussão, sem determinar como, qual e quando será seu fim. São caixas vazias a serem preenchidas não se sabe com o quê.

São portas abertas não se sabe para onde.

O que quer então dizer e quais são, por exemplo, os direitos e garantias individuais? São dezenas de respostas possíveis.

O Supremo interpretou. O princípio da anterioridade estava embutido na cláusula de garantia individual. Era, portanto, cláusula pétrea. Ninguém sabia. Só os ministros souberam.

Ser dono da constituição é ser dono do significado último das cláusulas pétreas enquanto caixa vazia.

A ampla indeterminação das cláusulas pétreas levou economistas e advogados do Plano Real à convicção de que poderiam cobrar imposto no mesmo ano.

A interpretação do Supremo não foi apenas improvável. Como também e, desde o início, polêmica. O próprio Ministro Moreira Alves, indicado pelo então Presidente Ernesto Geisel, hesitava:

> Não há dúvida de que emenda constitucional pode ser inconstitucional", mas afirmou ter "sérias dúvidas a respeito do alcance das denominadas cláusulas pétreas (...) principalmente no tocante aos direitos e garantias individuais (...) só essa cláusula petrifi-

20 VIEHWEG, T. Tópica e Jurisprudência, trad. T. S. Ferraz Jr., Brasília, Departamento de Imprensa Nacional, 1979.

> caria quase toda a Constituição, além de petrificar os tratados de que decorram direitos e garantias(...).[21]

Em outros países

Nos Estados Unidos, não é possível o Supremo declarar inconstitucional uma emenda aprovada pelo Congresso e ratificada pelas assembleias de, pelo menos, 38 estados.

A cláusula pétrea foi difundida pela influência do direito europeu de pós-guerra.

A lei Fundamental da Alemanha, tem uma "cláusula de eternidade", o artigo 79 (3) que diz que ela não pode mudar os princípios dos artigos 1 a 20. São eles referentes à dignidade da pessoa humana, ao reconhecimento dos direitos humanos, ao federalismo, ao princípio republicano, ao estado social, à soberania popular, à democracia, ao estado de direito, à separação de poderes.[22]

São também topoi. A cláusula existe, mas nunca foi aplicada pelo Tribunal Constitucional Federal da Alemanha para invalidar uma decisão do Parlamento que aprovou mudança na Lei Fundamental por emenda.

Na Itália, é mais simples:

> Art. 139: A forma republicana não pode ser objeto de revisão constitucional.[23]

---

21 Voto do Min. Moreira Alves na Medida Cautelar na Ação Direita de Inconstitucionalidade (ADI) nº 939-DF. Relator: Min. Sydney Sanches. Julgamento em 15.09.1993.

22 Disponível em: <https://www.btg-bestellservice.de/pdf/80208000.pdf>. Acesso em 02.02.2017.

23 Disponível em: <http://www.educazioneadulti.brescia.it/certifica/materiali/6.Documenti_di_riferimento/La%20Costituzione%20in%2015%20lingue%20(a%20cura%20della%20Provincia%20di%20Milano)/CostituzioneItaliana-Portoghese.pdf >. Acesso em 02.02.2017.

Em Portugal, são mais específicas. Fala-se sobre a unidade do estado, a forma republicana, a laicidade, as garantias dos cidadãos, os direitos dos trabalhadores e de associações sindicais, a existência de planos econômicos no âmbito de uma economia mista, o sufrágio universal, direto e periódico, a independência dos tribunais, etc.[24]

O Tribunal Constitucional de Portugal jamais usou este tipo de cláusula para inconstitucionalizar uma decisão do Congresso.

É bem verdade que aqui no Brasil, o Supremo tem usado este poder de veto com parcimônia, como constata o Ministro Luís Roberto Barroso.[25-26]

Usou, por exemplo, no caso do novo regime especial de pagamento de precatórios.[27]

De vez em quando, alguns ministros reiteram este poder em seus votos. Como lembrando ao Congresso e à Presidência de seus menores tamanhos.[28]

---

24 Disponível em: <http://www.parlamento.pt/Legislacao/Paginas/ConstituicaoRepublicaPortuguesa.aspx >. Acesso em 02.02.2017.

25 Medida Cautelar em Mandado de Segurança nº 32.262 – DF. Relator Ministro Roberto Barroso. Julgamento: 24.09.2013.

26 Medida Cautelar em Mandado de Segurança nº 34.448 – DF. Relator Ministro Roberto Barroso. Julgamento: 10.10.2016.

27 Julgamento conjunto das Ações Diretas de Inconstitucionalidade (ADI) nº 4357 e nº 4425 – DF. Relator: Min. AYRES BRITTO. Relator p/ Acórdão: Min. LUIZ FUX. Julgamento: 14.03.2013.

28 Ao julgar a inconstitucionalidade no caso dos do regime de precatórios, o Min. Celso de Mello observou que ao aprovar o terceiro adiamento do pagamento dos precatórios previsto na EC 62, "o Congresso Nacional exorbitou dos limites de mudança da Constituição estabelecidos por ela própria, por ofender princípios pétreos que não são suscetíveis de mudança legislativa (Voto do Min. Celso de Mello no julgamento conjunto das Ações Diretas de Inconstitucionalidade (ADI) nº 4357 e nº 4425 – DF. Relator: Min. AYRES BRITTO. Relator p/ Acórdão: Min. LUIZ FUX. Julgamento: 14.03.2013). Já em 1991, sobre a constitucionalidade ou não da instituição da pena de morte mediante plebiscito, o Ministro Celso de Mello anunciava a tese: "O Congresso Nacional (...) está juridicamente subordinado à decisão do poder constituinte originário que (...) identificou (...) um núcleo temático intangível e imune à ação revisora da instituição parlamentar. As limita-

Por exemplo, quando questionada a criação do Conselho Nacional de Justiça – CNJ, alguns ministros argumentaram em seus votos vencidos[29] que a emenda constitucional, no todo ou em parte, feria a cláusula pétrea de separação de poderes, lembra Thomas Pereira.

Não feria.

O resultado líquido da inconstitucionalidade da cobrança imediata do IPMF foi criar uma espada de Dâmocles sobre a cabeça do Congresso e do Executivo.

Essa porta aberta estimularia uma maior judicialização da política e a politização do Supremo.

Qualquer análise sobre teoria dos jogos evidencia que a mera possibilidade de um movimento influencia os movimentos do adversário.

O fato é que os primórdios do Plano Real concederam ao Supremo, sem querer, a oportunidade de aumentar a incerteza judicial e a consequente insegurança jurídica econômica. Até hoje.

Em dezembro de 2016, por exemplo, a Confederação Nacional dos Trabalhadores na Indústria Química entrou no Supremo alegando que a futura reforma da previdência, mesmo que aprovada pelo Congresso e alterada a constituição, seria inconstitucional.[30]

Mais ainda, antes de virar a Emenda Constitucional nº 95, a proposta de emenda do "teto de gastos" ou do "novo regime fiscal" já havia sido questionada no Supremo, via mandado de segurança, sob o argumento de que as alterações pretendidas continham enuncia-

ções materiais explícitas – as cláusulas pétreas – definidas no § 4º do art. 60 da Constituição da República, incidem diretamente sobre o poder de reforma conferido ao Poder Legislativo da União, inibindo-lhe o exercício nos pontos ali discriminados. A irreformabilidade desse núcleo temático, acaso desrespeitada, pode legitimar o controle normativo abstrato, e mesmo a fiscalização jurisdicional concreta, de constitucionalidade" (Ação Direta de Inconstitucionalidade (ADI) nº 466 – DF. Relator: Min. CELSO DE MELLO. Julgamento: 03.04.1991).

29 Ação Direta de Inconstitucionalidade (ADI) nº 3367-DF. Relator: Min. Cezar Peluso. Julgamento: 13.04.2005.

30 Arguição de Descumprimento de Preceito Fundamental (ADPF) nº 438 DF. Relator: Rosa Weber.

dos tendentes a abolir a separação de Poderes, o voto direito, secreto, universal e periódico, e os direitos e garantias individuais".[31]

O Ministro Luís Roberto indeferiu o pedido liminar nesse mandado de segurança impetrado por deputados federais integrantes do PC do B e do PT. Para o Ministro "a responsabilidade fiscal é fundamento das economias saudáveis, e não tem ideologia".[32]

O caminho aberto em 1993 continua a provocar incerteza.

Os que discordam

Alguns, como Luis Cordeiro Guerra, no entanto, discordam e justificam. O Supremo tem sim o poder de determinar o conteúdo das cláusulas pétreas. Este poder lhe foi dado pelos constituintes, eles próprios. O argumento seria o seguinte.

Na constituinte haveria o que Cass Sunstein chama de "acordos incompletamente teorizados"[33]. Ou sejam, não suficientemente especificados. E, por isto, o Constituinte teria deixado, delegado o preenchimento desta indeterminação ao próprio Supremo.

O artigo 60 seria um exemplo desta delegação para que o Supremo tivesse a competência de determinar o conteúdo das cláusulas pétreas.

O problema com este argumento é que ele imagina um texto constitucional que não houve. Que não foi escrito. Foi imaginado. Em nenhum momento a constituição especifica esta delegação de competência.

31 Medida Cautelar em Mandado de Segurança nº 34.448-DF. Relator Ministro Roberto Barroso. Julgamento: 10.10.2016.

32 Medida Cautelar em Mandado de Segurança nº 34.448-DF. Relator Ministro Roberto Barroso. Julgamento: 10.10.2016.

33 Sunstein, Cass R. "Incompletely theorized agreements in constitutional law". University of Chicago, Public Law Working Paper, n. 147.

Ou seja, se entendemos que direito positivo é o direito positivado, posto pelo estado, a constituição deixa de ter sua característica maior: a de ser direito positivo, posto.

Passa a ser um direito sem a âncora que lhe deu, por exemplo, Kelsen: posta pelo Estado.

De qualquer modo, é um argumento que tem vários importantes seguidores da corrente interpretativista.

O Arsenal

A trajetória do Plano Real teria sido diferente se o Supremo considerasse constitucional a cobrança imediata do IPMF?

Acredito que não. Ou muito pouco. O Tesouro teria arrecadado mais. A criação do IPMF era medida ainda preliminar e provisória.

Talvez a equipe econômica tivesse alterado o limite de 20% dos cortes nos gastos públicos para constituir o Fundo Social de Emergência.

Edmar Bacha defendeu o Fundo Social de Emergência por meio de reforma constitucional[34].

Os 20% do FSE, estes sim seriam decisivos para o equilíbrio orçamentário e fiscal. Indispensáveis inclusive para o pagamento dos juros da dívida interna federal. Na verdade, o Fundo viabilizava apenas uma troca de rubricas orçamentárias. Sem muito custo político.

Maria Clara Prado explica o porquê:

> Quando ouviu a proposta de Bacha (criação do FSE), FHC teve uma reação típica de político.

34 Mesa redonda sobre os 20 anos da criação do Plano Real, suas consequências e perspectivas para o futuro da economia brasileira. Com Edmar Bacha, Gustavo Franco e o jornalista Guilherme Fiuza. Debate publicado em 26 de agosto de 2014. Disponível em:<https://www.youtube.com/watch?v=goGwxH_TcrA>. Acesso em 10.01.2017.

> Você está maluco, quer tirar 20% da educação, da saúde? Nós não vamos conseguir isto nunca".[35]

Ao que Bacha retrucou: "Então esquece porque meu arsenal já se esgotou".[36]

Nem Fernando Henrique esqueceu. Nem o arsenal de Bacha se esgotara. Prosseguiram.

E diria ainda Maria Clara:

> ...o Fundo acabou sendo aprovado pelo Congresso, sem dificuldades, em fevereiro de 1994. Bacha teve ali uma função primordial. Ia tirando da cartola alternativa atrás de alternativa sempre que surgia um obstáculo, gerando fonte através de fonte, até garantir o valor de que precisava para ajudar no pagamento do serviço da dívida do Tesouro.[37]

Bacha, provavelmente, seguia os ensinamentos de Max Weber.

O mesmo fato econômico (no caso a geração de recursos para pagar a dívida pública e equilibrar os orçamentos), pode assumir diversas formas jurídicas: contingenciamento, corte de gastos, aumento de imposto, novo imposto, descontingenciamento, judicialização e etc.

O importante era, pois, manter o arsenal. Era manter a cartola como fábrica de alternativas econômicas e de imaginação jurídico institucional. Manteve-se.

Em Macbeth, Duncan, o rei da Escócia, diz: "Não há arte que ensine a ler no rosto de alguém o que vai em sua mente".

Nem no rosto das leis, nem das propostas econômicas, acrescentaria, com certeza, Edmar Bacha.

---

35 DO PRADO, Maria Clara. Real História do Real: Uma Radiografia Da Moeda Que Mudou O Brasil. Rio de Janeiro: Record, 2005, p. 176.

36 DO PRADO, Maria Clara. Real História do Real: Uma Radiografia Da Moeda Que Mudou O Brasil. Rio de Janeiro: Record, 2005, p. 176.

37 DO PRADO, Maria Clara. Real História do Real: Uma Radiografia Da Moeda Que Mudou O Brasil. Rio de Janeiro: RECORD, 2005, p. 176.

A equipe econômica cumpriu a decisão do Supremo. O ajuste fiscal atrasaria.

Maria da Conceição Tavares, naquela sessão de 17 de marco de 1994, dissera que, se plano desse certo, Edmar Bacha e Gustavo Franco deveriam ganhar o prêmio Nobel. Se não desse, deveriam ser mandados de volta para Harvard.[38]

O Plano Real daria certo. Fernando Henrique seria eleito Presidente da República. Pedro Malan seria o sempre discreto Ministro da Fazenda. Bacha e Franco não ganharam o prêmio Nobel. Mas também não tiveram que voltar para Harvard.

Mas, não foi a Confederação Nacional dos Trabalhadores no Comércio - CNTC, nem o governo de Itamar Franco, quem ganhou a ADI 939 contra o IPMF.

Foi o Supremo.

Aproveitando a pressa pelo ajuste fiscal que viria a preparar a implantação do Plano Real, o Supremo criou um precedente, um *by product avant la lettre*.

Transformou-se a si próprio, além de interprete da constituição, em constituinte derivado, reformador ou não da constituição.

Expandiu o grau de incerteza da economia e constitucionalizou sua própria ambição.

Qual?

A ambição de expandir os limites da jurisdição liberal constitucional, do *judicial review*, como interprete e constituinte derivado.

Até hoje.

O que não é pouco diante da quimera de poderes harmônicos e independentes.

---

38 Discurso de Maria da Conceição Tavares na Comissão Assuntos Econômicos do Senado, em 17 de março de 1994. Diário do Congresso Nacional (Seção li). Sexta-feira 18. Março de 1994. Sexta-feira 18. Março de 1994. Disponível em <http://legis.senado.leg.br/diarios/BuscaPaginasDiario?codDiario=6789&seqPaginaInicial=1&seqPaginaFinal=96 >. Acesso em: 15.01.2017.

A biografia não autorizada – Ação direta de inconstitucionalidade nº 4.814/DF 10, de junho de 2015

José Roberto de Castro Neves

A lição mais eficaz se colhe dos exemplos. Discursos, parábolas, frases de efeito, entre outros recursos têm enorme força. Nada, entretanto, supera os exemplos como fonte de ensino. Jesus nos oferece diversas lições, por meio de narrativas alegóricas, porém o seu mais potente ensinamento se colhe de sua vida terrena, que culmina em seu sacrifício.

Em 1863, um professor de línguas semíticas francês, Ernest Renan, lança uma versão da vida de Jesus. Renan, que estudara para ser padre, mas acabara seguindo o magistério, escreveu, sempre baseado nas Escrituras (no idioma original), sobre um Jesus mais humano do que divino. Os Evangelhos não deixam de ser uma biografia, porém Renan contava a história da sua forma. O livro resgatava a simplicidade original do cristianismo e ampliava a importância das mulheres nos eventos da vida de Cristo, o que se revelava relevante, no momento em que surgiu a biografia, diante de uma Igreja que desprezava a participação feminina. O livro foi combatido e discriminado por muitos. Apesar da resistência de grupos mais conservadores, *Vie de Jésus* tornou-se um *best seller* e fomentou profícua discussão.

Ao conhecer a vida de outras pessoas, aprendemos muito mais do que apenas história: somos convidados a entender as fraquezas e as virtudes de outro ser humano. Colhemos exemplos, bons e ruins, que passam a formar a nossa massa crítica. Aguçamos nossa sensibilidade. Ganhamos, enfim, elementos, verdadeiras bússolas, que servem de guia para as decisões que determinarão nossos caminhos.

Ao ler as biografias de Getúlio Vargas, Olga Benário, Juscelino Kubitschek, Carmem Miranda, entre tantas outras figuras da história, estes passam, também, a ser vistos pelas suas humanidades. Suas dificuldades, suas famílias, seus amores, suas dúvidas. Apenas assim, conseguimos nos identificar com essas figuras, a ponto de se tornarem, para nós, exemplos atingíveis, modelos de conduta, negativa ou positiva.

Não por outra razão, há tempos, as biografias são lidas com entusiasmo, sendo um relevante segmento da literatura.

A verdade nem sempre é conveniente. Para tornar ainda mais complexo o tema, a mesma verdade pode ser vista por diferentes ângulos. Ainda por cima, a forma de se contar a mesma história varia: um só caso pode conter diferentes versões, ainda que todas elas não se distanciem da realidade. Natural, portanto, que, ao se contar a história de alguém, este divirja sobre a forma empregada na narrativa, ou mesmo fique contrariado de ter sua vida exposta.

Uma das mais famosas biografias da história foi escrita por Suetônio, por volta do ano 121 da nossa era: *A Vida dos Doze Césares.* Nela, o autor relata a vida dos importantes personagens políticos de Roma – vai de Júlio César até Domiciano. Em certas passagens, a exposição se torna exageradamente elogiosa. Eram os tempos. Muito já se passou. Hoje, as biografias, para se firmarem, devem procurar isenção do seu autor em relação ao biografado.

Giovanni Baglione foi um pintor, nascido na Roma do século XVI, com razoável popularidade em seu tempo e, acima de tudo, muito bem relacionado. Sem conseguir resistir à força do gênio de Caravaggio, seu contemporâneo, Baglione o imitava. Talvez por despeito, Baglione iniciou uma demanda judicial contra Caravaggio, em agosto de 1603, acusando a ele e a outros artistas de o terem difamado, por meio de sonetos. Caravaggio foi detido na Piazza Navona, em Roma, e levado ao tribunal. Julgado culpado, Caravaggio foi condenado a passar duas semanas preso. Contudo, quem sofreu a mais severa pena foi Baglione, o acusador. Isso porque, no seu depoimento público, prestado perante o juiz, Caravaggio declarou o absoluto desprezo da classe artística por Baglione. O relato de Caravaggio ficou conhecidíssimo, para desgraça de Baglione.

Caravaggio morre em 1610. Logo em seguida, Baglione, o mesmo que foi humilhado, passa a se dedicar a escrever a biografia do fenomenal artista. Foi o primeiro a escrever sobre a vida de quem, um dia, ele denunciou à Justiça. Ao menos, no seu livro, Baglione elogia efusivamente o talento de Caravaggio. Pois esse episódio serve de bom exemplo de imparcialidade. Rivais em vida, o biógrafo, pondo suas convicções de lado, preferiu registrar a verdade para ele. Com isso, prestou um serviço à posteridade.

Baglione, infelizmente, não serve de padrão. Natural que uma pessoa busque se proteger de seus desafetos. Mais do que isso, na prática, o biografado, como antes se alertou, prefere não ter sua vida exposta sem seu controle. Comumente, as pessoas querem que suas histórias não sejam apresentadas da forma como pintou o autor da biografia. São pretensões legítimas. Afinal, a intimidade e a privacidade compõem a dignidade de qualquer ser humano.

É exatamente aqui que entra o direito. Pode o biografado impedir que alguém escreva sobre sua vida?

Traduzindo a discussão para o "juridiquês", qual valor deve preponderar: a liberdade de expressão ou a proteção à privacidade? Esses dois grandes vetores sociais entraram em colisão quando se discutiu acerca da legalidade da publicação de biografias não autorizadas, tema levado ao Supremo Tribunal Federal pela Ação Direta de Inconstitucionalidade nº 4.815/DF, julgada em 10.6.2015.

Os artigos 20 e 21 do Código Civil oferecem os seguintes comandos:

> "Art. 20. Salvo se autorizadas, ou se necessárias à administração da justiça ou à manutenção da ordem pública, a divulgação de escritos, a transmissão da palavra, ou a publicação, a exposição ou a utilização da imagem de uma pessoa poderão ser proibidas, a seu requerimento e sem prejuízo da indenização que couber, se lhe atingirem a honra, a boa fama ou a respeitabilidade, ou se se destinarem a fins comerciais.
>
> Parágrafo único. Em se tratando de morto ou de ausente, são partes legítimas para requerer essa proteção o cônjuge, os ascendentes ou os descendentes.
>
> Art. 21. A vida privada da pessoa natural é inviolável, e o juiz, a requerimento do interessado, adotará as providências necessárias para impedir ou fazer cessar ato contrário a esta norma."

Os referidos dispositivos, claramente, visam a tutelar a intimidade. Essas regras foram introduzidas no ordenamento com o advento do Código Civil de 2002. Na regra civil, o legislador dá uma força superior à proteção à privacidade em detrimento da liberdade de expressão.

Com base nesses dispositivos, admitia-se a uma pessoa impedir que terceiros tornassem públicos dados de sua vida. Por força do parágrafo único do artigo 12 do Código Civil, esse poder alcançava os herdeiros, que seguem legitimados a proteger a reputação de seu parente falecido, caso se desejasse escrever sua biografia.

Por meio da interpretação simplista dessas regras do Código Civil, admitia-se uma censura prévia a quem quer que se manifestasse sobre outra pessoa. Assim, caso se pretendesse publicar uma biografia, era necessário colher uma autorização do biografado ou, ao menos, que este não se opusesse ao trabalho. Caso contrário, a pessoa, objeto da biografia (ou mesmo os herdeiros dela), poderia impedir que a obra fosse veiculada, censurando-a.

Foi isso o que ocorreu, para citar um exemplo famoso, com a biografia do Garrincha, *Estrela Solitária – Um Brasileiro Chamado Garrincha*, de Ruy Castro, que, apesar de ter ganho o Prêmio Jabuti de 1996, como melhor livro brasileiro não-ficção do ano, teve a sua distribuição proibida por ordem da Justiça, atendendo a pedido das filhas do jogador, então já falecido. O mesmo destino sofreram as biografias de Noel Rosa, em 2001, de João Máximo e Carlos Didier, e a de Roberto Carlos, feita por Paulo César Araújo, em 2007.

Ora, se apenas fosse possível publicar biografias autorizadas, a verdade ficaria comprometida. Afinal, as histórias seriam colhidas apenas de forma parcial – e sem qualquer tempero.

Não obstante se proteja a intimidade, a Constituição Brasileira também garante a liberdade de expressão e proíbe a censura. Precisamente nessa encruzilhada, encontra-se a situação das biografias não autorizadas. Se, por um lado, elas tornarão públicos aspectos da vida do biografado, por outro, essas biografias divulgarão informações de interesse geral, que, por vocação, podem instruir e servir como formadoras de opinião. Ademais, as biografias constituem a cristalização de uma liberdade, de uma manifestação artística.

Com fundamento em uma série de valores constitucionais, a Associação Nacional dos Editores de Livros – ANEL ajuizou a referida

Ação Direta de Inconstitucionalidade, por meio da qual visava a obter uma interpretação dos artigos 20 e 21 do Código Civil conforme a Constituição Federal, com o propósito de se declarar inexigível a autorização da pessoa biografada para fins de publicação de sua biografia.

Diante da relevância do tema, outras entidades ingressaram no feito na condição de *amicus curiae*, como a Academia Brasileira de Letras – ABL, o Instituto Histórico e Geográfico Brasileiro – IHGB, o Conselho Federal da Ordem dos Advogados do Brasil e o Instituto dos Advogados de São Paulo. Estas, favoráveis à procedência da ADI. De outro lado, fora dos autos, um grupo de artistas, como Caetano Veloso, Chico Buarque, Gilberto Gil, Roberto Carlos e Djavan, entre outros, defendia, abertamente na mídia, que o direito à privacidade deveria prevalecer, colocando-se, dessa forma, contrários ao sucesso da ação.

Diversas entidades se manifestaram por ocasião da audiência pública que precedeu a sessão de julgamento. O tema foi largamente anunciado pela imprensa e discutido, de forma ampla, pela sociedade (no seu voto, o Ministro Marco Aurélio faz expressa referência à dimensão do caso na imprensa). O resultado da ADI traria, de uma forma ou de outra, grandes reflexos para o desenvolvimento cultural do país.

A relatora do processo, a Ministra Carmem Lúcia, iniciou seu voto indicando os dispositivos constitucionais afetados. São garantias fundamentais o direito à manifestação de pensamento (artigo 5º, IV), à liberdade de expressão, independentemente de censura ou licença (artigo 5º, IX), à inviolabilidade da intimidade (artigo 5º, X) e ao acesso à informação (artigo 5º, XIV). O artigo 220 e seu § 2º ainda vedam, de forma expressa, qualquer forma de censura.

O voto reconheceu a colisão de princípios, que demanda a ponderação dos valores em jogo.[1] Em seguida, seguindo um raciocínio

1 "Os arts. 20 e 21 do Código Civil do Brasil contemplam, em leitura direta, a exigência de autorização prévia para divulgação de escritos ou transmissão da palavra ou publicação, exposição ou utilização da imagem de determinada pessoa, sem o que poderão ser proibidas, a requerimento do interessado ou, em se tratando de morto ou de ausente, do cônjuge, dos ascendentes ou descendentes, sem prejuízo da indenização cabível, se lhe atingirem a honra, a boa fama ou a respeitabilidade, ou se se destinarem a fins comerciais. Essa interpretação, pretensamente protetiva do direi-

linear – mas se valendo de passagens líricas –, de profundidade e erudição, transcorrendo pela história e pela filosofia do direito, a Ministra indica os cinco pilares de sua fundamentação: a Constituição brasileira assegura a liberdade de pensamento e de sua expressão; a Constituição Federal garante o acesso à informação (aí compreendido

---

to à intangibilidade da intimidade, da privacidade, da honra e da imagem da pessoa, não pode ser adotada relativamente à produção de obra biográfica, pela circunstância de não se conter exceção expressa a esse gênero no dispositivo legal. Isso porque a liberdade de pensamento, de sua expressão, de produção artística, cultural, científica estaria comprometida e a censura particular seria forma de impor o silêncio à história da comunidade e, em algumas ocasiões, à história de fatos que ultrapassam fronteiras e gerações. Nem se afirme cuidarem tais temas apenas do espaço da política, na qual não se poderia tolerar censura. Arte é política, ciência pode ser política, a cidadania faz-se na *polis*. (...) Para ler-se constitucionalmente o que se contém nos arts. 20 e 21 do Código Civil, há de se considerar que: *a)* as normas constitucionais de direitos fundamentais garantem a vida digna, para o que se assegura, expressamente, a liberdade de pensamento e de sua expressão, liberdade de informação e de criação intelectual, artística e científica. *b)* como consequência lógica daquelas liberdades, está vedada qualquer forma de censura, estatal ou particular; *c)* consectário lógico da dignidade da vida, a Constituição também garante, como direito fundamental, a inviolabilidade da intimidade, da privacidade, da honra e da imagem das pessoas, impondo-se, na norma, a forma pela qual se repara o descumprimento desse direito mediante indenização. As normas constitucionais de direitos fundamentais são de cumprimento incontornável, impondo-se aos cidadãos e, mais ainda, ao Estado. Pelo que não pode o legislador restringir ou abolir o que estatuído como garantia maior. Mas as normas civis consideradas pretensamente estariam a servir ao comando da inviolabilidade da intimidade, da privacidade, da honra e da imagem constitucionalmente asseguradas, submetendo a produção biográfica ao consentimento ou à autorização prévia do interessado. Não se há deixar de indagar se, pela regra de imposição de autorização prévia da pessoa, tal como às vezes vem se decidindo na jurisprudência, poderia a pessoa narrar a própria história (autobiografia), reportando-se a fatos experimentados com outros dos quais não tenha pedido autorização prévia. A norma civil não valeria para o biografado? A história não seria mais bem contada pelo autor dos fatos porque seriam por ele vivenciados. A memória é traiçoeira. E perto demais a visão cega" (p. 132 e pp. 135-136 do acórdão).

tanto o direito de informar como o de ser informado); a Constituição proíbe a censura; a Constituição protege a intimidade e a privacidade, mas estabelece que a violação a esse preceito acarreta o dever de reparar; e, por fim, o voto afirma que a norma infraconstitucional não pode cercear direitos de natureza constitucional.

A partir desses preceitos, a Ministra votou no sentido de declarar inexigível o consentimento da pessoa biografada.

Como aponta a decisão, *"ação livre é ação responsável"*. A liberdade de expressão, conceito fundamental para a construção de um Estado democrático e instruído, deve ser exercida de forma legítima. Se essa publicação causar um dano indevido, resta o dever de reparar.

Um julgamento que passa pela ponderação de valores é sempre um julgamento de escolhas. Esse mote fica registrado no voto do Ministro Luís Roberto Barroso, que, concordando com a Ministra Carmen Lúcia, ofereceu novos e igualmente vívidos argumentos para considerar que, no caso, a liberdade de expressão deveria preponderar em relação aos direitos de personalidade.[2]

---

2 "Este caso que estamos analisando hoje, aqui, envolve uma tensão, uma colisão potencial entre a liberdade de expressão e o direito à informação de um lado; e, de outro lado, os chamados direitos da personalidade, notadamente no tocante ao direito de privacidade, ao direito de imagem e ao direito à honra. Nessas situações em que convivem normas constitucionais que guardam entre si uma tensão, e a característica das Constituições contemporâneas é precisamente esse caráter compromissório e dialético de abrigarem valores diversos, a técnica que o Direito predominantemente adota para a solução dessa tensão ou desse conflito é precisamente a denominada ponderação. E aqui eu gostaria de registrar que um dos princípios que norteiam a interpretação constitucional, e consequentemente a própria ponderação, é o princípio da unidade, que estabelece a inexistência de hierarquia entre as normas constitucionais. Uma norma constitucional não colhe o seu fundamento de validade em outra norma, portanto, elas têm de conviver harmoniosamente e uma não pode ser reconhecida como sendo superior à outra. (...) Neste caso que nós estamos examinando, há uma ponderação que foi feita pelo legislador civil no Código Civil e que materializou esta ponderação entre os direitos em conflito nos artigos 20 e 21 do Código Civil, que são precisamente os dispositivos impugnados. (...) Em relação às biografias, que é o foco da nossa discussão, eu acho que a liberdade de expressão assume uma dupla dimensão. Em primeiro lugar, é a liberdade de criação intelectual e artística do autor da obra e, portanto, do biógrafo. E,

Como esclareceu o Ministro Barroso, não se pode admitir a hierarquização rígida e abstrata de direitos fundamentais, sendo essa a deficiência dos artigos 20 e 21 do Código Civil, que estabelecem, antes de apreciar o caso concreto, uma primazia.[3]

O Ministro Barroso, alertando para a importância das biografias para registro da história, apontou que a censura prévia representa uma afronta ao direito de toda a coletividade a ter acesso a essa informação, numa derrota para a sociedade e para a cultura brasileira.[4]

em segundo lugar, a liberdade de expressão manifesta-se no direito do público a receber informações do seu interesse e o interesse da sociedade na proteção da memória e da história nacionais. Portanto, eu penso que o modo como o Código Civil conduziu esta ponderação importa numa subordinação da liberdade de expressão aos direitos da personalidade e, portanto, o Código Civil, em violação, a meu ver, ao princípio da unidade da Constituição, produziu uma hierarquização entre normas de direito fundamental. E pior do que isso, com todas as vênias a alguém que pense diferentemente, o Código Civil ponderou em manifesto e permanente desfavor da liberdade de expressão quando, a meu ver, a liberdade de expressão no Estado brasileiro e na democracia brasileira, por circunstâncias diversas que mencionarei brevemente em seguida, desfruta de uma posição preferencial dentro do sistema constitucional brasileiro". (pp. 141-143 do acórdão)

3 "Isso se deve, em primeiro lugar, à impossibilidade de hierarquização dos direitos fundamentais em abstrato e de forma rígida. Como é sabido, por força do princípio da unidade da Constituição, inexiste hierarquia jurídica ou formal entre normas constitucionais. É certo que alguns autores têm reconhecido a existência de uma hierarquia axiológica ou material, pela qual determinadas normas influenciariam o sentido e alcance de outras, possuindo um maior peso abstrato. No entanto, ainda que se reconheça uma tal hierarquia axiológica, a Constituição não admite que a lei possa estabelecer uma regra abstrata e permanente de preferência de um direito fundamental sobre outro. Nesses casos, a solução de episódios de conflito deverá ser sempre apurada diante do caso concreto e a partir do teste da proporcionalidade" (pp. 157-158 do acórdão).

4 "Por fim, uma terceira consequência, que decorre diretamente das anteriores, é a sonegação da historiografia e da memória coletivas. Quantas biografias de personalidades importantes para a narrativa do país teriam deixado de ser produzidas por conta do atual regime legal? A proibição de publicação ou veiculação de um fato, informação ou obra não viola apenas

Concluiu pelo provimento do pedido, reconhecendo a inconstitucionalidade parcial dos artigos 20 e 21 do Código Civil, afastando a necessidade de consentimento do biografado para publicação de biografias.

Advertindo que o cerceamento em abstrato de uma biografia resvalava para um eventual cerceamento da liberdade de imprensa, a Ministra Rosa Weber proferiu um sensível voto, expondo que a censura prévia é substancialmente incompatível com o Estado Democrático.[5] Segundo a Ministra, restringir a publicação das biogra-

a liberdade de expressão de seu autor, mas o direito de toda a coletividade a ter acesso ao seu conteúdo. Aqui, todos saem perdendo. Perdem o biografado, a sociedade e a história e a cultura brasileiras" (p. 165 do acórdão).

5 "Mostra-se substantivamente incompatível com o Estado Democrático de Direito a imposição de restrições às liberdades de manifestação do pensamento, expressão, informação e imprensa que traduzam censura prévia. O núcleo essencial e irredutível do direito fundamental à liberdade de expressão do pensamento compreende não apenas os direitos de informar e ser informado, mas também os direitos de ter e emitir opiniões e de fazer críticas. Em nada contribui para a dinâmica de uma sociedade democrática reduzir a expressão do pensamento a aspecto informativo pretensamente neutro e imparcial, ceifando-lhe as notas essenciais da opinião e da crítica. Não se compatibiliza com o regime constitucional das liberdades, nessa ordem de ideias, a interdição do uso de expressões negativas em manifestação opinativa que pretenda expressar desaprovação pessoal por determinado fato, situação, ou ocorrência. A sujeição da publicação de obra de caráter biográfico à prévia autorização ou licença da pessoa biografada e de outras pessoas retratadas como coadjuvantes (ou de seus familiares no caso de pessoas falecidas) aniquila a proteção às liberdades de manifestação do pensamento, de expressão da atividade intelectual, artística e científica e de informação, golpeadas em seu núcleo essencial. Tais liberdades, de um lado, e a autorização ou licença, de outro, são conceitos excludentes. (...) Assim como incompatível com o Estado Democrático de Direito instituído pela Carta de 1988 o arrogar-se, pelo Poder Judiciário, ou qualquer dos outros Poderes da República, do comando da linha editorial de qualquer veículo de imprensa, a publicação de obras de teor biográfico em absoluto pode ficar na dependência da chancela do biografado. A necessidade de autorização para biografias traduz censura prévia, em dissonância com as garantias albergadas nos arts. 5º, IV, IX e XIV, e 220, §§ 2º e 6º, da Lei Maior, em indevida reintrodução do espírito autoritário expurgado pela Constituição vigente." (pp. 188-189 do acórdão).

fias apenas àquelas autorizadas acarretaria a destruição desse gênero literário, com nefastas consequências para o desenvolvimento da sociedade.[6] A Ministra Rosa Weber também conclui pela procedência da ADI.

Em seguida, também julgando procedente a ação, o Ministro Luiz Fux proferiu seu voto, acrescentando à discussão o aspecto de que uma pessoa notória tem sua reserva de privacidade diminuída. Isso porque há uma natural curiosidade e interesse em conhecer a vida dessas pessoas de maior destaque na sociedade. Esse seria mais um elemento a se considerar na ponderação de valores, demandada pelo caso.[7]

O Ministro Dias Tóffoli, assim como os que o antecederam, entendeu pela procedência da ADI. Na sua manifestação, o Ministro fez um breve e rico histórico acerca do tema das biografias e sua importância na construção de ideias de nação, pela imortalização de personagens. Reiterando as razões referidas pelos demais Ministros, Dias Tóffoli esclareceu ser incompatível com a ideia de unidade da Constituição a atribuição, de forma absoluta e em abstrato, de maior

6 "Portanto, Presidente, acho que os dispositivos dos artigos 20 e 21, do Código Civil, se interpretados inadequadamente, não apenas são inconstitucionais em tese – como de fato são -, como já produziram consequências concretas, nefastas para a cultura, para a história e para o mercado editorial brasileiro. E aqui, lembrando uma passagem célebre de um ministro da Suprema Corte Americana, Louis Brandeis: *"A luz do sol é o melhor dos desinfetantes"*. (pp. 151-152 do acórdão)

7 "Note-se que, na medida em que cresce a notoriedade da pessoa, diminui a sua reserva de privacidade. Aos juízes, por exemplo, exige-se a reputação ilibada na vida pública e privada. E assim também àquele que se expõe ao se tornar uma pessoa pública, ou à mercê de exercer um cargo público. E o que uma pessoa que participa de um *reality show* pode alegar em termos de privacidade se ela permite, inclusive, ser filmada dormindo, praticando atos absolutamente involuntários? Faz-se necessária, pelo exposto, a proteção com densidade desse princípio setorial, específico à comunicação social, tendo-se em mira que não há ponderação possível entre a norma do Código Civil e a norma constitucional. É mister que haja uma proteção intensa a essa liberdade de informação, na medida em que a Constituição Federal dispõe que é vedada toda e qualquer censura à difusão da informação, inclusive daquela contida nas biografias" (p. 210 do acórdão).

peso aos direitos de imagem e à vida privada, em relação à liberdade de expressão.[8]

Apreciando a matéria de forma técnica, o Ministro Gilmar Mendes delimitou, cirurgicamente, o tema à ponderação entre a liberdade de expressão e os direitos de personalidade.[9] Citando precedentes dos Estados Unidos e da Alemanha, o erudito voto, sempre atento aos aspectos constitucionais envolvidos, o Ministro Gilmar Mendes acompanhou a decisão da relatora.

---

8 "Nesse quadro, é incompatível com a Constituição Federal a interpretação dos arts. 20 e 21 do Código Civil no sentido de condicionar a edição ou a publicação de toda e qualquer obra biográfica à autorização do biografado, das pessoas descritas como coadjuvantes da história ou dos respectivos familiares. Parece-me uma restrição excessiva e peremptória às liberdades de expressão e de manifestação de pensamento dos autores e ao direito que todo cidadão tem de se manter informado a respeito de fatos relevantes da história social. Ademais, tal interpretação equivale a atribuir, de forma absoluta e em abstrato, maior peso aos direitos à imagem e à vida privada, em detrimento da liberdade de expressão, compreensão que não se compatibiliza com a ideia de unidade da Constituição" (p. 229 do acórdão).

9 "Já a fórmula constante do art. 220 da Constituição explicita que "*a manifestação de pensamento, a criação, a expressão e a informação, sob qualquer forma, processo ou veículo não sofrerão qualquer restrição, observado o disposto nesta Constituição*". É fácil ver, assim, que o texto constitucional não excluiu a possibilidade de que se introduzam limitações à liberdade de expressão e de comunicação, estabelecendo, expressamente, que o exercício dessas liberdades há de se fazer com observância do disposto na Constituição. Não poderia ser outra a orientação do constituinte, pois, do contrário, outros valores, igualmente relevantes, quedariam esvaziados diante de um direito avassalador, absoluto e insuscetível de restrição. Há, portanto, inevitável tensão na relação entre a liberdade de expressão e de comunicação, de um lado, e os direitos da personalidade constitucionalmente protegidos, de outro, que pode gerar uma situação conflituosa, a chamada colisão de direitos fundamentais (*Grundrechtskollision*). (...) Nesse contexto, entendo que a prévia autorização para publicação de obras de biografia gera sério dano à liberdade de comunicação, à liberdade científica, à liberdade artística e que, por outro lado, na ocorrência de eventuais transgressões, a Constituição Federal assegura mecanismos para possíveis reparações, inclusive direito de resposta" (p. 247 e pp. 252-253 do acórdão).

Foi, então, a vez de o Ministro Marco Aurélio votar, citando diversas biografias de brasileiros como exemplos de "memória do país", para, assim, acompanhar os demais.[10]

Por fim, o então Presidente do Supremo, o Ministro Ricardo Lewandowski, proferiu seu sucinto e preciso voto, firmando a unanimidade do entendimento da corte, mas, ainda, registrando que o tema não é simples, pois as biografias, hoje, são lançadas por diversas mídias, inclusive em jurisdições distintas da brasileira, que chegam a nós pela internet. O Ministro Lewandowski salientou que, de toda sorte, a decisão não encerra a jurisdição a quem se demonstrar injustamente lesado na sua privacidade.[11]

---

10 "Existem, Presidente – não lembro quem chegou a realçar essa dualidade –, dois institutos diversos: a biografia e a publicidade. Escrever sobre alguém por meio de encomenda, ou seja, a partir de autorização, é adentrar o campo não da revelação do real perfil, mas o da publicidade. Aquele que haja alcançado visibilidade social é um verdadeiro livro aberto, e nós, cidadãos, temos interesse em conhecer, mediante revelação de terceiro, o respectivo perfil. Diria que a moeda tem duas faces: não há apenas aspectos positivos nessa projeção nacional; há também – porque se paga um preço por se viver em um Estado Democrático de Direito – aspectos negativos. Evidentemente, é preciso aceitar até mesmo a revelação, considerados homens públicos, no sentido abrangente, de aspectos ligados à vida privada. A incolumidade do perfil do homem público não é a mesma do cidadão comum. A privacidade do cidadão comum é diversa da privacidade do homem público. Projetando-se no campo do conhecimento dos semelhantes, o homem público passa a ser, como digo sempre, um verdadeiro livro aberto; passa a estar na vitrina e não pode pretender implementar atos a partir de suscetibilidades. Há o interesse das gerações atuais e das gerações futuras na preservação da memória de dados nacionais – e biografia quer dizer, em última análise, memória nacional. Diz-se que o Brasil é um país sem memória, tendo em conta, inclusive, censuras perpetradas no passado – e o ministro Luís Roberto Barroso se referiu ao fato de, até na certidão de nascimento do Brasil, ter havido censura. A memória há de ser, com fidelidade, preservada. (...) Presidente, para mim, biografia, independentemente de autorização, é sinônimo de memória do País. É algo que direciona aqueles que procedem à leitura à busca de dias melhores nesta sofrida República" (pp. 256-258 do acórdão).

11 "Mas eu gostaria de observar o seguinte: a questão hoje é muito mais complexa do que alguns imaginam, porque, hoje, as biografias não são

O resultado da Ação Direta de Constitucionalidade 4.815/DF, por unanimidade, foi no sentido de interpretar os artigos 20 e 21 do Código Civil de acordo com a Constituição, a fim de declarar inexigível o consentimento da pessoa biografada em relação às obras biográficas literais ou audiovisuais.

Muito mais do que apenas questões jurídicas, os votos abordaram temas de política, filosofia, sociologia e história, deixando claro que o direito não é um fim em si mesmo, mas ganha sentido quando em harmonia com a sociedade que ele regula.

O Supremo olhou para o futuro. Pensou na coletividade e no proveito de todos nós ao ter acesso à história. Uma história que o Supremo ajudou a escrever ao decidir pela liberdade.

veiculadas apenas em livros ou em papel, mas, na verdade, hoje, a maioria dos livros circulam na internet. Nós temos duas grandes editoras, ou divulgadoras de livros, como a Amazon e a Kindle, que publicam livros e que podem ser baixados pela internet. Então, muitas vezes, publicam-se biografias ofensivas, apócrifas, sem autores, não autorizadas, em países onde a própria jurisdição brasileira não alcança. Então, o problema hoje é extremamente complexo e é preciso que nós tenhamos meios para coibir estes abusos que, infelizmente, existem no mundo real" (p. 263 do acórdão).

Recursos Extraordinários nº 240.785 e 574.706: uma análise do papel do supremo Tribunal Federal no aperfeiçoamento do Sistema Tributário Brasileiro

Coletânea "Grandes julgamentos que marcaram a História do Supremo Tribunal Federal"

Marcello Lavenère Machado Neto
Tomás Imbroisi Martins

Introdução

O presente artigo aborda a história de um das discussões mais duradouras já enfrentadas pelo Supremo Tribunal Federal após a promulgação da Constituição Federal de 1988.

De enorme impacto econômico, o debate sobre a (não) inclusão do Imposto sobre Operações relativas à Circulação de Mercadorias e Prestação de Serviços – ICMS na base de cálculo da Contribuição ao Programa de Integração Social – PIS e da Contribuição para Financiamento da Seguridade Social – COFINS já se alonga por mais de duas décadas.

Atualmente, pendem de julgamento os embargos de declaração da Fazenda Nacional no RE 574.706, opostos em face do acórdão que, por maioria, decretou a vitória dos contribuintes. A pergunta que se coloca nesse momento é quando e como esse histórico julgamento irá acabar.

Da história do julgamento e de sua importância jurídica e econômica

O Supremo Tribunal Federal, em seus quase 130 (cento e trinta) anos de história, sempre atuou de forma decisiva na conformação do Direito Pátrio, notadamente no âmbito tributário, em que, por intermédio de sua função legislativa negativa[1], exerceu papel central na simplificação e modernização do sistema arrecadatório brasileiro.

Desde que a balzaquiana Constituição Cidadã foi promulgada, poucas discussões foram tão duradouras e economicamente relevantes como a (não) inclusão do Imposto sobre Operações relativas à Circulação de Mercadorias e Prestação de Serviços - ICMS na base de cálculo da Contribuição ao Programa de Integração Social - PIS e da Contribuição para Financiamento da Seguridade Social - COFINS, que já tramita no STF por mais de 20 anos.

Merecem destaque os julgamentos dos Recursos Extraordinários nº 240.785, e 574.706, de relatoria dos Ministros Marco Aurélio e Cármen Lúcia, respectivamente, nos quais se analisou possibilidade ou não do ICMS compor a base de cálculo referente à definição de «faturamento» da contribuição ao PIS e da COFINS.

A diferença entre os dois RE's consiste no fato de o RE nº 240.785 ter sido ajuizado em 1998, portanto, antes da Emenda Constitucional nº 45, que instituiu a sistemática da repercussão geral. Diferentemente do RE nº 574.706, o RE nº 240.785 não foi afetado pela mencionada sistemática.

Ambos os recursos se voltaram à análise da inconstitucionalidade do artigo 2º, parágrafo único, da Lei complementar nº 70/91, a qual instituiu contribuição para financiamento da Seguridade Social, em face do artigo 195, I, da Constituição Federal de 1988[2].

1 MENDES, Gilmar Ferreira; BRANCO, Paulo Gustavo Gonet. Curso de Direito Constitucional. 7ª Edição. São Paulo: Editora Saraiva, 2012. p. 1410.

2 Art. 2° A contribuição de que trata o artigo anterior será de dois por cento e incidirá sobre o faturamento mensal, assim considerado a receita bruta das vendas de mercadorias, de mercadorias e serviços e de serviço de qualquer natureza.

Isso porque a citada lei complementar, ao excluir da base de cálculo do faturamento expressamente apenas o IPI, as vendas canceladas, as devolvidas e os descontos a qualquer título concedidos incondicionalmente, abriu margem para que a Administração entendesse que o valor recolhido a título de ICMS, por ingressar no fluxo contábil das empresas em virtude do seu regime jurídico de não cumulatividade e compensação, compusesse a definição de faturamento e, posteriormente, após a edição da Emenda Constitucional nº 20/98, também de receita.

Parágrafo único. Não integra a receita de que trata este artigo, para efeito de determinação da base de cálculo da contribuição, o valor:
a) do imposto sobre produtos industrializados, quando destacado em separado no documento fiscal;
b) das vendas canceladas, das devolvidas e dos descontos a qualquer título concedidos incondicionalmente.
Art. 195. A seguridade social será financiada por toda a sociedade, de forma direta e indireta, nos termos da lei, mediante recursos provenientes dos orçamentos da União, dos Estados, do Distrito Federal e dos Municípios, e das seguintes contribuições sociais: (Vide Emenda Constitucional nº 20, de 1998)
I - dos empregadores, incidente sobre a folha de salários, o faturamento e o lucro;
I - do empregador, da empresa e da entidade a ela equiparada na forma da lei, incidentes sobre: (Redação dada pela Emenda Constitucional nº 20, de 1998)
(...)
b) a receita ou o faturamento; (Incluído pela Emenda Constitucional nº 20, de 1998)

A ambos os Recursos Extraordinários foi dado provimento, tendo sido fixada tese no RE 574.706 nos seguintes termos: “O ICMS não compõe a base de cálculo para a incidência do PIS e da Cofins”[3][4]

Confiram, abaixo, as respectivas ementas:

> TRIBUTO – BASE DE INCIDÊNCIA – CUMULAÇÃO – IMPROPRIEDADE. Não bastasse a ordem natural das coisas, o arcabouço jurídico constitucional inviabiliza a tomada de valor alusivo a certo tributo como base de incidência de outro. COFINS – BASE DE INCIDÊNCIA – FATURAMENTO – ICMS. O que relativo a título de Imposto sobre a Circulação de Mercadorias e a Prestação de Serviços não compõe a base de incidência da Cofins, porque estranho ao conceito de faturamento.(RE 240785, Relator(a): Min. MARCO AURÉLIO, Tribunal Pleno, julgado em 08/10/2014, DJe-246 DIVULG 15-12-2014 PUBLIC 16-12-2014 EMENT VOL-02762-01 PP-00001)

> RECURSO EXTRAORDINÁRIO COM REPERCUSSÃO GERAL. EXCLUSÃO DO ICMS NA BASE DE CÁLCULO DO PIS E COFINS. DEFINIÇÃO DE FATURAMENTO. APURAÇÃO ESCRITURAL DO ICMS E REGIME DE NÃO CUMULATIVIDADE. RECURSO PROVIDO. 1. Inviável a apuração do ICMS tomando-se cada mercadoria ou serviço e a correspondente cadeia, adota-se o sistema de apuração contábil. O montante de ICMS a recolher é apurado mês a

---

3 Em relação ao RE nº 240.785, não houve fixação de tese, visto que interposto em face de acórdão estadual publicado em 22/8/1995 (apesar de concluído o julgamento em 2014), antes da Emenda Constitucional nº 45, também denominada reforma do judiciário, por meio da qual foi criado o instituto da Repercussão Geral. Nesse sentido, Gilmar Mendes, em sua obra “Curso de Direito Constitucional”, destaca que “o Supremo Tribunal Federal fixou o marco inicial para exigência de preliminar formal de repercussão geral. Estabeleceu -se que o requisito é exigido nos recursos extraordinários interpostos contra acórdãos publicados a partir de 3-5-2007, data da entrada em vigor da Emenda Regimental n. 21 do RISTF, a qual estabeleceu as normas necessárias à execução das disposições legais e constitucionais sobre o novo instituto.” (2012, p. 1.188)

4 Cumpre mencionar, ainda, que, com o julgamento do RE nº 574.706, a ADC 18 foi julgada prejudicada, a qual versava sobre idêntica temática.

> mês, considerando-se o total de créditos decorrentes de aquisições e o total de débitos gerados nas saídas de mercadorias ou serviços: análise contábil ou escritural do ICMS. 2. A análise jurídica do princípio da não cumulatividade aplicado ao ICMS há de atentar ao disposto no art. 155, § 2º, inc. I, da Constituição da República, cumprindo-se o princípio da não cumulatividade a cada operação. 3. O regime da não cumulatividade impõe concluir, conquanto se tenha a escrituração da parcela ainda a se compensar do ICMS, não se incluir todo ele na definição de faturamento aproveitado por este Supremo Tribunal Federal. O ICMS não compõe a base de cálculo para incidência do PIS e da COFINS. 3. Se o art. 3º, § 2º, inc. I, in fine, da Lei nº 9.718/1998 excluiu da base de cálculo daquelas contribuições sociais o ICMS transferido integralmente para os Estados, deve ser enfatizado que não há como se excluir a transferência parcial decorrente do regime de não cumulatividade em determinado momento da dinâmica das operações. 4. Recurso provido para excluir o ICMS da base de cálculo da contribuição ao PIS e da COFINS.(RE 574706, Relator(a): Min. CÁRMEN LÚCIA, Tribunal Pleno, julgado em 15/03/2017, ACÓRDÃO ELETRÔNICO REPERCUSSÃO GERAL – MÉRITO DJe-223 DIVULG 29-09-2017 PUBLIC 02-10-2017)

Em ambos os julgamentos o resultado foi por maioria, tendo prevalecido o entendimento capitaneado pelos relatores, os quais centraram a discussão em torno da definição constitucional de "faturamento/receita (sendo essa incluída por ocasião da edição da EC º 20/95)" e da "não cumulatividade" do ICMS, à luz do disposto no artigo 155, II, § 2º, I, da Carta Magna.

Portanto, é o potencial impacto econômico desse julgamento uma das características que o faz ser tão caro à história dos julgamentos tributários do STF. Segundo estudo[5] do Instituto Brasileiro de Planejamento e Tributação (IBPT), a estimativa total de impacto econômico da decisão do STF que decidiu pela exclusão do ICMS da base de cálculo do PIS e da COFINS é de aproximadamente R$ 485 bilhões, até 2018.

---

5 Disponível em: https://ibpt.com.br/noticia/2781/O-Impacto-da-EXCLUSAO-DO-ICMS-DA-BASE-DE-CALCULO-DO-PIS-E-DA-COFINS-com-a-solucao-interna-COSIT-13-2018. Acesso em 03.11.2019.

Todavia, por meio da Solução de Consulta Interna COSIT nº 13/2018 (Cosit 13/2018), a Receita Federal tenta dar uma nova interpretação à decisão do Supremo, entendendo que o ICMS a ser excluído seria o ICMS a Recolher (ou efetivamente pago) e não o ICMS sobre vendas (ou destacado na Nota Fiscal). O referido estudo do IBPT estima que, com a aplicação da Cosit 13/2018, haja uma redução no impacto econômico da decisão do STF em favor dos cofres públicos, gerando uma restituição de cerca de R$ 130 bilhões aos contribuintes.

A título de curiosidade, cumpre mencionar que um dos personagens centrais dos dois julgamentos aqui discutidos foi o tributarista Roque Antônio Carazza, um dos maiores especialistas em ICMS do país, que advogou para os contribuintes no julgamento do RE 240.785 e teve sua obra citada pela Ministra Relatora do RE 574.706, Carmen Lúcia, para fundamentar argumento central do voto vencedor do acórdão.

Discussão jurídica enfrentada

Um dos desafios encontrados durante o julgamento foi a ausência de conceituação de "faturamento/receita" na própria Constituição, de modo que, para fins de definição da base de cálculo do tributo, foi necessário se atentar à inteligência dos artigos 109 e 110 do Código Tributário Nacional[6], que dispõem que o Direito Tributário não pode alterar o conceito, o alcance e os efeitos de institutos "apropriados" do direito privado.

Nesse contexto, faz-se necessário utilizar as definições contidas nos demais ramos do Direito, notadamente o Empresarial e o

6 Art. 109. Os princípios gerais de direito privado utilizam-se para pesquisa da definição, do conteúdo e do alcance de seus institutos, conceitos e formas, mas não para definição dos respectivos efeitos tributários.
Art. 110. A lei tributária não pode alterar a definição, o conteúdo e o alcance de institutos, conceitos e formas de direito privado, utilizados, expressa ou implicitamente, pela Constituição Federal, pelas Constituições dos Estados, ou pelas Leis Orgânicas do Distrito Federal ou dos Municípios, para definir ou limitar competências tributárias.

Financeiro[7]. Hugo de Brito Machado, em artigo "Aspectos Polêmicos de PIS-Cofins"[8], trazendo lições de Aliomar Baleeiro, afirma que a própria administração diferencia os conceitos de "ingresso" de "receita", sendo aquele mais amplo que este ao se referir a qualquer tipo de entrada nos cofres públicos, ao passo que receita pública é o ingresso de verbas que se integram ao patrimônio público sem reservas. Nesse contexto, conclui:

> "O conceito de receita vale tanto para o Estado, quando se fala de receita pública, como para as empresas, quando se fala simplesmente de receita. Relevante, tanto em um como no outro caso, é a distinção entre ingresso ou entrada financeira, que é o gênero, e receita, que é uma espécie de entrada ou ingresso."

O Ministro Relator Marco Aurélio, no RE 240.785, trouxe interessante debate a respeito da distinção a ser dada entre o ingresso de receita, a título de faturamento, isto é, a título de valores auferidos pela execução da atividade da empresa (aqui compreendido como sinônimo de receita bruta), e o mero fluxo de caixa, como no caso do ICMS, em que o contribuinte apenas recolhe o tributo para repassá-lo a terceiro – Poder Público, verdadeiro titular do encargo:

> "A base de cálculo da Cofins não pode extravasar, desse modo, sob o ângulo do faturamento, o valor do negócio, ou seja, a parcela percebida com a operação mercantil ou similar. O conceito de faturamento diz com riqueza própria, quantia que tem ingresso nos cofres de quem procede à venda de mercadorias ou à prestação dos serviços, implicando, por isso mesmo, o envolvimento de noções próprias ao que se entende como receita bruta. Descabe assentar que os contribuintes da

---

7 TROIANELLI, Gabriel Larceda. A Jurisprudência sobre a Receita como base de Cálculo das Contribuições. In: GAUDÊCIO, Samuel Carvalho. PEIXOTO, Marcelo Magalhães (coords.). Fundamentos do PIS e da COFINS e o regime jurídico na não-cumulatividade. São Paulo: MP Editora, 2007. pp. 205/214.

8 MACHADO, Hugo de Brito. "Aspectos Polêmicos de PIS-Cofins". Revista Brasileira de Direito Tributário Nº 46 – Set-Out/2014 – Doutrina.

> Cofins faturam, em si, o ICMS. O valor deste revela, isto sim, um desembolso a beneficiar a entidade de direito público que tem a competência para cobrá-lo."

Por sua vez, a Ministra Cármem Lúcia, em seu voto como relatora no RE 574.706, dissecando a questão da "não cumulatividade" do ICMS, e se valendo das lições de Roque Antonio Carrazza, patrono dos contribuintes no RE de nº 240.785, salientou que:

> "conquanto nem todo o montante do ICMS seja imediatamente recolhido pelo contribuinte posicionado no meio da cadeia (distribuidor e comerciante), ou seja, parte do valor do ICMS destacado na "fatura" é aproveitado pelo contribuinte para compensar com o montante do ICMS gerado na operação anterior, em algum momento, ainda que não exatamente no mesmo, ele será recolhido e não constitui receita do contribuinte, logo ainda que, contabilmente, seja escriturado, não guarda relação com a definição constitucional de faturamento para fins de apuração da base de cálculo das contribuições ."[9]

Isso porque a não-cumulatividade pode ser trabalhada sob dois aspectos, tanto como princípio quanto como técnica do regime jurídico de sua verificação no cálculo da exação, sendo essa verdadeira concretização daquele[10].

---

9 Importante trazer à discussão a inovação legislativa realizada em 1998, com a edição da Lei nº 9.718, que excluiu, em seu artigo 3º, § 2º, I, o ICMS transferido integralmente para os Estados da base de cálculo dos Tributos ora em debate, de modo que, consoante as lições trazidas pela Ministra Cármem Lúcia, não há razão para se diferenciar (d)»a transferência parcial decorrente do regime de não cumulatividade em determinado momento da dinâmica das operações».

10 "A técnica, portanto, é que define o regime jurídico do princípio da não-cumulatividade do imposto, regime jurídico esse que se define em duas espécies, a saber, o regime do crédito financeiro e o regime do crédito físico, ou ainda uma terceira espécie, na qual são albergados elementos de um e do outro daqueles dois regimes jurídicos. (...) Entende-se como regime do crédito físico aquele no qual somente os custos consubstan-

Já o Ministro Celso de Mello, quando do RE 240.785, posteriormente citado pelo Ministro Fux no julgamento do RE 574.706, consignou que:

> "Registro, finalmente, que essa orientação doutrinária - que censura, de modo inequívoco (e correto), a inclusão do ICMS na base de cálculo da COFINS - é perfilhada por ROBERTO CARLOS KEPPLER e por ROBERTO MOREIRA DIAS ("Da Inconstitucionalidade da Inclusão do ICMS na Base de Cálculo da Cofins", "in" Revista Dialética de Direito Tributário nº 75, p. 178, item nº 4, 2001), que assim se pronunciam sobre a matéria:
>
> "(...) o ICMS não poderá integrar a base de cálculo da Cofins pelos seguintes motivos: (i) o alcance do conceito constitucional de faturamento e receita não permite referida dilação na base de cálculo da exação; (ii) isso representaria afronta aos princípios da isonomia tributária e da capacidade contributiva; e (iii) o previsto no art. 154, I, da Constituição Federal seria afrontado.""

Assim, utilizando-se de uma definição técnica dos conceitos de "receita" e "faturamento," o Supremo Tribunal Federal buscou trabalhar a transparência, assim como a simplificação da complexidade da matriz tributária brasileira, além da desoneração da carga tributária, em compasso com os princípios constituicionais da capacidade contributiva e da vedação ao confisco, previstos em seus artigos 145, § 1º, e 150, IV, visto que incabível onerar valores que não compõem, com ânimo de definitividade, o patrimônio do contribuinte.

---

ciados em elementos corpóreos ou físicos, como as próprios mercadorias a serem revendidas, na atividade comercial, ou mas matérias-primas e outros insumos corpóreos, na atividade industrial, que vierem a ser onerados pleo imposto, ensejam o crédito respectivo. A rigor, a legislação adota um regime misto, com predominância do regime do crédito físico." MACHADO, Hugo de Brito. Virtudes e Defeitos da Não-Cumulatividade do Tributo no Sistema Tributário Brasileiro. In: GAUDÊCIO, Samuel Carvalho. PEIXOTO, Marcelo Magalhães (coords.). Fundamentos do PIS e da COFINS e o regime jurídico na não-cumulatividade. São Paulo: MP Editora, 2007. pp. 215/245.

Conclusões e debates remanescentes

Após a publicação do acórdão do RE 574.706, como era de se esperar, a Fazenda Nacional opôs embargos de declaração, requerendo que o julgado produzisse efeitos *ex nunc*, ou seja, após o julgamento do RE 574.076, pedindo também o esclarecimento de alguns pontos supostamente confusos e obscuros do acórdão, especialmente, se o valor do ICMS que deveria ser excluído da base de cálculo das contribuições seria o do imposto total incidente na operação, destacado na nota fiscal, ou o valor efetivamente recolhido em moeda aos cofres estaduais.

Conforme já exposto, a Receita Federal, na Solução de Consulta Interna Cosit nº 13/2018, à espera do julgamento dos embargos de declaração da Fazenda Nacional, consignou que a quantia a ser excluída da base de cálculo mensal da PIS/Cofins se refere ao valor mensal do ICMS a recolher e não ao destacado em notas fiscais.[11]

Reforçando o entendimento exarado na referida Solução de Consulta, foi publicada em 15 de outubro de 2019, no Diário Oficial da União, a Instrução Normativa 1.911/2019 da RFB, que regulamenta a apuração, a cobrança, a fiscalização, arrecadação e administração da Contribuição do PIS e COFINS. Apesar de a IN 1911/2019 prever a possibilidade de exclusão administrativa do ICMS da base de cálculo do PIS/COFINS, seu artigo 27 dispõe que o valor do ICMS a ser excluído é o valor a recolher. Assim, ao ir contra o entendimento dos contribuintes de que o valor a ser excluído é o ICMS destacado nas notas fiscais, a mencionada IN 1911/2019 não deve por fim à judicialização da discussão da matéria, até o encerramento do julgamento dos embargos de declaração opostos pela Procuradoria Geral da Fazenda Nacional (PGFN).

Parece-nos, contudo, que a tese fixada não confere margem para se adotar a interpretação buscada pelo Fisco, especialmente ao se considerar que a Ministra Cármem Lúcia, relatora do RE 574.706, pontuou expressamente que a sistemática de não-cumulatividade do

11 CAMPOS. Gisele de Assis Campos. "Do ICMS a Ser Excluído da Base de Cálculo do PIS e da Cofins – Destacado ou Recolhido". Doutrina – Revista Brasileira de Direito Tributário Nº 74 – Maio-Jun/2019

ICMS, que prevê o valor mensal a recolher, compensando-se com as operações anteriores, não é apta a alterar o entendimento proposto, pois a parcela aproveitada do ICMS destacada na "fatura" gerada na operação anterior «em algum momento, ainda que não exatamente no mesmo, (...) será recolhido e não constitui receita do contribuinte.»

Outro ponto a ser analisado é o impacto orçamentário trazido pela exclusão do ICMS na base de cálculo das contribuições ora em debate, argumento utilizado pela União nos embargos de declaração opostos com a finalidade de modulação dos efeitos da decisão[12] exarada no RE 574.706, e endossado no parecer emitido pela Procuradoria-Geral da República.

Apesar de notório o impacto orçamentário, é de se analisar as implicações na tributação de forma mais ampla. Como apontado pelo Ministro Luis Roberto Barroso em seu voto no RE 574.706, a tese em debate possui potencial de gerar o reconhecimento de inconstitucionalidade de outras múltiplas incidências. Na mesma linha da discussão do ICMS, por exemplo, já se discute, há algum tempo, a exclusão do ISS da base de cálculo do PIS e da COFINS[13].

Assim, seja pelas mais de duas décadas de discussão inacabada no STF, seja pelo impacto econômico calculado ou pelos efeitos do julgamento que influenciam o reconhecimento de inconstitucionalidade de outras incidências, é de se esperar do Supremo Tribunal Federal, em breve, uma resolução definitiva da matéria.

Como consignado no voto do Ministro Barroso, contudo, é preciso "avaliar o que é certo e o que é errado sem ser indiferente às

---

12 Nos termos dos embargos opostos pela União, "o anexo de riscos fiscais para o ano de 2015, exclusivamente no que diz respeito a incidência do ICMS na base de cálculo do PIS e da COFINS – excluído portanto o potencial da tese adotada impactar em outras controvérsias –, chegou aos seguintes valores, com base em informações da Receita Federal do Brasil, para as possíveis restituições: R$ 250.294,05 milhões, até 2015. Tais números, no que tange às perdas, se repetiram na LDO de 2017."

13 Tema 118 – Inclusão do ISS na base de cálculo do PIS e da COFINS. Disponibilzado em: http://www.stf.jus.br/portal/jurisprudenciaRepercussao/verProcessoDetalhe.asp?incidente=2637509.
Acesso em 05.11.2019.

questões fiscais, mas sem permitir que elas interfiram na definição do que é certo e errado, quando esse não seja o caso."

No próximo dia 05 de dezembro de 2019, está incluso na pauta do Supremo Tribunal Federal o julgamento dos embargos de declaração opostos pela Fazenda Nacional. Assim, caso não aconteça nenhuma alteração de pauta, é possível que ainda em 2019 tenhamos uma solução definitiva do caso.

Apesar de ainda não se ter plena convicção de qual será o desfecho desta discussão, a certeza que fica é que os julgamentos do RE nº 574.706 e do RE nº 240.785 já se inserem com destaque na lista dos históricos casos enfrentados por nossa Corte Suprema.

Referências bibliográficas

TROIANELLI, Gabriel Larceda. A Jurisprudência sobre a Receita como base de Cálculo das Contribuições. In: GAUDÊCIO, Samuel Carvalho. PEIXOTO, Marcelo Magalhães (coords.). Fundamentos do PIS e da COFINS e o regime jurídico na não-cumulatividade. São Paulo: MP Editora, 2007.

MENDES, Gilmar Ferreira. BRANCO, Paulo Gustavo Gonet. Curso de direito constitucional. São Paulo: Saraiva, 2012. - (Série IDP).

BORGES, Alessandro Barreto. FILHO, Benedicto Celso Benício. Conceito de Receita e Faturamento para fins de Incidência das Contribuições ao PIS e da COFINS. In: GAUDÊCIO, Samuel Carvalho. PEIXOTO, Marcelo Magalhães (coords.). Fundamentos do PIS e da COFINS e o regime jurídico na não-cumulatividade. São Paulo: MP Editora, 2007.

MACHADO, Hugo de Brito. Virtudes e Defeitos da Não-Cumulatividade do Tributo no Sistema Tributário Brasileiro. In: GAUDÊCIO, Samuel Carvalho. PEIXOTO, Marcelo Magalhães (coords.). Fundamentos do PIS e da COFINS e o regime jurídico na não-cumulatividade. São Paulo: MP Editora, 2007. pp. 215/245.

HARADA. Kiyoshi. Direito Financeiro e Tributário. Editora Atlas: São Paulo, 2012.

MACHADO, Hugo de Brito. "Aspectos Polêmicos de PIS-Cofins". Revista Brasileira de Direito Tributário Nº 46 - Set-Out/2014 - Doutrina.

CAMPOS. Gisele de Assis Campos. "Do ICMS a Ser Excluído da Base de Cálculo do PIS e da Cofins - Destacado ou Recolhido". Doutrina - Revista Brasileira de Direito Tributário Nº 74 - Maio-Jun/2019

PISCITELLI, Tathiane. "Constigências e Impacto Orçamentário no Caso da Inclusão do ICMS na Base de Cáculo do PIS/Cofins: Argumentos Consequencialistas e Modulação de efeitos em Matéria Tributária. Revistas dos Tribunais. RT 980. Julho de 2017

MACHADO, Hugo de Brito. "O ICMS na Base de Cálculo do PIS/Cofins. Repertório de Jurisprudência IOB. 2a quinzena de dezembro de 2017 - N° 24/2017 - V. I 1029. V. I - Tributário, Constitucional e Administrativo.

"Não há carros disponíveis": o julgamento do Caso Uber 08 de maio de 2019

Marcelo Junqueira Inglez de Souza
Fernando Maluf

I. O dia que a terra parou

"Uber Drivers' Day of Strikes Circles the Globe Before the Company's I.P.O"[1], *"Drivers Lead Protests Ahead of Uber IPO"*[2], *"Uber drivers strike over pay and conditions"*[3], *"Uber-Fahrer streiken vor dem Börsengang"*[4]. Essas são algumas das manchetes que estampavam as capas dos principais jornais ao redor do mundo no dia 08 de maio de 2019. Não importa onde estivesse no globo: Estados Unidos, Inglaterra, Alemanha, entre outros. A mensagem era sempre a mesma ao tentar se deslocar de um ponto ao outro na cidade: *"Não há carros disponíveis"*.

---

1 Disponível em: https://www.nytimes.com/2019/05/08/technology/uber-strike.html?searchResultPosition=57 Acesso em: 26.01.2020.

2 Disponível em: https://www.wsj.com/articles/drivers-lead-protests-ahead-of-uber-ipo-11557337543 Acesso em: 26.01.2020.

3 Disponível em: https://www.theguardian.com/technology/2019/may/08/uber-drivers-strike-over-pay-and-conditions Acesso em: 26.01.2020.

4 Disponível em: https://www.faz.net/aktuell/wirtschaft/diginomics/fahrer-setzen-uber-vor-boersengang-mit-streik-unter-druck-16177324.html Acesso em: 26.01.2020.

No Brasil, a história não foi diferente[5]. Às vésperas da abertura de capital (*IPO*) da mais famosa *Startup* de transporte individual de passageiros, a *Uber*, os motoristas de aplicativo, em greve, não tiraram os carros da garagem. De norte a sul do país, os brasileiros que eram "reféns" da nova tecnologia de deslocamento ficaram praticamente "ilhados" em casa. Precisaram se redobrar, se reinventar, para chegar ao trabalho, ir ao médico ou encontrar a namorada, para citar alguns exemplos. Enfim, pode-se dizer que a terra parou por aqui.

Mas, em terras "tupiniquins", essa paralisação global do transporte por aplicativo não era a única notícia polêmica com o nome "*Uber*" na capa de jornais e revistas[6]. Coincidentemente, em 08 de maio de 2019[7], os olhos de usuários, motoristas e taxistas, para além

5 Disponível em: https://www1.folha.uol.com.br/mercado/2019/05/precos-de-corrida-em-sp-sobem-em-dia-de-paralisacao-global-de-motoristas-de-uber.shtml Acesso em: 26.01.2020.

Disponível em: https://g1.globo.com/economia/tecnologia/noticia/2019/05/08/motoristas-de-aplicativos-uber-e-99-fazem-greve-por-lucros-maiores.ghtml Acesso em: 26.01.2020.
Disponível em: https://veja.abril.com.br/economia/motoristas-de-aplicativos-organizam-paralisacao-para-esta-quarta-feira/ Acesso em: 26.01.2020.
Disponível em: https://canaltech.com.br/apps/brasil-adere-ao-protesto-mundial-contra-uber-e-motoristas-devem-parar-amanha-8-138671/ Acesso em: 26.01.2020.

6 Disponível em: https://www1.folha.uol.com.br/mercado/2019/05/supremo-derruba-leis-municipais-e-libera-aplicativos-de-transporte.shtml Acesso em: 26.01.2020.
https://g1.globo.com/politica/noticia/2019/05/08/supremo-valida-aplicativos-de-transporte-individual.ghtml Acesso em: 26.01.2020.
Disponível em: https://www.uol.com.br/tilt/noticias/redacao/2019/05/08/fim-da-guerra-de-liminares-stf-veta-proibicao-de-apps-como-uber-e-99.htm Acesso em: 26.01.2020.

7 O julgamento da Arguição de Descumprimento de Preceito Fundamental nº 449/DF e do Recurso Extraordinário nº 1.054.110/SP pelo Supremo Tribunal Federal teve início em 05 de dezembro de 2018, com os votos do Ministro Luiz Fux e do Ministro Luís Roberto Barroso. Porém, a questão constitucional só teve efetivamente um desfecho em 08 de maio de 2019, quando os demais votaram após o pedido de vista formulado pelo Ministro Ricardo Lewandoewski.

de tantos outros curiosos, voltaram-se para Brasília, para o plenário do Supremo Tribunal Federal. Estavam em pauta a Arguição de Descumprimento de Preceito Fundamental nº 449/DF[8] e o Recurso Extraordinário nº 1.054.110/SP[9]. Estava em pauta a constitucionalidade do transporte individual de passageiros. Estava em pauta o destino da *Uber*, da *99*, da *Cabify*, entre outras.

II. A fórmula mágica do sucesso

uma indústria de táxis que não funciona, uma namorada que mora longe e uma pitada de James Bond. Isso mesmo, James Bond. Essa foi a fórmula mágica, a inspiração que deu origem ao fenômeno mundial *Uber*, que depois veio a ser replicado por tantos concorrentes por aí. Pode-se dizer que, sem o apelo futurístico do *thriller* do espião britânico, talvez nunca tivesse nascido – ou ainda estivesse engatinhando – o mercado do transporte individual de passageiros como conhecemos hoje.

Tudo começou em meados de 2008, quando o empresário canadense Garrett Camp ainda aprendia a curtir sua vida como novo rico em São Francisco. Após ter vendido sua primeira empresa, Stumpble Upon, para o eBay pela bagatela de 75 milhões de dólares, sua rotina se resumia em desfrutar da badalada vida noturna e descansar no elegante apartamento comprado no bairro de *South Park* – coincidentemente, a poucos metros do lugar onde foi concebida a ideia do Twitter e criada a primeira sede do Instagram[10].

8 Arguição de Descumprimento de Preceito Fundamental ajuizada pelo Partido Social Liberal com a finalidade de discutir a constitucionalidade da Lei do Município de Fortaleza nº 10.553 de 23 de dezembro de 2016, julgada em 08.05.2019, sob a relatoria do Ministro Luiz Fux.

9 Recurso Extraordinário originado de Ação Direta de Inconstitucionalidade ajuizada pela Confederação Nacional dos Serviços com a finalidade de discutir a constitucionalidade da Lei do Município de Fortaleza nº 16.279/2015 de 08 de outubro de 2015, julgado em 08.05.2019, sob a relatoria do Ministro Luís Roberto Barroso.

10 ISAAC, Mike. *A Guerra pela Uber*. Rio de Janeiro: Intrínseca, 2020.

Entre uma noitada e outra, Camp se deparou com a frágil indústria de táxis de São Francisco. A cidade propositalmente mantinha um número limitado de licenças, com a intenção de garantir uma quantidade de corridas considerável aos motoristas, mesmo nos tempos de "vacas magras". Na outra ponta, como um resultado quase que natural, os passageiros "pagavam o pato". A oferta era muito menor que a procura e, livre de todas as amarras e de qualquer concorrência, a qualidade dos motoristas e dos carros era péssima, para não dizer precária[11].

Em bairros mais afastados, perto das praias e nas noites de fim de semana, pegar um táxi era muito mais que difícil, era praticamente impossível. E não havia expectativa alguma de melhora nos serviços. Isso porque, tão logo alguém cogitava aumentar o número de licenças, os "taxistas furiosos lotavam as salas da câmara municipal ou cercavam a prefeitura, causando o caos"[12].

Entre um descanso e outro, Camp se deparou com as engenhocas hollywoodianas de *007 – Cassino Royale*. Especificamente, atiçou sua curiosidade as primeiras cenas, onde James Bond dirige seu Ford Mondeo prateado pelas Bahamas e acompanha, minuto

11 "O sistema garantia uma considerável disponibilidade de passageiros para as cooperativas de táxi mesmo durante as piores fases, assegurando aos motoristas que trabalhavam em tempo integral um salário digno. Mas a demanda superava em muito a oferta, por isso o serviço de táxis em São Francisco era conhecido por ser péssimo. Tentar pegar um taxi nos bairros mais afastados, perto do mar, ou até mesmo no centro num fim de semana a noite, era perda de tempo. Conseguir um taxi para o aeroporto era uma aposta arriscada de revirar o estomago, que podia resultar na perda do voo. (Mesmo quando o passageiro fazia uma reserva por telefone, nunca dava para ter certeza de que o carro apareceria; o taxista poderia muito bem resolver pegar um passageiro na rua em vez disso)" (STONE, Brad. *As Upstars*. Rio de Janeiro: Intrínseca, 2017, pp. 51/52).

12 "Tentativas de melhorar a situação fracassavam, uma vez que as frotas de taxis e os motoristas não aceitavam de forma alguma que a concorrência fosse ampliada. Ao longo dos anos, sempre que o prefeito ou o conselho de supervisores tentava aumentar o número de licenças, taxistas furiosos lotavam as salas da câmara municipal ou cercavam a prefeitura, causando caos" (STONE, Brad. *As Upstars*. Rio de Janeiro: Intrínseca, 2017, p. 52).

a minuto na tela do celular, um mapa com a rota até o seu destino[13]. Essa cena, tão comum nos dias de hoje, ainda era literalmente "coisa de cinema", algo inimaginável quando o filme estreara no ano de 2006.

Mas faltava a "cereja do bolo" dessa fórmula de sucesso chamada *Uber*: Camp arrumou uma namorada. Não qualquer namorada, mas uma que morava longe. Eram quilômetros de distância, para ser mais exato. E marcar qualquer encontro era complicado. Como uma alternativa resolver o problema, Camp decidiu apelar para os conhecidos - e clandestinos - táxis ciganos: sedãs pretos sem identificação que abordavam o passageiro em potencial na rua e, com o piscar dos faróis, ofereciam uma corrida (em geral, com carros mais limpos e melhores preços que a indústria de táxi local)[14].

De lá para cá[15], Camp (i) percebeu o problema daqueles "táxis" pretos para preencher o buraco entre uma corrida e outra; (ii) investiu tempo e dinheiro para programar um aplicativo que atendesse as aflições de motoristas e passageiros; (iii) arrumou alguns sócios e muitos investidores; (iv) criou o conceito de carros de luxo pelo celular; (v) popularizou a frota ao ser ameaçado pela concor-

13 "O que lhe chamou a atenção foi um pequeno detalhe cosmético no celular de Bond conforme ele dirigia pela praia. O aparelho, um Ericsson prateado volumoso, antiquado para padrões posteriores (ainda tinha um teclado de botões"), exibia um mapa de GPS na telinha minúscula. Bond se observava - um ícone pequeno de seta deslizando por uma grade verde-escura em bitmaps - conforme o carro se deslocava pela paisagem de Nassau, avançando rumo ao Ocean Club" (ISAAC, Mike. *A Guerra pela Uber*. Rio de Janeiro: Intrínseca, 2020).

14 Para resolver os crescentes problemas no assunto, Camp começou a experimentar frotas dos chamados táxis ciganos: sedãs pretos sem identificação que se aproximavam de passageiros em potencial na rua e piscavam os faróis oferecendo corrida. A maioria dos moradores locais, especialmente as mulheres, evita esses carros, temendo pela própria segurança ou preocupadas com a incerteza de um carro sem taxímetro. Mas Camp descobriu que os veículos eram majoritariamente limpos, e os motoristas, em geral, amistosos. O grande problema deles era preencher as horas vagas entre uma corrida e outra, durante as quais costumavam ficar na frente de hotéis" (STONE, Brad. *As Upstars*. Rio de Janeiro: Intrínseca, 2017, p. 54).

15 Abreviando bastante a história.

rência; e (vi) conquistou o mundo – para não dizer, o viciou – com os conceitos de *UberX, UberComfort, UberBlack, UberBag* e *UberPool* (e tudo isso, é claro, às custas de brigas e mais brigas com taxistas, donos de frota, sindicalistas, prefeituras e órgãos reguladores por aí).

III. O ludismo do século XXI

2014, a *Uber* estava em 28 cidades, inclusive no Brasil. 2016, já era possível pedir um carro pelo celular em 450 cidades ao redor do mundo[16]. 2018, a Uber atingia a marca de 600 cidades em 65 países[17]. Permitir que qualquer um pegasse um veículo parado e transportasse passageiros de forma remunerada virou um fenômeno global. Em tempos de crise, era uma alternativa de renda, um novo tipo de trabalho, que, além de ajudar quem estava desempregado ou precisava de um extra, baixou os preços e reinventou como as pessoas transitavam de um lado para o outro.

Mas o caminho da *Uber* – e da consolidação do transporte individual de passageiros – não foi nada fácil. Onde a *Uber* "pisava", o caos se instaurava. Se os taxistas já faziam "piquete" antes, quando alguém cogitava aumentar o número de licenças, a reação à entrada do aplicativo no mercado foi ainda mais agressiva (e, não poucas vezes, sangrenta[18]). Para piorar, na maioria dos casos, a pressão política

16 STONE, Brad. *As Upstars*. Rio de Janeiro: Intrínseca, 2017, p. 301.

17 Disponível em: https://www.uber.com/pt-BR/blog/em-quais-cidades-a-uber-esta-no-brasil/ Acesso em: 26.01.2020.

18 Não eram raros os episódios em que taxistas e motoristas de aplicativo acabavam partindo para a violência, situação que, embora com menor frequência, ainda pode ser encontrada hoje no Brasil. Alguns exemplos recentes estão disponíveis em:
https://g1.globo.com/rs/rio-grande-do-sul/noticia/2019/09/17/quatro-taxistas-sao-presos-por-agressao-contra-motorista-de-aplicativo-em-cacapava-do-sul.ghtml Acesso em: 26.01.2020.
https://g1.globo.com/mg/sul-de-minas/noticia/motorista-do-uber-e-agredido-por-taxistas-em-praca-de-pocos-de-caldas-mg.ghtml Acesso em: 26.01.2020.

– incluindo *players* das prefeituras e de órgãos reguladores – estava do lado do monopólio da indústria de táxi.

A verdade é que a ascensão do compartilhamento de corridas provocou uma onda de conflitos em praticamente todos os países do mundo[19]. A cada passo que a *Uber* dava, enfrentava uma nova batalha entre os avanços da tecnologia e a velha forma de fazer as coisas. São Francisco, Nova York, Seatle, Chicago, Boston, Washington, Paris, Londres, Milão... O currículo de brigas é, sem dúvida alguma, extenso.

Por aqui, a história não foi diferente (e desconfiasse que nem poderia ser, à luz do jeitinho brasileiro[20]). Como os ludistas, que quebravam as máquinas e tentavam a todo custo impedir a Revolução Industrial[21], os taxistas fizeram o lobby e conseguiram que prefeituras e órgãos reguladores criassem barreiras aos aplicativos de com-

19 STONE, Brad. *As Upstars*. Rio de Janeiro: Intrínseca, 2017, pp. 302/307.

20 BARROSO, Luís Roberto. Ética e jeitinho brasileiro. *O Globo*, Rio de Janeiro, 03.09.2017, p. 40.

21 Os ludistas foram, a grosso modo, trabalhadores parte de um movimento "inimigo do progresso" que tentava refrear a Revolução Industrial na Inglaterra entre os anos de 1811 e 1812 (embora exista quem de defenda que o movimento Ludista se estendeu até 1815. Muitos suspeitos de ludistas foram presos, alguns foram enforcados e outros transportados para colônias criminais. Há quem defenda, no entanto, outro ponto de vista. Que esses trabalhadores "revolucionários" não estariam apenas tentando manter sua própria renda, mas também lutando também contra a destruição de um modo de vida que os sustentava por séculos. Possíveis visionários, haviam percebido que seu modelo de trabalho estava em vias de ser substituído pelo modelo "escravo assalariado", que trabalhava sua vida em fábricas terrivelmente insalubres por 12 ou mais horas a troco de uma ninharia. (SALE, Kirkpatrick. *Rebels Against the Future: The Luddites and Their War on the Industrial Revolution: Lessons for the Computer Age*. Redwood City, Calif.: Addison-Wesley, 1996).

partilhamento de corridas, em direção contrária aos irrefutáveis benefícios[22] que acompanham a economia compartilhada.[23]

22 "Recursos que não seriam explorados passam, com o auxílio da tecnologia, a exercer uma verdadeira função social (a exemplo do veículo do motorista particular que, no ócio, ficaria parado). Custos de transação chegam, em determinados casos, a praticamente zero (a exemplo de músicos que, pela internet, divulgam seu trabalho a milhões de pessoas). O uso de bens e a prestação de serviços não se dá mais de forma permanente, mas de forma sustentável (encontra lugar só quando for, de fato, necessária). Os dados coletados são, por fim, revertidos para o melhoramento da qualidade de vida (a exemplo do provedor de aplicação Waze, que, hoje, desempenha papel essencial no mapeamento e controle de trânsito dos grandes centos urbanos)". (FINKELTEIN, Cláudio; MALUF, Fernando. Novas tecnologias e as barreiras constitucionais à intervenção econômica pela administração pública. *Constituição da República 30 anos depois: uma análise prática da eficiência 2018-1312 dos direitos fundamentais. Estudos em homenagem ao Ministro Luiz Fux*. Abhner Youssif Mota Arabi, Fernando Maluf, Marcello Lavenère Machado Neto (Coord.). – Belo Horizonte: Fórum, 2019, pp. 252/253).
Ainda sobre a redução de custos de transação como um resultado prático da adoção da economia compartilhada, bens ponderadas as considerações de Clayon Chistensen e Michael Raynor: "Often, the innovations that enable low-end disruption are improvements that reduce overhead costs, enabling a company to earn attractive returns on lower gross margins, coupled with improvements in manufacturing or business processes that turn assets faster" (*Innovator's Solution: Creating and Sustaining Successful*. Boston, MA: Harvard Business School Press, 2003.p. 50).
Por fim, válidas também as lições de Ejan Mackaay sobre o tema "Transaction costs may evolve over time. Advances in transportation and communication technologies may change them. A rule that might have made sense as a correction for substantial transaction costs in earlier times may cease to be justified when these costs change. Regulation of sewage disposal, water, electricity, telecommunications that appeared justified so long as these industries looked like natural monopolies cease to be apposite when technical advances make us realise that these services can very well be offered on a competitive basis" (*Law and Economics for Civil Law Systems*. Cheltenham: Edward Elgar, 2013. p. 11).

23 Que nada mais é que um resultado da economia compartilhada, ou nas palavras de Carlos Affonso Souza e Ronaldo Lemos, "*o uso de tecnologia da informação em prol da otimização do uso de recursos através de sua redistribuição, compartilhamento e aproveitamento de suas capacidades*

Mas o Estado não pode – ou melhor, não deve – refrear ou engessar os avanços advindos da Revolução Tecnológica[24], com a criação de empecilhos excessivos e burocracias regulatórias. Os inúmeros episódios de desnecessária e excessiva intervenção[25] – para não dizer uma verdadeira repressão – precisavam ser combatidos, para assegurar valores como a livre iniciativa; a livre concorrência; o livre exercício de qualquer trabalho; ofício ou profissão; e a inovação (todos garantidos e elevados a direitos fundamentais em nossa Constituição da República)[26].

---

excedentes" (*Aspectos jurídicos da economia de compartilhamento: função social e tutela da confiança*. Revista de Direito da Cidade, Belo Horizonte, vol. 08, nº 04, pp. 1757-1777, p. 1759).

24 Palestra do Ministro Luís Roberto Barroso. Intérprete: Ministro Luís Roberto Barroso. São Paulo: Exame.com, 2017. (44 min.). Série *A Revolução do Novo – A transformação do Mundo*. Disponível em: <https://youtu.be/_estguWPT1M>. Acesso em: 14 de maio de 2018.

25 INTERNATIONAL TRANSPORT FORUM, 2016, Paris. *App-Based Ride and Taxis Services: Principles for Regulation*. Paris: OECD, 2016. p. 9.

26 Quanto ao papel fundamental dos princípios constitucionais na interpretação das relações jurídicas, Daniel Sarmento enaltece que "Como normas jurídicas, os princípios constitucionais estabelecem limites para o legislador infraconstitucional e para a Administração, cuja inobservância enseja a invalidade das normas e dos atos que os contravenham. Eles também incidem diretamente sobre as relações sociais, impondo comportamentos positivos e negativos ao Estado e a particulares. Além disso – e este é o ponto que nos interessa no momento –, os princípios constitucionais são vetores fundamentais na interpretação da ordem jurídica". (*Ordem Constitucional Econômica, Liberdade e Transporte Individual de Passageiros: O "caso Uber"*. Rio de Janeiro: 2016. Disponível em: <https://pt.scribd.com/document/273284827/O-Caso-Uber-Daniel-Sarmento>. Acesso em: 26.01.2020. p. 4).
De igual modo, o Ministro Luís Roberto Barroso ensina que "A eficácia interpretativa consiste em que o sentido e alcance das normas jurídicas em geral devem ser fixados tendo em conta os valores e fins abrigados pelos princípios constitucionais. Funcionam eles, assim, como vetores da atividade do intérprete, sobretudo na aplicação de normas jurídicas que comportam mais de uma possibilidade interpretativa. (...) Em suma: a eficácia dos princípios constitucionais, nessa acepção, consiste em orientar a in-

Foi assim (e, claro, com uma pitada de pressão política por parte dos aplicativos de transporte, dos motoristas parceiros, dos passageiros e de outros interessados) que entraram em cena a Arguição de Descumprimento de Preceito Fundamental nº 449/DF e o Recurso Extraordinário nº 1.054.110/SP. Caberia ao Supremo Tribunal Federal colocar um "ponto final" no assunto. Caberia aos Ministros responder, de uma vez por todas, se a atividade da *Uber* era ou não constitucional. E caberia a cada um dos Onze, também, dizer se o Estado poderia "regular por amor a regular".

IV. Capuletos V. Montéquios

A Arguição de Descumprimento de Preceito Fundamental nº 449/DF foi quem primeiro bateu às portas do Supremo Tribunal Federal. Ajuizada em 11 de abril de 2017, assinada pelo Partido Social Liberal (PSL), tinha como objetivo declarado ver reconhecidos como inconstitucionais "os arts. 1º e 2º da Lei Municipal de Fortaleza nº 10.553/2016, que dispõem sobre a proibição do uso de carros particulares cadastrados ou não em aplicativos, para o transporte remunerado individual de pessoas no Município de Fortaleza".

Mas, como um resultado natural desse tipo de ação, que detém efeitos *erga omnes*[27], a Arguição de Descumprimento de Preceito Fundamental nº 449/DF ia além da mera declaração de inconstitucionalidade de uma Lei. Buscava também que o desfecho do caso fosse estendido "a quaisquer outras Leis de qualquer Município da Federação que lhe contrariem, sem que seja necessário ajuizamento de outras infindáveis ADPFs".

terpretação das regras em geral (constitucionais e infraconstitucionais), para que o intérprete faça a opção, dentre as possíveis exegeses para o caso, por aquela que realiza melhor o efeito pretendido pelo princípio constitucional pertinente" (*Curso de Direito Constitucional: Os conceitos fundamentais e a construção do novo modelo*. São Paulo: Saraiva, 2009, p. 319).

27 Isto é, atinge a tudo e a todos, em iguais condições, ainda que não façam parte do processo.

Distribuída ao Ministro Luiz Fux, logo chamou a atenção da imprensa e de uma gama de interessados. Foram diversos pedidos de ingresso[28] como *amicus curiae*[29].

O Recurso Extraordinário nº 1.054.110/SP chegou meses depois[30]. Interposto pela Câmara Municipal de São Paulo, buscava a reforma do acórdão de origem, que havia declarado "a inconstitucionalidade da Lei Municipal nº 16.279/2015, que proibiu o uso de carros particulares cadastrados em aplicativos para o transporte remunerado individual de pessoas", atendendo aos anseios da Confederação Nacional de Serviços.

Mais tímido e discreto quanto aos seus efeitos[31], o Recurso Extraordinário nº 1.054.110/SP foi distribuído ao Ministro Luís Roberto Barroso, que reconheceu sua repercussão geral[32] em 13 de outubro de 2017. E, como na Arguição de Descumprimento de Preceito Fundamental nº 449/DF, foram diversos pedidos de ingresso como *amicus curiae*[33].

---

28 Foram formulados pedidos de ingresso como *amicus curiae* pelas seguintes pessoas jurídicas: Partido Novo Nacional; Confederação Nacional de Serviços; Município de Fortaleza; Uber do Brasil Tecnologia Ltda.; Secretaria de Acompanhamento Econômico do Ministério da Fazenda; Associação Brasileira das Empresas de Tecnologia da Informação e Comunicação – BRASSCOM; e Associação Brasileira de Online to Offline – ABO2O (única que o Ministro Luiz Fux entendeu que não deveria participar, decisão que foi mantida pelo Plenário do Supremo Tribunal Federal ao julgar o respectivo Agravo Regimental em 18 de maio de 2018).

29 Isto é, terceiro que quer contribuir com o processo de um lado ou de outro e, muitas vezes, dar subsídios às decisões dos tribunais.

30 Foi autuado no Supremo Tribunal Federal em 12 de junho de 2017.

31 Em regra, adstritos às partes do processo.

32 Isto é, requisito de relevância constitucional, sem o qual nem sequer poderia ser julgado pelo Supremo Tribunal Federal.

33 Foram formulados pedidos de ingresso como *amicus curiae* pelas seguintes pessoas jurídicas: Uber do Brasil Tecnologia Ltda.; Federação dos Taxistas Autônomos do Estado de São Paulo; Marçal Justen Filho; BRASSCOM – Associação Brasileira das Empresas de Tecnologia da Informação e Comunicação; Sindicato dos Transportadores Autônomos Rodoviários de Pessoas, de Bens e de Cargas de Rio Claro, SP – SINTRARC; Associação

Em ambos os casos, os discursos eram praticamente os mesmos.

De um lado, os "progressistas", amantes da *Uber*, da Revolução Tecnológica, da economia compartilhada e das novas tecnologias, bradavam que somente a União poderia legislar sobre o tema e que, no mérito, qualquer tipo de restrição ao exercício da atividade de transporte individual de passageiros violaria à Constituição da República, especialmente aos princípios da livre iniciativa[34]; livre concorrência[35]; livre exercício de qualquer trabalho, ofício ou profis-

Brasileira de O2O – ABO2O; Cabify Agência e Serviços de Transporte de Passageiros Ltda.; Secretaria de Acompanhamento Econômico do Ministério da Fazenda; 99 Tecnologia Ltda.; Sindicato dos Condutores Autônomos de Veículos Rodoviários de Florianópolis – SCAVR; Associação Paulista de Direito Administrativo – APDA; União Federal; Sindicato dos Taxistas de Porto Alegre – SINTAXI; e Sindicato Intermunicipal dos Condutores Autônomos de Veículos Rodoviários, Taxistas e Transportadores Rodoviários Autônomos de Bens de Minas Gerais – SINCAVIR/MG. Tais pedidos de ingresso foram deferidos, salvo aqueles formulados por Marçal Justen Filho e pela Associação Paulista de Direito Administrativo.

34 Isto é, o direito garantido a todo brasileiro de produzir, empreender, iniciar determinada atividade econômica sem ser cerceado pelo Estado. A propósito, em artigo acadêmico, o Ministro Luís Roberto Barroso já ensinava que o "Estado não pode determinar onde um indivíduo vai morar, qual profissão vai seguir, o que vai fazer com o seu dinheiro ou a quem vai ajudar ou deixar de ajudar" (Estado e livre-iniciativa na experiência constitucional brasileira. *A nova regulação da infraestrutura e da mineração*. Leonardo Coelho Ribeiro, Bruno Feigelson, Rafael Véras de Freitas (coord.). Belo Horizonte: Fórum, 2015, p. 27).

35 Isto é, o direito garantido a todo brasileiro de competir em qualquer mercado em condições de igualdade com os demais players. Isso não se dá sem motivo, ainda mais no caso do transporte individual de passageiros, onde, como reconhece Daniel Sarmento, "A competição proporciona também uma melhoria na eficiência alocativa da economia, ao fazer com que os preços dos produtos correspondam aos valores que a sociedade lhes atribui, assim como na eficiência produtiva das empresas, que são levadas a reduzir os seus custos e aperfeiçoar os bens e serviços que fornecem, no afã de prosperarem no mercado. A concorrência estimula, nesse sentido, a inovação e o progresso". (SARMENTO, Daniel. *Ordem Constitucional Econômica, Liberdade e Transporte Individual de Passageiros: O "caso Uber". Rio de Janeiro: 2016.*

são[36]; e inovação[37]. Além disso, defendiam que os benefícios advindos das novas tecnologias aos consumidores, à sociedade em geral e ao meio ambiente, para citar alguns poucos exemplos, eram incontáveis.

Do outro lado, os "conservadores", defensores do protagonismo regulatório do Estado[38], da intervenção no mercado da *Uber*, da limitação das novas tecnologias e da manutenção do monopólio dos

---

Disponível em: <https://pt.scribd.com/document/273284827/O-Caso-Uber-Daniel-Sarmento>. Acesso em: 26.01.2020. p. 10).

---

36 Isto é, o direito garantido a todo brasileiro de participar, de forma direta, do desenvolvimento econômico do País e, de forma indireta, da redução de desigualdades. A propósito, em seu famoso curso de direito constitucional, o Ministro Alexandre de Moraes registra que é através do trabalho que o homem garante sua subsistência e o crescimento do país, prevendo a Constituição, em diversas passagens, as liberdades, o respeito e a dignidade do trabalhador (...)" (*Direito Constitucional*. 24ª ed. São Paulo: Atlas, 2009, p. 22).

37 Sobre a inovação enquanto princípio constitucional, bem ponderadas as observações de André Ramos Tavares, o qual destaca que "A contextura constitucional da tecnologia não se esgota no reconhecimento da sua tutela como atividade individual, pois a CB/88 preocupa-se com os dois polos da tecnologia. Numa ponta, pelo resguardo da liberdade de expressão científica, protege a criação tecnológica e, no outro extremo, reconhece o direito fundamental à livre exploração econômica da tecnologia criada (art. 170, parágrafo único da CB), incluindo a titularidade deste direito por empresa, bem como a liberdade de desempenho profissional, no que assegura o livre exercício de qualquer trabalho, ofício ou profissão (art. 5", XIII da CB)" (*Parecer Jurídico*. São Paulo: 2014. Disponível em: < https://docplayer.com.br/6961553-Parecer-juridico-sumario.html#show_full_text>. Acesso em: 26.01.2020. p. 15).

38 Floriano de Azevedo Marques Neto e Rafael Véras de Freitas advertem que "quando a inovação disruptiva tem lugar em setores regulados (serviços públicos tradicionais, por exemplo), a questão se apresenta mais complexa. A reação natural dos agentes econômicos dominantes se soma ao estranhamento do regulador estatal (que vê o risco de perder o protagonismo regulatório frente à contestação de mercado) e à baixa aderência das novas tecnologias a um framework que não as tem em consideração". *(Uber, WhatsApp, Netflix: os novos quadrantes da publicatio e da assimetria regulatória*. Revista de Direito Público da Economia – RDPE, Belo Horizonte, ano 14, nº 55, pp. 75-108, out/dez 2016, p. 80).

taxistas, retrucavam que os Municípios não só podiam, como deviam regular e colocar restrições às atividades, sob pena de, no contrário, não garantir a qualidade dos serviços aos consumidores, superlotar as ruas prejudicando o trânsito e impedir a concorrência de igual para igual pelos taxistas (uma vez que esses estavam sujeitos à regulação), para citar alguns exemplos.

Com o perdão dos jargões populares, o circo estava montando e em vias de pegar fogo. Em meio a paixões ardentes e discursos de ódio, Brasília – ou, arriscamos dizer, o Brasil como um todo – havia se tornado o palco de uma guerra, uma terra dividida. Algo semelhante à cidade de Verona na tragédia "Romeu e Julieta" de Shakespeare.

A diferença é que, aqui, a batalha entre *Capuletos* e *Montéquios* tinha data, lugar e hora certa para acontecer: em 08 de maio de 2019, no Plenário do Supremo Tribunal Federal, a partir das 14 horas, motoristas de aplicativo e taxistas se enfrentariam uma última vez. E o resultado traria, de uma forma ou de outra, grandes reflexos para o desenvolvimento do país.

V. Nem todo herói usa capa?

O povo brasileiro está desacreditado. Como um reflexo desse ressentimento geral, aliado ao apelo da mídia em casos de grande repercussão social, o Supremo Tribunal Federal passou a deter um papel de verdadeiro protagonismo. Hoje a população não só acredita que existem heróis e vilões lá, como espera que deles venha a solução para todos os nossos problemas.

Apesar da advertência do dramaturgo alemão, Bertold Brecht, de que "infeliz é a nação que precisa de heróis", com o caso *Uber* não parece ter sido diferente. Em 08 de maio de 2019[39], os Ministros vestiram a "capa" e, à luz do sistema de freios e contrapesos posto pelos princípios que erigem a Constituição da República, não só declararam constitucional o transporte individual de passageiros, como também colocaram limites para intervenção do Estado nas novas tecnologias.

39 Após o pedido de vista formulado pelo Ministro Ricardo Lewandoewski na primeira sessão de julgamento, designada e iniciado em 05 de dezembro de 2018.

O relator da Arguição de Descumprimento de Preceito Fundamental nº 449/DF, Ministro Luiz Fux, começou o julgamento tratando de questão preliminar e periférica, relacionada à admissibilidade de um processo constitucional dessa natureza para tratar do assunto em discussão. Mas logo afastou as objeções fabricadas pela Prefeitura de Fortaleza e adentrou ao cerne propriamente dito da questão, qual seja:

> (...) se é possível ao Estado proibir ou restringir arbitrariamente o exercício de atividade econômica por particulares, à luz dos princípios constitucionais da livre iniciativa e do valor social do trabalho (art. 1º, IV), da liberdade profissional (art. 5º, XIII) e da livre concorrência (art. 170, caput). Especificamente quanto ao transporte individual urbano de passageiros por intermédio de plataformas digitais, aponta-se, ainda, ofensa aos princípios da defesa do consumidor (art. 170, V) e da busca pelo pleno emprego (art. 170, VIII).[40]

No mérito, iniciou o voto abordando o aspecto formal: a falta de competência dos municípios para regular a atividade de transporte individual de passageiros. Reconheceu, à luz do artigo 22, incisos IX e XI da Constituição da República e de precedentes do próprio Supremo Tribunal Federal[41], que compete à União, e a mais ninguém, legislar sobre "diretrizes da política nacional de transportes" e sobre "trânsito e transporte". Isso porque há uma "necessidade de se estabelecer

40 Vide página 18 do voto do Ministro Luiz Fux.

41 Como o precedente de relatoria do Ministro Ricardo Lewandowski, que havia julgado inconstitucionais leis estaduais e distrital regulamentadoras do licenciamento de motocicletas para transporte de passageiro ("Mototáxi"), precisamente por usurpação da competência da União para legislar sobre a matéria (ADI 3136, Tribunal Pleno, julgado em 01/08/2006, DJ 10/11/2006), para além de outros também expressamente citados no acórdão do caso *Uber* (ADI 2.606, Rel. Min. Maurício Corrêa, Tribunal Pleno, DJ de 07/02/2003; ADI 3.135, Rel. Min. Gilmar Mendes, Tribunal Pleno, DJ de 08/09/2006; ADI 3.679, Rel. Min. Sepúlveda Pertence, Tribunal Pleno, DJ de 03/08/2007; ARE 639496 RG, Rel. Min. Cezar Peluso, Tribunal Pleno, julgado em 16/06/2011; e ADI 3049, Rel. Min. Cezar Peluso, Tribunal Pleno, julgado em 04/06/2007).

uniformidade nacional aos modais de mobilidade". Caso contrário, existe o risco real de prevalecer uma "profusão desordenada de legislações conflitantes", que inviabilizariam em absoluto a "implementação de um sistema de transporte eficiente, integrado e harmônico".

Mas o relator da Arguição de Descumprimento de Preceito Fundamental nº 449/DF não parou por aí. Acrescentou que "o artigo 22, XVI, também atribui à União competência privativa para definir "condições para o exercício de profissões"; "o art. 3º, VIII, da Lei Federal nº 12.965/2014 (Marco Civil da Internet) já garante a liberdade dos modelos de negócios promovidos na internet"; e "a Política Nacional de Mobilidade Urbana, estabelecida pela Lei nº 12.587/2012 e recentemente alterada pela Lei nº 13.640 de 26 de março de 2018, já regulamenta o transporte remunerado privado individual de passageiros". A partir desses preceitos, o Ministro Luiz Fux concluiu "pela inconstitucionalidade formal da Lei Municipal de Fortaleza 10.553/2016, por afronta ao artigo 22, incisos IX, XI e XVI, da Constituição".

Dando sequência ao voto, passou a abordar a questão sob o plano material, iniciando com uma ressalva de que, para além da constitucionalidade do transporte individual de passageiros, era uma oportuna ocasião para o Supremo Tribunal Federal definir "os limites do poder regulador em relação ao ambiente concorrencial e ao exercício das profissões, provendo segurança jurídica não apenas para as inovações disruptivas decorrentes da novíssima 'economia compartilhada', mas também para a iniciativa privada nos mais diversos setores de mercado".

Sob essa perspectiva, abriu a discussão dando a devida importância do princípio da livre iniciativa, elevado a fundamento da República na Constituição brasileira, uma verdadeira vanguardista[42]

42 De acordo com a base de dados "Comparative Constitutions Project", um dos maiores acervos de informações sobre textos constitucionais de diferentes países, organizado pelos Professores Tom Ginsburg (University of Chicago) e Zachary Elkins (University of Texas), apenas 21% (vinte e um por cento) das Constituições hoje em vigor ao redor do mundo preveem expressamente algum tipo de direito a um ambiente de mercado competitivo (disponível em: <http://www.comparativeconstitutionsproject.org>).

se comparada às demais ao redor do mundo[43]. Deixou claro, com todas as letras, que essa liberdade não pode ser resumida a um "mero capricho retórico do constituinte". É, na verdade, o resultado de um "ambiente hostil à competição e à inovação" que prevalecia no passado, onde "tornava-se mais fácil controlar as massas e assegurar a manutenção no poder da nobreza dirigente"[44]. E concluiu que "o enriquecimento dos mais pobres é resultado direto de uma economia mais produtiva, ao passo que são condições fundamentais para tanto a ausência de intervenções arbitrárias por parte dos governantes e a garantia da liberdade de organização econômica".

Mais adiante, tratou da liberdade de concorrência. Consignou que "o processo político por meio do qual regulações são editadas é frequentemente capturado por grupos de poder interessados em obter, por essa via, proveitos superiores ao que seria possível em um ambiente de livre competição" e que, em situações como essa, os benefícios da medida restritiva ficam nas mãos de poucos, muito embora os custos sejam compartilhados por toda a sociedade.[45] Por isso,

---

43 Inclusive se comparada à tão proclamada Constituição norte-americana de 1789, tida como precursora do modelo de constitucionalismo liberal.

44 Sobre como a inexistência de limites ao poder do soberano para a regência da economia e das profissões conduz a um círculo vicioso de totalitarismo político e acentuação da miséria, responsável pelo fracasso de diversas sociedades ao longo da história, são pertinentes as ponderações de s Daron Acemoglu e James Robinson: "A reação à brilhante invenção de Lee ilustra a tese central deste livro. O medo da destruição criativa é o principal motivo por que não houve uma melhoria sustentada dos padrões de vida entre as revoluções neolítica e industrial. A inovação tecnológica contribui para a prosperidade das sociedades humanas, mas também implica a substituição do antigo pelo novo, bem como a destruição dos privilégios econômicos e do poder político de alguns. Para que haja crescimento econômico sustentado, são necessárias novas tecnologias e novas maneiras de fazer as coisas" (*Por que as nações fracassam – As origens do poder, da prosperidade e da pobreza* Trad. Cristiana Serra. 1ª ed. Rio de Janeiro: Elsevier, 2012. pp. 143-144).

45 Sobre essa questão, George Joseph Stigler adverte que "com seu poder de proibir ou compelir, de retirar ou conceder dinheiro, o Estado, de forma seletiva, pode e efetivamente ajuda ou prejudica um vasto número de indústrias". (*The Bell Journal of Economics and Management Science*, Vol. 2, No. 1 (Spring,1971), pp. 3-21).

concluiu que "compete ao Poder Judiciário invalidar atos normativos que estabeleçam restrições desproporcionais à livre iniciativa e à liberdade profissional"[46].

Com base nessa premissa, reconheceu que o licenciamento de táxi no Brasil era um sistema falho e corrompido. Com poucos particulares privilegiados, que detinham a exclusividade da exploração do serviço de transporte, criou-se um verdadeiro "mercado negro". Os donos de licenças cobravam diárias para "cedê-las" a terceiros ou cifras milionárias para vendê-las. Um verdadeiro bilhete de loteria premiado![47]

Exatamente por esse motivo, havia uma "enorme resistência de grupos organizados à abertura do mercado para novos entrantes, é dizer, novos trabalhadores, migrando de setores em crise em direção a oportunidades de gerar valor para a sociedade". Mas, no Brasil, onde o desemprego atinge patamar recorde e afeta milhões de famílias brasileiras, concluiu o Ministro Luiz Fux que "é de se louvar a abertura de mercado que represente absorção de mão-de-obra e considerar qualquer medida em contrário afrontosa ao princípio da busca pelo pleno emprego".

Ademais, sobre os benefícios sociais e ao consumidor, ressaltou que "não pode o Estado impedir a entrada de novos agentes no mercado para preservar a renda de agentes tradicionais". E o cenário seria ainda mais inadequado no caso do transporte individual de pas-

46 Nesse tocante, o Ministro Luiz Fux citou a vasta jurisprudência do Supremo Tribunal Federal, de modo a deixar claro que " A regra é a liberdade. Apenas quando houver potencial lesivo na atividade é que pode ser exigida inscrição em conselho de fiscalização profissional" (RE 414426, Rel. Min. Ellen Gracie, Tribunal Pleno, julgado em 01/08/2011), fazendo referência inclusive ao precedente que tratou da constitucionalidade do controle estatal da profissão de jornalista (RE 511961, Rel. Min. Gilmar Mendes, Tribunal Pleno, julgado em 17/06/2009).

47 Sobre esse aspecto específico, registrou que "O cenário ora delineado representa a existência de evidente captura regulatória dos órgãos públicos para proibir o esvaziamento do valor das licenças de táxi em razão da abertura de mercado, ainda que isso represente dano aos consumidores e demais trabalhadores que pretendem ingressar no setor". Vide página 19 do voto do Ministro Luiz Fux.

sageiros, onde, segundo um estudo do CADE[48], o surgimento da Uber para a prestação de serviços de transporte individual "promoveu, na realidade, um alargamento do mercado, conquistando consumidores que anteriormente não utilizavam táxis para deslocamento".

Completou o Ministro Fux, enfim, que a tecnologia "tratou de solucionar, em definitivo, problemas classicamente entendidos como falhas de mercado". Afinal, além da melhora no tráfego[49], (i) permite ao usuário acompanhar o trajeto para impedir que o motorista adote caminho mais longo; (ii) impede a adulteração de taxímetros; (iii) permite a avaliação de usuários; (iv) compartilha com os consumidores avaliações de outros usuários; (v) presta seguro aos passageiros; e (vi) permite o compartilhamento de corridas entre usuários distintos, barateando o serviço e tornando mais eficiente o sistema de transportes como um todo. Fez, aliás, uma singela comparação com a boa e velha "padaria de bairro":

> Trata-se do mesmo que ocorre, por exemplo, com o padeiro que atuava sozinho no bairro, depois da abertura de uma nova padaria no bloco vizinho. Os antigos agentes, então, devem prestar um serviço melhor, mais barato ou, em último caso, migrar para outra atividade, na qual podem produzir maior valor para a sociedade. Essa sistemática é benéfica para os consumidores, para a

48 Departamento de Estudos Econômicos do Conselho Administrativo de Defesa Econômica. "*Rivalidade após entrada: o impacto imediato do aplicativo Uber sobre as corridas de táxi porta-a-porta*". Disponível em www.cade.gov.br Acesso em 26.01.2020.

49 Nesse tocante, o voto faz referência a um estudo norte-americano que averiguou a correlação entre a entrada do aplicativo Uber no mercado e o congestionamento do trânsito em áreas urbanas dos Estados Unidos e chegou à conclusão de que "Nossos resultados fornecem evidências empíricas de que serviços de compartilhamento de corridas como o Uber diminuem significativamente o congestionamento de trânsito após entrar em funcionamento em uma área urbana" ("Our findings provide empirical evidence that ride-sharing services such as Uber significantly decrease the traffic congestion after entering an urban area." LI, Ziru; HONG, Yili; ZHANG, Zhongju. "*Do Ride-Sharing Services Affect Traffic Congestion? An Empirical Study of Uber Entry*". (2016). Disponível em: https://ssrn.com/abstract=2838043. Acesso em 26.01.2020).

> coletividade e também para os trabalhadores, na medida em que a competição, sempre saudável, os torna mais produtivos. Por isso mesmo, é a sistemática protegida por diversas normas constitucionais protetivas de liberdades básicas e da concorrência.[50]

A partir de todo esse arcabouço fático e jurídico, o Ministro Luiz Fux julgou procedente a Arguição de Descumprimento de Preceito Fundamental nº 449/DF, para declarar inconstitucional a Lei Municipal de Fortaleza nº 10.553/2016, arrematando com as seguintes – e, aos nossos olhos, precisas – palavras:

> Tendo em vista que as novas tecnologias, independente de intervenção regulatória, lograram solucionar problemas relativos a assimetrias de informação e custos de transação no setor de transportes sem a indesejada restrição de mercado promovida pela legislação tradicional, é imperioso concluir que a vedação da prestação do serviço por plataformas digitais não é medida necessária e nem adequada.[51]

Foi dada oportunidade a palavra, então, ao Ministro Luís Roberto Barroso, que pediu para antecipar o voto, uma vez que o cerne da Arguição de Descumprimento de Preceito Fundamental nº 449/DF seria idêntico àquele do Recurso Extraordinário nº 1.054.110/SP, que estava sob sua relatoria e que, na sequência, também seria julgado no Plenário.

Antes de entrar nas minúcias do voto, o Ministro Barroso enalteceu a transformação do mundo nas últimas décadas. Como, nos dias de hoje, vivemos novos conceitos (Google, WhatsApp, Waze, Spotify, YouTube, Windows, Dropbox, Skype, iTunes, iPhone, FaceTime, Facebook, Twitter, Instagram, Amazon, Google Maps, Google Translator e Netflix) e novas realidades (a exemplo do processo eletrônico, que pode ser acessado e assinado de qualquer parte do globo), tudo por conta da inovação disruptiva. Bem lembrou, inclusive,

50 Vide página 20 do voto do Ministro Luiz Fux.

51 Vide página 47 do voto do Ministro Luiz Fux.

das cadeiras da taquigrafia, que, agora vazias, apenas servem de "enfeite" no Supremo Tribunal Federal:

> A tecnologia, conhecimento e propriedade intelectual substituíram os bens materiais que faziam a riqueza de outra época. E, desse modo, não há como a velha economia não ser afetada, e é por isso mesmo que está todo mundo em busca de novos modelos de negócios. Diversas funções, ofícios e equipamentos, que eram mandatórios, já são obsoletos. As cadeiras vazias das taquígrafas, aqui no centro deste Plenário, indicam essa realidade em transformação. O que vem acontecendo é o que, em teoria econômica, num clássico de Schumpeter, se chama de destruição criativa.[52]

Com base nesse ponto de vista, o Ministro Luís Roberto Barroso exaltou que "a substituição de velhas tecnologias, de velhos modos de produção, por novas formas de produção" tem sido um passo importante para o Brasil, que coloca em xeque o monopólio de "players que eram estabelecidos em seus mercados" e, também, o oficialismo característico do brasileiro, "essa crença de que tudo que é relevante depende do Estado, das suas bênçãos e/ou do seu financiamento".

Afirmou, sem medir palavras, que é "incompatível com a livre iniciativa as normas que proíbam explicitamente uma atividade econômica, como, no caso, é o transporte individual remunerado de passageiros cadastrados em aplicativos" e, por conseguinte, seria "inconstitucional esta vedação materializada na Lei Paulistana e na Lei de Fortaleza".

Para fundamentar essa conclusão, o Ministrou sustentou que (i) "a Constituição estabelece, como princípio, a livre iniciativa"; (ii) "a competição entre os agentes econômicos de um lado e a liberdade de escolha dos consumidores de outro que produzirão os melhores resultados sociais, que são a qualidade dos bens e serviços a um preço mais justo"; e (iii) finalmente, "é contrário a esse regime de livre competição a criação de reservas de mercado".

52 Vide página 4 do voto do Ministro Luís Roberto Barroso.

O Ministro Luís Roberto Barroso prosseguiu com uma análise dos benefícios advindos das novas tecnologias no caso concreto. Discorreu sobre a ampliação do direito de escolha do consumidor com os aplicativos de transporte individual de passageiros e seus impactos positivos sobre a mobilidade urbana, utilizando não apenas de uma pesquisa do Massachusetts Institute of Technology – MIT, mas também de sua própria experiência com os táxis em um canto ou outro do país:

> E aqui eu observo que, antes da chegada desses aplicativos que se valem das novas tecnologias – Uber, Cabify e 99 -, o serviço de táxi desfrutava de um monopólio de fato no transporte individual de passageiros. E essa circunstância gerou persistentes falhas de mercado por falta de competição. Monopólios, de uma maneira geral, em qualquer área, produzem ineficiência e, muito frequentemente, corrupção. E, portanto, preço fixo alto, má qualidade dos veículos e, por vezes, má atitude dos motoristas, por exceção – usei táxi a minha vida inteira, sou muito grato e admirador, é um trabalho espinhoso e de extrema utilidade -, mas a verdade é que havia falhas de mercado e deficiências no serviço de táxi e, com a chegada da concorrência dos motoristas cadastrados em aplicativo, a verdade é que o serviço de táxi sofreu significativas modificações para melhor. Procurei listar algumas: aplicativos para chamada de táxi, portanto, o serviço tradicional de táxi também passou a se beneficiar da tecnologia que permitiu o ingresso de novos atores econômicos; descontos especiais começaram a ser oferecidos, porque os concorrentes passaram a oferecer preços melhores; as frotas foram modernizadas e os motoristas incorporaram novos padrões de atendimento. Portanto, a convivência de regimes de regulação distintos no mercado de transporte individual de passageiros teve um impacto positivo na qualidade dos serviços, inclusive os serviços do mercado preexistente.[53]

Ao cabo, arrematou o Ministro que os aplicativos de transporte individual de passageiros privilegiam a livre iniciativa e a livre concorrência; incentivam a inovação; têm impacto positivo sobre a mobilidade urbana e o meio ambiente; protegem o consumidor e podem

53 Vide páginas 7 e 8 do voto do Ministro Luís Roberto Barroso.

corrigir as ineficiências de um setor submetido historicamente a um monopólio. Decidiu, então, pela inconstitucionalidade (i) "da proibição da atividade de transporte remunerado individual por motoristas cadastrados em Aplicativos"; e (ii) da "edição de regulamento e exercício de fiscalização que, na prática, inviabilize a atividade", com a ressalva de (iii) "não se substitu[ir] um monopólio de fato por outro, em prejuízo do usuário-consumidor".[54]

À luz dessas circunstancias fáticas e jurídicas, o Ministro Luís Roberto Barroso não apenas julgou procedente a Arguição de Descumprimento de Preceito Fundamental nº 449/DF, para declarar inconstitucional a Lei Municipal de Fortaleza nº 10.553/2016, como também negou provimento ao Recurso Extraordinário nº 1.054.110/SP.

Após esse segundo voto, o julgamento foi interrompido por conta de um pedido de vista antecipado pelo Ministro Ricardo Lewandowski, para sanar uma dúvida de natureza técnica antes de proferir sua decisão sobre o tema. Os Ministros somente voltaram a se reunir para discutir a constitucionalidade do transporte individual de passageiros no Plenário do Supremo Tribunal Federal em 08 de maio de 2019 (coincidentemente, o dia da greve mundial dos motoristas de aplicativo).

---

54 Nesse ponto específico, fez questão de registrar expressamente que "motoristas cadastrados em aplicativos: (i) não podem buscar passageiros por circulação e ruas, que é o sistema de bandeirada, esse continua sendo um mercado exclusivo da modalidade pública do transporte individual; (ii) da mesma forma, o poder público concede aos táxis, mas não aos operadores de transporte individual privado de passageiros, pontos específicos em locais de embarque privilegiado, como aeroportos e rodoviárias, assim como locais reservados de estacionamento público e, além disso, o transporte privado individual tampouco possui, como possui o serviço público de táxi, isenção tributária para a aquisição de veículo nem conta com acesso a faixas seletivas de trânsito. Esse cenário afasta, a meu ver, como regra geral, a alegação de uma concorrência injusta. A inexistência de concorrência desleal a esse propósito foi atestada pelo Conselho Administrativo de Defesa Econômica, o próprio CADE, que em estudo que avaliou especificamente a entrada no mercado do Uber, entre 2014 e 2016, indicou a ausência de danos à concorrência em relação ao serviço de táxi chamado por aplicativo". Vide página 11 do voto do Ministro Luís Roberto Barroso.

Retomado o julgamento da Arguição de Descumprimento de Preceito Fundamental nº 449/DF e do Recurso Extraordinário nº 1.054.110/SP, o Ministro Ricardo Lewandowski decidiu também julgar procedente a primeira e negar provimento ao segundo, mas com interpretação distinta daquela conferida pelos Ministros Luiz Fux e Luís Roberto Barroso. Para o Ministro responsável pelo voto-vista, "a interpretação de que a lei impugnada não se aplica aos chamados carros de aplicativos (Uber, Cabify, Pop, 99, entre outros), conceituados pela norma de regência como transporte remunerado privado individual de passageiros".

Em seguida, julgando parcialmente procedente a Arguição de Descumprimento de Preceito Fundamental nº 449/DF e negando provimento ao Recurso Extraordinário nº 1.054.110/SP, o Ministro Alexandre de Morais proferiu seu voto, concluindo, no primeiro caso, pela "nulidade, sem redução de texto, do dispositivo impugnado, retirando do seu âmbito de incidência os serviços de transporte remunerado privado individual de passageiros".

Proferiu voto, depois, o Ministro Edson Fachin. Assim como os relatores que o antecederam, o Ministro decidiu pela procedência da Arguição de Descumprimento de Preceito Fundamental nº 449/DF e pelo não provimento do Recurso Extraordinário nº 1.054.110/SP. Entretanto, o fez por razões distintas dos colegas, reconhecendo apenas a inconstitucionalidade formal, por entender que não poderiam os Municípios ter legislado sobre a matéria, que seria de competência privativa (isto é, exclusiva) da União.

A próxima a votar foi a Ministra Rosa Weber, que acompanhou o Ministro Luís Roberto Barroso para negar provimento ao Recurso Extraordinário nº 1.054.110/SP, mas julgou prejudicada a Arguição de Descumprimento de Preceito Fundamental nº 449/DF. Entendeu havia ocorrido a perda de objeto[55], uma vez que a Lei do Município de Fortaleza teria sido revogada. Os demais Ministros, no entanto, mantiveram seus votos nesse aspecto (seja porque a Lei em questão

55 Isto é, a ação não era mais necessária, seu objetivo havia esvaziado em absoluto.

teria efeitos pretéritos, seja porque outros municípios teriam criado legislação semelhante).

Na sequência, foram os votos da Ministra Carmem Lúcia e do Ministro Gilmar Mendes, que se limitaram a dizer que acompanhavam os relatores.

Depois, votou o Ministro Marco Aurélio, que se limitou a repetir suas breves ponderações em Plenário, sobre a inexistência jurídica da Lei revogada, acompanhando a Ministra Rosa Weber quanto à perda do objeto da Arguição de Descumprimento de Preceito Fundamental nº 449/DF. No demais pontos e no Recurso Extraordinário nº 1.054.110/SP, o Ministro também acompanhou os relatores.

Por fim, de forma sucinta e objetiva, pronunciou-se o então Presidente, Ministro Dias Toffoli, que fechou o julgamento acompanhando a maioria em ambos processos.

O resultado, então, ecoou por todo o Plenário (para alegrias de alguns, tristeza de outros). A Arguição de Descumprimento de Preceito Fundamental nº 449/DF foi, por unanimidade, julgada procedente, declarando-se inconstitucional a Lei Municipal de Fortaleza nº 10.553/2016[56]. O Recurso Extraordinário nº 1.054.110/SP, de igual modo, teve provimento negado, mantendo-se o acórdão de origem, que havia declarado inconstitucional a Lei Municipal de São Paulo nº 16.279/2015[57].

Além disso, dada a relevância da matéria discutida para o Brasil como um todo, o Supremo Tribunal Federal fixou, por maioria, as seguintes teses de repercussão geral: (i) "A proibição ou restrição da atividade de transporte privado individual por motorista cadastrado em aplicativo é inconstitucional, por violação aos princípios da livre iniciativa e da livre concorrência"; e (ii) "No exercício de sua competência para regulamentação e fiscalização do transporte privado individual de passageiros, os Municípios e o Distrito Federal não podem contrariar os parâmetros fixados pelo legislador federal (CF/1988, art. 22, XI)".

56 Transitada em julgado em 12 de setembro de 2019.

57 Atualmente pendente de julgamento de Embargos de Declaração.

VI. De volta para o futuro

cada etapa da evolução do homem foi marcada por aprendizados, descobertas e invenções[58]. O surgimento de novas formas de pensar e se comunicar, de uma forma ímpar de transmitir informações, constituiu a Revolução Cognitiva cerca de 70 mil anos atrás. O surgimento de novas habilidades de cultivo de plantas e animais, da substituição do modo de vida nômade pelo sedentário, constituiu a Revolução Agrícola cerca de 12 mil anos atrás. O surgimento da escrita e do dinheiro, aliados à busca interminável pelo conhecimento e pelo aprimoramento, constituiu a Revolução Científica cerca de 5 mil anos atrás.

Os avanços da tecnologia, no entanto, têm transformado a forma como o homem encara o mundo, interage em sociedade e conhece a si mesmo. Todo momento pode ser determinante e revolucionário na evolução da espécie. Por isso, "qualquer tentativa de definir as características da sociedade atual é como tentar definir a cor de um camaleão"[59]. A única certeza que ainda temos é que vivemos um processo constante de mudança, sem precedentes e sem volta.

Em meio a esse "tornado" de transformações, tem surgido um novo conceito, uma nova revolução, a Revolução Tecnológica. Esse movimento, que teve início com a internet e os computadores ligando bilhões de pessoas de um lado ao outro do globo em tempo real, ganhou velocidade e ainda mais espaço com o surgimento dos *smartphones*. Atualmente, são mais de 300 milhões de celulares com acesso à internet, que, aliados à "magia" da economia compartilhada,

---

58 Como registrou o próprio Ministro Luís Roberto Barroso no voto do Recurso Extraordinário nº 1.054.110/SP: "É certo que a história da evolução do homem, desde os ancestrais pré-históricos, é marcada por transformações decorrentes de descobertas e invenções. O domínio do fogo, a criação de ferramentas, o início da escrita, o desenvolvimento de armas e máquinas moldaram nossos hábitos, relações sociais e formas de interação com o meio ambiente. Nos últimos dois séculos, no entanto, o ritmo das mudanças ganhou tamanha velocidade que a ordem social adquiriu um caráter dinâmico e maleável".

59 Yuval Noah Harari, Sapiens: uma breve história da humanidade, 2016, p. 376.

abrem ao homem moderno um universo de novas oportunidades de negócios e de novas formas de interagir em sociedade, todos únicos e nunca antes vistos.

Como consequência lógica desse processo inovador e disruptivo, o naturalmente esperado era que o Estado fosse ao encontro dessa nova cultura paradigmática e que os agentes econômicos presentes no mercado tradicional se remodelassem e reinventassem. Ao menos é isso que orienta nossa Constituição da República, ao prestigiar valores – para não dizer verdadeiros fundamentos – como a livre iniciativa, a livre concorrência, o livre exercício de qualquer trabalho, ofício ou profissão e a inovação[60].

Porém, no Brasil, essa expectativa tem sido frustrada dia após dia. O Estado e os agentes econômicos têm não apenas criado barreiras, mas batalhado "com unhas e dentes" para refrear os avanços das novas tecnologias e a entrada dos novos *players* em antigos mercados (tradicionalmente falhos e capturados por monopólios). Uber, AirBnb, Netflix, WhatsApp e Buser são só alguns exemplos das recentes brigas que atraíram os holofotes e que colocaram em jogo (i) de um lado, o interesse de alguns privilegiados (e acomodados); e (ii) de outro, o benefício dos consumidores e da sociedade em geral.

Nessas condições, o Supremo Tribunal Federal tem assumido cada vez mais um papel de vanguarda. Como guardião da Constituição, tem ficado nas mãos de seus Ministros não poucas vezes definir para onde e em que velocidade caminha o Brasil. Certo ou errado, no caso do transporte individual de passageiros, foram os Onze que barraram

---

60 Nesse sentido, Rafael Martinez Barthasar adverte que "A atividade econômica em sentido estrito não está livre das amarras regulatórias estatais. Ocorre que o Estado, ao decidir regular uma atividade econômica desse gênero, deve observar atentamente os princípios constitucionais da livre-iniciativa e livre-concorrência, princípios que são basilares à República e que funcionam como barreiras à intervenção predatória do Estado na economia. Ou seja, a Constituição Federal não adota o capitalismo liberal como princípio da República, mas sim protege a atividade empresária com o objetivo de proteger a inovação e a própria coletividade" (Os Limites Constitucionais à Regulamentação dos Aplicativos de Transporte Individual Privado Pelos Municípios Brasileiros. *Revista de Direito e As Novas Tecnologias*, São Paulo, v. 5, Out. - Dez. 2019).

o retrocesso[61]. Olharam para a coletividade. Olharam para o proveito de todos (e não de poucos). Olharam – ou até melhor, nos colocaram – "de volta para o futuro". Pois, como adverte o Ministro Luiz Fux: "O Direito vive para o homem e não o homem para o Direito".[62]

61 Seguindo uma tendência mundial, que prevaleceu (seja via legislativo, seja via judiciário) em países como Inglaterra, Portugal e França, para citar alguns exemplos.

62 FONTAINHA, Fernando de Castro; MATTOS, Marco Aurélio Vannucchi Leme de; NUÑEZ, Izabel Saenger. *História oral do Supremo (1988-2013)*, v.12: Luiz Fux. Rio de Janeiro: Fundação Getúlio Vargas, 2016, p. 45.

A constitucionalidade do exame da OAB: análise e comentários sobre o julgamento do RE 603.583

Marcus Vinicius Furtado Coêlho

1. Introdução: Uma breve digressão histórica sobre o Exame de Ordem

Os debates públicos travados em torno da qualidade do ensino jurídico do Brasil, da profusão de bacharéis e da necessidade de qualificá-los para a prática profissional não são recentes, datando, conforme apontam Binenbojm e Brandão[1], desde a independência do país. Se, em um primeiro momento, havia a necessidade urgente de instalação de cursos de direito para prover a burocracia estatal de funcionários qualificados, posteriormente, as mudanças econômicas e sociais advindas com a industrialização levantaram questionamentos sobre a formação essencialmente legalista que era conferida aos bacharéis.

Já na primeira metade do século passado verificava-se um alto número de bacharéis, decorrente da criação em série de novas escolas de direito com fundamento na Reforma Rivadávia Correia[2] que, ao confundir liberdade de cátedra com livre iniciativa dos proprietários de instituições privadas de ensino superior, permitiu uma profusão de novas faculdades sem a efetiva supervisão do poder público acerca da qualidade do ensino.

---

1 BRANDÃO, Rodrigo; BINENBOJM, G. A constitucionalidade do exame de ordem. Revista brasileira de estudos constitucionais, v. 08, pp. 187-217, 2008.

2 Decretos nº 8.659/11 e nº 8.662/11.

Tentativas de reformas do ensino superior, como a Reforma Francisco Campos de 1.931[3] e a Lei de Diretrizes e Bases da Educação de 1.961[4], não surtiram efeitos transformadores nos cursos jurídicos, que se demonstravam incapacitados para formar profissionais preparados para as exigências práticas do mercado. Como afirmava Caio Mário da Silva Pereira[5], faltavam ao bacharel instrumentos para lidar com a "vida prática".

A combinação de um alto número de cursos jurídicos com uma formação nem sempre adequada para o exercício da vida profissional tornou imperativo o exercício de algum controle sobre os bacharéis que se tornavam advogados. Este veio a ocorrer primeiramente com a Lei nº 4.215/63, que previa a obrigatoriedade do estágio profissional e do exame de ordem. Entretanto, devido a pressão de bacharéis que não queriam se sujeitar ao exame, foi aprovada a Lei nº 5.846/1972 que dispensou a necessidade do exame de ordem e do estágio profissional.

O cenário, todavia, se agravou e com a entrada em vigor da Constituição Federal de 1.988, que alçou a advocacia ao patamar de "função essencial à justiça", seria inadmissível permitir que profissionais desqualificados efetuassem a defesa dos direitos dos cidadãos. Assim, exercendo a competência prevista no art. 22, inciso XVI[6] da Constituição, a União editou a Lei Federal nº 8.906/1994, que dispõe sobre o Estatuto da Advocacia e a Ordem dos Advogados do Brasil e

3 Decretos nº 19.851/31 (Estatuto das Universidades Brasileiras) e 19.852/31 (reorganização da Universidade do Rio de Janeiro).

4 Lei nº 4.024/61. A Lei dotou o Conselho Federal de Educação de amplos poderes para decidir sobre a autorização do funcionamento de novas escolas de ensino superior. Todavia, o conselho adotou uma postura formalista, omissa e pouco atenta à aferição da qualidade efetiva do ensino ministrado, de modo que se verificou sensível aumento da criação de novas escolas de direito.

5 PEREIRA, Caio Mário da Silva. Relatório sobre o ensino jurídico no Brasil. Encontros regionais dos educadores brasileiros. Rio de Janeiro, 1961. p. 17.

6 Art. 21. Compete privativamente à União legislar sobre:
XVI – organização do sistema nacional de emprego e condições para o exercício de profissões;

atribuiu à entidade competência para selecionar os advogados (art. 44, inciso II[7]), através da aprovação em exame de ordem regulamentado pelo Conselho Federal da OAB por meio de provimento[8] (art. 8º, inciso IV c/c § 1º)[9].

O exame, então, foi se aperfeiçoando até atingir o formato atual: unificado, com uma prova de questões objetivas e outra de caráter prático com questões discursivas a fim de testar a aptidão dos candidatos para o exercício da advocacia. Entretanto, o exame era alvo de diversas contestações judiciais que encontraram uma resolução definitiva no julgamento do Recurso Extraordinário nº 603.583/RS, com repercussão geral reconhecida pelo Supremo Tribunal Federal, como se verá adiante.

2. O julgamento do Recurso Extraordinário nº 603.583/RS

A questão acerca da constitucionalidade do exame de Ordem foi julgada com repercussão geral pelo plenário do STF no bojo do Recurso Extraordinário nº 603.583/RS. O recurso consistia em pleito de bacharel em Direito que arguia a inconstitucionalidade do exame e requeria o seu ingresso na Ordem apenas com o diploma de graduação.

O recorrente defendeu a inconstitucionalidade do exame, bem como do Provimento 109/2005 da OAB que, à época do ajuizamento da ação, regulamentava a matéria, sob o fundamento de que, após a obtenção do diploma, o bacharel em Direito deve ser considerado presumivelmente apto a exercer a advocacia até prova em contrário,

---

7 Art. 44. A Ordem dos Advogados do Brasil (OAB), serviço público, dotada de personalidade jurídica e forma federativa, tem por finalidade: I - promover, com exclusividade, a representação, a defesa, a seleção e a disciplina dos advogados em toda a República Federativa do Brasil.

8 Atualmente a regulamentação do exame é definida nos termos do Provimento 144/2011 do CFOAB.

9 Art. 8º Para inscrição como advogado é necessário: (...) IV - aprovação em Exame de Ordem;
§ 1º O Exame da Ordem é regulamentado em provimento do Conselho Federal da OAB.

sob pena de violação aos princípios constitucionais da presunção da inocência, do devido processo legal, do contraditório e da ampla defesa.

Também asseverou que a exigência de exame para o ingresso na advocacia violaria o princípio da igualdade diante dos outros órgãos de classe, sendo as avaliações realizadas pelas universidades aptas para tal fim. Aludiu à previsão constitucional do valor social do trabalho como fundamento da República e ao direito fundamental ao livre exercício de qualquer profissão.

Ainda, não caberia à Ordem dos Advogados autorizar e avaliar o ensino por não integrar a administração pública, sendo vedado ao legislador ordinário impor restrição ao exercício da profissão. Na sua visão o art. 8º da Lei 8.906/1994[10] seria insuficiente, dado que delegou à entidade de classe o poder de regulamentar o exame, havendo vício de inconstitucionalidade formal. Em suma, o exame seria impertinente visto que as universidades teriam a competência técnica suficiente para avaliar os estudantes e elencou que a prova abordaria conhecimentos desnecessários para o exercício da advocacia.

Instado a se manifestar, o Conselho Federal da OAB alegou que a Carta Federal permitiu à União legislar sobre condições para o exercício de profissões, consoante preveem os artigos 5º, inciso XIII, e 170, parágrafo único. Com esse fundamento, a lei federal estabeleceu a aprovação em Exame de Ordem – inciso IV do artigo 8º da Lei nº 8.906/94.

Argumentou mostrar-se descabida a invocação de princípios constitucionais pelo recorrente e disse não haver quebra de isonomia, porquanto o exame é exigido de todos os bacharéis igualmente, nada tendo com outras carreiras, que são diferentes da advocacia e possuem tratamento distinto conferido pelo legislador. Também esclareceu que as universidades não são as únicas instituições aptas a aferir se alguém tem ou não qualificação para exercer certa profissão

10 Art. 8º Para inscrição como advogado é necessário:
(...)
IV – aprovação em Exame de Ordem;
(...)
§ 1º O Exame da Ordem é regulamentado em provimento do Conselho Federal da OAB.

e que, no campo jurídico, o ensino é falho e generalista, razão pela qual se impõe um exame específico para quem deseja tornar-se advogado.

Nesse ponto, aduziu ter o Provimento nº 109 do Conselho Federal *status* hierárquico de portaria, veiculando apenas instruções gerais sobre o exame, sendo necessário para haver unicidade, já que cada seccional aplica um exame, nos termos do inciso VI do artigo 58 da Lei nº 8.906/94[11]. Aludiu à existência de cursos de direito em profusão, notoriamente ineptos, que formam profissionais incapacitados para defender os bens e a liberdade de eventuais clientes.

A deliberação do plenário do STF ocorreu em 26 de outubro de 2011, oportunidade em que o então Procurador Geral da República, Roberto Gurgel, revendo posição adotada pela PGR em parecer anterior, opinou pelo desprovimento do recurso, ao entender constitucional o artigo 8º, inciso IV, da Lei 8.906/9, visto que restrições ao exercício da profissão seriam possíveis, desde que razoáveis.

A Procutadoria-Geral destacou que a liberdade profissional prevista pelo artigo 5º, inciso XIII[12], assegura aos indivíduos a possibilidade de escolher livremente as profissões que desejem vir a exercer e, quando for o caso, de se empenharem na busca da formação correspondente. Assim, salientou que o princípio da liberdade profissional deve ser interpretado em conjunto com o artigo 22, inciso XVI, da Constituição, que confere à União a competência legislativa para estabelecer condições para o exercício das profissões.

Isto porque a liberdade profissional não confere um direito subjetivo ao efetivo exercício de determinada profissão, podendo a lei exigir qualificações e impor condições para o exercício profissional. De acordo com o procurador-geral, "no caso da advocacia, diante da essencialidade da atividade do advogado para a própria prestação jurisdicional, parece muito consistente a opção do Poder Legislativo no

---

11 Art. 58. Compete privativamente ao Conselho Seccional:
VI – realizar o Exame de Ordem;

12 Art. 5º(...):
XIII – é livre o exercício de qualquer trabalho, ofício ou profissão, atendidas as qualificações profissionais que a lei estabelecer.

sentido de estabelecer a aprovação do exame de ordem como condição para o exercício profissional".

Destacou que a aplicação de uma prova pode ser considerada uma medida adequada para apurar a qualificação profissional exigida para o exercício de determinada atividade. Conforme a PGR, o exame de Ordem não restringe de forma permanente a liberdade de profissão e limita-se a exigir que o bacharel se prepare de forma adequada para obter resultados que são meramente intermediários em prova impessoal organizada sempre sob o mesmo padrão e com periodicidade constante.

Inclusive, a instituição do exame da OAB constituiria um inegável avanço no sentido do substancioso aprimoramento, não apenas da advocacia, mas do sistema de Justiça como um todo, um imperativo em tempos de massificação do ensino jurídico diante da necessidade de garantir a adequada qualificação do profissional que protege os direitos de terceiro.

O relator do caso, o ministro Marco Aurélio Mello, considerou constitucional o artigo 8º, IV, da Lei nº 8.906/1994 e negou provimento ao recurso, no que foi seguido unanimemente pelos demais ministros.

Sustentou que a exigência do exame está de acordo com os princípios constitucionais, baseado no interesse público de proteger a sociedade do exercício de profissões capazes de gerar algum tipo de dano à coletividade. Segundo ele, o referido dispositivo legal não afronta a liberdade de ofício prevista no inciso XIII, artigo 5º, da Constituição Federal, pois, embora o referido comando constitucional impeça o Estado de opor qualquer tipo de embaraço ao direito dos cidadãos de obter habilitação para a prática profissional, quando o exercício de determinada profissão transcende os interesses individuais e implica riscos para a coletividade, "cabe limitar o acesso à profissão em função do interesse coletivo".

O ministro sustentou, ainda, que não existe vedação constitucional à exigência de outra obrigatoriedade ao exercício do ofício, além da obtenção do grau acadêmico. O próprio inciso XIII do artigo 5º admite textualmente a restrição à liberdade de ofício com base na qualificação profissional, "desde que veiculada por lei em sentido formal e textual".

Dessa forma, o constituinte limitou as restrições de liberdade de ofício às exigências de qualificação profissional, visto que qualificar-se para o exercício de determinada profissão não implica apenas submeter-se a sessões de teorias e técnicas. Se validado o argumento do requerente de que a prova aplicada pela OAB não atesta a qualificação do bacharel de direito, da mesma forma teriam que ser contestadas as provas aplicadas pelas faculdades de direito, porquanto o exame serve ao propósito de avaliar se estão presentes as condições mínimas para o exercício da advocacia e para oferecer à coletividade profissionais qualificados.

No caso da advocacia, conforme ressaltou o relator, o exercício da atividade por profissionais não qualificados pode causar prejuízos não só ao cliente como à coletividade, no sentido de limitar o acesso à Justiça e atrapalhar o andamento da atividade judiciária. O papel que o advogado ocupa seria central na manutenção do Estado Democrático de Direito e na aplicação da ordem jurídica. Logo, declarar a inconstitucionalidade do exame teria efeito oposto ao de fortalecer a advocacia, atividade indispensável à administração da justiça.

Quanto à alegação da defesa de que os baixos índices de aprovação do exame configuram reserva de mercado, o ministro Marco Aurélio defendeu não ser válido o argumento, visto que a realização da prova não impõe limitação de vagas, tampouco risco de jubilação, pois o candidato pode repetir o certame quantas vezes julgar necessário. Segundo o relator, a prova é impessoal e objetiva, respeita os princípios constitucionais referentes ao concurso público e segue conteúdo ministrado pelas faculdades de direito. Além disso, está submetida ao controle judicial, uma vez que eventuais ilegalidades cometidas pela banca examinadora podem ser contestadas pelos candidatos na Justiça.

Também não se poderia confundir a função das instituições de ensino, responsáveis por ministrar o conteúdo e conferir o grau acadêmico, com o papel complementar desempenhado pelas associações de classe, que possuem poder de polícia, sendo responsáveis "por limitar e controlar, com fundamento na lei, o exercício de certo ofício, considerando o interesse público". Sublinhou que, não raro, a formação acadêmica é insuficiente para o exercício de determinadas atividades e a OAB, ao regulamentar o exercício da profissão de advogado, exerceria função pública e valer-se-ia dos poderes próprios de Estado, inclusive o de tributar e punir.

Por fim, quanto ao argumento também levantado de que o dispositivo constante no artigo 8º, parágrafo 1º, da Lei nº 8.906/94 afronta o princípio da legalidade e usurpa a competência privativa do presidente da República para regulamentar leis, o ministro relator consignou que não cabe interpretar a referida norma de forma solitária, dissociada do restante da legislação. Discorreu ser natural conferir à OAB a prerrogativa de editar as normas para a realização do teste, de forma a dar concretude ao que está previsto na Lei 8.906/94, não havendo no parágrafo 1º do artigo 8º da referida legislação genuína delegação de poderes legislativos à autarquia administrativa.

Em seu voto, o Ministro Luiz Fux ponderou que o exame em si é a medida adequada à finalidade a que se destina, ou seja, a "aferição da qualificação técnica necessária ao exercício da advocacia em caráter preventivo, com vistas a evitar que a atuação do profissional inepto cause prejuízo à sociedade". O ministro ressaltou que o desempenho da advocacia por um indivíduo de formação deficiente pode causar prejuízo irreparável e custar a um indivíduo a sua liberdade, o imóvel em que reside ou a guarda de seus filhos.

Desse modo, existiria justificação plausível para a prévia verificação da qualificação profissional do bacharel em direito para que possa exercer a advocacia. Sobreleva no caso interesse coletivo relevante na aferição da capacidade técnica do indivíduo que tenciona ingressar no exercício profissional das atividades privativas do advogado.

Perfazendo linha argumentativa semelhante à do relator, a ministra Cármen Lúcia frisou que o exame da OAB atende plenamente a regra constitucional do inciso XIII do artigo 5º da Constituição que condiciona a liberdade ao trabalho ao atendimento de qualificações profissionais estabelecidas em lei. O Estatuto da Advocacia, acrescentou ela, foi produzido coerentemente com o que a sociedade, em um Estado democrático, exige da OAB. A ministra afirmou ainda que os provimentos previstos no Estatuto (parágrafo 1º do artigo 8º da Lei 8.906/94) são necessários para regulamentar os exames, pois constituem a fórmula encontrada para que a OAB pudesse, o tempo todo, garantir a atualidade da forma de qualificação a ser exigida.

Para o ministro Ricardo Lewandowski seria caso de aplicação da chamada "teoria dos poderes", desenvolvida em 1819 na Suprema Corte norte-americana. Reza essa tese que, quando se confere a um órgão estatal determinadas competências, deve-se conferir-lhe, também, os meios para executá-las. Em sintonia com essa teoria, portanto, conforme o ministro, o Estatuto da Ordem (Lei nº 8.906/94), com base no artigo 22, inciso XVI, da Constituição Federal, ao regular o exercício da advocacia, conferiu à OAB os poderes para que o fizesse mediante provimento.

No mesmo sentido, segundo ele, o artigo 44, inciso II, do Estatuto da Ordem é claro ao atribuir à entidade a incumbência de "promover, com exclusividade, a representação, a defesa, a seleção e a disciplina dos advogados em toda a República Federativa do Brasil".

Por seu turno, o ministro Ayres Britto destacou o relevante papel constitucional atribuído à OAB e aos advogados, evidenciado pelo fato de haver, na Constituição Federal, 42 menções à advocacia, à OAB e ao Conselho Federal da OAB marcando a importância da advocacia em sua função de intermediária entre o cidadão e o Poder Público.

Segundo Ayres Britto, o artigo 5º, inciso XIII, da Constituição faz uma mescla de liberdade com preocupação social, que é justamente o que ocorre com o exame contestado no recurso extraordinário em comento, pois, segundo o ministro, ele é "uma salvaguarda social". Ainda, ressaltou o artigo 133 da CF[13], uma vez que esse dispositivo estabelece que o advogado é indispensável à administração da Justiça, sendo inviolável por seus atos e manifestações no exercício da profissão, nos limites da lei.

Também se manifestando pelo desprovimento do recurso, o ministro Gilmar Mendes afirmou que a situação de reserva legal qualificada quanto ao exame da OAB tem uma justificativa plena de controle. No seu entender, tal controle não lesa o princípio da proporcionalidade, porque o exame contém abertura bastante flexível, permitindo aos candidatos participarem de três exames por ano.

---

13 Art. 133. O advogado é indispensável à administração da justiça, sendo inviolável por seus atos e manifestações no exercício da profissão, nos limites da lei.

Quanto às críticas sobre suposto descompasso entre o exame da OAB e os currículos das faculdades de direito, o ministro ponderou que essa questão pode ser ajustada pela própria OAB, em articulação com o Ministério da Educação, se for o caso, não se mostrando pertinente a declaração de inconstitucionalidade do exame.

Para o decano da Corte, ministro Celso de Mello, é lícito ao Estado impor exigências com "requisitos mínimos" de capacidade, estabelecendo o atendimento de certas qualificações profissionais, que sejam condições para o regular exercício de determinado trabalho, ofício ou profissão. Segundo o ministro, as prerrogativas dos advogados traduzem meios essenciais destinados a proteger e amparar os "direitos e garantias" que o direito constitucional reconhece às pessoas.

Ainda de acordo com o ministro Celso de Mello, a legitimidade constitucional do exame de ordem é plenamente justificada, principalmente por razões de interesse social. Para o decano, os direitos e garantias individuais e coletivos poderão resultar frustrados se for permitido que pessoas despojadas de qualificação profissional e destituídas de aptidão técnica - que são requisitos "aferíveis, objetivamente pela prova de suficiência ministrada pela Ordem dos Advogados do Brasil" - exerçam a advocacia, finalizou o ministro.

Já os ministros Dias Toffoli e Cezar Peluso acompanharam integralmente o voto do relator. Assim, o STF deu um pronunciamento uno e definitivo sobre a questão, declarando a constitucionalidade do exame e encerrando as disputas judiciais referentes a essa questão.

3. Considerações Finais

A Constituição Federal de 1988, um notório repositório de direitos e garantais fundamentais para o povo brasileiro que consolidou o Estado Democrático de Direito no país, reconhece em seu artigo 133 que o exercício da advocacia é fundamental para a prestação jurisdicional. Ao conferir à classe dos advogados o *status* de função essencial à justiça, a Carta Magna reconheceu que a advocacia não é uma simples atividade profissional, na medida em que os causídicos estão investidos da função pública de postular em nome do cidadão para defender seus direitos. São, portanto, agentes de pacificação social primordiais na busca pela Justiça que exercem serviço público com função social como expresso no art. 2º, §1º do Estatuto da OAB[14].

Para o exercício deste múnus público é necessário um feixe de competências técnicas sem as quais se inviabiliza a defesa dos interesses dos cidadãos. A preservação dos direitos das pessoas depende da adequada orientação jurídica e da apropriada demanda judicial, tarefas do advogado. O Exame de Ordem, por seu turno, objetiva impedir a atuação profissional de quem não possui o mínimo conhecimento técnico e, dessa forma, proteger o cidadão de injustiças e prejuízos irreparáveis.

Ninguém será privado de bens e de liberdade sem o devido processo legal, sendo assegurada a ampla defesa. Tal princípio constitucional se torna letra morta diante de uma atuação profissional deficitária, incapaz de articular com precisão a tese jurídica necessária à proteção do cidadão contra agressões a seus direitos e interesses.

O aparato jurídico do Estado é composto por profissionais concursados. Juízes, integrantes do Ministério Público, delegados de polícia e advogados públicos são submetidos a rigorosa seleção. O advogado do cidadão também deve ser aprovado num teste de conhecimento mínimo, sob pena de inexistir a necessária paridade a presidir a distribuição da justiça.

Ressalta-se que não há curso de advocacia, mas bacharelado em Direito. A graduação abre oportunidades para diversas carreiras jurídicas, cada qual com um teste seletivo para ingresso. A advocacia não é mais nem menos importante que as demais carreiras. Todos os bacharéis em Direito, ao ingressar nas faculdades, têm ciência, desde o edital do vestibular, de que o curso não habilita por si só ao exercício da advocacia.

O Exame de Ordem decorre do artigo 5º, § XIII, da Constituição Federal. Ali está estabelecido que "é livre o exercício de qualquer trabalho, ofício ou profissão, atendidas as qualificações profissionais que a lei estabelecer". E a referida legislação é a Lei nº 8.906, de 1994, declarada constitucional por unanimidade pelo Supremo Tribunal Federal

14 Art. 2º O advogado é indispensável à administração da justiça.
§ 1º No seu ministério privado, o advogado presta serviço público e exerce função social.

no julgamento do Recurso Extraordinário nº 603.583/RS. Os juízes da Suprema Corte consideraram que a advocacia é profissão que carrega grande responsabilidade e que pode trazer prejuízos graves a terceiros caso mal desempenhada, razão por que o legislador fica autorizado a instituir o exame para medir a qualificação para o exercício profissional.

No Exame de Ordem brasileiro não há limite de vagas para aprovação. Nem se inibem as tentativas do bacharel para conseguir superar a prova: ele pode prestar tantos exames quantos quiser até atingir a nota mínima exigida. Não há arguição. Trata- se de uma prova com questões objetivas e outra que consiste em apresentar uma petição profissional e com perguntas de ordem prática, na área do Direito escolhida pelo examinando.

Quanto à legitimidade democrática do exame, ressalta-se que em pesquisa da Fundação Getúlio Vargas revelou-se que a ampla maioria dos bacharéis é favorável à sua permanência[15]. Essa é também a opinião recorrente de professores de Direito e de diretores das boas faculdades, que não querem ser niveladas por baixo. Os cursos que primam pela qualidade aprovam quase todos os alunos e bacharéis logo na primeira submissão ao exame.

Não se pode deixar de observar que o Brasil não é o único país a exigir um teste de conhecimento para advogados. Inúmeros outros adotam o exame de admissão para ingresso na carreira, muitos com etapas mais rigorosas que as nossas, como Itália, França, Estados Unidos, Inglaterra, Alemanha, Japão, China, México e Chile.

A constitucionalidade do Exame de Ordem encontra seu fundamento último na garantia dos direitos dos cidadãos. Assegurar a existência de advogados qualificados significa garantir não apenas o acesso formal à justiça, mas o auxílio jurídico efetivo aos que necessitam se socorrer da prestação jurisdicional. Trata-se de um compromisso com a sociedade e com a ordem constitucional brasileira que assegura a todos o acesso à justiça, o direito de defesa e o devido processo legal, princípios dos quais o advogado, no seu mister, é guardião.

15 Disponível em <https://www.oab.org.br/noticia/26067/mais-de-74-dos-examinandos-sao-favoraveis-ao-exame-de-ordem>.

A evolução do conceito de família: multiparentalidade – a possibilidade do reconhecimento concomitante das paternidades socioafetiva e biológica

Mário Guerreiro

O plenário do Supremo Tribunal Federal, em setembro de 2016, por ocasião do julgamento do Recurso Extraordinário 898.060 (paradigma do Tema 622 da repercussão geral), de relatoria do Ministro Luiz Fux, atento à moderna conformação da sociedade, à pluralidade das relações interpessoais e aos princípios constitucionais da dignidade da pessoa humana, do direito à busca da felicidade e da paternidade responsável, reconheceu a existência de novos contornos ao conceito contemporâneo de família, consagrando importante avanço na matéria, consistente na admissão da multiparentalidade.

O referido *leading case* tratava, na origem, de ação de investigação de paternidade cumulada com pedido de fixação de alimentos ajuizada por estudante em face de seu genitor, apesar de ter sido a autora registrada, por ocasião de seu nascimento, pelo então cônjuge de sua mãe, sendo criada por ele como filha. Revelaram os autos, também, que a investigante e seu pai registral/socioafetivo só obtiveram ciência da inexistência do vínculo biológico entre eles quando já se encontrava a primeira na adolescência, subsistindo, no entanto, o vínculo socioafetivo entre eles. Resultou comprovada, ainda, por exame de DNA, a sua descendência genética relativamente ao investigado.

Em primeiro grau de jurisdição, entendeu o magistrado pela sobreposição da verdade genética em relação à socioafetiva, com determinação da retificação do registro de nascimento da investigante para substituição do pai socioafetivo pelo biológico.

O investigado apelou, obtendo o parcial provimento de seu recurso. Ficou assentada, assim, a prevalência da filiação socioafetiva relativamente à biológica, com a manutenção da sentença apenas no que se referia à declaração do vínculo genético.

Inconformada, a investigante opôs embargos infringentes, os quais foram providos, acolhendo-se o entendimento de que a paternidade registral/afetiva constituída em erro não afastaria o reconhecimento do vínculo genético.

O investigado interpôs, então, recurso extraordinário, sustentando a existência de repercussão geral da questão acerca da prevalência da paternidade socioafetiva sobre a biológica e, no mérito, a ocorrência de violação aos artigos 226, §§ 4º e 7º, 227, *caput* e § 6º, 229 e 230 da Constituição Federal[1].

---

1 Art. 226. (...)
§ 4º Entende-se, também, como entidade familiar a comunidade formada por qualquer dos pais e seus descendentes.
(...)
§ 7º Fundado nos princípios da dignidade da pessoa humana e da paternidade responsável, o planejamento familiar é livre decisão do casal, competindo ao Estado propiciar recursos educacionais e científicos para o exercício desse direito, vedada qualquer forma coercitiva por parte de instituições oficiais ou privadas.
(...)
Art. 227. É dever da família, da sociedade e do Estado assegurar à criança, ao adolescente e ao jovem, com absoluta prioridade, o direito à vida, à saúde, à alimentação, à educação, ao lazer, à profissionalização, à cultura, à dignidade, ao respeito, à liberdade e à convivência familiar e comunitária, além de colocá-los a salvo de toda forma de negligência, discriminação, exploração, violência, crueldade e opressão.
(...)
§ 6º Os filhos, havidos ou não da relação do casamento, ou por adoção, terão os mesmos direitos e qualificações, proibidas quaisquer designações discriminatórias relativas à filiação.
(...)
Art. 229. Os pais têm o dever de assistir, criar e educar os filhos menores, e os filhos maiores têm o dever de ajudar e amparar os pais na velhice, carência ou enfermidade.

Dirimindo a controvérsia, firmou a Suprema Corte o entendimento, que deve ser observado como parâmetro para o enfrentamento de casos semelhantes por todos os órgãos judiciais pátrios, de que "[a] paternidade socioafetiva, declarada ou não em registro público, não impede o reconhecimento do vínculo de filiação concomitante baseado na origem biológica, com os efeitos jurídicos próprios"[2]. O referido acórdão se encontra assim ementado:

> RECURSO EXTRAORDINÁRIO. REPERCUSSÃO GERAL RECONHECIDA. DIREITO CIVIL E CONSTITUCIONAL. CONFLITO ENTRE PATERNIDADES SOCIOAFETIVA E BIOLÓGICA. PARADIGMA DO CASAMENTO. SUPERAÇÃO PELA CONSTITUIÇÃO DE 1988. EIXO CENTRAL DO DIREITO DE FAMÍLIA: DESLOCAMENTO PARA O PLANO CONSTITUCIONAL. SOBREPRINCÍPIO DA DIGNIDADE HUMANA (ART. 1º, III, DA CRFB). SUPERAÇÃO DE ÓBICES LEGAIS AO PLENO DESENVOLVIMENTO DAS FAMÍLIAS. DIREITO À BUSCA DA FELICIDADE. PRINCÍPIO CONSTITUCIONAL IMPLÍCITO. INDIVÍDUO COMO CENTRO DO ORDENAMENTO JURÍDICO-POLÍTICO. IMPOSSIBILIDADE DE REDUÇÃO DAS REALIDADES FAMILIARES A MODELOS PRÉ-CONCEBIDOS. ATIPICIDADE CONSTITUCIONAL DO CONCEITO DE ENTIDADES FAMILIARES. UNIÃO ESTÁVEL (ART. 226, § 3º, CRFB) E FAMÍLIA MONOPARENTAL (ART. 226, § 4º, CRFB). VEDAÇÃO À DISCRIMINAÇÃO E HIERARQUIZAÇÃO ENTRE ESPÉCIES DE FILIAÇÃO (ART. 227, § 6º, CRFB). PARENTALIDADE PRESUNTIVA, BIOLÓGICA OU AFETIVA. NECESSIDADE DE TUTELA JURÍDICA AMPLA. MULTIPLICIDADE DE VÍNCULOS PARENTAIS. RECONHECIMENTO CONCOMITANTE. POSSIBILIDADE. PLURIPARENTALIDADE. PRINCÍPIO DA

Art. 230. A família, a sociedade e o Estado têm o dever de amparar as pessoas idosas, assegurando sua participação na comunidade, defendendo sua dignidade e bem-estar e garantindo-lhes o direito à vida.
§ 1º Os programas de amparo aos idosos serão executados preferencialmente em seus lares.
§ 2º Aos maiores de sessenta e cinco anos é garantida a gratuidade dos transportes coletivos urbanos.

2 RE 898.060, rel. min. Luiz Fux, Tribunal Pleno, julgado em 21/9/2016, DJe de 23/8/2017.

PATERNIDADE RESPONSÁVEL (ART. 226, § 7º, CRFB). RECURSO A QUE SE NEGA PROVIMENTO. FIXAÇÃO DE TESE PARA APLICAÇÃO A CASOS SEMELHANTES.

1. O prequestionamento revela-se autorizado quando as instâncias inferiores abordam a matéria jurídica invocada no Recurso Extraordinário na fundamentação do julgado recorrido, tanto mais que a Súmula n. 279 desta Egrégia Corte indica que o apelo extremo deve ser apreciado à luz das assertivas fáticas estabelecidas na origem.

2. A família, à luz dos preceitos constitucionais introduzidos pela Carta de 1988, apartou-se definitivamente da vetusta distinção entre filhos legítimos, legitimados e ilegítimos que informava o sistema do Código Civil de 1916, cujo paradigma em matéria de filiação, por adotar presunção baseada na centralidade do casamento, desconsiderava tanto o critério biológico quanto o afetivo.

3. A família, objeto do deslocamento do eixo central de seu regramento normativo para o plano constitucional, reclama a reformulação do tratamento jurídico dos vínculos parentais à luz do sobreprincípio da dignidade humana (art. 1º, III, da CRFB) e da busca da felicidade.

4. A dignidade humana compreende o ser humano como um ser intelectual e moral, capaz de determinar-se e desenvolver-se em liberdade, de modo que a eleição individual dos próprios objetivos de vida tem preferência absoluta em relação a eventuais formulações legais definidoras de modelos preconcebidos, destinados a resultados eleitos a priori pelo legislador. Jurisprudência do Tribunal Constitucional alemão (BVerfGE 45, 187).

5. A superação de óbices legais ao pleno desenvolvimento das famílias construídas pelas relações afetivas interpessoais dos próprios indivíduos é corolário do sobreprincípio da dignidade humana.

6. O direito à busca da felicidade, implícito ao art. 1º, III, da Constituição, ao tempo que eleva o indivíduo à centralidade do ordenamento jurídico-político, reconhece as suas capacidades de autodeterminação, autossuficiência e liberdade de escolha dos próprios objetivos, proibindo que o governo se imiscua nos meios eleitos pelos cidadãos para a persecução das vontades particulares. Precedentes da Suprema Corte dos Estados Unidos da América e deste Egrégio Supremo Tribunal Federal: RE 477.554-AgR, Rel. Min. Celso de Mello, DJe de 26/08/2011; ADPF 132, Rel. Min. Ayres Britto, DJe de 14/10/2011.

7. O indivíduo jamais pode ser reduzido a mero instrumento de consecução das vontades dos governantes, por isso que o direito à busca da felicidade protege o ser humano em face de tentativas do Estado de enquadrar a sua realidade familiar em modelos pré-concebidos pela lei.

8. A Constituição de 1988, em caráter meramente exemplificativo, reconhece como legítimos modelos de família independentes do casamento, como a união estável (art. 226, § 3º) e a comunidade formada por qualquer dos pais e seus descendentes, cognominada "família monoparental" (art. 226, § 4º), além de enfatizar que espécies de filiação dissociadas do matrimônio entre os pais merecem equivalente tutela diante da lei, sendo vedada discriminação e, portanto, qualquer tipo de hierarquia entre elas (art. 227, § 6º).

9. As uniões estáveis homoafetivas, consideradas pela jurisprudência desta Corte como entidade familiar, conduziram à imperiosidade da interpretação não-reducionista do conceito de família como instituição que também se forma por vias distintas do casamento civil (ADI nº. 4277, Relator(a): Min. AYRES BRITTO, Tribunal Pleno, julgado em 05/05/2011).

10. A compreensão jurídica cosmopolita das famílias exige a ampliação da tutela normativa a todas as formas pelas quais a parentalidade pode se manifestar, a saber: (i) pela presunção decorrente do casamento ou outras hipóteses legais, (ii) pela descendência biológica ou (iii) pela afetividade.

11. A evolução científica responsável pela popularização do exame de DNA conduziu ao reforço de importância do critério biológico, tanto para fins de filiação quanto para concretizar o direito fundamental à busca da identidade genética, como natural emanação do direito de personalidade de um ser.

12. A afetividade enquanto critério, por sua vez, gozava de aplicação por doutrina e jurisprudência desde o Código Civil de 1916 para evitar situações de extrema injustiça, reconhecendo-se a posse do estado de filho, e consequentemente o vínculo parental, em favor daquele utilizasse o nome da família (nominatio), fosse tratado como filho pelo pai (tractatio) e gozasse do reconhecimento da sua condição de descendente pela comunidade (reputatio).

13. A paternidade responsável, enunciada expressamente no art. 226, § 7º, da Constituição, na perspectiva da dignidade humana e da busca pela felicidade, impõe o acolhimento, no espectro legal,

> tanto dos vínculos de filiação construídos pela relação afetiva entre os envolvidos, quanto daqueles originados da ascendência biológica, sem que seja necessário decidir entre um ou outro vínculo quando o melhor interesse do descendente for o reconhecimento jurídico de ambos.
>
> 14. A pluriparentalidade, no Direito Comparado, pode ser exemplificada pelo conceito de "dupla paternidade" (dual paternity), construído pela Suprema Corte do Estado da Louisiana, EUA, desde a década de 1980 para atender, ao mesmo tempo, ao melhor interesse da criança e ao direito do genitor à declaração da paternidade. Doutrina.
>
> 15. Os arranjos familiares alheios à regulação estatal, por omissão, não podem restar ao desabrigo da proteção a situações de pluriparentalidade, por isso que merecem tutela jurídica concomitante, para todos os fins de direito, os vínculos parentais de origem afetiva e biológica, a fim de prover a mais completa e adequada tutela aos sujeitos envolvidos, ante os princípios constitucionais da dignidade da pessoa humana (art. 1º, III) e da paternidade responsável (art. 226, § 7º).
>
> 16. Recurso Extraordinário a que se nega provimento, fixando-se a seguinte tese jurídica para aplicação a casos semelhantes: "A paternidade socioafetiva, declarada ou não em registro público, não impede o reconhecimento do vínculo de filiação concomitante baseado na origem biológica, com os efeitos jurídicos próprios".

Ao assim decidir, o Supremo Tribunal Federal estabeleceu inequívoco avanço na conceituação e tratamento jurídico das conformações familiares que vicejam na atualidade, reconhecendo e conferindo efeitos jurídicos à multiparentalidade, bem como rompendo de vez com o arcaico entendimento de que cada pessoa poderia ter apenas um pai e uma mãe.

A multiparentalidade, também denominada pluriparentalidade, consiste na possibilidade jurídica do reconhecimento da multiplicidade de vínculos familiares simultâneos. No caso, admitiu-se a coexistência de um pai socioafetivo e de um biológico em patamar de igualdade jurídica, o que seria inimaginável até então na ordem jurídica vigente.

Com efeito, até o advento da Constituição Federal de 1988, à luz do Código Civil de 1916, mantinha-se abissal diferenciação entre famílias legítima (conceituada como tal a que provinha do casamento) e ilegítima (aquela construída fora do matrimônio), chegando inclusive a constar da Constituição de 1967, no *caput* de seu artigo 175[3], que a família era constituída pelo casamento, enquanto o artigo 229 do mencionado código civil estabelecia que o casamento criaria a família legítima e legitimaria os filhos comuns nascidos e concebidos antes dele[4].

O casamento ocupava, portanto, a posição de instituto central do direito de família, servindo de parâmetro para a outorga de tratamento jurídico diverso aos filhos conforme fossem eles legítimos ou legitimados, de um lado, ou, de outro, ilegítimos, estes ainda classificados em naturais (gerados por pessoas não casadas entre si, mas que não se encontravam impedidas de se casarem uma com a outra) e espúrios (provindos de pessoas impedidas de se casarem entre si).

Segundo a expressa dicção do artigo 332 do Código Civil de 1916, o parentesco era legítimo ou ilegítimo, segundo procedesse ou não de casamento, e natural ou civil, conforme resultasse de consanguinidade ou de adoção[5], prevendo o artigo 334 do referido diploma legal, por sua vez, o parentesco por afinidade[6].

A nova ordem constitucional, erigida a partir da promulgação da Constituição Federal de 1988, privilegiando a dignidade da pessoa humana, a igualdade, a liberdade e o direito à busca da felicidade, trouxe maior amplitude ao conceito de família, passando a conceder tutela jurídica não só ao vínculo constituído pelo matrimônio, como também, exemplificativamente, à união estável e à comunidade formada por qualquer dos pais e seus filhos, além de consagrar expres-

3 Art. 175. A família é constituída pelo casamento e terá direito à proteção dos Poderes Públicos.

4 Art. 229. Criando a família legítima, o casamento legitima os filhos comuns, antes dele nascidos ou concebidos (arts. 352 a 354).

5 Art. 332. O parentesco é legitimo, ou ilegítimo, segundo procede, ou não de casamento; natural, ou civil, conforme resultar de consanguinidade, ou adoção.

6 Art. 334. Cada cônjuge é aliado aos parentes do outro pelo vínculo da afinidade.

samente a igualdade entre os filhos, conforme destacado, de modo percuciente, pelo julgado em comento.

Essas profundas alterações ocorridas na concepção de entidade familiar se refletiram no vínculo jurídico do parentesco, impondo o reconhecimento de outras espécies de família além daquelas expressamente elencadas pelo Código Civil de 2002 e prestigiando, desse modo, no conceito de filiação, além das verdades biológica e civil, também a afetiva, todas em patamar de igualdade, consoante agora assentado de forma categórica pela Suprema Corte.

Não se pode olvidar, ademais, a escorreita observância do princípio da paternidade responsável na fixação da tese que dirimiu a questão objeto do Tema 622 da repercussão geral, ao se reconhecer a multiparentalidade no caso de coexistência de vínculos biológico e socioafetivo, na medida em que não permitiu que o pai biológico se eximisse de seus deveres e, ao mesmo tempo, preservou a paternidade socioafetiva consolidada.

A referida decisão, portanto, representou inequívoco e irreversível avanço na órbita do direito de família brasileiro, suplantando o dissenso até então existente na jurisprudência acerca da prevalência da paternidade socioafetiva em detrimento da biológica e da possibilidade de reconhecimento da multiparentalidade, constituindo, conforme bem apontado pelo Ministro Luiz Fux em seu voto, "precedente essencial para a definição do estatuto constitucional das famílias, em especial a densificação conceitual de um dos componentes mais elementares dos direitos da personalidade: a filiação"[7].

7 RE 898.060, rel. min. Luiz Fux, Tribunal Pleno, DJe de 23/8/2017.

HC 106.212 – A violência contra a mulher como grave violação de direitos humanos

Min. Maria Thereza Rocha de Assis Moura

1. O surgimento da Lei Maria da Penha

Maria da Penha Maia Fernandes foi vítima de violência doméstica por parte de seu marido durante os 23 anos de duração de seu casamento. Em 1983, seu marido tentou assassiná-la por duas vezes: na primeira, com arma de fogo, deixando-a paraplégica; na segunda, por eletrocussão e afogamento. Depois da segunda tentativa de homicídio, ela noticiou as agressões às autoridades, saiu de casa e iniciou uma luta pessoal para que seu agressor fosse responsabilizado. Dois julgamentos contra seu ex-marido – o primeiro realizado em 1991 e o segundo em 1996 – foram anulados devido a alegações de irregularidades processuais.

Em 1998, conjuntamente com o Centro para a Justiça e o Direito Internacional (CEJIL) e o Comitê Latino-americano e do Caribe para a Defesa dos Direitos da Mulher (CLADEM), Maria da Penha denunciou o caso para a Comissão Interamericana de Direitos Humanos da Organização dos Estados Americanos (CIDH/OEA).

No litígio internacional instaurado, o Estado brasileiro foi responsabilizado por graves violações de direitos humanos e pela falha na proteção de deveres previstos em tratados assinados pelo País, como a Convenção Americana sobre Direitos Humanos ("Pacto de San José da Costa Rica"), a Declaração Americana dos Direitos e Deveres do Homem, a Convenção Interamericana para Prevenir, Punir e Erradicar a Violência contra a Mulher ("Convenção de Belém do Pará") e a

Convenção sobre a Eliminação do Todas as Formas de Discriminação contra a Mulher ("Carta Internacional dos Direitos da Mulher").

A CIDH/OEA fez várias recomendações ao Brasil, não apenas para reparar o mal sofrido por Maria da Penha e punir o responsável pelas agressões, mas também para estabelecer uma política de proteção efetiva às milhares de mulheres vítimas de violência doméstica.

Nesse contexto, após muito debate entre o Legislativo, o Executivo e a sociedade, o Projeto de Lei nº 4.559/2004 da Câmara dos Deputados chegou ao Senado Federal (Projeto de Lei de Câmara nº 37/2006) e foi aprovado por unanimidade em ambas as Casas. Em 7 de agosto de 2006, foi sancionada, pelo então Presidente Luiz Inácio Lula da Silva, a Lei nº 11.340, mais conhecida como Lei Maria da Penha.

2. Principais aspectos da lei

A Lei Maria da Penha teve por objetivo, portanto, adequar o ordenamento jurídico brasileiro às obrigações internacionais assumidas pelo País. Para atingir esse objetivo, a lei criou um novo modelo de prevenção e combate à violência contra a mulher. Para compreender o funcionamento do novo sistema de proteção, é interessante conhecer algumas das principais inovações trazidas pela lei.

A lei previu a criação de juizados de violência doméstica e familiar contra a mulher, que podem funcionar inclusive à noite (art. 14). Seu objetivo é propiciar um atendimento mais especializado e célere para a mulher e resolver as ações de natureza civil e criminal no mesmo local. Esses juizados podem contar com uma equipe de atendimento multidisciplinar – a ser integrada por profissionais especializados nas áreas psicossocial, jurídica e de saúde –, à qual cabe desenvolver trabalhos de orientação, encaminhamento, prevenção e outras medidas, voltados para a ofendida, o agressor e os familiares, com especial atenção às crianças e aos adolescentes (arts. 29 e 30).

Foram previstas medidas protetivas de urgência, como a suspensão da posse de arma do agressor; o seu afastamento do lar, domicílio ou local de convivência com a mulher ofendida; e a proibição de aproximação da vítima, de seus familiares e testemunhas (art. 22). A Lei nº 13.880/2019 estabeleceu, ainda, a apreensão imediata de arma de fogo sob a posse do agressor (art. 18, IV, da Lei Maria da Penha).

As medidas protetivas, em geral, devem ser decretadas pelo juiz no prazo máximo de 48 horas (art. 18). Esse prazo, contudo, é muito amplo para situações emergenciais e a demora na apreciação judicial, muitas vezes, resultou em tragédias. Por isso mesmo, recentemente, a Lei nº 13.827, de 13 de maio de 2019, previu que, quando verificada a existência de risco atual ou iminente à vida ou à integridade física da mulher em situação de violência doméstica e familiar, ou de seus dependentes, o agressor poderá ser imediatamente afastado do lar, domicílio ou local de convivência com a ofendida não apenas pelo juiz, mas também pelo delegado de polícia, quando o Município não for sede de comarca; ou pelo policial, quando o Município não for sede de comarca e não houver delegado disponível no momento da denúncia. Nos casos em que o afastamento for determinado por autoridade policial, o juiz será comunicado no prazo máximo de 24 horas e decidirá, em igual prazo, sobre a manutenção ou a revogação da medida aplicada (art. 12-C da Lei Maria da Penha).

Também estão previstas medidas para garantir que a vítima não sofra, em decorrência da notificação da violência, prejuízos de ordem diversa. Assim, a mulher ofendida poderá ser incluída em cadastro de programas assistenciais do governo federal, estadual e municipal; ter acesso prioritário à remoção para outra localidade, se for servidora pública; e ter garantido o direito à manutenção do vínculo trabalhista, quando necessário o afastamento do local de trabalho, por até seis meses (art. 9º). Está garantida ainda, desde a edição da Lei nº 13.882/2019, a prioridade da mulher em situação de violência doméstica e familiar de matricular de seus dependentes em instituição de educação básica mais próxima de seu domicílio, ou transferi-los para essa instituição, mediante a apresentação dos documentos comprobatórios do registro da ocorrência policial ou do processo de violência doméstica e familiar em curso (art. 9º, § 2º, da Lei Maria da Penha).

3. O papel do Supremo Tribunal Federal na construção de um sistema protetivo da mulher

A Constituição brasileira, em diversos dispositivos, prevê regras protetivas das mulheres contra toda forma de discriminação e violência. Em primeiro lugar, o art. 3º do texto constitucional veda qualquer preconceito baseado no gênero. O art. 5º, I, por sua vez, estabelece expressamente que homens e mulheres são iguais em seus direitos e obrigações. No mesmo sentido, especificamente no âmbito da sociedade conjugal, o art. 226, § 5º, dispõe que os direitos e deveres são exercidos igualmente pelo homem e pela mulher. Também foi prevista proteção do mercado de trabalho da mulher, mediante incentivos específicos, nos termos da lei (art. 7º, XX). No que diz respeito à proteção contra a violência doméstica, o art. 226, § 8º, da Constituição obriga o Estado brasileiro a assegurar a assistência à família na pessoa de cada um dos que a integram, criando mecanismos para coibir a violência no âmbito de suas relações.

O Supremo Tribunal Federal, responsável máximo pela garantia dos direitos fundamentais, proferiu algumas decisões relevantes para promover e fomentar o sistema protetivo da mulher contra a violência doméstica.

Numa das mais importantes, o Tribunal estabeleceu que nos crimes de lesão corporal praticados contra a mulher no ambiente doméstico, mesmo de caráter leve, o Ministério Público tem legitimidade para deflagrar ação penal contra o agressor sem necessidade de representação da vítima (ADI 4424, Rel. Min. Marco Aurélio, Tribunal Pleno, j. 09.02.2012). Entre as premissas que embasaram os votos, utilizaram-se dados estatísticos que demonstravam que a maioria das mulheres deixava de representar pela punição do seu agressor, de modo que a decisão do STF foi fundamental para conferir uma proteção mais efetiva às vítimas.

Em outro caso, a Corte afastou a possibilidade de aplicação do chamado "princípio da insignificância" ou da "bagatela" em casos de violência contra a mulher (RHC 133.043, Relatora Cármen Lúcia, Segunda Turma, j. 10.05.2016). Portanto, não é legítima a menção a esse princípio – que é utilizado na jurisprudência para eximir casos de menor relevância da punição criminal – para afastar o castigo devido a quem comete agressões contra mulheres.

Também decidiu a Corte que é vedada a substituição da pena privativa de liberdade aplicada àquele que cometa violência contra a mulher, no contexto das relações domésticas, ainda que a pena fixada tenha sido inferior a quatro anos (HC 131219, Rel. Min. Rosa Weber, Primeira Turma, j. 10.05.2016; HC 129446, Rel. Min. Teori Zavascki,

Segunda Turma, j. 20.10.2015). As decisões são relevantes por ressaltar a gravidade da violação aos direitos humanos em qualquer caso de agressão contra a mulher.

4. A impossibilidade de se considerar a violência contra a mulher como infração de menor potencial ofensivo

No HC nº 106.212 examinou-se o caso de um homem que agrediu sua convivente com tapas e empurrões. Ele foi denunciado pela prática da contravenção penal de "vias de fato" (art. 21 do Decreto-lei nº 3.688/1941). A pena prevista para essa infração penal é de prisão simples, de quinze dias a três meses.

Assim, sendo a pena mínima cominada igual ou inferior a um ano, seria possível, em princípio, a aplicação do instituto da suspensão condicional do processo, previsto no art. 89 da Lei nº 9.099/1995. Tal lei regulamentou o dispositivo do art. 98, I, da Constituição, que prevê a criação de juizados especiais para o julgamento de infrações penais de menor potencial ofensivo (art. 98, I). A premissa inspiradora da criação desses órgãos jurisdicionais está na diminuição da repressão criminal em relação a fatos menos graves, buscando-se a pacificação social por meios diversos da pena de prisão, como a reparação dos danos, aplicação de multa ou a imposição de prestação de serviços à comunidade, nos termos da Lei nº 9.099/1995.

O artigo 41 da Lei Maria da Penha, contudo, veda a aplicação dessa lei – que seria evidentemente mais benéfica ao acusado – em relação aos crimes praticados com violência doméstica e familiar contra a mulher, independentemente da pena prevista. Isso levou a defesa do acusado neste caso a defender que a norma seria contrária à Constituição, por estabelecer punições desproporcionais aos acusados desse tipo de delito.

O pedido foi negado nas instâncias inferiores e o acusado acabou sendo julgado e condenado a quinze dias de prisão simples. O Supremo Tribunal Federal viu-se, então, diante da necessidade de decidir se era ou não legítima a norma que vedava a aplicação desses institutos normativos mais benéficos aos acusados de infrações penais praticadas contra mulheres no ambiente doméstico.

Por unanimidade de votos, o Tribunal declarou a constitucionalidade da norma, vedando qualquer interpretação no sentido de se considerar a violência contra a mulher como infração de menor potencial ofensivo.

Como mencionado, a Lei Maria da Penha buscou dar cumprimento aos tratados internacionais de direitos da mulher assinados pelo Brasil. Não à toa, o seu art. 6º declara expressamente que "a violência doméstica e familiar contra a mulher constitui uma das formas de violação dos direitos humanos". Seria realmente um paradoxo considerar que a violência contra a mulheres representa, ao mesmo tempo, uma violação de direitos humanos e uma mera infração de menor potencial ofensivo.

A decisão, assim, insere-se num conjunto mais amplo de decisões relevantes proferidas pelo Supremo Tribunal Federal na consolidação de uma jurisprudência protetiva das mulheres em seus ambientes familiares.

5. Notas conclusivas

A Lei Maria da Penha representa o marco mais significativo da política de proteção à mulher. Depois do seu advento, houve outras inovações legislativas importantes, dentre as quais merece destaque a edição da Lei nº 13.104, de 09 de março de 2015 ("Lei do Feminicídio"), que instituiu nova modalidade de homicídio qualificado, caracterizando como crime hediondo o assassinato de mulheres por "razões da condição de sexo feminino" – ocorridas em caso de violência doméstica e/ou familiar, menosprezo ou discriminação à condição de mulher.

Nesse caminho rumo a uma tutela efetiva das mulheres contra a violência doméstica, também tem sido relevante o papel do Supremo Tribunal Federal, que, por meio de decisões paradigmáticas como o julgado comentado neste artigo, tem conferido a maior eficácia possível às normas penais que punem agressões contra mulheres.

Contudo, é preciso reconhecer, ainda estamos longe de um resultado satisfatório. Os números são alarmantes. Conforme dados do Atlas da Violência de 2019, produzido pelo IPEA e pelo Fórum

Brasileiro de Segurança Pública, 4.936 mulheres foram assassinadas em 2017, cerca de 13 por dia, o maior número no período de dez anos da pesquisa. A violência foi maior contra as mulheres negras: de 2007 a 2017, a taxa de homicídio de mulheres negras cresceu 29,9% A taxa de homicídio de mulheres não negras cresceu 4,5%.

A implementação integral da Lei Maria da Penha exige políticas públicas que garantam acesso das mulheres à segurança pública, justiça, saúde e assistência social. Impõe-se que sejam formados profissionais especializados no atendimento humanizado da vítima, que compreendam as causas da violência como resultados da desigualdade das relações sociais com base no gênero.

Tanto a Lei Maria da Penha quanto a Lei do Feminicídio devem ter sua aplicação monitorada e incentivada por meio de mecanismos que disseminem e uniformizem o entendimento sobre a violência baseada no gênero e garantam maior celeridade aos procedimentos policiais e judiciais. O Poder Judiciário e os órgãos de persecução penal devem estar preparados tecnicamente e estimulados a conferir especial atenção a esses casos.

Fundamental, ainda, é o reforço da conscientização social sobre a violência doméstica e familiar contra as mulheres, através das campanhas e eventos de formação e capacitação de profissionais.

Finalmente, o combate à violência contra as mulheres somente será eficaz se levar em conta medidas de prevenção e atuação direcionada aos agressores. Para além da repressão penal, é necessário que as instituições desenvolvam políticas direcionadas à transformação das relações de poder estabelecidas pelos papéis sociais de gênero, como via de construção efetiva de uma sociedade igualitária.

Comentário sobre o MS 21.689-DF *Impeachment* Collor

Min. Carlos Mário da Silva Velloso

O MS 21.689-DF, que me coube relatar, foi um dentre quatro outros impetrados pelo Senhor Fernando Collor de Mello, então Presidente da República, e que levaram o Supremo, com determinação, serenidade e, sobretudo, com absoluto respeito ao Congresso Nacional, fiel à cláusula constitucional da separação dos poderes, a arbitrar o primeiro processo de *impeachment* de um Presidente da República, na história do constitucionalismo brasileiro – e dos países em que se pratica o sistema presidencial de governo.[1]

Os julgamentos dos mandados de segurança impetrados (MMSS nº 21.564, 21.623, 21.628, 21.633 e 21.689) foram marcantes e constituem um belo momento histórico, que ficam bem no contexto das magníficas tradições do Supremo Tribunal Federal, Corte muito mais que centenária, que, a exemplo da Suprema Corte norte-americana, que lhe serviu de modelo, pronuncia-se e decide, nos momentos difíceis da nacionalidade, na sua missão precípua de guardião maior da Constituição, a realizar papel de poder moderador dos poderes republicanos, agindo os seus juízes, registrou o Ministro Luiz Gallotti, dos mais notáveis de seus juízes, "*baseado em sua força moral, não*

1 Na apresentação que fez do livro "Impeachment", editado pelo STF, o Ministro Sepúlveda Pertence, então presidente da Corte, esclareceu – em nota de rodapé - que "Nos Estados Unidos, ao que se saiba, o caso do Presidente Andrew Jackson – o único que atingiu o julgamento pelo Senado – não foi submetido à Suprema Corte (cf. Raoul Berger, *Impeachment. The Constitucional Problems*, 1974, pp. 252 e ss)."

tendo qualquer medo que não possa ser superado pelo medo maior: o de faltar ao nosso dever."[2]

Vale, no caso que estamos a tratar, invocar o testemunho de outro dos maiores juízes do Supremo Tribunal, o Ministro Sepúlveda Pertence, quando presidente da Corte, a dizer que os acórdãos desses julgamentos *"retratam dias particularmente dramáticos da história do Supremo Tribunal Federal, tais as circunstâncias que cercavam as sessões em que as decisões foram tomadas, às vezes, literalmente, à vista da Nação excitada: não obstante, os votos - malgrado as divergências - dão testemunho, todos eles, da seriedade jurídica e da serena imparcialidade com que se portou a Corte."*[3]

Os votos vencidos, aliás, demonstram, ademais, que as questões foram discutidas à saciedade e mostram uma Corte viva, atuante, ávida em encontrar a decisão mais acertada.

No MS nº 21.689, o objeto da segurança foi a pena de inabilitação para o exercício de função pública. O Supremo Tribunal Federal reiterou a possibilidade do controle judicial do impeachment, desde que se alegue lesão ou ameaça a direito (CF, art. 5º, XXXV; precedentes do STF: MS 20.941, 21.564 e 21.623). No ponto, houve larga abordagem, especialmente pelo relator, do direito constitucional norte-americano, dado que é escassa, sobre o tema, a literatura nacional. Ademais, o controle judicial de ato do Executivo ou do Legislativo, desde que se alegue lesão a direito, sempre é admitido pela Suprema Corte americana. Esta é, de resto, também a jurisprudência do Supremo Tribunal Federal.

Decidiu-se, em seguida, após larga discussão do tema, que a renúncia do presidente, na fase final do processo de *impeachment,* não paralisa esse processo. No caso, o Presidente da República, na sessão final do processo de *impeachment,* renunciara ao cargo.

O Tribunal discutiu e decidiu no sentido da existência, no *impeachment* brasileiro, segundo a Constituição e o direito comum (CF, art. 52, parágrafo único; Lei nº 1.079, de 1950, artigos 2º, 33 e 34),

---

2 Gallotti, Luís, entrevista concedida à Revista Veja, 03.07.1974, p. 6.

3 Ministro Sepúlveda Pertence, na apresentação que fez do livro "*Impeachment*", editado pelo Supremo Tribunal Federal, em 1996.

de duas penas: (i) perda do cargo e (ii) inabilitação, por 8 (oito) anos, para o exercício de função pública. E que ambas essas penas, perda do cargo e inabilitação para o exercício de função pública por 8 (oito) anos, devem ser aplicadas.

No ponto, o voto do ministro relator, seguido pela maioria dos juízes, foi claro: "No sistema da Constituição de 1891, art. 33, § 3º, mais as normas infraconstitucionais indicadas – Lei nº 30, art. 2º, Lei nº 27, artigos 23 e 24 – era possível o raciocínio no sentido de que apenas a aplicação da pena do cargo podia ocorrer, certo que esta poderia ser agravada com a pena de inabilitação. No sistema atual, entretanto, isto não é possível: ambas as penas deverão ser aplicadas".

No exame do mérito, o relator iniciou o seu voto invocando voto e decisão proferidos no MS 21.623-DF, impetrado pelo então presidente Fernando Collor de Mello, no qual o instituto do *impeachment*, no Brasil, foi analisado nos seus diversos aspectos, inclusive no que toca à sua natureza.

Duas questões mereceram especial exame: (a) renunciando o Presidente da República às funções do cargo, após iniciado o processo de *impeachment*, no Senado, deve esse processo ser encerrado? (b) a pena imposta – a inabilitação por oito anos, para o exercício de função pública, nos termos do disposto no art. 52, parágrafo único, da Constituição – tem natureza de pena acessória?

Após extensa discussão da matéria, verificou-se empate na votação. O Plenário se reunira com oito ministros: o presidente, Ministro Sydney Sanches declarou impedimento, em razão de ter presidido o julgamento do *impeachment*, pelo Senado, na condição de Presidente do Supremo Tribunal Federal; os Ministros Marco Aurélio e Francisco Rezek declararam suspeição por motivo de foro íntimo.

A ata, lavrada em 06 de dezembro de 1993, dá exata notícia do decidido, até verificar-se o empate na votação: sob a presidência do Ministro Octávio Gallotti, o Tribunal, por votação unânime, rejeitou as preliminares de inépcia da inicial e de ilegitimidade passiva do Presidente do Senado Federal; e por maioria de votos, a preliminar de falta de jurisdição da Corte, vencido o Ministro Paulo Brossard, que a acolhia. No mérito, indeferiram o pedido do mandado de segurança os Ministros Relator, Carlos Velloso, Sepúlveda Pertence, Paulo Brossard e Néri da Silveira; e o deferiram os Ministros Ilmar Galvão, Celso de Mello, Moreira Alves e o Presidente, Ministro Octávio Gallotti.

Em seguida, examinando a questão de ordem suscitada pelos litisconsortes passivos, relativa à aplicação do art. 97 da Constituição Federal, o Tribunal, por maioria de votos, a rejeitou, vencido o Ministro Paulo Brossard que a acolhia. Em consequência, rejeitada, pelo Presidente, a proposta de aplicação, ao caso, do item II do parágrafo único do art. 205 do Regimento Interno, foi o julgamento adiado, para a convocação de 3 (três) Ministros do Superior Tribunal de Justiça, de acordo com o art. 40 do Regimento Interno do Supremo Tribunal Federal. Foram convocados os Ministros José Dantas, Torreão Braz e William Patterson.

Seguiu-se o registro do impedimento do Ministro Sydney Sanches e a declaração de suspeição dos Ministros Francisco Rezek e Marco Aurélio.

O julgamento teve prosseguimento e findou na sessão de 16 de dezembro de 1992. O Tribunal, por maioria de votos, indeferiu o mandado de segurança, vencidos os Ministros Ilmar Galvão, Celso de Mello, Moreira Alves e Octávio Gallotti. Compuseram a maioria os ministros Carlos Velloso, Relator, Sepúlveda Pertence, Paulo Brossard, Néri da Silveira, William Patterson, Torreão Braz e José Dantas.

A ementa do acórdão resume bem as questões debatidas e decididas:

> *"EMENTA: CONSTITUCIONAL. IMPEACHMENT. CONTROLE JUDICIAL. "IMPEACHMENT" DO PRESIDENTE DA REPÚBLICA. PENA DE INABILITAÇÃO PARA O EXERCÍCIO DE FUNÇÃO PÚBLICA. C.F., art. 52, parágrafo único. Lei nº 27, de 07.01.1892; Lei nº 30, de 08.01.1892. Lei nº 1.079, de 1950. I. - Controle judicial do "impeachment": possibilidade, desde que se alegue lesão ou ameaça a direito. C.F., art. 5º, XXXV. Precedentes do S.T.F.: MS nº 20.941-DF (RTJ 142/88); MS nº 21.564-DF e MS nº 21.623-DF. II. - O "impeachment", no Brasil, a partir da Constituição de 1891, segundo o modelo americano, mas com características que o distinguem deste: no Brasil, ao contrário do que ocorre nos Estados Unidos, lei ordinária definirá os crimes de responsabilidade, disciplinará a acusação e estabelecerá o processo e o julgamento. III. - Alteração do direito positivo brasileiro: a Lei nº 27, de 1892, art. 3º, estabelecia: (a)*

o processo de "impeachment" somente poderia ser intentado durante o período presidencial; (b) intentado, cessaria quando o Presidente, por qualquer motivo, deixasse definitivamente o exercício do cargo. A Lei nº 1.079, de 1950, estabelece, apenas, no seu art. 15, que a denúncia só poderá ser recebida enquanto o denunciado não tiver, por qualquer motivo, deixado definitivamente o cargo. IV. - No sistema do direito anterior à Lei nº 1.079, de 1950, isto é, no sistema das Leis nºs 27 e 30, de 1892, era possível a aplicação tão somente da pena de perda do cargo, podendo esta ser agravada com a pena de inabilitação para exercer qualquer outro cargo (Constituição Federal de 1891, art. 33, § 3º; Lei nº 30, de 1892, art. 2º), emprestando-se à pena de inabilitação o caráter de pena acessória (Lei nº 27, de 1892, artigos 23 e 24). No sistema atual, da Lei nº 1.079, de 1950, não é possível a aplicação da pena de perda do cargo, apenas, nem a pena de inabilitação assume caráter de acessoriedade (C.F., 1934, art. 58, § 7º; C.F., 1946, art. 62, § 3º; C.F., 1967, art. 44, parág. único*; EC nº 1/69, art. 42, parág.* único*; C.F., 1988, art. 52, parág.* único*. Lei nº 1.079, de 1950, artigos 2º, 31, 33 e 34). V. - A existência, no "impeachment" brasileiro, segundo a Constituição e o direito comum (C.F., 1988, art. 52, parág.* único*; Lei nº 1.079, de 1950, artigos 2º, 33 e 34), de duas penas: (a) perda do cargo; (b) inabilitação, por oito anos, para o exercício de função pública. VI. - A renúncia ao cargo, apresentada na sessão de julgamento, quando já iniciado este, não paralisa o processo de "impeachment". VII. Os princípios constitucionais da impessoalidade e da moralidade administrativa (C.F., art. 37). VIII. A jurisprudência do Supremo Tribunal Federal relativamente aos crimes de responsabilidade dos Prefeitos Municipais, na forma do Decreto-Lei nº 201, de 27.02.1967. Apresentada a denúncia, estando o Prefeito no exercício do cargo, prosseguirá a ação penal, mesmo após o término do mandato, ou deixando o Prefeito, por qualquer motivo, o exercício do cargo. IX. Mandado de segurança indeferido."*

O Supremo Tribunal Federal construiu, passo a passo, nos seus diversos aspectos, a doutrina do controle judicial do processo de *impeachment*, no constitucionalismo brasileiro, no julgamento dos MMSS nºs 21.564 (Questão de ordem – Medida liminar, e no julgamento do mérito, assim dois acórdãos), 21.623, 21.628, 21.633 e 21.689. Anteriormente, no ano de 1989, o Supremo decidira o MS nº

20.941, Relator o Ministro Sepúlveda Pertence, "liminarmente repelido, contra o Presidente José Sarney".[4]

Este mandado de segurança, nº 21.941, entretanto, não obstante ter sido repelido liminarmente, pode ser considerado o *leading case* quanto ao tema da falta de jurisdição do Poder Judiciário para efetivar o controle judicial do processo de *impeachment.*

Certo é, entretanto, que a construção da doutrina do *impeachment,* no constitucionalismo brasileiro, teve o seu desfecho no julgamento do MS 21.689, objeto destas observações e cuja ementa do acórdão está transcrita, acima.

Vivi, intensamente, aquele momento histórico, porque somente não relatei, dos casos Collor, o MS 21.633, decidido, liminarmente, pelo Ministro Sepúlveda Pertence, no exercício eventual da presidência, em 28 de dezembro de 1992. Os pedidos deviam ser decididos, aceleradamente, dada à natureza das questões e a relevância dos temas envolvidos, a exigir pronta decisão. Todos os julgamentos foram realizados no segundo semestre do ano de 1992. O primeiro acórdão do mandado de segurança - MS nº 21.564 - é de 10 de setembro de 1992. O acórdão ora examinado, último da série, MS nº 21.689, é de 16 de dezembro de 1992.

Vale encerrar este breve comentário, que é mais uma apresentação do acórdão do MS nº 21.689, e que envolveu os demais mandados de segurança indicados, invocando registro que fiz, discursando em nome da Corte, em 18 de setembro de 2003, na celebração do centésimo septuagésimo quinto aniversário da Lei de 18.09.1928, que criou o Supremo Tribunal de Justiça do Império, antecessor do Supremo Tribunal Federal. Disse eu, então, que, nestes últimos anos, sob o pálio da Constituição de 1988, a mais democrática das Constituições que tivemos, observou o então Procurador-Geral da República, Ministro Sepúlveda Pertence, no discurso proferido quando o Supremo Tribunal Federal festejou, em 1988, sob a presidência do Ministro Rafael Mayer, o seu centésimo sexagésimo aniversário, que, a fim de concretizar *"projeto de uma sociedade mais democrática e mais justa, poucos textos constitucionais terão con-*

4 Ministro Sepúlveda Pertence, ob. e loc. cits.

fiado tanto no Poder Judiciário e nele, de modo singular, no Supremo Tribunal Federal."

Oportuno o registro. O Supremo Tribunal Federal, arbitrando o processo de *impeachment* do Presidente da República, o primeiro ocorrido no Brasil e nos países que praticam o sistema presidencial de governo, submetido ao controle jurisdicional, com absoluto respeito ao princípio constitucional da separação dos poderes, não desmereceu a confiança nele depositada pela Constituição de 1988. E assim tem sido e há de ser, sempre.

Não foi à toa que o bastonário Levy Carneiro proclamou que o Supremo Tribunal Federal é a joia das instituições republicanas brasileiras.

Que Deus a conserve e guarde, para gáudio da sociedade brasileira.

ADPF 153 - Lei da Anistia

Min. Eros Roberto Grau

Diz uma canção do Rio Grande do Sul, onde nasci, que é sempre bom lembrar coisas passadas. Acontece que alguns acórdãos do Supremo Tribunal fazem parte do presente. Não passam, estarão para sempre entre nós. Aquele lavrado na ADPF 153 é um deles.

Fui relator desse processo e, ao preparar o voto que nele proferi e resultou vencedor, fui fiel – estou certo disso – ao nosso direito positivo. O que levou, por conta de uma prisão que suportei em 1970 no DOI/CODI, uns e outros advogados a um desastrado equívoco. À equivocada suposição de que, por conta desse episódio, eu me comportaria não como magistrado fiel cumpridor do direito positivo, mas a ele retornaria para vingar o passado.

Tentei durante todo o tempo no qual exerci a magistratura ser conduzido pela *phronesis* aristotélica. Reafirmando que juízes e tribunais são vinculados pelo dever de aplicar as leis. Dever de praticar prudência, produzir jurisprudência e não arte ou ciência. Como tenho reiteradamente afirmado, fazer e aplicar as leis [Lex] e fazer justiça [Jus] não se confundem. Assim procedi como relator da ADPF 153. Como um autêntico juiz, não como ator diante de câmeras de televisão. Convicto de que os juízes não fazem *justiça*, são servos da lei.

Lendo *O ser e o nada* dou-me conta de que a eles se aplica o quanto Sartre diz da conduta do garçom de um café que executa uma série de gestos solícitos para atender ao cliente, traz o pedido até a mesa equilibrando a bandeja etc. Exatamente assim, ao cumprirem o papel que a Constituição lhes atribui, são os juízes. Podem ser tudo, no sentido de que não são perpetuamente juízes. Enquanto juízes, no entanto, hão de exercer, representar seu papel nos termos da Constituição e da legalidade. Não o que são quando cumprem outros papéis – de professor, artesão ou jardineiro, por exemplo – e se relacionam com os outros ou consigo mesmo. Enquanto não estiverem a judicar poderão prevalecer os seus valores. Como juízes, contudo, hão de submeter-se à Constituição e às leis, nos seus quadros tomando decisões.

Isto posto me permito relembrar trechos do voto que proferi em inesquecível sessão do STF, abril de 2010, voto vencedor no julgamento da ADPF 153.

A inicial ignorou o momento talvez mais importante da luta pela redemocratização do país, o da batalha da anistia. Toda a gente que conhece nossa História sabe que essa batalha cessou com o acordo político do qual resultou o artigo 1º e seu no § 1º da Lei nº 6.683/79.

Não importa questionar-se o que levou à sujeição de todos a esses preceitos. A procura dos sujeitos da História conduz à incompreensão da História. É expressiva de uma visão abstrata, uma visão intimista da História, que não se reduz a uma estática coleção de fatos desligados uns dos outros. Os homens não podem fazê-la senão nos limites materiais da realidade. Para que a possam fazer, a História, hão de estar em condições de fazê-la. Está lá, n'O 18 Brumário de Luís Bonaparte[1]: "*Os homens fazem sua própria história, mas não a fazem como querem, não a fazem sob circunstâncias de sua escolha e sim sob aquelas com que se defrontam diretamente, legadas e transmitidas pelo passado*".

É mais do que certo que a dignidade não tem preço. As coisas têm preço, as pessoas têm dignidade. A dignidade não tem preço, vale para todos quantos participam do humano.

Tenho reiteradamente afirmado que estamos, no entanto, em perigo quando alguém se arroga o direito de tomar o que pertence à dignidade da pessoa humana como um seu valor [valor de quem se arrogue a tanto]. É que, então, o valor do humano assume forma na substância e medida de quem o afirme e o pretende impor na qualidade e quantidade em que o mensure. Então o valor da dignidade da pessoa humana já não será mais valor do humano, de todos quantos pertencem à humanidade, porém de quem o proclame conforme o

1 Karl Marx, s/ indicação de tradutor, Editorial Vitória, Rio de Janeiro, 1956, p. 17.

seu critério particular. Estamos então em perigo, submissos à *tirania dos valores*. Então, como diz Hartmann[2], quando um determinado valor se apodera de uma pessoa tende a erigir-se em tirano único de todo o *ethos* humano, ao custo de outros valores, inclusive dos que não lhe sejam, do ponto de vista material, diametralmente opostos.

A matéria objeto da ADPF 153 haveria de ser examinada à luz da Constituição. A consideração do quanto afirmado no quadro da infraconstitucionalidade traz à nossa lembrança o fato de que a alusão a crimes conexos a crimes políticos aparecia já na anistia concedida, em janeiro de 1916, a civis e militares que, direta ou indiretamente, se envolveram em movimentos revolucionários no Estado do Ceará (decreto 3.102, de 13 de janeiro de 1916, do Presidente do Senado Federal). Posteriormente isso se repete [i] no decreto 3.163, de 27 de setembro de 1916, de Wenceslau Braz, Ministro da Justiça Carlos Maximiliano, decreto que concedeu anistia às pessoas envolvidas em fatos políticos e conexos ocorridos no Estado do Espírito Santo em virtude da sucessão presidencial estadual; [ii] no decreto 19.395, de 6 de novembro de 1930, que concedeu anistia a todos os civis e militares envolvidos nos movimentos revolucionários ocorridos no país; [iii] no decreto 24.297, de 28 de maio de 1934, que concedeu anistia aos participantes do movimento revolucionário de 1932; [iv] no Decreto-lei nº 7.474, de 18 de abril de 1945, que concedeu anistia a todos quantos tenham cometido crimes políticos desde 16 de julho de 1934 até a data de sua publicação, cujo § 2º do artigo 1º considera conexos, para os efeitos desse mesmo preceito, "os crimes comuns praticados com fins políticos e que tenham sido julgados pelo Tribunal de Segurança Nacional".

Outrossim, a expressão *anistia ampla e irrestrita* terá surgido no artigo 1º do decreto-legislativo 22, de 23 de maio de 1956, que a concedeu a todos os civis e militares que, direta ou indiretamente, se en-

2 Ethik, 3ª. edição, Walter de Gruyter & Co., Berlin, 1949, p. 576 ("Jeder Wert hat - wenn er einmal Macht gewonnen hat über eine Person - die Tendenz, sich zum alleinigen Tyrannen des ganzen menschlichen Ethos aufzuwerfen, und zwar auf Kosten anderer Werte, auch solcher, die ihm nicht material entgegengesetzt sind").

volveram nos movimentos revolucionários ocorridos no País a partir de 10 de novembro de 1955 até 1º de março de 1956.

A chamada *Lei da anistia* veicula uma decisão política no momento da transição conciliada de 1979 assumida. A Lei nº 6.683 é uma *lei-medida*, não uma regra para o futuro, dotada de abstração e generalidade. Há de ser interpretada a partir da realidade no momento em que foi conquistada. Para quem não viveu as jornadas que a antecederam ou, não as tendo vivido, não conhece a História, para quem é assim a Lei nº 6.683 é como se não fosse, como se não houvesse sido.

No Estado democrático de direito o Poder Judiciário não está autorizado a alterar, a dar outra redação, diversa da nele contemplada, a texto normativo. Pode, a partir dele, produzir distintas normas. Mas nem mesmo o Supremo Tribunal Federal está autorizado a rescrever leis de anistia. Lembre-se, neste passo, trecho do voto do Ministro Orosimbo Nonato no Recurso Extraordinário Criminal nº 10.177, julgado em 11 de maio de 1948: "*Ao Poder Judiciário cabe apenas o encargo de interpretar a lei que traduz a anistia, sua extensão e alcance quanto aos fatos e às pessoas. No que tange ao mais, nada lhe cumpre fazer. O assunto, escreve Carlos Maximiliano, citando Cobat, de natureza essencialmente política, enquadra-se na competência exclusiva do Congresso cujo veredictum, sobre o caso, não sofre revisão do Judiciário (Com. à Const. Bras., 1948, v. II, nº 357, p. 154)*"[3]. Transcrevo o texto de Carlos Maximiliano: "*Quem interpreta e faz cumprir a lei da anistia? Quanto ao primeiro caso, forçoso é distinguir. Não se discutem os motivos, nem a justiça ou a oportunidade da concessão, depois de feita esta. O assunto, de natureza essencialmente política, enquadra-se na competência exclusiva do Congresso, cujo veredictum, sobre o caso, não sofre revisão do Judiciário. Cabe a este em França, e com razão maior no Brasil, interpretar o decreto da anistia, verificando e traduzindo o sentido do texto, determinando o alcance da providência quanto aos fatos a que se aplica e às pessoas a que aproveita. A execução da lei compete às autoridades administrativas em primeiro lugar; devem agir, tam-*

3 Veja-se ainda a ementa lavrada no Recurso Extraordinário Criminal nº 10.998, Relator o Ministro Barros Barreto, de 7 de junho de 1948, atinente à anistia concedida pelo Decreto-lei nº 7.943, de 1945.

bém, as judiciárias para suspender os processos e restituir a liberdade até aos condenados"[4].

A leitura do quanto afirmaram ministros prudentes do Supremo Tribunal Federal, ao tempo em que eram juízes serenos e prudentes, sem televisão, evidencia que ao Poder Judiciário não incumbia alterar textos normativos concessivos de anistias. A ele não cabe legislar ao apreciar ADPFs, senão apurar a compatibilidade entre textos normativos pré-constitucionais e a Constituição.

Se o acompanhamento das mudanças do tempo e da sociedade implicasse necessária revisão da lei de anistia, isso deveria ser feito pela lei, vale dizer, pelo Poder Legislativo. Como ocorreu e deve ocorrer nos Estados de direito. Ao Supremo Tribunal Federal não incumbe legislar.

O texto do artigo 4º, § 1º da EC 26/85 é cristalino:

> "Art. 4º É concedida anistia a todos os servidores públicos civis da Administração direta e indireta e militares, punidos por atos de exceção, institucionais ou complementares.
>
> § 1º É concedida, igualmente, anistia aos autores de crimes políticos ou conexos, e aos dirigentes e representantes de organizações sindicais e estudantis, bem como aos servidores civis ou empregados que hajam sido demitidos ou dispensados por motivação exclusivamente política, com base em outros diplomas legais".

Repita-se: "É concedida, igualmente, anistia aos autores de crimes políticos ou conexos...". O período alcançado por esta anistia, da EC 26/85, é definido pelo § 2º desse mesmo artigo 4º: atos praticados no período compreendido entre 02 de setembro de 1961 e 15 de agosto de 1979.

Lê-se com todas as letras na lei e na Emenda Constitucional:

4 Comentários à Constituição Brasileira, volume II, quinta edição, Livraria Freitas Bastos, Rio de Janeiro, 1954, pp. 163-164.

> [i] Lei nº 6.683/79, art. 1º: "É concedida anistia a todos quantos, no período compreendido entre 02 de setembro de 1961 e 15 de agosto de 1979, cometeram crimes políticos ou conexo com estes...";
>
> [ii] Emenda Constitucional nº 26/85, art. 4º, § 1º: "É concedida, igualmente, anistia aos autores de crimes políticos ou conexos..." – e completo: no período compreendido entre 02 de setembro de 1961 e 15 de agosto de 1979.

Eis o que se deu: a anistia da lei de 1979 foi reafirmada, no texto da EC 26/85, pelo Poder Constituinte da Constituição de 1988. Não que a anistia que aproveita a todos já não seja mais a da lei de 1979, porém a do artigo 4º, § 1º da EC 26/85. Mas estão todos como que [re]anistiados pela emenda, que abrange inclusive os que foram condenados pela prática de crimes de terrorismo, assalto, sequestro e atentado pessoal. Por isso não tem sentido questionar se a anistia, tal como definida pela lei, foi ou não *recebida* pela Constituição de 1988. Pois a nova Constituição a [re]instaurou em seu ato originário. A norma prevalece, mas o texto – o mesmo texto – foi substituído por outro. O texto da lei ordinária de 1979 resultou substituído pelo texto da emenda constitucional.

A emenda constitucional produzida pelo Poder Constituinte originário constitucionaliza-a, a anistia. E de modo tal que – estivesse o § 1º desse artigo 4º sendo questionado na ADPF 153, o que não ocorreu, já que a inicial o ignorou – somente se a nova Constituição a tivesse afastado expressamente poderíamos tê-la como incompatível com o que a Assembleia Nacional Constituinte convocada por essa emenda constitucional produziu, a Constituição de 1988.

A Emenda Constitucional nº 26/85 inaugura a nova ordem constitucional. Consubstancia a ruptura da ordem constitucional que decairá plenamente no advento da Constituição de 5 de outubro de 1988. Consubstancia, nesse sentido, a *revolução branca* que a esta confere legitimidade. Daí que a reafirmação da anistia da lei de 1979 já não pertence à ordem decaída. Está integrada na nova ordem. Compõe-se na origem da nova norma fundamental.

De todo modo, se não tivermos o preceito da lei de 1979 como abrogado pela nova ordem constitucional, estará a coexistir com o §

1º do artigo 4º da EC 26/85, existirá a par dele [dicção do § 2º do artigo 2º da Lei de Introdução ao Código Civil]. O debate a esse respeito seria, todavia, despiciendo. A uma porque, como vimos, foi mera *lei-medida*, dotada de efeitos concretos, exauridos – repito, parenteticamente, o que observei linhas acima: a *lei-medida* consubstancia um comando concreto revestindo a forma de norma geral, mas traz em si mesma o resultado específico pretendido, ao qual se dirige; é lei apenas em *sentido formal*, não o sendo, contudo, em *sentido material*; é *lei não-norma*. A duas por que o texto de hierarquia constitucional prevalece sobre o infraconstitucional quando ambos coexistam.

Afirmada a integração da anistia de 1979 na nova ordem constitucional, teremos que sua adequação à Constituição de 1988 resulta inquestionável. A nova ordem compreende não apenas o texto da Constituição nova, mas também a norma-origem. No bojo dessa totalidade – totalidade que o novo sistema normativo é – tem-se que "*[é] concedida, igualmente, anistia aos autores de crimes políticos ou conexos*" praticados no período compreendido entre 02 de setembro de 1961 e 15 de agosto de 1979.

Por isso não se pode divisar antinomia de qualquer grandeza entre o preceito veiculado pelo § 1º do artigo 4º da EC 26/85 e a Constituição de 1988.

Permitam-me por fim transcrever o trecho final do voto que proferi julgando improcedente a ADPF:

> É necessário dizer, por fim, vigorosa e reiteradamente, que a decisão pela improcedência da presente ação não exclui o repúdio a todas as modalidades de tortura, de ontem e de hoje, civis e militares, policiais ou delinquentes.

Há coisas que não podem ser esquecidas. Em um poema, *Hombre preso que mira su hijo*, Mario Benedetti[5] diz ao filho que "*es bueno que conozcas/que tu viejo calló/o puteó como un loco/que es una linda forma de callar*"; "*y acordarse de vos* – prossegue – */de tu carita/*

5 in *Antologia poética*, Editorial Sudamericana, Buenos Aires, 2000, pp. 113-115.

lo ayudaba a callar/una cosa es morirse de dolor/y otra cosa morirse de vergüenza". E assim termina este lindo poema, que de quando em quando ressoa em minha memória: "*llora nomás botija/son macanas/ que los hombres no lloran/aquí lloramos todos/gritamos berreamos moqueamos chillamos maldecimos/porque es mejor llorar que traicionar/porque es mejor llorar que traicionarse/llora/pero no olvides*". É necessário não esquecermos, para que nunca mais as coisas voltem a ser como foram no passado.

Três lições do Supremo sobre a temática internacional

Min. Francisco Rezek

I

A primeira dessas lições remonta a 1977, sendo anterior ao meu ingresso no Tribunal; e enfrentou em primeira mão o tema do conflito real entre tratado e lei de produção interna. A segunda, de 1989, deu novo enfoque, nos termos do que foi então meu voto, à questão da imunidade do Estado estrangeiro à jurisdição local. A terceira, bem mais recente, afirma a subsistência da imunidade absoluta da ONU, por razões que lhe dizem particular respeito – e que sublinham a óbvia diversidade entre o estatuto jurídico das Nações Unidas e o de qualquer soberania estrangeira.

II

De setembro de 1975 a junho de 1977 estendeu-se, no plenário do Supremo Tribunal Federal, sob a relatoria do Ministro Cunha Peixoto, o julgamento do Recurso Extraordinário 80.004, em que assentada por maioria a tese de que, ante a realidade do conflito entre tratado e lei posterior, esta, porque expressão última da vontade do legislador republicano, deve ter sua prevalência garantida pela Justiça – não obstante as consequências do descumprimento do tratado, no plano internacional.

A maioria valeu-se de precedentes do próprio Tribunal para dar como certa a introdução do pacto – no caso, a Lei uniforme de Genebra sobre letras de câmbio e notas promissórias – na ordem jurídica brasileira, desde sua promulgação. Reconheceu em seguida o conflito real entre o pacto e um diploma doméstico de nível igual ao das leis federais ordinárias – o Decreto-lei nº 427/69, posterior, em cerca de três anos, à promulgação daquele –, visto que a falta de registro da nota promissória, não admitida pelo texto de Genebra como causa de nulidade do título, vinha a sê-lo nos termos do Decreto-lei. Entenderam as vozes majoritárias que, faltante na Constituição do Brasil garantia de privilégio hierárquico do tratado internacional sobre as leis do Congresso, era inevitável que a Justiça devesse garantir a autoridade da mais recente das normas, porque paritária sua estatura no ordenamento jurídico.[1]

Nunca será demais lembrar, entretanto, que o Supremo Tribunal Federal deixou clara, nesse notório precedente, sua consternação por reconhecer que, em tal caso, a República está internacionalmente em falta, por preterir o tratado que a obriga ante outras nações em favor de um diploma interno resultante do esquecimento, pelo legislador doméstico, de nossos compromissos internacionais em vigor. Impunha-se, desse modo, a denúncia do tratado – com a eventual reparação de danos porventura resultantes de seu descumprimento temporário – ou, de preferência, a revogação do diploma interno com ele conflitante. Foi este último, na realidade, o caminho tomado na época pelo legislador federal.

Nada obstante, o Supremo Tribunal Federal de longa data tem reconhecido que a hipótese de concorrência entre tratado e lei, ainda que mais recente esta última, resolve-se em favor da aplicação do tratado sempre que este possa representar, ante certo quadro de fato, a *lex specialis*, por contraste com a norma geral estampada na lei interna. Esse preceito pretoriano, fundado em elementar princípio da lógica jurídica, vale sempre que o tratado governe nosso procedimento *em relação a determinada soberania ou conjunto*

1 A corrente civilista, integrada então pelo relator, falava em algo como a 'derrogação' do tratado pela lei doméstica superveniente. Coube ao Ministro João Leitão de Abreu ponderar que nenhuma soberania tem autoridade singular para derrogar ou revogar o que quer que tenha avençado com outras soberanias, e que, neste caso, tudo quanto podia o Tribunal fazer para honrar a última palavra do Congresso era 'afastar a aplicação' do tratado conflitante com a lei interna.

de soberanias estrangeiras com que tenha o Brasil pactuado sobre matéria disciplinada de modo diverso no contexto das normas gerais – e infraconstitucionais – de produção interna. Assim, tendo a estatura de lei federal interna, o compromisso internacional obriga a todos no quadro da ordem jurídica republicana, quaisquer que sejam suas áreas de atuação.

A prevalência do tratado internacional enquanto *lex specialis* foi afirmada pelo Supremo em bom número de casos de extradição, ficando claro que, quando a relação extradicional do Brasil com o Estado requerente é governada por tratado, o preceito deste prevalece sempre sobre o da lei geral da extradição – o velho *Estatuto do Estrangeiro* de 1980, hoje a *Lei de Migração* de 2017 –, pouco importando que isso casualmente crie uma situação mais favorável ao extraditando, e portanto menos favorável aos interesses do próprio Estado que o reclama. Desde o Ministro Thompson Flores, nos anos setenta, aos integrantes da presente composição da corte, foram muitos os juízes a proclamar, sempre com o assentimento de todos os seus pares, que o tratado de extradição, por sua especificidade, prima sobre as normas internas regentes da matéria, independentemente da cronologia de sua vigência.

Domínio tributário: o princípio da especialidade e o artigo 98 do CTN

Mediante idêntica equação jurídica o Supremo deixou claro que o princípio do primado da *lex specialis* seria por si mesmo bastante para assegurar, no domínio tributário, a preterição da norma geral de produção doméstica e a consequente aplicação do disposto no tratado; este quase sempre bilateral, e específico por versar nossa relação fiscal com um único Estado estrangeiro; mas vez por outra coletivo, e específico, neste último caso, por distinguir certo grupo de Estados das demais nações estrangeiras, e sobretudo por estabelecer, no quadro da relação do Brasil com tais Estados, um tratamento normativo diverso daquele previsto pela lei geral para todas as situações destituídas do pertinente aspecto de transnacionalidade. Para além do princípio da especialidade, os tratados celebrados pelo Brasil com outras soberanias no domínio tributário primam sobre a lei interna, à luz do artigo 98 do Código Tributário Nacional. Essa norma complementar à Constituição da República teve sua autoridade reiteradamente confirmada pelo Supremo Tribunal Federal.[2]

Direitos e garantias fundamentais: o artigo 5º – §§ 2º e 3º da constituição

No desfecho do extenso rol de direitos e garantias do art. 5º da Constituição um segundo parágrafo estabelece, desde 1988, que aquela lista não exclui *outros direitos e garantias* decorrentes do regime e dos princípios consagrados na carta, ou dos *tratados internacionais em que o Brasil seja parte*. Sobre esta última categoria nada se ouviu nos anos seguintes do Supremo Tribunal Federal, cuja maioria era, entretanto, pouco receptiva à ideia de que a norma assecuratória de algum outro direito, quando expressa em tratado, tivesse nível constitucional. Isso resultava provavelmente da consideração de que, assim postas as coisas, a carta estaria dando ao Executivo e ao Congresso, este no *quorum* simples da aprovação de tratados, o poder de aditar à lei fundamental; quem sabe mesmo o de mais tarde expurgá - la mediante a denúncia do tratado, já então – o que parece impalatável – até pela vontade singular do governo, habilitado que se encontra, em princípio, à denúncia de compromissos internacionais. As perspecti-

2 Resolve-se por mais de um caminho, creio, a questão de saber se o CTN tem estatura para determinar na sua área temática um primado que a própria Constituição não quis determinar no quadro geral da ordem jurídica. Faz sentido, por exemplo, dizer que no caso do conflito de que ora cuidamos a norma interna sucumbe por inconstitucionalidade. Ao desprezar o art. 98 do CTN e entrar em conflito com tratado vigente, a lei ordinária implicitamente terá pretendido *inovar uma norma geral de direito tributário*, estabelecendo, para si mesma, uma premissa conflitante com aquele artigo, qual seja a de que é possível ignorar o compromisso internacional e dispor de modo destoante sobre igual matéria. É uma hipótese *sui generis* de inconstitucionalidade formal: a lei não ofende a carta pela essência do seu dispositivo, nem por vício qualquer de competência ou de processo legislativo, mas por assentar sobre uma premissa ideológica hostil à exclusividade que a carta dá à lei complementar para ditar normas gerais de direito tributário.

vas da jurisprudência, nesse domínio, pareciam sombrias quando se levavam em conta algumas decisões majoritárias que o Supremo tomou na época a propósito da prisão do depositário infiel (ou daqueles devedores que o legislador ordinário brasileiro entendeu de assimilar ao depositário infiel), frente ao texto da Convenção de São José da Costa Rica.

A questão foi contudo resolvida, em dezembro de 2004, pelo aditamento do terceiro parágrafo ao mesmo artigo constitucional: os tratados sobre direitos humanos que o Congresso aprove *com o rito da emenda à carta* – em cada casa dois turnos de sufrágio e o voto de três quintos do total de seus membros – integrarão em seguida a ordem jurídica no nível das normas da própria Constituição. Essa nova regra, que se poderia chamar de *cláusula holandesa* por analogia com certo modelo prevalente nos Países Baixos e ali pertinente à generalidade dos tratados, autorizou algumas conclusões prospectivas. Não era de crer que o Congresso fosse desde então bifurcar a metodologia de aprovação dos tratados sobre direitos humanos. Pode haver dúvida preliminar sobre a questão de saber se determinado tratado configura realmente essa hipótese temática, mas se tal for o caso o Congresso seguramente adotará o rito previsto no terceiro parágrafo, de modo que, se aprovado, o tratado se qualifique para ter estatura constitucional desde sua promulgação – que pressupõe, como em qualquer outro caso, a ratificação brasileira e a entrada em vigor no plano internacional. Não há quanto a semelhante tratado a possibilidade de denúncia pela só vontade do Executivo, nem a de que o Congresso force a denúncia mediante lei ordinária. Provavelmente nem mesmo a de que se volte atrás por meio de uma repetição, às avessas, do rito da emenda à carta, visto que ela mesma se declara imutável no que concerne a direitos dessa natureza.

III

Outra instigante decisão unânime do Supremo Tribunal Federal, tomada em maio de 1989, abandonou o padrão da *imunidade absoluta* do Estado estrangeiro à jurisdição local. Cuidava-se, na Apelação

Cível 9.696,[3] RTJ 133/159 de causa de natureza trabalhista ajuizada contra a antiga Alemanha oriental. A corte considerou insubsistente a norma - puramente costumeira - que outrora garantira a imunidade absoluta, e portanto desaparecido o único fundamento que ao longo de décadas justificara a extinção liminar do processo.

O relator, Ministro Sydney Sanches, entendeu que a Constituição Federal de 1988, em seu artigo 114, ao lançar nova norma de competência interna, extinguiu a imunidade de jurisdição no contencioso relativo às relações de trabalho. Com vista dos autos, votei pelo afastamento da imunidade de jurisdição à vista da evolução do costume internacional pertinente, considerada a vocação da comunidade internacional para relativizar tal imunidade. Expliquei que numa primeira vertente temos as imunidades pessoais resultantes das duas Convenções de Viena, de 1961 e 1963, ambas promulgadas pelo Brasil, relacionada a primeira com o serviço diplomático, a segunda com o serviço consular. Quando se cuide, pois, de processo penal ou cível onde o pretendido réu seja membro do corpo diplomático estrangeiro aqui acreditado - ou ainda em determinadas hipóteses, do serviço consular estrangeiro -, opera em sua plenitude o direito internacional escrito: tratados outrora negociados pela comunidade internacional e no Brasil promulgados como em *todas* as demais nações: nenhuma soberania no mundo contemporâneo está fora do domínio jurídico desses compromissos dos anos sessenta, enraizados no Règlement de Viena de 1815. Ficou claro, não obstante, que nenhum dos dois textos de Viena diz da imunidade daquele que, na prática corrente, é o réu preferencial, ou seja, *o próprio Estado estrangeiro*. Essa imunidade não estava prevista em nenhuma forma *escrita* de direito internacional público. Ela resultava de *regra costumeira* do Direito das Gentes — costume que, entretanto, entrou em colapso na década de 1970, quando desertado pelas principais potências do Ocidente.[4]

---

3 Ação Cível Originária 9.696-RJ, *Revista Trimestral de Jurisprudência*, 133/159.

4 Uma *Convenção europeia sobre imunidade do Estado*, concluída em Basileia em 1972, exclui do âmbito da imunidade as ações decorrentes de contratos celebrados e exequendos *in loco*. Dispositivo semelhante apare-

A Justiça local é competente para conhecer da demanda contra o Estado estrangeiro, sem que este possa arguir imunidade, justamente naqueles casos em que o direito substantivo local é aplicável, e o é no que concerne à regência de uma relação entre aquele e a pessoa natural ou jurídica, de direito privado, intitulada a acioná - lo na sequência de uma relação preexistente. Tal o caso da reclamação trabalhista deduzida por aquele que a embaixada recrutou *in loco* (não importando sua nacionalidade, que pode ser até mesmo a do Estado empregador), ou da cobrança do preço da empreitada, dos serviços médicos, do aluguel em atraso, da indenização pelo infortúnio no trânsito. Em síntese, a imunidade não subsiste para aquele contencioso em que o particular possa chamar ao foro local a responsabilidade *ex contractu* ou *ex delicto* da soberania estrangeira.

A imunidade cobre amplamente os *acta jure imperii*, um domínio regido seja pelo direito das gentes, seja pelas leis do próprio Estado estrangeiro: suas relações com o Estado local ou com terceira soberania, com seus próprios agentes recrutados na origem, com seus nacionais em matéria de direito público - questões tendo a ver com a nacionalidade, os direitos políticos, a função pública, o serviço militar, entre outras.

É regida pelo direito internacional, e imune, por isso, a qualquer jurisdição doméstica, toda relação entre Estados soberanos, por miúdo e prosaico que pareça seu domínio. Nenhum erro mais primário se cometeu no Brasil, nos últimos anos, do que o ajuizamento, pela advocacia do fisco, de ações executivas contra nações estrangeiras - apresentadas formalmente pelo autor como "consulados" deste ou daquele país - para cobrança de tributos ou de multas fiscais. Se o Estado estrangeiro, aqui representado por sua missão diplomática ou consular, comete qualquer falta ou abuso de direito, incumbe ao governo da República, pela voz do Ministério das Relações Exteriores, chama-lo à ordem, prevenir a repetição do abuso, ou mesmo reprimi-

ceria no *State Immunity Act*, que se editou na Grã-Bretanha em 1978. Lei norte-americana anterior - o *Foreign Sovereign Immunities Act*, de 1976 - não chegara a esse ponto, mas abolira a imunidade nos feitos relacionados com danos (ferimentos ou morte) produzidos pelo Estado estrangeiro no território local.

-lo com medida mais séria como a censura ao agente diplomático ou consular faltoso, a declaração de *persona non grata* que o devolva à origem, eventualmente a instauração de um contencioso internacional. São normas e práticas internacionais, aqui interpretadas e aplicadas pelo governo, com uma larga margem de discricionariedade casuística, que estabelecem, por exemplo, os limites à importação isenta que as missões estrangeiras realizam normalmente, seja de veículos ou de equipamentos de informática, seja de álcool para sua atividade social.

Guido Fernando Soares, o saudoso professor da Academia de São Paulo, escreveu sobre esse feito: *"Adiado o julgamento, em virtude do pedido de vista por parte do Ministro Francisco Rezek, assim se pronunciou ele, também pelo provimento do recurso, mas por razões bem diferentes daquelas expedidas pelo Ministro Relator. Na verdade, com seu voto, o Ministro Rezek traçaria uma clara evolução do instituto das imunidades de jurisdição, com erudita argumentação, que acabaria por fundamentar os votos que se seguiram e que determinaram o reconhecimento no Brasil da inexistência das imunidades de jurisdição, em relações trabalhistas, em decisão unânime [...], a primeira decisão do Supremo Tribunal Federal em que se rejeitaram as alegações de imunidades de jurisdição, lançando as bases para que a jurisprudência brasileira se coloque de acordo com a tendência universal de nossos dias [...]. Em resumo, o voto do Ministro Rezek pode assim ser esquematizado: a) é necessário distinguir as imunidades que se têm verificado, na jurisprudência do Supremo Tribunal Federal, nas suas duas vertentes: aquelas pessoais, resultantes das duas Convenções de Viena (sobre relações diplomáticas e sobre relações* consulares), atribuídas a *um réu, pessoa física, e nas quais opera em plenitude, o direito internacional escrito; e aquelas que são atribuídas ao próprio Estado estrangeiro; b) as primeiras raramente têm sido invocadas perante o Supremo Tribunal Federal, o mesmo não ocorrendo em relação às segundas; c) o fundamento da jurisprudência do Supremo Tribunal Federal, em relação às imunidades do próprio Estado (como no caso* sub judice, *nas relações trabalhistas), se tinha firmado numa regra costumeira então vigente, das imunidades absolutas do Estado estrangeiro perante os tribunais brasileiros, regra essa que deixou de existir a partir de 1972, com a edição da Convenção Europeia da Basiléia sobre as imunidades do Estado, reafirmada com as leis dos EUA e do Reino Unido, que introduziram temperamentos na teoria da imunidade absoluta do Estado estrangeiro; d) isto posto, não havendo mais solidez na regra costumeira de Direito Internacional, o fundamento da jurisprudência anterior do Supremo Tribunal Federal desapareceu, havendo, assim, a necessidade de acomodar a jurisprudência do mesmo à nova realidade (não tendo mudado o quadro interno, mas o internacional) e, portanto, não se encontra "fundamento para estatuir sobre a imunidade como vinha garantindo o Supremo Tribunal Federal".*[5]

IV

Não menos importante, por último, foi o julgamento de recurso extraordinário vindo também da Justiça do Trabalho, [6] em que o Plenário do Supremo Tribunal Federal proclamou a *imunidade de jurisdição e execução* da Organização das Nações Unidas frente a quaisquer demandas, sem exclusão daquelas decorrentes de relações de trabalho. Prevaleceu à unanimidade o voto proferido pela relatora, Ministra Ellen Gracie, que já se havia aposentado quando da finalização do julgamento. Relator para o acórdão, o saudoso Ministro Teori Zavascki deu - lhe a ementa seguinte:

> DIREITO INTERNACIONAL PÚBLICO. DIREITO CONSTITUCIONAL. IMUNIDADE DE JURISDIÇÃO. ORGANIZAÇÃO DAS NAÇÕES UNIDAS (ONU). PROGRAMA DAS NAÇÕES UNIDAS PARA O DESENVOLVIMENTO (ONU/PNUD). RECLAMAÇÃO TRABALHISTA. CONVENÇÃO SOBRE PRIVILÉGIOS E IMUNIDADES DAS NAÇÕES UNIDAS (DECRETO 27.784/1950). APLICAÇÃO. 1. Segundo estabelece a *Convenção sobre Privilégios e Imunidades das Nações Unidas*, promulgada no Brasil pelo Decreto 27.784, de 16 de fevereiro de 1950, *"A Organização*

5 Soares, Guido Fernandes Silva. *As imunidades de jurisdição na Justiça Trabalhista Brasileira*. Revista da Faculdade de Direito, Universidade de São Paulo, 88/519-552 (1993). http://www.revistas.usp.br/rfdusp/article/view/67235.

6 RE 578.543-MT, Plenário do STF, 7 de maio de 2009 a 15 de maio de 2013.

> *das Nações Unidas, seus bens e haveres, qualquer que seja seu detentor, gozarão de imunidade de jurisdição, salvo na medida em que a Organização a ela tiver renunciado em determinado caso. Fica, todavia, entendido que a renúncia não pode compreender medidas executivas."* 2. Esse preceito normativo, que no direito interno tem natureza equivalente à das leis ordinárias, aplica - se também às demandas de natureza trabalhista. 3. Recurso extraordinário provido.[7]

Na espécie a Organização das Nações Unidas questionava decisão do Tribunal Superior do Trabalho em ações movidas por empregados brasileiros que, após o término da prestação de serviços ao *Programa das Nações Unidas para o Desenvolvimento* - PNUD, este sem personalidade jurídica, pleitearam direitos e vantagens assegurados pela leis trabalhistas locais. A Organização lembrou que suas relações de trabalho no território de qualquer de seus Estados membros submetem - se a um regime próprio, e que o contencioso é sempre possível perante seu Tribunal Administrativo, não junto à Justiça local.

O que se há de destacar nesse feito é a correção, pelo Supremo, de um dentre diversos equívocos de instâncias ordinárias da Justiça do Trabalho - creio que o mais grave, e possivelmente o único a passar incólume pelo crivo do Tribunal Superior.

Ora, quando do precedente de 1989 o Supremo Tribunal Federal decidiu à luz estrita do direito, confrontando normas insubsistentes com outras de validade indiscutida. O Tribunal não fez então, como pareceram crer alguns analistas de sua jurisprudência, um *direito alternativo* à base da "indignação ética" - embora consciente dos efeitos sociais penosos que a imunidade absoluta do Estado estrangeiro até então produzia, no Brasil como alhures. Aqui, contudo, qualquer

7 Na ocasião o Ministro Joaquim Barbosa ressaltou que o vínculo jurídico entre aqueles empregados e o PNUD é diferente do existente nas relações trabalhistas no Brasil. *"A remuneração é acima da média nacional e os contratados não pagam contribuição previdenciária nem descontam Imposto de Renda, por exemplo"*, observou o ministro. Para o Ministro Ricardo Lewandowski, quem contrata com a ONU sabe as implicações advindas disso, como submeter um eventual litígio a um organismo internacional, e não à legislação brasileira.

ressentimento diante da imunidade das Nações Unidas ou de suas agências teria sido um perfeito despropósito, seja porque não faltam mecanismos de solução de controvérsias previstos pelo sistema organizacional e pelos contratos celebrados em nosso meio, seja porque a própria Organização nunca foi a usuária final dos serviços contratados, prestados estes, sempre, aos projetos de desenvolvimento acordados com o Brasil e quase sempre geridos por órgãos da administração pública brasileira. O prognóstico sobre o futuro da ONU seria desalentador caso a Organização devesse enfrentar em centena e meia de países menos dotados que o Brasil, onde também patrocina programas de desenvolvimento, aquilo que ela entre nós correu um dia o risco de lhe ver imposto – por conta de uma singularíssima *represália judiciária*, ou simplesmente por causa de uma leitura equívoca do ensinamento já vintenário do Supremo Tribunal Federal.

O HC 127.483 e a natureza jurídica da colaboração premiada

Min. José Antonio Dias Toffoli

1. Contexto e síntese do caso

O Habeas Corpus (HC) nº 127.483/PR, de minha relatoria (DJe de 4/2/16), julgado pelo Plenário em 27 de agosto de 2015, é o *leading case* da jurisprudência do Supremo Tribunal Federal acerca da colaboração premiada. Nessa decisão, o Tribunal definiu a natureza jurídica desse instituto como meio de obtenção de prova e como negócio jurídico processual, lançando as premissas teóricas para a compreensão de um importante instrumento de colheita de informações no curso das fases investigativa e processual da persecução penal.

A colaboração premiada está prevista na Lei nº 12.850, de 2 de agosto de 2013, que define o que é organização criminosa e dispõe sobre a investigação criminal, os meios de obtenção da prova, as infrações penais correlatas e o procedimento criminal. Essa lei, oriunda do Projeto de Lei do Senado nº 150/2006 (Projeto de Lei nº 6.578/2009 na Câmara dos Deputados), foi aprovada sob o impulso e inspiração do Segundo Pacto Republicano, firmado em 2009 pelos três Poderes[1]. O Ministro Gilmar Mendes era Presidente do STF na época e subscreveu o acordo. Esse pacto redundou em uma série de estruturas legais que modernizaram a legislação penal e processual penal brasileira[2].

---

1 O documento que resultou desse ajuste previa, dentre uma lista de questões prioritárias, a revisão da legislação sobre crime organizado (anexo, item 1.8). Fonte: http://www.planalto.gov.br/ccivil_03/Outros/IIpacto.htm.

2 Como decorrência desse Pacto, também foram aprovadas, além da lei sobre organizações criminosas, a Lei nº 12.683/2012, que ampliou a abran-

A Lei nº 12.850/13 foi aprovada em um ambiente político e social de crescente questionamento à impunidade, no qual se cobrava maior rigor na investigação e na punição de crimes relacionados à corrupção envolvendo parcela das classes política e empresarial do país. Essa insatisfação foi um dos principais combustíveis das grandes manifestações de rua de 2013, as quais, embora não possam ser consideradas determinantes para a edição da Lei nº 12.850/2013, certamente contribuíram para sua aprovação.

Outro fator que influenciou a edição do diploma de 2013 foi o julgamento da Ação Penal nº 470, conhecida como Caso Mensalão, no contexto da qual ficaram evidentes as deficiências técnicas da Lei nº 9.613, de 3 de março de 1998 (antiga Lei de Lavagem de Dinheiro), sobretudo no que concerne à ausência de um conceito de organização criminosa. O enfrentamento ao crime organizado exigia o aprimoramento das tecnologias investigativas e das normas de direito penal e processo penal correlatas.

A Lei nº 12.850/2013 aperfeiçoou a legislação penal e o processo penal de combate à criminalidade organizada em diversos aspectos. Além de trazer o conceito legal de organização criminosa, ausente na legislação anterior, trouxe preciosos instrumentos de investigação e meios de obtenção de prova, os quais estão arrolados no art. 3º do diploma. Dentre eles, destaca-se a colaboração premiada, uma valiosa ferramenta de descoberta de ilícitos e de recuperação de ativos financeiros.

Desde a edição da lei, a colaboração premiada tem sido uma das principais propulsoras da denominada operação "Lava Jato", que investiga crimes relacionados a desvios de recursos da Petrobras. A importância da colaboração premiada para o avanço dessa investigação é evidenciada na seguinte análise de Oscar Vilhena Vieira:

> Em grande medida, a Operação Lava Jato é tributária do processo do mensalão, que alterou o padrão de relacionamento entre as agências de aplicação da lei e o corpo político brasileiro, do

gência do tipo penal da lavagem de dinheiro, e a Lei nº 12.846/2013, conhecida como a Lei Anticorrupção.

> amplo apoio popular obtido durante as manifestações de junho de 2013, assim como da incorporação ao sistema jurídico brasileiro do instituto da delação premiada, por intermédio da lei nº 12850, sancionada pela ex-presidente Dilma Rousseff, logo após a primeira onda de protestos. A introdução dessa ferramenta jurídica alterou de forma significativa o poder de investigação das instituições e a possibilidade de responsabilização daqueles que participam de organização criminosa para praticar diversas atividades ilegais, entre as quais os crimes contra a administração pública. Sem esse mecanismo, dificilmente a operação Lava Jato teria conseguido expor as entranhas da engrenagem de corrupção e financiamento de campanha que irrigou o sistema político brasileiro nas últimas décadas[3].

Não obstante a correlação comumente feita entre a colaboração premiada e a Lava Jato, a relevância do aludido meio de obtenção de prova obviamente transcende os limites dessa operação, tendo servido ao aprimoramento do processo penal brasileiro e ao combate ao crime organizado de maneira geral, sobretudo no que tange às investigações dos chamados crimes de colarinho branco, dos quais geralmente se tem poucas provas, tendo em vista a dificuldade de sua obtenção sem informações prévias.

A Lei nº 12.850/2013 define a colaboração premiada como um meio de obtenção de provas consistente em um acordo celebrado entre o Estado e o delator, pelo qual esse se compromete a alcançar algum dos resultados previstos no art. 4º, incisos de I a V. Esse acordo deve ser homologado pelo juiz competente, nos termos do art. 4º, § 7º, da lei. Apesar da extensa disciplina legal prevista nos artigos de 4º a 7º da lei, a norma é genérica em muitos aspectos, o que gera controvérsias e impasses judiciais.

O acordo de colaboração premiada do doleiro Alberto Youssef, celebrado na primeira fase da operação Lava Jato – e que veio a dar grande impulso a essa operação –, foi um dos primeiros acordos ho-

---

3 VIEIRA. Oscar Vilhena. *A batalha dos poderes: da transição democrática ao mal-estar constitucional.* São Paulo: Companhia das Letras, 2018. pp. 46-47.

mologados pelo Supremo Tribunal Federal, por despacho monocrático do saudoso Ministro Teori Zavascki na Pet nº 5.244/DF. Essa decisão foi questionada por meio do HC nº 127.483/PR em abril de 2015.

No HC, impetrado em favor de um delatado, alegava-se, em síntese, a ilegalidade do termo de colaboração e a legitimidade do paciente para questionar a decisão de homologação. Aduzia a defesa do paciente que a autoridade judicial, ao homologar o acordo, deveria verificar a confiabilidade do delator, o qual, segundo sua visão, não era digno de confiança, por ter sido considerado um criminoso profissional pelo Estado-acusador e por ter desrespeitado um acordo anterior.

As alegações trazidas nessa ação refletiam as dúvidas que pairavam em torno do instituto, as quais demandaram especial exame pelo Tribunal, que produziu verdadeiro estudo doutrinário acerca da delação premiada, fornecendo balizas claras para sua aplicação e para a verificação de sua regularidade.

2. Principais conclusões do julgamento

Em 27 de agosto de 2015, o Plenário do STF, por unanimidade, negou o *habeas corpus*, nos termos do voto do relator do caso, por não verificar irregularidade na homologação do termo de colaboração premiada. O voto condutor do acórdão faz um histórico do instituto da colaboração premiada, desde suas origens, e traz um exame acurado acerca da natureza jurídica do instituto.

Dentre as inúmeras questões relevantes tratadas no julgamento, destacam-se duas: a definição da natureza jurídica da colaboração premiada como negócio jurídico processual e a impossibilidade de o delatado impugnar o acordo de colaboração.

2.1. A colaboração premiada como negócio jurídico processual

O Supremo Tribunal Federal assentou que a colaboração premiada, por expressa previsão legal, corresponde a um meio de obtenção de prova, e não a um meio de prova propriamente dito, destinando-se à "aquisição de entes (coisas materiais, traços [no sentido de vestígios ou indícios] ou declarações) dotados de capacidade probatória"[4]. Portanto, a colaboração premiada não tem valor probatório por si só, sendo apenas um meio de obtenção de provas materiais, o qual não se confunde com os depoimentos prestados pelo agente colaborador.

A par disso, concluiu o Tribunal que a colaboração premida constitui negócio jurídico processual. Nesse particular, a decisão rende justa homenagem a um dos maiores civilistas do Brasil, o Professor Antônio Junqueira de Azevedo, da Faculdade de Direito do Largo de São Francisco, cuja obra doutrinária embasou o voto condutor do acórdão.

Partindo da definição de negócio jurídico processual como uma declaração de vontade, unilateral ou bilateral, dirigida ao fim específico de produção de efeitos no âmbito do processo[5], a Corte concluiu que a colaboração premiada detém tal natureza, uma vez que o objeto desse tipo de acordo é a cooperação do imputado para a investigação e para o processo criminal. Ressaltou-se que, embora a colaboração premiada tenha repercussão no direito penal material (ao estabelecer as sanções premiais a que fará jus o imputado-colaborador se resultar exitosa sua cooperação), ela se destina precipuamente a produzir efeitos no âmbito do processo penal.

Após assim definir a natureza jurídica da colaboração premiada, o Supremo Tribunal Federal, novamente embasado na lição de Antônio Junqueira de Azevedo, passou a examiná-la nos três planos sucessivos de análise do negócio jurídico: i) da existência, pela análise de seus elementos, a fim de verificar se o negócio é existente ou inexistente; ii) da validade, pela análise de seus requisitos, a fim de verificar se o negócio existente é válido ou inválido (subdividido em nulo e anulável); e iii) da eficácia, pela análise de seus fatores, a fim

4 CHIAVARIO, Mario. *Diritto processuale penale – profilo istituzionale.* 5ª ed. Torino: Utet Giuridica, 2012. p. 353.

5 RODRIGUES Júnior, Otávio Luiz. Estudo dogmático da forma dos atos processuais e espécies. *Revista Jurídica*, nº 321, ano 52. Porto Alegre: Notadez, julho/2004, p. 53.

de verificar se o negócio existente e válido é eficaz ou ineficaz em sentido estrito.[6]

O Tribunal consignou que o art. 6º da Lei nº 12.850/13 estabelece os elementos de *existência* do acordo de colaboração premiada. Esse acordo deverá ser feito por escrito e conter: i) o relato da colaboração e seus possíveis resultados; ii) as condições da proposta do Ministério Público ou do delegado de polícia; iii) a declaração de aceitação do colaborador e de seu defensor; e iv) as assinaturas do representante do Ministério Público ou do delegado de polícia, do colaborador e de seu defensor[7].

Quanto ao plano subsequente, da *validade*, o acordo de colaboração somente será válido: i) se a declaração de vontade do colaborador for a) resultante de um processo volitivo; b) realizada com plena consciência da realidade; c) escolhida com liberdade e d) deliberada sem má-fé; e ii) se seu objeto for lícito, possível e determinado ou determinável.

Nesse sentido, aliás, o art. 4º, *caput* e seu § 7º, da Lei nº 12.850/13 exige, como requisitos de validade do acordo de colaboração, a voluntariedade do agente, a regularidade e a legalidade de seus termos. Quanto à voluntariedade, destacou o voto condutor do HC nº 127.483 que o requisito de validade do acordo é a liberdade psíquica do agente, e não sua liberdade de locomoção. Portanto, assentou-se não haver óbice a que o acordo seja firmado com imputado que esteja custodiado, provisória ou definitivamente, desde que presente a voluntariedade dessa colaboração. Tanto isso é verdade que a lei possibilita que o imputado preso por força de sentença condenatória formalize, após seu trânsito em julgado, um acordo de colaboração premiada (art. 4º, § 5º, da Lei nº 12.850/13).

---

6 AZEVEDO, Antônio Junqueira de. *Negócio jurídico: existência, validade e eficácia.* 4ª ed. atual. de acordo com o novo Código Civil (Lei nº 10.406, de 10/1/02). São Paulo: Saraiva, 2002, pp. 23-64.

7 Na decisão ficou assentado que "a especificação das medidas de proteção ao colaborador e à sua família", prevista no inciso V do art. 6º, afigura-se um elemento particular eventual, uma vez que, conforme expresso nesse dispositivo, o acordo somente disporá sobre tais medidas "quando necessário".

No que tange ao plano da *eficácia*, restou consignado, no julgamento, que o acordo existente e válido somente será eficaz se for submetido à homologação judicial (art. 4º, § 7º, da Lei nº 12.850/13). Destacou-se que esse provimento interlocutório, em que não se julga o mérito da pretensão acusatória, e sim se resolve uma questão incidente, tem natureza *meramente homologatória*, limitando-se a estabelecer a "regularidade, [a] legalidade e [a] voluntariedade" do acordo (art. 4º, § 7º, da Lei nº 12.850/13).

Para o Supremo Tribunal Federal, o juiz, ao homologar o acordo de colaboração, não emite nenhum juízo de valor a respeito das declarações eventualmente já prestadas pelo colaborador à autoridade policial ou ao Ministério Público, tampouco confere o signo da idoneidade a seus depoimentos posteriores. A homologação judicial constitui *simples fator de atribuição de eficácia* ao acordo de colaboração. Sem essa homologação, o acordo, embora possa existir e ser válido, não será eficaz, ou seja, não se produzirão os efeitos jurídicos diretamente almejados pelas partes.

Finalmente, a Corte aduziu que, havendo um acordo de colaboração existente, válido e eficaz, a aplicação da sanção premial nele prevista dependerá do efetivo cumprimento pelo colaborador das obrigações por ele assumidas, com a produção de um ou mais dos seguintes resultados (incisos de I a V do art. 4º da Lei nº 12.850/13): a) identificação dos demais coautores e partícipes da organização criminosa e das infrações penais por eles praticadas; b) revelação da estrutura hierárquica e da divisão de tarefas da organização criminosa; c) prevenção de infrações penais decorrentes das atividades da organização criminosa; d) recuperação total ou parcial do produto ou do proveito das infrações penais praticadas pela organização criminosa; e e) localização de eventual vítima com sua integridade física preservada.

Caso não sobrevenha nenhum desses resultados concretos para a investigação, restará demonstrado o inadimplemento do acordo por parte do colaborador, e não se produzirá a consequência por ele almejada (aplicação da sanção premial). Assim, com a homologação do acordo de colaboração premiada – como dito, fator de atribuição de eficácia desse negócio jurídico –, ulteriormente, na fase do julgamento, seus termos serão apreciados no intuito de se aferir se houve ou não o adimplemento das obrigações assumidas pelo colaborador, visando à outorga da sanção premial correspondente.

2.2. Da impossibilidade de o delatado impugnar o acordo de colaboração

O Supremo Tribunal Federal também assentou a inovadora tese de que, por se tratar de um negócio jurídico processual personalíssimo, o acordo de colaboração premiada não pode ser impugnado por coautores ou partícipes do colaborador na organização criminosa e nas infrações penais por ela praticadas, ainda que esses venham a ser expressamente nominados no respectivo instrumento quando do "relato da colaboração e seus possíveis resultados" (art. 6º, I, da Lei nº 12.850/13).

A Corte fixou que o acordo de colaboração, como negócio jurídico personalíssimo, não vincula o delatado e não atinge diretamente sua esfera jurídica (*res inter alios acta*). Isso porque a colaboração premiada é negócio jurídico processual que tem por finalidade precípua a aplicação da sanção premial ao colaborador, com base nos resultados concretos que trouxer para a investigação e para o processo criminal.

Assim, para o Supremo Tribunal Federal, a homologação do acordo de colaboração, por si só, não produz nenhum efeito na esfera jurídica do delatado, uma vez que não é o acordo propriamente dito que a pode atingir, mas sim as imputações constantes dos depoimentos do colaborador ou as medidas restritivas de direitos fundamentais que vierem a ser adotadas com base nesses depoimentos e nas provas por ele indicadas ou apresentadas – o que, conforme destacado na decisão, poderia ocorrer antes, ou mesmo independentemente, de um acordo de colaboração.

Destacou-se que, não obstante o delatado não possa impugnar os termos do acordo de colaboração feito por terceiro, a ele deve ser assegurado o direito ao contraditório e à ampla defesa. Com efeito, nos procedimentos em que figurarem como imputados, os coautores ou partícipes delatados terão legitimidade para confrontar, em juízo, as afirmações sobre fatos relevantes feitas por colaborador e as provas por ele indicadas. Também terão legitimidade para impugnar, a qualquer tempo, as medidas restritivas de direitos fundamentais eventualmente adotadas em seu desfavor com base naquelas declarações e provas, inclusive sustentando sua inidoneidade para servir de plataforma indiciária para a decretação daquelas medidas.

3. Relevância e transcendência da decisão

A decisão do Tribunal no HC nº 127.483/PR foi extremamente oportuna e necessária, tendo em vista as lacunas deixadas pela Lei nº 12.850/13, que é genérica em muitos aspectos. Ademais, a decisão foi proferida dentro de um contexto de intensificação do uso da colaboração premiada como meio de obtenção de informações na investigação de crimes de corrupção envolvendo parcela das classes política e empresarial do país.

No aludido julgamento, a Corte fixou a natureza jurídica da colaboração premiada como meio de obtenção de prova e como negócio jurídico processual, estabelecendo as balizas para a correta utilização do novo instrumento e para o exame pelo Poder Judiciário da regularidade dos acordos levados a sua apreciação. **Vide** que o acórdão fornece critérios detalhados para a análise sucessiva da existência, da validade e da eficácia dos acordos de colaboração e para a incidência da sanção premial.

Ademais, ao afirmar a impossibilidade de o delatado impugnar o acordo de colaboração premiada, a decisão fixou os parâmetros dentro dos quais será garantido ao deletado o exercício pleno do contraditório e da ampla defesa. O Tribunal reafirmou as garantias processuais constitucionais dos delatados, mostrando-se, assim, fiel ao desempenho de sua missão de guardiã dos direitos fundamentais.

Desse modo, o Supremo Tribunal Federal garantiu a segurança jurídica no trato da matéria, evitando o prolongamento de discussões judiciais acerca do tema e ulteriores declarações de nulidade de provas obtidas com base em acordos de colaboração que viessem a ser considerados inválidos por critérios distintos daqueles finalmente fixados pelo Tribunal.

Um dos principais papéis do Poder Judiciário é promover a segurança jurídica no país, garantindo que as leis e a Constituição sejam devidamente observadas e interpretadas de forma coerente e previsível. A segurança jurídica é garantida especialmente pelo Supremo Tribunal Federal, quando modera os conflitos democráticos e confere a última palavra nas controvérsias jurídicas e políticas que são levadas a sua apreciação.

Diante dos novos institutos do processual penal e da modernização da persecução penal no país, de que é exemplo a colaboração premiada, cabe ao STF – ao atuar como corte criminal no que tange aos agentes públicos do alto escalão da República ou como última instância recursal em matéria criminal – determinar a correta interpretação desses institutos, contribuindo para o aprimoramento no direito no país e garantindo a segurança jurídica no manejo dessas novas ferramentas, como fez no julgamento do HC nº 127.483/PR.

A decisão do HC nº 127.483/PR tornou-se um ponto de partida teórico em matéria de colaboração premiada. Ela lançou as premissas com base nas quais se deram todas as discussões posteriormente ocorridas no Supremo Tribunal Federal acerca da matéria. Em todos os casos analisados pelo tribunal quanto ao tema, o julgamento do HC nº 127.483/PR é citado e utilizado como referência para a formação das teses.

Com efeito, em junho de 2017, a Corte decidiu que, nas ações penais de competência do Supremo Tribunal Federal, compete ao relator homologar, monocraticamente, o acordo de colaboração premiada, ocasião em que analisa tão somente a regularidade, a legalidade e a voluntariedade da avença. A análise da eficácia do acordo e do cumprimento de seus termos ocorre somente no julgamento de mérito da questão pelo órgão colegiado competente (Pet nº 7.074 QO/DF, Rel. Min. Edson Fachin, DJe de 3/5/18).

Para chegar a essas conclusões, o Tribunal se embasou no aresto do HC nº 127.483/PR, reafirmando a competência do relator para a homologação dos acordos de colaboração –corolário dos poderes instrutórios para ordenar a realização de meios de obtenção de provas –, o caráter de negócio jurídico processual da colaboração premiada e a natureza meramente homologatória do provimento interlocutório do relator.

Em junho de 2018, o Tribunal decidiu que é constitucional a competência conferida pela Lei nº 12.850/13[8] aos delegados de polícia para formalizar acordos de colaboração premiada na fase de inquérito policial, respeitadas as prerrogativas do Ministério Público, o qual deve se manifestar, sem caráter vinculante, previamente à decisão judicial (ADI 5.508/DF, Rel. Min. Marco Aurélio, DJe de 5/11/19). Essa decisão também se embasou nas premissas lançadas no HC nº 127.483/PR, sobretudo na ideia da colaboração premiada como meio de obtenção de prova, e não como meio de prova.

Mais recentemente, em outubro de 2019, o STF decidiu que, em ações penais com réus colaboradores e não colaboradores, é direito dos delatados apresentar as alegações finais depois dos réus que firmaram acordo de colaboração (HC 166.373/DF, Rel. Min. Edson Fachin, Red. p/ o acórdão Min. Alexandre de Moraes). O voto do Ministro Alexandre de Moraes, que formou a corrente majoritária, partiu da premissa de que, sendo a colaboração premiada um meio de obtenção de prova, seu contraditório é diferido, devendo ser realizado durante a ação penal, quando se torna possível a impugnação das informações prestadas pelo delator, conforme assentado no HC nº 127.483/PR.

A partir do julgamento do HC nº 127.483/PR, o instituto da delação premiada adquiriu maior relevância, projetando-se como um dos principais instrumentos de obtenção de informações para a investigação de crimes de colarinho branco e a recuperação de ativos financeiros desviados em práticas criminosas. Segundo balanço divulgado em dezembro de 2018 pelo Ministro Edson Fachin, relator da operação Lava Jato no STF, de 2016 até aquele momento, o Tribunal já havia homologado 110 colaborações premiadas. Essas homologações resultaram no pagamento de multas no valor total de

8 A referida atribuição de competência deflui das expressões "e o delegado de polícia, nos autos do inquérito policial, com a manifestação do Ministério Público" e "entre o delegado de polícia, o investigado e o defensor, com a manifestação do Ministério Público, ou, conforme o caso", que constam dos §§ 2º e 6º do art. 4º da Lei nº 12.850/13 e foram declaradas constitucionais pelo STF no julgamento da ADI 5.508/DF.

R$ 782.219.865,00 (setecentos e oitenta e dois milhões duzentos e dezenove mil oitocentos e sessenta e cinco reais)[9].

Portanto, a decisão do HC nº 127.483/PR não somente determinou a compreensão teórica e os rumos da jurisprudência da Corte em matéria de colaboração premiada, mas também influenciou o destino das investigações acerca de crimes praticados por organizações criminosas, contribuindo para a intensificação do combate à criminalidade. Trata-se de julgamento histórico, que honra a atuação do Supremo Tribunal Federal como moderador de conflitos e garantidor da segurança jurídica no país.

4. Referências bibliográficas

AZEVEDO, Antônio Junqueira de. *Negócio jurídico: existência, validade e eficácia.* 4ª ed. atualizada de acordo com o novo Código Civil (Lei nº 10.406, de 10/1/02). São Paulo: Saraiva, 2002.

CHIAVARIO, Mario. *Diritto processuale penale – profilo istituzionale.* 5ª ed. Torino: Utet Giuridica, 2012.

RODRIGUES Júnior, Otávio Luiz. Estudo dogmático da forma dos atos processuais e espécies. *Revista Jurídica,* nº 321, ano 52. Porto Alegre: Notadez, julho/2004.

VIEIRA. Oscar Vilhena. *A batalha dos poderes: da transição democrática ao mal-estar constitucional.* São Paulo: Companhia das Letras, 2018.

Homologação de acordos de colaboração premiada no STF restituem mais de R$ 780 milhões em multas na Operação Lava-Jato. Fonte: http://www.stf.jus.br/portal/cms/verNoticiaDetalhe.asp?idConteudo=398165. Acesso em: 15 nov. 2019.

9 Homologação de acordos de colaboração premiada no STF restituem mais de R$ 780 milhões em multas na Operação Lava-Jato. Fonte: http://www.stf.jus.br/portal/cms/verNoticiaDetalhe.asp?idConteudo=398165. Acesso em: 15 nov. 2019.

Comentário a ADPF 449

Rel. Min. Luiz Fux, julgada procedente para declarar inconstitucional Lei Municipal de Fortaleza nº 10.553/2016, por ofensa aos artigos 1º, IV; 5º, caput, XIII e XXXII; 22, IX, XI e XVI; 144, § 10, I; 170, caput, IV, V e VIII; e 173, § 4º, todos da Carta Magna.

Ministro Luis Felipe Salomão

"É utilíssimo para um povo ter boas leis; mas é melhor ainda ter bons juízes.

A grande aspiração do jurista é a justiça.

O legislador busca traduzi-la em fórmulas; o jurista a estuda, esquadrinha, investiga, sonda; o juiz, mais que qualquer outra pessoa, é quem a realiza.

O bom juiz resiste às leis manifestamente iníquas, corrige as imperfeitas, dá polimento e vida às excelentes e põe em prática a norma que se aproxima do ideal.

Há, na verdade, duas maneiras de conceber a função do juiz.

A primeira é a descrita com tanta finura por Kantorowicz, reproduzida mais tarde por Calamandrei, lembrando a figura do juiz funcionário público, armado com aquela máquina de pensar que o prende aos grilhões da letra estreita da lei.

O segundo é a do juiz que sente e pensa como qualquer pessoa normal, que não é peça de uma engrenagem; que vivifica a lei como o oxigênio da realidade.

Esse é o bom juiz, que tem a firmeza no agir e a suavidade no trato.

O bom juiz é, antes de mais nada, um justo"

(Hélio Tornaghi)

1. Breve introdução

Corria o ano de 1982 quando, em primeiro lugar, **Luiz Fux** ingressou no concurso de provas e títulos para a magistratura do Estado do Rio de Janeiro. Naquele ano, a seleção brasileira de futebol – com uma geração de craques – perdia a Copa do Mundo da Espanha, mas em compensação realizamos as primeiras eleições para Governadores após a redemocratização. Gabriel Garcia Marquez ganhou com muita justiça o prêmio Nobel de literatura, no entanto, as artes perderam muito naquele ano, morreu Elis Regina.

Foi nesse cenário que o jovem Juiz passou a atuar naquele vetusto e imponente prédio do Tribunal de Justiça, Corte que conta com mais de duzentos e sessenta anos de história.

No pórtico principal desta Casa de Justiça, há três estátuas representando simbolicamente a Lei, a Justiça e a Equidade, de autoria de um **juiz-artista, Deocleciano Martins de Oliveira Filho**.

A estátua da Justiça é representada de maneira singular. É um Cristo togado, segurando com uma das mãos o cetro do poder outorgado pelo povo a quem serve, e, com a outra mão, o dedo indicador aponta para a própria consciência.

Trilhou toda a carreira da magistratura com grande eficiência e humildade. Foi juiz substituto, juiz de direito, juiz do velho Tribunal de Alçada Cível, Desembargador, Ministro do Superior Tribunal de Justiça e depois Ministro do Supremo Tribunal Federal.

O Ministro Luiz Fux é catedrático em Processo Civil e Livre-docente da mesma disciplina, aprovado em concursos realizados na Faculdade de Direito da Universidade do Estado do Rio de Janeiro, nos anos de 1988 e 1994, respectivamente, tendo sido aprovado em ambos os certames em primeiro lugar.

Autor de incansável número de obras jurídicas, palestrante no Brasil e no exterior.

Foi Presidente da Comissão de Juristas instituída pelo Ato n° 379, de 2009, do Presidente do Senado Federal, encarregada de elaborar o Novo Código de Processo Civil Brasileiro

Carreira sem mácula!

2. Exemplos de casos relevantes

Após uma longa e profícua passagem pelo Superior Tribunal de Justiça, o Ministro Luiz Fux, no Supremo Tribunal Federal, foi protagonista de inúmeros julgamentos históricos, como, dentre outros: a) constitucionalidade da chamada "Lei da Ficha Limpa" (RE 633703); b) liminar em ação direta de inconstitucionalidade, em que se discutem as regras de citação dos interessados na demarcação de área de marinha (ADI 4264); c) conflito entre coisas julgadas no processo penal (HC 101131); d) equiparação da união homoafetiva à união estável prevista no artigo 1.723 do Código Civil (ADI 4277 e ADPF 132); e) libertação do italiano Cesare Battisti (Extradição 1085); f) descriminalização da "marcha da maconha" (ADI 4274).

Outrossim, foi relator de casos emblemáticos: a) repercussão geral na matéria referente à competência legislativa municipal para dispor sobre a obrigatoriedade de prestação de serviços de acondicionamento ou embalagem de compras em supermercados e similares (Agravo em RE 642202); b) questionamento da Lei da Anistia - Lei 6.683/79 (ADPF 153); c) extinção da punibilidade pelo pagamento do tributo no crime de descaminho e retroatividade da lei penal mais benéfica (HC 85942); d) eficácia das normas orçamentárias e a separação dos Poderes (ADI 4663); e) elemento subjetivo nos homicídios de trânsito (HC 101698); f) fixou o entendimento de que o envio de informações relativas a operações de crédito — recursos públicos — ao TCU não é coberto pelo sigilo bancário e que o acesso a tais dados é imprescindível à atuação do TCU na fiscalização das atividades do BNDES (MS 33.340/DF).

3. Caso Uber e aplicativos para transporte individual de passageiros

Coube-me um breve comentário sobre o voto do relator Ministro Luiz Fux, em que o Plenário da Suprema Corte, por unanimidade, declarou a inconstitucionalidade da Lei Municipal de Fortaleza/CE n. 10.553/2016, que proibia o transporte individual de passageiros intermediado por aplicativo (Uber e assemelhados), e conclui que: "1. A proibição ou restrição da atividade de transporte privado individual por motorista cadastrado em aplicativo é inconstitucional, por violação aos princípios da livre iniciativa e da livre concorrência; e 2. No exercício de sua competência para regulamentação e fiscalização do transporte privado individual de passageiros, os Municípios e o Distrito Federal não podem contrariar os parâmetros fixados pelo legislador federal (CF/1988, art. 22, XI)".

Principais fundamentos utilizados pelo eminente Relator em prol da liberdade de atuação e do empreendedorismo:

> (i) Não há regra nem princípio constitucional que prescreva a exclusividade do modelo de táxi no mercado de transporte individual de passageiros;
>
> (ii) É contrário ao regime de livre iniciativa e de livre concorrência a criação de reservas de mercado em favor de atores econômicos já estabelecidos, com o propósito de afastar o impacto gerado pela inovação no setor;
>
> (iii) a possibilidade de intervenção do Estado na ordem econômica para preservar o mercado concorrencial e proteger o consumidor não pode contrariar ou esvaziar a livre iniciativa, a ponto de afetar seus elementos essenciais.
>
> iv) Estudo do Conselho Administrativo de Defesa Econômica aponta não haver elementos econômicos que justifiquem a proibição de novos prestadores de serviço de transporte individual, e que a atuação de novos agentes no setor tende a ser positiva.
>
> v) O sistema constitucional de proteção de liberdades goza de prevalência *prima facie*, devendo eventuais restrições ser informadas por um parâmetro constitucionalmente legítimo e adequar-se ao teste da proporcionalidade, exigindo-se ônus de justificação regulatória baseado em elementos empíricos que demonstrem o atendimento dos requisitos para a intervenção.
>
> vi) Os benefícios gerados aos consumidores pela atuação de aplicativos de transporte individual de passageiros são documentados na literatura especializada, que aponta, mediante métodos de pesquisa empírica, expressivo excedente do consumidor (*consumer surplus*), consistente na diferença entre o benefício marginal na aquisição de um bem ou serviço e o valor efetivamente pago por ele, a partir da interação entre a curva de demanda e o preço de mercado, por isso que a proibição da operação desses serviços alcança efeito inverso ao objetivo de defesa do consumidor imposto pelos artigos 5º, XXXII, e 170, V, da Constituição.

> vii) privilegia a livre iniciativa e a livre concorrência; incentiva a inovação; tem impacto positivo sobre a mobilidade urbana e o meio ambiente; protege o consumidor; e é apta a corrigir as ineficiências de um setor submetido historicamente a um monopólio "de fato".

As teses aprovadas:

> a) "A proibição ou restrição da atividade de transporte por motorista cadastrado em aplicativo é inconstitucional, por violação aos princípios da livre iniciativa e livre concorrência";
>
> b) "No exercício de sua competência para regulamentação e fiscalização do transporte privado individual de passageiros, os municípios e o Distrito Federal não podem contrariar os parâmetros fixados pelo legislador federal na Lei 13.640 e pela Constituição Federal".

Neste julgamento, percebe-se nitidamente a visão empreendedora e alinhada com a modernidade do julgador, também os principais conceitos da análise econômica do direito.

4. Conclusão

Em relação ao Ministro Luiz Fux, os incontáveis predicativos de sua personalidade fazem lembrar o que escreveu **Cervantes**, compondo um de seus personagens:

> "Único em empenho, único em cortesia, extremo em gentilezas, fênix na amizade, magnífico sem senão, grave sem presunção, alegre sem baixeza e, finalmente, primeiro em tudo que é ser bom".

O Supremo e a terceirização: livre iniciativa e novas estratégias de produção

Min. Luís Roberto Barroso
Patrícia Perrone Campos Mello

Introdução

Em 30.08.2018, o Supremo Tribunal Federal (STF) concluiu o julgamento conjunto de dois casos paradigmáticos em matéria de Direito do Trabalho – a ADPF 324, movida pela Associação Brasileira do Agronegócio – ABAG, e o RE 958.252, interposto por Celulose Nipo Brasileira S/A – CENIBRA –, relatados respectivamente pelos ministros Luís Roberto Barroso e Luiz Fux. Por meio de tais casos, o Tribunal reconheceu a possibilidade de terceirização de toda e qualquer atividade pelas empresas. Terceirizar significa transferir parte da atividade desempenhada por um agente econômico – a empresa contratante ou tomadora – para outra empresa inserida em sua cadeia produtiva, denominada contratada ou prestadora de serviço. A terceirização sempre foi vista com grandes reservas pela Justiça do Trabalho, que a percebia como violadora de direitos trabalhistas e buscava limitá-la. As empresas, a seu turno, argumentavam tratar-se de uma forma legítima de estruturação da produção, imprescindível para preservar a sua competitividade.

Ambos os casos examinados pelo STF traziam relatos semelhantes: o Tribunal Superior do Trabalho (TST) formulara, sobre a matéria, a Súmula 331, que vedava a terceirização de atividade-fim, segundo os postulantes, sem base legal para fazê-lo. Não bastasse isso, a jurisprudência vinha conferindo ao referido verbete tratamento conflitante. Parte importante das decisões sobre a matéria valia-se de interpretações que consideravam quase qualquer serviço como atividade-fim, o que, na prática, implicava a inviabilidade de terceirizar grande parte das próprias atividades-meio. Confira-se o teor da Súmula 331:

> I – A contratação de trabalhadores por empresa interposta é ilegal, formando-se o vínculo diretamente com o tomador dos serviços, salvo no caso de trabalho temporário (Lei nº 6.019, de 03.01.1974).
>
> II – A contratação irregular de trabalhador, mediante empresa interposta, não gera vínculo de emprego com os órgãos da Administração Pública direta, indireta ou fundacional (art. 37, II, da CF/1988).
>
> III – Não forma vínculo de emprego com o tomador a contratação de serviços de vigilância (Lei nº 7.102, de 20.06.1983) e de conservação e limpeza, bem como a de serviços especializados ligados à atividade-meio do tomador, desde que inexistente a pessoalidade e a subordinação direta.
>
> IV – O inadimplemento das obrigações trabalhistas, por parte do empregador, implica a responsabilidade subsidiária do tomador dos serviços quanto àquelas obrigações, desde que haja participado da relação processual e conste também do título executivo judicial.
>
> V – Os entes integrantes da Administração Pública direta e indireta respondem subsidiariamente, nas mesmas condições do item IV, caso evidenciada a sua conduta culposa no cumprimento das obrigações da Lei nº 8.666, de 21.06.1993, especialmente na fiscalização do cumprimento das obrigações contratuais e legais da prestadora de serviço como empregadora. A aludida responsabilidade não decorre de mero inadimplemento das obrigações trabalhistas assumidas pela empresa regularmente contratada.
>
> VI – A responsabilidade subsidiária do tomador de serviços abrange todas as verbas decorrentes da condenação referentes ao período da prestação laboral.

Em tal contexto, no entendimento dos postulantes, a Súmula 331 e a interpretação que lhe era conferida pela jurisprudência implicavam violação, entre outros: (i) ao princípio da legalidade, uma vez que não havia lei proibindo ou limitando a terceirização, tal como pretendia a súmula (art. 5º, II, CF); (ii) à livre iniciativa e à livre concorrência, por suprimir a liberdade dos agentes econômicos de contratar e de estabelecer suas próprias estratégias de produção e de competição (arts. 1º, IV, e 170, *caput* e IV, CF); e (iii) à segurança jurídica e ao tratamento isonômico entre concorrentes, dado que a jurisprudência trabalhista era errática e conflitante, produzindo julgados imprevisíveis e díspares quanto a empresas em situações semelhantes (art. 5º, *caput* e I, CF).

Por outro lado, o Tribunal Superior do Trabalho, bem como os *amici curiae* e trabalhadores que se opunham à terceirização observavam, em seu conjunto, que os arts. 2º e 3º da Consolidação das Leis do Trabalho (CLT) definiam a relação de emprego como uma relação bilateral, estabelecida entre o empregado, que entrega a sua força de trabalho, e o empregador, que se beneficia economicamente de tal força e assume os riscos do seu empreendimento. Por isso, a CLT vedaria, implicitamente, a relação trilateral produzida pelo fenômeno da terceirização (que envolveria empresa tomadora x empresa contratada x trabalhador), bem como a transferência de parte do risco empresarial da empresa tomadora para a empresa contratada.

Ponderava-se, ainda, que a Súmula 331 do TST reconhecia a legalidade da terceirização, em caso de trabalho temporário e de serviços de vigilância, conservação e limpeza, justamente porque havia previsão legal expressa autorizando a medida nessas hipóteses (Lei nº 6.019/1974 e Lei nº 7.102/1983). A Súmula também estendia a possibilidade de terceirização a outras atividades-meio, dada a analogia com os casos autorizados por lei. Entretanto, quanto à terceirização de atividade-fim, diante da inexistência de lei autorizando a prática, entendia-se que ela estava vedada pelo ordenamento.

Nessa linha, argumentava-se, ainda, que a terceirização das atividades-fim implicava burla às normas constitucionais de proteção trabalhista e precarização da relação de trabalho, ensejando: (i) remuneração inferior para os terceirizados, já que desempenhavam as mesmas tarefas que os empregados da empresa contratante, mas geralmente recebiam menos; (ii) precarização das condições de segurança e de saúde no trabalho, dado que, de modo geral, as empresas contratadas não ofereciam as mesmas proteções disponibilizadas pelas tomadoras e detinham menor capital e patrimônio para fazer face a indenizações; (iii) fragilização da representação sindical, porque, em razão da terceirização, os empregados de uma cadeia produtiva deixavam de se encontrar no mesmo lugar e de se submeter às mesmas condições de trabalho, o que dificultava sua compreensão como uma mesma categoria[1].

Ainda quanto à representação sindical, alegava-se que predominam, no Brasil, os sindicatos representativos de categorias profissionais que se definem pela atividade do empregador. Por essa razão, os terceirizados se concentrariam em sindicatos de empregados de prestadores de serviços terceirizados em geral, em lugar de serem filiados ao sindicato pertinente à atividade específica da empresa tomadora. O último, contudo, teria condições de conhecer e lidar melhor com as particularidades do trabalho desenvolvido pelos terceirizados, por ser responsável pela representação sindical dos demais empregados da mesma empresa[2].

Os comentários que se seguem sobre a decisão proferida pelo Supremo Tribunal Federal destacam os três pontos que nos parecem ser os mais relevantes para a compreensão da decisão, a saber: (i) as mudanças experimentadas pelo modo de produzir e de competir no sistema capitalista e sua conexão com a terceirização; (ii) a relação entre livre iniciativa, livre concorrência, segurança jurídica, isonomia e terceirização; e (iii) o argumento de que a prática implica precarização das relações de trabalho. Esses são os tópicos examinados a seguir.

I. Alteração da forma de estruturar a produção

Durante grande parte do século XX, a estruturação da produção seguiu os modelos *taylorista* e *fordista*, que buscavam o aumento da produtividade pela divisão de tarefas e pela mecanização. A empresa executava todas as partes da sua cadeia de produção, o que se con-

1 VIANNA, Márcio Túlio. Terceirização e Sindicato: um enfoque para além do direito. *Revista da UFMG*, Belo Horizonte, v. único, nº 45, jul./dez. 2004, pp. 203-241. Disponível em: <http://www.direitoufmg.br/revista/index.php/evista/article/view/1295/1227>.

2 DELGADO, Maurício Godinho. *Curso de Direito do Trabalho*. 15a ed. São Paulo: LTR, pp. 1468-1513.

siderava, então, essencial para garantir a coordenação do trabalho, o controle de tempo e a qualidade final dos bens[3]. Esse foi o modo de produção que gerou as grandes corporações e o desenvolvimento dos sindicatos, compostos por empregados que compartilhavam as mesmas condições de trabalho e de vida nas mesmas empresas[4].

Nas décadas de 50 e 60, um novo modelo de produção começou a ser desenvolvido na Toyota, para fazer face à concorrência norte-americana na indústria automobilística. Esse novo modelo, designado *ohnismo* ou *toyotismo*, se propôs a atuar com base em estruturas organizacionais enxutas e flexíveis, de forma a diminuir custos e a aumentar ou reduzir a produção, de acordo com as demandas do mercado. Nesse modelo, os fatores de produção – inclusive empregados, insumos e seus respectivos estoques – se sujeitam às variações da economia. São ampliados ou reduzidos, conforme as necessidades, de modo a garantir maior capacidade de adaptação às empresas[5].

Essa é a lógica que conduz à terceirização de parte da cadeia produtiva. No contexto da terceirização, a empresa mantém a contratação direta de um certo quantitativo de empregados e terceiriza o excedente, em caso de aumento de demanda[6]. Com base na mesma lógica e também de forma a otimizar a produção, pode optar por concentrar seus esforços nas atividades que considera serem o seu diferencial competitivo, e eventualmente terceirizar aquelas em que

---

3 ANTUNES, Ricardo. *Adeus ao Trabalho? Ensaio sobre as Metamorfoses e a Centralidade do Mundo do Trabalho*. São Paulo: Cortez, 2006, pp. 21-24.

4 VIANNA, Márcio Túlio. Terceirização e Sindicato: um enfoque para além do direito. *Revista da UFMG*, Belo Horizonte, nº 45, jul./dez. 2004, pp. 203-241. Disponível em: <http://www.direito.ufmg.br/revista/index.php/revista/article/view/1295/ 1227>.

5 BASSO, Guilherme Mastrichi. Terceirização e mundo globalizado: o encadeamento produtivo e a complementaridade de serviços como potencializadores da formalização de contratos. *Revista do TST*, Brasília, v. 74, nº 4, out./dez. 2008, pp. 89-113; ANTUNES, Ricardo. *Adeus ao Trabalho? Ensaio sobre as Metamorfoses e a Centralidade do Mundo do Trabalho*. São Paulo: Cortez, 2006, pp. 25-107.

6 MORAES, Paulo Ricardo Silva de. Terceirização e precarização do trabalho humano. *Revista do TST*, Brasília, v. 74, nº 4, out./dez. 2008, pp. 148-166.

outras empresas têm melhor desempenho, agregando o diferencial das últimas à sua própria cadeia produtiva[7].

Na década de 70, o capitalismo entra em crise no mundo ocidental e a necessidade de fazer face a novas circunstâncias impõe às empresas a busca por novas estratégias de produção. Nesse contexto, avanços em tecnologia da informação, em transporte e em logística e a influência do *toyotismo* levam à consolidação de um novo modelo de produção[8]. De modo geral, as empresas passam a optar *por manter sob a sua condução apenas o núcleo de sua atividade-fim, que constitui o seu diferencial,* e terceirizam não apenas as suas atividades-meio, mas igualmente outras partes das suas atividades-fim, em que entendem ter desempenho menos importante[9].

Os agentes econômicos passam, portanto, a atuar *por meio de uma cadeia produtiva organizada em rede.* Deixa de ser necessário situar no mesmo local todos os insumos utilizados em cada etapa da produção, cuja sincronicidade e qualidade são controladas remotamente com o uso de recursos tecnológicos. Torna-se possível desenvolver cada etapa por meio dos agentes e nos lugares que alcançam melhor performance. Em razão disso, os empregos migram para os

---

7 ANTUNES, Ricardo. *Adeus ao Trabalho? Ensaio sobre as Metamorfoses e a Centralidade do Mundo do Trabalho.* São Paulo: Cortez, 2006, pp. 34-39; ALMEIDA, GUARNIERI, SERRANO e SOBREIRO. Análise de decisão sobre terceirização: um estudo na indústria da construção civil residencial. *Revista de Administração, Contabilidade e Economia da Fundace,* v. 5, nº 2, jun. 2014, pp. 1-20. Disponível em: <https://www.fundace.org.br/revista-racef/index.php/racef/article/view/66>.

8 Para outras experiências de acumulação flexível do capital, distintas do toyotismo, v. ANTUNES, Ricardo. *Adeus ao Trabalho? Ensaio sobre as Metamorfoses e a Centralidade do Mundo do Trabalho.* São Paulo: Cortez, 2006, pp. 25-39.

9 BASSO, Guilherme Mastrichi. Terceirização e mundo globalizado: o encadeamento produtivo e a complementaridade de serviços como potencializadores da formalização de contratos. *Revista do TST,* Brasília, v. 74, nº 4, out./dez. 2008, pp. 89-113; VIANNA, Márcio Túlio. Terceirização e Sindicato: um enfoque para além do direito. *Revista da UFMG,* nº 45, jul./dez. 2004, pp. 203-241. Disponível em: <http://www.direito.ufmg.br/revista/index.php/revista/article/view/1295/ 1227>.

lugares em que a mão de obra é mais barata ou mais qualificada (ainda que mais cara), conforme a necessidade do serviço.

Com o tempo, a terceirização se tornou um fenômeno global, ainda que com variações de regimes jurídicos. Em um mundo globalizado e integrado tecnologicamente, os países que resistem a tal lógica, e que insistem em prosseguir com uma estrutura de produção concentrada e inflexível, tendem a enfrentar uma enorme desvantagem competitiva, porque concorrem com empresas que logram produzir mais barato, mais rápido e/ou com maior qualidade, com base em tal estratégia. Nesse contexto, vedar a terceirização significa, em primeiro lugar, impor às empresas um modelo de produção que está se tornando obsoleto no mundo. Em segundo lugar, significa sujeitá-las a uma desvantagem competitiva que compromete o seu desempenho e, por consequência, impacta negativamente sobre a preservação dos atuais empregos e sobre a geração de novos postos de trabalho. Nesses termos, ainda que terceirizar possa significar – em alguns casos, mas não em todos – reduzir a remuneração do trabalhador, não terceirizar significa colocar em risco o seu emprego[10].

10 Sobre a consolidação da terceirização no mundo (ainda que com tratamento jurídico heterogêneo), cf.: GODOY, Arnaldo Sampaio de Moraes. O Direito do Trabalho nos Estados Unidos. *Revista do Tribunal Regional do Trabalho da 15ª Região*, nº 27, jul./dez., 2005. pp. 223-232; BASSO, Guilherme. Terceirização e mundo globalizado: o encadeamento produtivo e a complementaridade de serviços como potencializadores da formalização de contratos. *Revista do TST*, Brasília, v. 74, nº 4, out./dez. 2008, pp. 94-95; ORGANIZAÇÃO INTERNACIONAL DO TRABALHO. Outsourcing. XVth Meeting of European Labour Court Judges. Erfurt, Alemanha. Setembro, 2007. Disponível em: <http://www.ilo.org/ifpdial/events/meetings/WCMS_159883/1ang— en/index.htm>; AMON, Matthew R. Liability Regulations in European Subcontracting: Will Joint Liability be the 21st Century European Approach? *Journal of International Business & Law*. v. 9, 2010, pp. 231-272; GAGAWCZUK, Walter. Liability in Subcontracting Processes in the European Construction Sector: Austria. Euroupean Foundation for the Improvement of Living and Working Conditions. Áustria, 2008. Disponível em: <http://www.eurofound.europa.eu/pubdocs/2008/871/en/1/ef08871en.pdf>; SIGEMAN, Tore. Employment Protection in Scandinavian Law. Stockholm Institute for Scandianvian Law. Suécia, 2009, pp. 257-275; MARQUES, Rafael da Silva. Subordinación y tercerización:

Não bastassem tais considerações, a proibição da terceirização implica considerável restrição ao princípio da livre iniciativa.

II. Livre inciativa, livre concorrência, segurança jurídica e isonomia

A livre iniciativa é um dos princípios fundamentais do Estado brasileiro (art. 1º, CF) e um princípio geral da ordem econômica (art. 170, CF). Expressa a ideia de liberdade na escolha e no exercício das atividades de produção, bem como a opção constitucional pelo regime de economia de mercado, que gravita em torno da lei da oferta e da procura, e não de uma economia planificada, em que os agentes econômicos são obrigados a seguir as diretrizes estatais.

São elementos essenciais da livre iniciativa: (i) a *propriedade privada* dos fatores de produção (art. 5º, XXII, CF), traço típico do regime capitalista e condição para a existência de uma economia de mercado; (ii) a *liberdade de empresa e de trabalho* (arts. 170, par. único, e 5º, XIII, CF), que permite a todos o desempenho de qualquer atividade, salvo vedações e limitações previstas em lei; (iii) a *liberda-*

los límites de los conceptos laborales bajo la visión constitucional. 2008. 219 f. Tese de Doutorado. Departamento de Derecho Público, Universidad de Burgos, Burgos. 2008; FUNDACIÓN 1º DE MAYO. Informe: Las Reformas Laborales en España y su Repercusión em Materia de Contratación y Empleo. Espanha, 2012. Disponível em: <http://www.1mayo.org/nova/files/1018/InformeReformas.pdf>; CASTELLO, Alejandro. La Subcontratación y las Relaciones de Trabajo em Uruguay. *Revista Lationamericana de Derecho Social*, v. 9, julho/dezembro, 2009, pp. 53-87. Disponível em: <http://revistas.unam.mx/index.php/rlds/article/view/18623/17675>; FRANÇA. Code du Travail, Livre II, Titre V. Versão consolidada, 04 nov. 2016. Disponível em: <https://www.legifrance.gouv.fr/affichCode.co?cidTexte=LEGITEXT000006072050>; LEIGHTON, Patricia. Atypical Employment: The Law and Practice in the United Kingdom. *Comparative Labor Law Journal*, v. 8, 1986, pp. 34-47; LAWRITE. Employment Law Guide. Londres, 2016. p. 5. Disponível em: <http://www.employmenlaws.co.uk/guide/guide_home.html>; FALVO, Josiane Fachini. Balanço da regulamentação da terceirização do trabalho em países selecionados da América Latina. *Revista ABET*, v. IX, nº 1, 2010. Disponível em: <http://periodicos.ufpb.br/ojs2/index.php/abet/article/view/15492>.

de de contratar, que assegura ao agente privado o livre exercício da autonomia da vontade na matéria; e, por fim, (iv) a *livre concorrência* (art. 170, IV, CF), que corresponde à possibilidade de estruturar livremente a produção, estabelecer estratégias de preços e definir lucros, desde que observado o quadro normativo em vigor[11]. Tais normas dialogam, ainda, com o *princípio da legalidade*, segundo o qual ao particular é autorizado tudo aquilo que não lhe seja vedado por lei (art. 5º, II, CF).

Esse conjunto de disposições expressa, portanto, a concepção de que as empresas podem e devem estruturar a sua produção e definir as suas próprias estratégias de negócio da forma que entendam mais adequada, desde que não infrinjam proibições constitucionais e legais. Nesse sentido, não há uma proibição constitucional que vede diretamente a terceirização. O que há é um patamar mínimo de direitos trabalhistas, estabelecido pela Constituição, a ser observado, haja ou não terceirização. Tampouco se pode inferir uma proibição à terceirização a partir dos arts. 2º e 3º da CLT. Não há na terceirização uma relação trilateral, como alegado. Há duas relações bilaterais, que não conflitam com as normas trabalhistas: uma relação civil, entre empresa tomadora do serviço e empresa contratada; e outra, de trabalho, entre a empresa contratada e seu empregado. Assim, na falta de norma constitucional ou legal vedando a terceirização, eventuais súmulas ou decisões judiciais que rejeitem total ou parcialmente a sua utilização violam a livre iniciativa porque pretendem impor aos particulares um determinado modo de produzir e de competir, o que a Constituição não admite (art. 174, CF).

Não bastasse isso, a jurisprudência que limitou a terceirização foi construída em torno dos conceitos de "atividade-fim" e de "atividade-meio", como já mencionado, reconhecendo a possibilidade de terceirizar apenas a última e rejeitando a terceirização da atividade-fim. Entretanto, como demonstrado no âmbito da ADPF 324 e do RE 958.252, os conceitos de atividade-fim e de atividade-meio não são

11 BARROSO, Luís Roberto. Estado e livre iniciativa na experiência constitucional brasileira. *Revista Brasileira de Direito Público*, nº 45, pp. 9-19, abr./jun. 2014; GRAU, Eros Roberto. *A ordem econômica na Constituição de 1988*. 18. ed., São Paulo: Malheiros, 2017.

unívocos e, na prática, ensejaram interpretações conflitantes, muitas delas tendentes a caracterizar um conjunto desproporcional de atividades como atividades-fim.

De fato, algumas decisões consideravam atividade-fim toda e qualquer operação tida como "essencial" para a consecução do negócio ou, ainda, atividades de menor relevância, se desempenhadas também por pessoas diretamente contratadas pela empresa e não apenas por terceirizados. A título ilustrativo, considerou-se como atividade-fim, não passível de terceirização: o transporte de cana de açúcar, quando a empresa for produtora de açúcar e de álcool; o serviço de prevenção a fraudes com uso de cartão de crédito, no caso de instituição financeira; o serviço de controle, por meio de medidores de energia instalados em casas de particulares, quanto a empresas distribuidoras de energia[12].

Não bastasse isso, a existência de interpretações conflitantes sobre tais conceitos comprometia a previsibilidade e a segurança jurídica acerca dos critérios a serem tidos em conta na decisão sobre terceirizar. E decisões díspares, aplicadas a empresas em situações semelhantes, podiam produzir tratamento anti-isonômico quanto a agentes potencialmente concorrentes.

Com base nessas considerações, o Supremo Tribunal Federal reconheceu que a vedação à terceirização viola o princípio da livre iniciativa, por interferir ilegitimamente na liberdade de decisão das empresas acerca de como estruturar a sua produção. O Tribunal reconheceu, ainda, que os conceitos de atividade-fim e de atividade-meio haviam se revelado imprecisos e inadequados para regular a matéria, gerando precedentes contraditórios, que não cumpriam a função essencial de garantir previsibilidade e segurança na aplicação do direito, circunstância que justificava a sua superação[13].

---

12 TST, AIRR 214924.2011.5.03.0050, rel. Min. Cláudio Mascarenhas Brandão, *DOU*, 23.10.2013; TRT3, RO 01689-2010-103-03-00-0, rel. Des. Maria Laura Franco Lima de faria, *DOU*, 31.07.2013; TRT, RO 01669-2005-24501-00-3, rel. Des. Zuleica Jorgensen Malta Nascimento, *DOU*, 06.12. 2007.

13 MELLO, Patrícia Perrone Campos. *Precedentes*: o desenvolvimento judicial do direito no constitucionalismo contemporâneo. Rio de Janeiro: Renovar, 2008, pp. 237-240.

III. Precarização das relações de trabalho

O Supremo Tribunal Federal apreciou, ainda, o argumento segundo o qual a terceirização importava precarização das relações de trabalho porque: (i) a empresa contratada oferece salários e benefícios inferiores, (ii) produz alta rotatividade no emprego, (iii) descumpre obrigações trabalhistas e previdenciárias, (iv) submete o terceirizado a condições adversas à saúde e à segurança no trabalho e (v) prejudica a representação sindical. Observava-se, ainda, que não era incomum que as empresas contratadas detivessem patrimônio insuficiente para fazer face ao custeio de indenizações e demais obrigações trabalhistas e previdenciárias, quando condenadas em juízo, e que disso resultava o não pagamento de valores devidos aos terceirizados.

O Tribunal observou que tais argumentos, no sentido da precarização das relações trabalhistas, não se confirmavam plenamente, tampouco justificavam uma vedação à terceirização. Primeiramente, *no que respeita ao pagamento de salários e benefícios inferiores*, esclareceu que a terceirização não constitui sempre uma estratégia para reduzir custos e, portanto, para pagar menor remuneração. Ela pode se justificar por inúmeras outras razões, tais como: a opção da empresa por concentrar seus esforços nas atividades que considera o diferencial do seu negócio; a busca por acesso a mão-de-obra mais qualificada e especializada em determinados nichos (inclusive com aumento de custo); a tentativa de aumentar a qualidade ou de reduzir o tempo de produção de partes da cadeia produtiva; e o desenvolvimento de alianças estratégicas de longo prazo[14].

Por outro lado, nos casos em que a terceirização constitui uma estratégia para reduzir custos, não se trata de uma escolha ilegítima, desde que respeitadas as demais condições legais, como salário

14 PRADO, Edmir Parada Vasques; TAKAOKA, Hiroo. Os Fatores que Motivam a Adoção da Terceirização da Tecnologia de Informação: uma Análise do Setor Industrial de São Paulo. *RAC*, v. 6, nº 3, set./dez. 2002, pp. 130-147; ALMEIDA, GUARNIERI, SERRANO e SOBREIRO. Análise de decisão sobre terceirização: um estudo na indústria da construção civil residencial. *Revista de Administração, Contabilidade e Economia da Fundace*, v. 5, nº 2, jun. 2014, pp. 1-20. Disponível em: <http://www.fundace.org.br/revista-racef/index.php/racef/article/view/66>.

mínimo, direito à hora extra e a outras parcelas trabalhistas. Como já mencionado, uma ordem econômica que se rege pelo princípio da livre iniciativa é uma ordem que se sujeita à lógica da oferta e da procura de bens e serviços. O mesmo ocorre quanto à alegada alta *rotatividade de empregados*: as flutuações de emprego são consequência das variações de mercado. Não se tratam de questão intrinsecamente relacionada à terceirização[15].

No que respeita ao *descumprimento de obrigações trabalhistas (e previdenciárias)* e à *submissão do terceirizado a condições adversas à saúde* e à *segurança do trabalho*, vale esclarecer que as mesmas normas a que se submetem as empresas contratantes são igualmente aplicáveis às contratadas. As terceirizadas que desrespeitarem tais normas serão responsabilizadas. Assim, o argumento não justifica a vedação de toda e qualquer terceirização. Justifica que todas as empresas sejam fiscalizadas, quanto ao cumprimento de tais normas. Justifica, ainda, que se exija que as empresas contratadas detenham capital adequado à atividade que desempenham, para que façam face a eventuais indenizações, em caso de violações a tais regras; bem como que se atribua responsabilidade subsidiária à tomadora, de modo a conferir maior garantia ao empregado. Ocorre justamente que a responsabilidade subsidiária da tomadora de serviços em matéria trabalhista, assim como a sua responsabilidade por prestações previdenciárias, nos termos do art. 31 da Lei nº 8.212/1993, já estão previstas na legislação e foram reafirmadas pela decisão do STF.

No que respeita à *fragilização da representação sindical*, como já observado, alega-se que predomina no Brasil o sindicato por categoria econômica, que se define com base na atividade do empregador. Como o empregado da contratante e o terceirizado têm vínculo de emprego com empregadores diversos, não seriam representados pelo mesmo sindicato. Essa situação, afirma-se, prejudicaria os terceirizados, que integrariam agremiações representativas de empregados terceirizados em geral, uma categoria muito heterogênea

15 Para contestação da relação entre terceirização e precarização das relações de trabalho, v., ainda, nota técnica do IPEA em: <http://repositorio.ipea.gov.br/bitstream/11058/5010/3/btm_59_notatecnica1.pdf>.

e sujeita a condições de trabalho muito díspares[16]. Entretanto, esse problema tampouco decorre da terceirização em si, mas sim da não adoção, pelo Brasil, de um regime de plena liberdade sindical, que permita ao trabalhador vincular-se ao sindicato que entende ser mais representativo dos seus interesses (art. 8º, II, CF).

Por fim, uma última observação. A alegação segundo a qual a terceirização implicaria necessariamente a precarização das relações de trabalho parece guardar certa contradição com o fato de que a própria Justiça do Trabalho reconhece a sua possibilidade para as atividades-meio. Ora, se a precarização fosse indiscutível em qualquer hipótese o argumento deveria implicar - para os que o defendem - a impossibilidade de terceirização em qualquer caso.

À luz de tais fundamentos, o Supremo Tribunal Federal afirmou a constitucionalidade da terceirização de toda e qualquer atividade, meio ou fim, explicitando que ela não implica a configuração de relação de emprego entre a empresa contratante e o empregado da empresa contratada. Por outro lado, o Tribunal observou que compete à contratante: (i) verificar a idoneidade e a capacidade econômica da contratada e (ii) responder subsidiariamente pelas obrigações trabalhistas, bem como por obrigações previdenciárias, na forma do art. 31 da Lei nº 8.212/1993.

Conclusão

Nota-se, assim, que, ao apreciar a ADPF 324 e o RE 958.252, o Supremo Tribunal Federal reconheceu a ampla possibilidade de terceirização, independentemente da natureza da atividade terceirizada, pacificando um debate que se arrastou por décadas no Judiciário e que podia comprometer o desempenho das empresas brasileiras. A decisão baseou-se em três proposições essenciais, a saber:

16 VIANNA, Márcio Túlio. Terceirização e Sindicato: um enfoque para além do direito. *Revista da UFMG*, Belo Horizonte, v. único, nº 45, jul./dez. 2004, pp. 203-241. Disponível em: http://www.direitoufmg.br/revista/index.php/evista/article/view/1295/1227; DELGADO, Maurício Godinho. *Curso de Direito do Trabalho*. 15 ed. São Paulo: LTR, pp. 1468-1513.

> 1 – A terceirização constitui uma evolução da forma de estruturar a produção, que está em processo de consolidação no mundo e que assegura maior competitividade às empresas. Rejeitá-la significa impor um modo de produção que se tornou ultrapassado e que pode prejudicar a performance e a viabilidade dos agentes econômicos e, por consequência, sacrificar empregos.
>
> 2 – Diante da ausência de norma constitucional ou legal vedando a terceirização, incide, na hipótese, o princípio da livre inciativa, que reconhece ampla margem aos agentes econômicos para definirem suas próprias estratégias de produção e competição.
>
> 3 – A possibilidade de violação a normas trabalhistas, previdenciárias, de saúde e de segurança do trabalho pelas empresas contratadas e eventuais experiências concretas de insuficiência patrimonial de tais empresas não justificam a vedação à terceirização. Tais violações também podem ser praticadas pelas tomadoras de serviço. Entretanto, é fundamental que a atuação das contratadas seja objeto de regulação, de controle, bem como de garantias adicionais, que assegurem aos empregados terceirizados condições laborais adequadas, além da percepção de todas as parcelas que lhes são devidas.

Atento a tais necessidades, o Supremo Tribunal Federal explicitou na tese firmada pela decisão que, na terceirização, compete à contratante: "(i) verificar a idoneidade e a capacidade econômica da terceirizada", bem como "(ii) responder subsidiariamente pelo descumprimento das normas trabalhistas, bem como por obrigações previdenciárias, na forma do art. 31 da Lei nº 8.212/1993". Nesse sentido, a decisão do Tribunal acomodou interesses legítimos tanto dos agentes econômicos quanto dos trabalhadores. De um lado, afirmou a liberdade das empresas de optar pela terceirização, de forma a preservar seu desempenho e, por consequência, os pertinentes postos de trabalhos. De outro lado, estabeleceu condições para a terceirização, procurando proteger os interesses e as condições laborais dos trabalhadores.

Referências bibliográficas

ALMEIDA, GUARNIERI, SERRANO e SOBREIRO. Análise de decisão sobre terceirização: um estudo na indústria da construção civil residencial. *Revista de Administração, Contabilidade e Economia da Fundace*, v. 5, nº. 2, jun. 2014, pp. 1-20. Disponível em:<http://www.fundace.org.br/revistaracef/index.php/racef/article/view/66>.

AMON, Matthew R. Liability Regulations in European Subcontracting: Will Joint Liability be the 21st Century European Approach? *Journal of International Business & Law*. v. 9, 2010, pp. 231-272.

ANTUNES, Ricardo. *Adeus ao Trabalho? Ensaio sobre as Metamorfoses e a Centralidade do Mundo do Trabalho*. São Paulo: Cortez, 2006.

BARROSO, Luís Roberto. Estado e livre iniciativa na experiência constitucional brasileira. *Revista Brasileira de Direito Público*, nº 45, pp. 9-19, abr./jun. 2014.

BASSO, Guilherme Mastrichi. Terceirização e mundo globalizado: o encadeamento produtivo e a complementaridade de serviços como potencializadores da formalização de contratos. *Revista do TST*, Brasília, v. 74, nº 4, out./dez. 2008, pp. 89-113.

CASTELLO, Alejandro. La Subcontratación y las Relaciones de Trabajo em Uruguay. *Revista Lationamericana de Derecho Social*. v. 9, julho/dezembro, 2009, pp. 53-87. Disponível em: http://revistas.unam.mx/index.php/rlds/article/view/18623/17675.

DELGADO, Maurício Godinho. *Curso de Direito do Trabalho*. 15 ed. São Paulo: LTR.

FALVO, Josiane Fachini. Balanço da regulamentação da terceirização do trabalho em países selecionados da América Latina. *Revista ABET*, v. IX, nº 1, 2010. Disponível em: <http://periodicos.ufpb.br/ojs2/index.php/abet/article/view/15492>.

FRANÇA. Code du Travail, Livre II, Titre V. Versão consolidada, 04 nov. 2016. Disponível em: <https://www.legifrance.gouv.fr/affichCode.co? cidTexte=LEGITEXT000006072050>.

FUNDACIÓN 1º DE MAYO. Informe: Las Reformas Laborales en España y su Repercusion em Materia de Contratación y Empleo. Espanha, 2012. Disponível em: <http://www.1mayo.org/nova/files/1018/InformeReformas.pdf>.

GAGAWCZUK, Walter. Liability in Subcontracting Processes in the European Construction Sector: Austria. Euroupean Foundation for the Improvement of Living and Working Conditions. Áustria, 2008. Disponível em: http://www.eurofound.europa.eu/pubdocs/2008/871/en/1/ef08871en.pdf.

GODOY, Arnaldo Sampaio de Moraes. O Direito do Trabalho nos Estados Unidos. *Revista do Tribunal Regional do Trabalho da 15ª Região*, nº 27, jul./dez., 2005, pp. 223-232.

GRAU, Eros Roberto. *A ordem econômica na Constituição de 1988*. 18a ed., São Paulo: Malheiros, 2017.

LAWRITE. Employment Law Guide. Londres, 2016. Disponível em: <http://www.employmenlaws.co.uk/guide/guide_home.html>.

LEIGHTON, Patricia. Atypical Employment: The Law and Practice in the United Kingdom. *Comparative Labor Law Journal*, v. 8, 1986, pp. 34-47.

MARQUES, Rafael da Silva. Subordinación y tercerización: los límites de los conceptos laborales bajo la visión constitucional. 2008. 219 f. Tese de Doutorado. Departamento de Derecho Público, Universidad de Burgos, Burgos. 2008.

MELLO, Patrícia Perrone Campos. *Precedentes: o desenvolvimento judicial do direito no constitucionalismo contemporâneo*. Rio de Janeiro: Renovar, 2008.

MORAES, Paulo Ricardo Silva de. Terceirização e precarização do trabalho humano. *Revista do TST*, Brasília, v. 74, nº 4, out./dez. 2008, pp. 148-166.

ORGANIZAÇÃO INTERNACIONAL DO TRABALHO. Outsourcing. XVth Meeting of European Labour Court Judges. Erfurt, Alemanha. Setembro, 2007. Disponível em: <http://www.ilo.org/ifpdial/events/meetings/WCMS_159883/1ang— en/index.htm>.

PRADO, Edmir Parada Vasques; TAKAOKA, Hiroo. Os Fatores que Motivam a Adoção da Terceirização da Tecnologia de Informação: uma Análise do Setor Industrial de São Paulo. *RAC*, v. 6, nº 3, set./ dez. 2002, pp. 130-147.

SIGEMAN, Tore. Employment Protection in Scandinavian Law. Stockholm Institute for Scandianvian Law. Suécia, 2009, pp. 257-275.

VIANNA, Márcio Túlio. Terceirização e Sindicato: um enfoque para além do direito. *Revista da UFMG*, Belo Horizonte, v. único, nº 45, jul./dez. 2004, pp. 203-241. Disponível em: <http://www.direitoufmg.br/revista/index.php/evista/article/view/1295/1227>.

Ação Declaratória de Constitucionalidade nº 12 e a compreensão sistemática da vedação ao nepotismo: separando a praça e o jardim

Min. Luiz Edson Fachin
Thais Sampaio da Silva Machado

1. O corpo anfíbio da interpretação

Vamos aqui tratar das premissas e das conclusões de um determinado julgamento. O que se propõe é uma singela investigação acadêmica, no plano hermenêutico, a fim de apurar sentidos e experiências que orbitam em torno da captura do Estado pela pessoalidade que esgarça o princípio republicano.

Sabe-se que o ato de interpretar é um desconfortável híbrido entre norma e fato. Por isso mesmo, sem os fantasmas da metafísica, este texto põe os pés na estrada para saber como e o porquê a interpretação se entrega quando oferece um sim ou um não.

A presente obra busca reunir um repertório de decisões do Supremo Tribunal Federal em casos difíceis e, como tais, paradigmáticos, revelando verdadeiros precedentes.

São casos que não se apresentam isolados, pela inexorável faticidade de toda norma e de toda interpretação.

A faticidade da norma significa que a interpretação é ancorada na realidade regulada. A própria edição da norma deriva, num genuíno processo de deliberação legislativa, de uma necessidade que tem pé na realidade, para preservar ou alterar de maneira legítima determinadas expectativas sociais. As normas não são isentas dos fatos. Do mesmo modo, a faticidade da interpretação a insere "no mundo", numa comunidade, situada no tempo e no espaço, que compartilha intersubjetivamente significados e numa série de julgados que lhe precedem e sucedem.

Dizemos isso para, de início, quebrantar a simplicidade das abstrações, confrontando-as à complexidade da realidade, naquilo que Paolo Grossi chama de "carnalidade do direito"[1], colocando intérpretes como mediadores inseridos nesse contexto real de relações sociais e políticas e das práticas discursivas que delas decorrem. O direito é, pois, prática interpretativa num contexto intersubjetivo.

Essa premissa informa a interpretação da Constituição e dos dissensos que lhe originaram e que persistem, mas que não isentam o intérprete de lhe imprimir coerência e unidade, portanto, de indelével racional sistematicidade.

Dworkin tem uma metáfora deveras conhecida para ilustrar essa necessidade. Trata-se do "romance em cadeia". Supõe ele que um grupo de romancistas seja contratado para um determinado projeto e que jogue dados para definir a ordem do jogo. O de número mais baixo escreve o capítulo de abertura de um romance, que ele depois manda para o número seguinte, o qual acrescenta um capítulo e assim por diante. Cada romancista, a não ser o primeiro, tem a dupla responsabilidade de interpretar e criar, pois precisa ler tudo o que foi feito antes para estabelecer, no sentido interpretativista, o que é o romance criado até então. Há duas dimensões diferentes que devem ser avaliadas: a "formal" (*fit*/adequação), que indaga até que ponto a interpretação se ajusta e se integra no texto até então concluído, e a dimensão "substantiva" (*justification*/valoração), que considera a firmeza da visão sobre o que faz com que um romance seja bom. Após o primeiro, não há um único autor cujas intenções qualquer intérprete possa, pelas regras do projeto, considerar como decisivas. Nesse exercício, os romancistas devem assumir a responsabilidade de criar,

---

1 GROSSI, Paolo. *Primeira lição sobre Direito*. Trad. Ricardo Marcelo Fonseca. Rio de Janeiro: 2005, p. 38.

tanto quanto puderem, um romance único, em vez de, por exemplo, uma série de contos independentes[2].

Decidir casos controversos no Direito seria, para Dworkin, mais ou menos como esse (ímpar) exercício literário:

> Cada juiz, então, é como um romancista na corrente. (...) Ao decidir o novo caso, cada juiz deve considerar-se como parceiro de um complexo empreendimento em cadeia, do qual essas inúmeras decisões, estruturas, convenções e práticas são a história; é seu trabalho continuar essa história no futuro por meio do que ele faz agora. Ele deve interpretar o que aconteceu antes porque tem a responsabilidade de levar adiante a incumbência que tem em mãos e não partir em alguma nova direção. Portanto, deve determinar, segundo seu próprio julgamento, o motivo das decisões anteriores, qual realmente é, tomado como um todo, o propósito ou o tema da prática até então.[3]

Tal como esse romance, cada decisão judicial é um novo capítulo, que deve *"levar em conta o que já foi escrito (ato de interpretação), no sentido de não romper com a unidade e coerência da história. Cada juiz (ou escritor) deve fazer da sua decisão (ou texto), naquele momento, a (ou o) melhor possível".*[4]

Assim, o significado do direito é verbal, temporal, demandando interpretação contínua. Essa historicidade revela que mesmo que *"um caso aparentemente tenha esgotado a capacidade de argumentos para o seu deslinde em uma determinada época, nada garante que anos depois o problema retorne de um modo e com paradigmas distintos".*[5]

2 DWORKIN, Ronald. *Uma questão de princípio.* [trad. Luís Carlos Borges]. São Paulo: Martins Fontes, 2005, p. 235.

3 *Ibidem*, p. 238.

4 CHUEIRI, *Filosofia do Direito e Modernidade – Dworkin e a possibilidade de um discurso instituinte de direitos*. Curitiba: J.M., 1995, p. 98

5 CRUZ, Álvaro Ricardo de Souza. *A resposta correta – incursões jurídicas e filosóficas sobre as teorias da justiça.* Belo Horizonte: Arraes Editores, 2011, p. 222.

É o que aconteceu na Ação Declaratória de Constitucionalidade nº 12, um capítulo, na verdade, na história das decisões sobre nepotismo.

2. Diálogos entre o poder e a justiça

A decisão na medida cautelar dessa ação direta foi assim ementada, bem sintetizando os seus fundamentos:

> EMENTA: AÇÃO DECLARATÓRIA DE CONSTITUCIONALIDADE, AJUIZADA EM PROL DA RESOLUÇÃO Nº 07, de 18/10/2005, DO CONSELHO NACIONAL DE JUSTIÇA. MEDIDA CAUTELAR. Patente a legitimidade da Associação dos Magistrados do Brasil - AMB para propor ação declaratória de constitucionalidade. Primeiro, por se tratar de entidade de classe de âmbito nacional. Segundo, porque evidenciado o estreito vínculo objetivo entre as finalidades institucionais da proponente e o conteúdo do ato normativo por ela defendido (inciso IX do art. 103 da CF, com redação dada pela EC 45/04). Ação declaratória que não merece conhecimento quanto ao art. 3º da resolução, porquanto, em 06/12/05, o Conselho Nacional de Justiça editou a Resolução nº 09/05, alterando substancialmente a de nº 07/2005. A Resolução nº 07/05 do CNJ reveste-se dos atributos da generalidade (os dispositivos dela constantes veiculam normas proibitivas de ações administrativas de logo padronizadas), impessoalidade (ausência de indicação nominal ou patronímica de quem quer que seja) e abstratividade (trata-se de um modelo normativo com âmbito temporal de vigência em aberto, pois claramente vocacionado para renovar de forma contínua o liame que prende suas hipóteses de incidência aos respectivos mandamentos). **A Resolução nº 07/05 se dota, ainda, de caráter normativo primário, dado que arranca diretamente do § 4º do art. 103-B da Carta-cidadã e tem como finalidade debulhar os próprios conteúdos lógicos dos princípios constitucionais de centrada regência de toda a atividade administrativa do Estado, especialmente o da impessoalidade, o da eficiência, o da igualdade e o da moralidade. O ato normativo que se faz de objeto desta ação declaratória densifica apropriadamente os quatro citados princípios do art. 37 da Constituição Federal, razão por que não há antinomia de conteúdos na comparação**

dos comandos que se veiculam pelos dois modelos normativos: o constitucional e o infraconstitucional. Logo, o Conselho Nacional de Justiça fez adequado uso da competência que lhe conferiu a Carta de Outubro, após a Emenda 45/04. Noutro giro, **os condicionamentos impostos pela Resolução em foco não atentam contra a liberdade de nomeação e exoneração dos cargos em comissão e funções de confiança (incisos II e V do art. 37). Isto porque a interpretação dos mencionados incisos não pode se desapegar dos princípios que se veiculam pelo caput do mesmo art. 37. Donde o juízo de que as restrições constantes do ato normativo do CNJ são, no rigor dos termos, as mesmas restrições já impostas pela Constituição de 1988, dedutíveis dos republicanos princípios da impessoalidade, da eficiência, da igualdade e da moralidade.** É dizer: o que já era constitucionalmente proibido permanece com essa tipificação, porém, agora, mais expletivamente positivado. **Não se trata, então, de discriminar o Poder Judiciário perante os outros dois Poderes Orgânicos do Estado, sob a equivocada proposição de que o Poder Executivo e o Poder Legislativo estariam inteiramente libertos de peias jurídicas para prover seus cargos em comissão e funções de confiança, naquelas situações em que os respectivos ocupantes não hajam ingressado na atividade estatal por meio de concurso público.** O modelo normativo em exame não é suscetível de ofender a pureza do princípio da separação dos Poderes e até mesmo do princípio federativo. Primeiro, pela consideração de que o CNJ não é órgão estranho ao Poder Judiciário (art. 92, CF) e não está a submeter esse Poder à autoridade de nenhum dos outros dois; segundo, porque ele, Poder Judiciário, tem uma singular compostura de âmbito nacional, perfeitamente compatibilizada com o caráter estadualizado de uma parte dele. Ademais, o art. 125 da Lei Magna defere aos Estados a competência de organizar a sua própria Justiça, mas não é menos certo que esse mesmo art. 125, caput, junge essa organização aos princípios "estabelecidos" por ela, Carta Maior, neles incluídos os constantes do art. 37, cabeça. Medida liminar deferida para, com efeito vinculante: a) emprestar interpretação conforme para incluir o termo "chefia" nos inciso II, III, IV, V do artigo 2° do ato normativo em foco b) suspender, até o exame de mérito desta ADC, o julgamento dos processos que tenham por objeto questionar a constitucionalidade da Resolução nº 07/2005, do Conselho Nacional de Justiça; c) obstar que juízes e Tribunais venham a proferir decisões que

> impeçam ou afastem a aplicabilidade da mesma Resolução nº 07/2005, do CNJ e d) suspender, com eficácia ex tunc, os efeitos daquelas decisões que, já proferidas, determinaram o afastamento da sobredita aplicação.
>
> (ADC 12 MC, Relator(a): Min. CARLOS BRITTO, Tribunal Pleno, julgado em 16/02/2006, DJ 01-09-2006 PP-00015 EMENT VOL-02245-01 PP-00001 RTJ VOL-00199-02 PP-00427, g.n.)

Essa decisão, além das questões formais relevantes ao controle de constitucionalidade abstrato – em especial, o seu cabimento contra resoluções e a necessidade de controvérsia para a ação declaratória –, em seu mérito referia-se à competência do (à época, recém-criado) Conselho Nacional de Justiça para editar Resolução vedando, no âmbito do Poder Judiciário, a contratação e a nomeação de parentes, cônjuges e companheiros de magistrados e servidores investidos em cargos de direção e assessoramento, por força dos princípios constitucionais da Administração Pública, notadamente, o princípio da impessoalidade, da eficiência, da igualdade e da moralidade administrativa. A decisão considerou a resolução constitucional, vencido o ministro Marco Aurélio, apenas porque não conhecia da ação. Ou seja, no mérito, houve unanimidade.

Em seu voto, o ministro Carlos Britto assim conformou esses princípios:

> "...I – o da impessoalidade, consistente no descarte do personalismo. Na proibição do marketing pessoal ou da auto-promoção com os cargos, as funções, os empregos, os feitos, as obras, os serviços e campanhas de natureza pública. Na absoluta separação entre o público e o privado, ou entre a Administração e o administrador, segundo a republicana metáfora de que "não se pode fazer cortesia com o chapéu alheio". Conceitos que se contrapõem à multissecular cultura do patrimonialismo e que se vulnerabilizam, não há negar, com a prática do chamado "nepotismo". Traduzido este no mais renitente vezo da nomeação ou da designação de parentes não-concursados para trabalhar, comissionadamente ou em função de confiança, debaixo da aba familiar dos seus próprios nomeantes. Seja ostensivamente, seja pela fórmula enrustida do "cruzamento" (situação em que uma autoridade recruta o parente de um colega para ocupar cargo ou função de confiança, em troca do mesmo favor);

II – o princípio da eficiência, a postular o recrutamento de mão-de-obra qualificada para as atividades públicas, sobretudo em termos de capacitação técnica, vocação para as atividades estatais, disposição para fazer do trabalho um fiel compromisso com a assiduidade e uma constante oportunidade de manifestação de espírito gregário, real compreensão de que servidor público é, em verdade, servidor do público. Também estes conceitos passam a experimentar bem mais difícil possibilidade de transporte para o mundo das realidades empíricas, se praticadas num ambiente de projeção do doméstico na intimidade das repartições estatais, a começar pela óbvia razão de que já não se tem a necessária isenção, em regra, quando se vai avaliar a capacitação profissional de um parente ou familiar. Quando se vai cobrar assiduidade e pontualidade no comparecimento ao trabalho. Mais ainda, quando se é preciso punir exemplarmente o servidor faltoso (como castigar na devida medida um pai, a própria mãe, um filho, um (a) esposo(a) ou companheiro (a), um(a) sobrinho (a), enfim, com quem eventualmente se trabalhe em posição hierárquica superior?). E como impedir que os colegas não-parentes ou não-familiares se sintam em posição de menos obsequioso tratamento funcional? Em suma, como desconhecer que a sobrevinda de uma enfermidade mais séria, um trauma psico-físico ou um transe existencial de membros de uma mesma família tenda a repercutir negativamente na rotina de um trabalho que é comum a todos? O que já significa a paroquial fusão do ambiente caseiro com o espaço público. Pra não dizer a confusão mesma entre tomar posse nos cargos e tomar posse dos cargos, na contra-mão do insuperável conceito de que "administrar não é atividade de quem é senhor de coisa própria, mas gestor de coisa alheia" (Rui Cirne Lima);

III – o princípio da igualdade, por último, pois o mais facilitado acesso de parentes e familiares aos cargos em comissão e funções de confiança traz consigo os exteriores sinais de uma prevalência do critério doméstico sobre os parâmetros da capacitação profissional (mesmo que não seja sempre assim) . Isto sem mencionar o fato de que essa cultura da prevalente arregimentação de mão-de-obra familiar ou parental costuma carrear para os núcleos domésticos assim favorecidos uma super-afetação de renda, poder político e prestígio social.

37. É certo que todas essas práticas também podem resvalar, com maior facilidade, para a zona proibida da imoralidade administrativa (a moralidade administrativa, como se sabe, é

> outro dos explícitos princípios do art. 37 da CF). Mas entendo que esse descambar para o ilícito moral já é quase sempre uma consequência da deliberada inobservância dos três outros princípios citados. Por isso que deixo de atribuir a ele, em tema de nepotismo, a mesma importância que enxergo nos encarecidos princípios da impessoalidade, da eficiência e da igualdade."

E o ministro Cezar Peluso acrescentou, contextualizando a questão:

> O tema – e assim também o eminente Ministro Relator, com grande lucidez, ressaltou no seu belo voto, até chamando atenção para alguns aspectos que mostram os embaraços que o administrador público sofre na tutela do interesse público, quando tem sob sua autoridade parentes ou pessoas próximas ligadas por laços de consagüinidade ou de afetividade etc. – faz-nos pensar um pouco sobre a realidade subjacente a esta causa: historicamente todo mundo sabe que o nepotismo nasceu do hábito de alguns Papas que nomeavam os sobrinhos (e também outros parentes), coisa que nos veio como legado da época da colonização e contra a qual se rebelou já a Constituição de 1824, ao instituir a obrigatoriedade do concurso público para, no dizer dos autores e dos historiadores, responder ao "privilegiamento" escandaloso na nomeação de servidores públicos. Considerei muito significativo que lei de 10 de junho de 1828, no art. 38, com o idêntico propósito de coibir tal distorção administrativa, estatuía:
>
> "Art. 38. Nenhum Vereador poderá votar em negocio de seu particular interesse, nem dos seus ascendentes, ou descendentes, irmãos, ou cunhados, emquanto durar o cunhadio." (sic)
>
> Ou seja, desde muito não há dúvida nenhuma de que se trata de prática perniciosa ao interesse público. Não encontrei, salvo em casos isolados de algumas pessoas, ninguém que sustente cuidar-se de orientação proveitosa ao interesse público. Quero admitir, para argumentar, que, na grande maioria dos casos, tais nomeações recaem sobre pessoas de reconhecida competência, mas há largas exceções, e estas bastariam como risco grave à administração pública.

Assim como o ministro Celso de Mello:

> Não custa rememorar, neste ponto, tal como pude acentuar, em voto que proferi no julgamento da ADI 1.521/RS, Rel. Min. MARCO AURÉLIO (RTJ 173/424, 439), que a concepção republicana de poder mostra-se absolutamente incompatível com qualquer prática governamental tendente a restaurar a inaceitável teoria do Estado patrimonial.
>
> Sabemos que o Estado, no exercício das atividades que lhe são inerentes, inclusive na esfera institucional do Poder Judiciário, não pode ignorar os princípios essenciais, que, derivando da constelação axiológica que confere substrato ético às ações do Poder Público, proclamam que as funções governamentais, não importa se no âmbito do Poder Executivo, no âmbito do Poder Legislativo ou no domínio do Poder Judiciário, hão de ser exercidas com estrita observância dos postulados da igualdade, da impessoalidade e da moralidade administrativa.
>
> Esses princípios, erigidos à condição de valores fundamentais pela Carta Política – e aos quais o Conselho Nacional de Justiça se mostrou extremamente fiel na Resolução ora em exame -, representam pauta de observância necessária por parte dos órgãos estatais, especialmente por parte dos órgãos do Poder Judiciário. Mais do que isso, Senhor Presidente, tais postulados qualificam-se como diretrizes essenciais que dão substância e significado à repulsa que busca fazer prevalecer, no âmbito do aparelho de Estado, o sentido real da idéia republicana, que não tolera práticas e costumes administrativos tendentes a confundir o espaço público com a dimensão pessoal do governante, em claro desvio de caráter ético-jurídico.
>
> (...)
>
> Daí a reflexão doutrinária, impregnada de acentuado componente filosófico, que examina o pensamento democrático à luz das grandes dicotomias, como, por exemplo, aquela pertinente à dualidade público/privado, subjacente à idéia mesma de que o respeito, pelos indivíduos, aos limites que definem o domínio público de atuação do Estado, separando-o, de modo nítido, do espaço meramente privado, qualifica-se como pressuposto necessário ao exercício da cidadania e do pluralismo político, que representam, enquanto categorias essenciais que são (pois dão ênfase à prática da igualdade, do diálogo, da tolerância e da liber-

> dade), alguns dos fundamentos em que se estrutura, em nosso sistema institucional, o Estado republicano e democrático (CF, art. 1a, incisos II e V).
>
> Cabe preservar, desse modo, as relações que os conceitos de espaço público e de espaço privado guardam entre si, para que tais noções não se deformem nem provoquem a subversão dos fins ético-jurídicos visados pelo legislador constituinte.
>
> A consagração do nepotismo na esfera institucional do poder político não pode ser tolerada, sob pena de o processo de governo – que há de ser impessoal, transparente e fundado em bases éticas – ser conduzido a verdadeiro retrocesso histórico, o que constituirá, na perspectiva da atualização e modernização do aparelho de Estado, situação de todo inaceitável.
>
> O fato é um só, Senhor Presidente: quem tem o poder e a força do Estado, em suas mãos, não tem o direito de exercer, em seu próprio benefício, a autoridade que lhe é conferida pelas leis da República. O nepotismo, além de refletir um gesto ilegítimo de dominação patrimonial do Estado, desrespeita os postulados republicanos da igualdade, da impessoalidade e da moralidade administrativa. E esta Suprema Corte, Senhor Presidente, não pode permanecer indiferente a tão graves transgressões da ordem constitucional.

Por sua vez, a ministra Ellen Gracie anotou que vedação similar já se encontrava no art. 44, §3º, da Lei nº 8.432/92 e no art. 10 da Lei nº 9.421/96, nomeada pelo ministro Nelson Jobim como "Lei Pertence", que já previa a restrição no âmbito do Poder Judiciário federal, e no próprio Regimento Interno do Supremo Tribunal Federal, arts. 355, §7º (incluído pela Emenda Regimental nº 2/1985, antes, portanto, da própria Constituição), 357, §2º (incluído pela Emenda Regimental nº 43/2010), além de outras tantas leis estaduais.

Ou seja, a Resolução veio estender a vedação, agregando, digamos assim, personagens ao romance. E não foi a primeira decisão tomada pelo Tribunal. Como mencionaram vários julgadores, a primeira decisão sobre o tema foi proferida na Medida Cautelar da ADI nº 1521, de relatoria do ministro Marco Aurélio, assim ementada:

> CARGOS DE CONFIANÇA – PARENTESCO – NOMEAÇÃO E EXERCÍCIO – PROIBIÇÃO – EMENDA CONSTITUCIONAL – ADI

> – LIMINAR. A concessão de liminar pressupõe a relevância do pedido formulado e o risco de manter-se com plena eficácia o preceito. **Isso não ocorre quando o dispositivo atacado, de índole constitucional, confere ao tema chamado "nepotismo" tratamento uniforme nos Poderes Legislativo, Executivo e Judiciário, proibindo o exercício do cargo pelos parentes consangüíneos e afins até o segundo grau, no âmbito de cada Poder, dispondo sobre os procedimentos a serem adotados para cessação das situações existentes.** CARGOS – EXTINÇÃO – INICIATIVA – ADI – LIMINAR. Ao primeiro exame, exsurge conflitante com a Carta Política da República, preceito que, embora de índole constitucional, implique extinção de cargos de confiança ocupados à margem das peculiaridades que lhes são próprias. Impõe-se, na espécie, a iniciativa de lei em tal sentido pelo Poder ou Órgão (MP) em que situados.
>
> (ADI 1521 MC, Relator(a): Min. MARCO AURÉLIO, Tribunal Pleno, julgado em 12/03/1997, DJ 17-03-2000 PP-00002 EMENT VOL-01983-01 PP-00105 RTJ VOL-00173-02 PP-00424, g.n.)

Em seu voto, o ministro Marco Aurélio ponderou:

> ...ser necessária uma reflexão mais profunda sobre o sentido ético que lastreia normas deste quilate. As primeiras perguntas a serem feitas dizem com a razão de ser e o momento em que vêm à balha proposições normativas como a examinada. Pois bem, não há mesmo como olvidar as radicais transformações por que passa o Brasil. Colhemos os frutos benfazejos da democracia madura. E esperamos muito tempo por isso. O povo brasileiro já não tateia, mergulhado nas trevas da ignorância e consequente subserviência, em busca da mão ditadora e assistencialista. Procura, sim, firmeza na condução da nau, sem despotismo, porém. O brasileiro de hoje não mais implora pelos seus naturais direitos, exige-os.
>
> É esse o contexto no qual exsurgem as leis que, em última instância, indo ao encontro do anseio popular pela afirmação definitiva da moralidade como princípio norteador das instituições públicas, atuam como diques à contenção da ancestral ambição humana. A um só tempo, mediante normas desse feitio, presta-se homenagem à justiça, na mais basilar acepção do termo, permitindo-se a quem de direito alcançar o patamar pelo qual

> pagou o preço do esforço, da dedicação e da competência. Por outro lado, usando da cartilha dos diletantes do Neoliberalismo, tão em voga nas altas esferas dirigentes do País, cabe lembrar que o mérito é a formula eficiente para chegar-se à qualidade total desejada aos serviços públicos, ditos essenciais. Ora, como é possível compatibilizar tais assertivas com a possibilidade de nomeação de parentes próximos para ocupar importantes – e até estratégicos – cargos de direção nas repartições públicas comandadas pelo protetor?
>
> Ressalvo que de modo algum estou a menosprezar a capacidade desse ou daquele indicado. A ênfase é outra: cuida-se aqui de evitar facilidades óbvias, bem ao gosto das medidas profiláticas. Até porque quem merece não precisa de favores: quem faz por onde insiste, faz questão de demonstrar a que veio, num ritual típico da vaidade humana, buscando cargos elevados em entidades públicas onde parente próximo não possui influência maior.

Tratava-se, no caso, de uma lei do Rio Grande do Sul que trazia vedação similar à resolução que lhe seguiu no CNJ. Ponderou também o ministro Carlos Velloso que o antigo Tribunal Federal de Recursos já adotava essa prática, com base na moralidade prevista na Lei nº 4.717/65, lei da ação popular, apesar de divergir pontualmente, assim como o ministro Sepúlveda Pertence, por considerarem inconstitucionais à restrição aos servidores efetivos. Este, aliás, fez uma ponderação relevantíssima quanto à opção constitucional de suspender inclusive direitos políticos aos parentes:

> Mas a República impõe sacrifícios. Há uma restrição constitucional muito mais grave do que esse de alçar, o parente próximo – e friso "próximo" porque a norma reduziu a proibição a parentes até segundo grau – a cargos em comissão no âmbito do Poder respectivo. Muito mais séria, com efeito, são as inelegibilidades por casamento, parentesco ou afinidade do art. 14, § 7o, da Constituição, que importam numa verdadeira suspensão de um direito político básico, a capacidade de eleição passiva, quando a investidura em cargos eletivos não depende da vontade do parente, mas de uma eleição popular. No entanto, com a preocupação de evitar o favorecimento do parente pelo governante, na eleição, a Constituição, tradicionalmente, os vem excluindo do universo dos elegíveis.

Antes também do julgamento da medida cautelar na ADC nº 12, a matéria foi enfrentada pelo Pleno no seguinte julgamento:

> EMENTA: MANDADO DE SEGURANÇA. NEPOTISMO. CARGO EM COMISSÃO. IMPOSSIBILIDADE. PRINCÍPIO DA MORALIDADE ADMINISTRATIVA. Servidora pública da Secretaria de Educação nomeada para cargo em comissão no Tribunal Regional do Trabalho da 16ª Região à época em que o vice-presidente do Tribunal era parente seu. Impossibilidade. A proibição do preenchimento de cargos em comissão por cônjuges e parentes de servidores públicos é medida que homenageia e concretiza o princípio da moralidade administrativa, o qual deve nortear toda a Administração Pública, em qualquer esfera do poder. Mandado de segurança denegado.
>
> (MS 23780, Relator(a): Min. JOAQUIM BARBOSA, Tribunal Pleno, julgado em 28/09/2005, DJ 03-03-2006 PP-00071 EMENT VOL-02223-01 PP-00109 RB v. 18, nº 509, 2006, p. 21-22 LEXSTF v. 28, nº 327, 2006, p. 145-152 RT v. 95, nº 848, 2006, p. 145-147 RMP nº 34, 2009, p. 307-312)

A ADC nº 12 foi, então, julgada no mérito em 20/08/2008, ratificando-se a decisão cautelar, agora também com adesão dos ministros Menezes Direito, Carmen Lúcia e Ricardo Lewandowski. A ministra Carmen Lucia também contextualizou a questão, remontando à tradição brasileira de pessoalidade desde Pedro Vaz de Caminha, contra a qual já se insurgia a lei de 10 de outubro de 1828, citada pelo ministro Peluso, e citando os comentários de Pimenta Bueno à Constituição de 1824, passando pela Lei nº 4.717/65, chegando aos princípios ora previstos no art. 37 e na legislação eleitoral, vedando, desde a década de 30 do século passado, candidaturas de parentes:

> Tudo a demonstrar que os fundamentos constitucionais não permitem o parentesco como fonte ou critério de admissão no serviço público, sequer em cargo dito de confiança, que confiança aí se põe na qualificação do candidato e não na qualidade do nome por ele ostentado.
>
> Nem precisaria haver princípio expresso – quer da impessoalidade, quer da moralidade administrativa – para que se chegas-

> se ao reconhecimento da constitucionalidade das proibições de contratação de parentes para os cargos públicos. Bastaria que se tivesse em mente a ética democrática e a exigência republicana, contidas no art. 1º, da Constituição, para se impor a proibição de maneira definitiva, direta e imediata a todos os Poderes da República.

No dia seguinte, foi, então, votada a Súmula Vinculante nº 13, cujo enunciado tem a seguinte redação:

> A nomeação de cônjuge, companheiro ou parente em linha reta, colateral ou por afinidade, até o terceiro grau, inclusive, da autoridade nomeante ou de servidor da mesma pessoa jurídica investido em cargo de direção, chefia ou assessoramento, para o exercício de cargo em comissão ou de confiança ou, ainda, de função gratificada na administração pública direta e indireta em qualquer dos Poderes da União, dos Estados, do Distrito Federal e dos Municípios, compreendido o ajuste mediante designações recíprocas, viola a Constituição Federal.

Nos debates, houve discussão quanto à restrição à autoridade nomeante, ponderando o ministro Gilmar Mendes e a ministra Carmen Lúcia que ao chefe do Poder Executivo compete grande parte das nomeações e que a norma deveria abranger eventuais delegações. Procurou-se deixá-la mais ampla possível, inclusive preferindo-se não citar o art. 37, mas a própria Constituição, para abranger, conforme sugestão da min. Carmen Lúcia, o princípio republicano.

No que tange à restrição de nomeação para a mesma "pessoa jurídica", o receio de que o termo fosse abrangente cedeu lugar à abrangência que se objetivava dar. Como assentou o ministro Gilmar Mendes "acho que a ideia é abranger, na verdade, a pessoa jurídica. Porque, se houver intervalos nas relações, por exemplo, entre o prefeito, ele não pode nomear nem – parece que isso decorre do espírito – no seu gabinete, nem na secretaria de fazenda".

Apesar dessa proposital amplitude da Súmula, a questão vem sendo objeto de inúmeras Reclamações no Supremo Tribunal Federal contra atos que consideram nulas nomeações para cargos políticos. Além das reclamações, pende proposta de revisão da Súmula Vinculante, PSV nº 56, a fim de estabelecer apenas o "núcleo mínimo de proibição".

E ainda em 2008, no julgamento do RE 579.951, Rel. Min. Ricardo Lewandowski, Pleno, DJe 23.10.2008, Tema 66 da Repercussão Geral, o Tribunal assentou que a vedação ao nepotismo não exige a edição de lei formal para coibir a prática, dado que essa proibição decorre diretamente dos princípios contidos no art. 37, *caput*, da Constituição Federal. Com base nesse entendimento, deu provimento ao recurso extraordinário para reconhecer a inconstitucionalidade da nomeação de um motorista por ser irmão do vice-prefeito da mesma cidade. Deixou de acolher, no entanto, o argumento relativo à nulidade da nomeação do Secretário Municipal, não pelo cargo ter natureza política, mas porque o parentesco ali examinado era entre vereadores (o caso não era de um prefeito que nomeou seu irmão, mas de um prefeito que nomeou o irmão de um vereador).

Posteriormente, quando do julgamento da Rcl 6.650-MC-AgR, Rel. Min. Ellen Gracie, Pleno, DJe 20.11.2008, o Tribunal entendeu que a nomeação do irmão do Governador de Estado para o cargo de Secretário Estadual não ofende a Súmula. Nesse julgamento, o ministro Ricardo Lewandowski fez o observar o seguinte:

> Eu me permitiria fazer uma pequena observação. Por ocasião do julgamento do *leading case* que levou à edição da Súmula 13 estabeleceu-se que o fato de a nomeação ser para um cargo político nem sempre, pelo menos a meu ver, descaracteriza o nepotismo. É preciso examinar caso a caso para verificar se houve fraude à lei ou nepotismo cruzado, que poderia enseja a anulação do ato.

Nessa linha de orientação, as Turmas deste Tribunal têm reconhecido não ser vedada a nomeação de parentes da autoridade nomeante quando o cargo para o qual forem designadas for de natureza política, desde que não implique fraude à lei, nepotismo cruzado ou manifesta ausência de qualificação técnica.

A questão voltará a ser enfrentada no Tema nº 1.000 de Repercussão Geral: "1000 – *Discussão quanto à constitucionalidade de norma que prevê a possibilidade de nomeação de cônjuge, com-*

panheiro ou parente, em linha reta colateral ou por afinidade, até o terceiro grau, inclusive, da autoridade nomeante, para o exercício de cargo político."

3. Uma ascese latente

Nessa história que se conta em cadeia e que merece coerência argumentativa, parece-nos que os argumentos que serviram à ADC nº 12 e à Súmula Vinculante nº 13 são todos no sentido de que o princípio republicano veda o nepotismo.

A densidade do princípio republicano é bem esclarecida por Philip Pettit, professor da Universidade de Princeton:

> The lesson is that [if we want to avoid assuming an arbitrary dominating form] the instruments used by the republican state should be, as far as possible, non-manipulable. Designed to further certain public ends, they should be maximally resistant to being deployed on an arbitrary, perhaps sectional, basis. No one individual or group should have discretion in how the instruments are used. No one should be able to take them into their own hands: not someone who is entirely beneficent and publicspirited, and certainly not someone who is liable to interfere for their own sectional ends in the lives of their fellow citizens. The institutions and initiatives should not allow of manipulation at anyone's individual whim.[6]

---

6 Tradução livre: "A lição é de que [se nós desejamos evitar assumir uma forma de dominação arbitrária] os instrumentos utilizados pelo estado republicano devem ser, na medida do possível, não manipuláveis. Desenhados para promover determinados fins públicos, devem eles ser resistentes ao máximo a ser empregados de uma forma arbitrária ou, talvez, seccional. Ninguém, indivíduo ou grupo, deve possuir discricionariedade sobre como os instrumentos serão utilizados. Ninguém deve poder tomá-los para si: nem alguém que seja completamente bondoso e zeloso pelo bem público, nem, certamente, alguém que seja responsável por intervir na vida de seus concidadãos em favor de seus próprios interesses seccionais. As instituições e as iniciativas não devem permitir a manipulação ao capricho individual de quem quer que seja." (PETTIT, Philip. *Republicanism: a Theory of Freedom and Government.* Oxford: Oxford University Press, 1997. p. 173; grifei)

A gestão pública não é matéria sujeita à discricionariedade individual. Exige, em todas as suas esferas e poderes, critérios objetivos de impessoalidade e de eficiência. Inclusive, e quiçá principalmente, para agentes políticos.

Em decisão proferida na Reclamação nº 26.448 em 17 de setembro de 2019, foi exposto esse *estado da arte* da questão e defendido que a orientação que emerge dos debates da aprovação da Súmula, assim como dos precedentes que lhe deram origem, não autoriza a interpretação segundo a qual a designação de parentes para cargo de natureza política é imune ao princípio da impessoalidade. Noutras palavras, cargos políticos também estão abrangidos pela Súmula Vinculante.

Essa conclusão decorre, como se vê nas decisões acima transcritas e grifadas, dos próprios fundamentos pelos quais o Tribunal reconheceu na proibição de nepotismo uma zona de certeza dos princípios da moralidade, da impessoalidade e da eficiência.

No julgamento do RE 579.951, já mencionado, o Tribunal entendeu que a proibição do nepotismo decorre diretamente do texto constitucional e dos princípios da moralidade e impessoalidade. Como assentou o Min. Relator, *"esses princípios (...) exigem que o agente público paute a sua conduta por padrões éticos que têm como fim último lograr a consecução do bem comum, seja qual for a esfera de poder ou o nível político-administrativo da Federação em que atue".* Acresceu ainda:

> É que o que está causa não é o trabalho desempenhado por esses «servidores-parentes», mesmo porque a obrigação de bem trabalhar constitui dever de todos os ocupantes de cargos públicos, sejam eles concursados ou não. O que está em debate, com efeito, não é a qualidade do serviço por eles realizado, mas a forma do provimento dos cargos que ocupam, que se deu em detrimento de outros cidadãos igualmente ou mais capacitados para o exercício das mesmas funções, gerando a presunção de dano à sociedade como um todo.

De fato, o problema mais grave do nepotismo é a ruína dos deveres normativos e éticos que devem pautar o desempenho das funções administrativas. Ao invés de se avaliar a pessoa subordinada à autoridade nomeante por critérios de eficiência, privilegiam-se critérios alheios ao bom desempenho da Administração. A proibição decorre, pois, da própria Constituição e é evidente que tais princípios são também aplicáveis aos cargos chamados políticos.

Não se desconhece que, por ocasião dos debates, o ministro Ayres Britto afirmou o seguinte:

> Então, quando o artigo 37 refere-se a cargo em comissão e função de confiança, está tratando de cargos e funções singelamente administrativos, não de cargos políticos. Portanto, os cargos políticos estariam fora do alcance da decisão que tomamos na ADC nº 12, porque o próprio Capítulo VII é Da Administração Pública enquanto segmento do Poder Executivo. E sabemos que os cargos políticos, como, por exemplo, os de Secretário Municipal, são de agentes do Poder, fazem parte do Poder Executivo. O cargo não é em comissão, no sentido do artigo 37. Somente os cargos e funções singelamente administrativos – é como penso – são alcançados pela imperiosidade do artigo 37, com seus lapidares princípios. Então, essa distinção me parece importante para, no caso, excluir do âmbito da nossa decisão anterior os Secretários Municipais, que correspondem a Secretários de Estado, no âmbito dos Estados, e Ministros de Estado, no âmbito federal.

Essa posição acabou sendo acolhida pelos demais ministros.

No entanto, essa conclusão pode ser tida como dissonante do que se estabeleceu sobre o alcance dos princípios da moralidade, impessoalidade e eficiência. Os Ministros de Estado, que ocupam cargo de natureza política, exercem a orientação, coordenação e supervisão dos órgãos e entidades da administração federal, nos termos do art. 87, parágrafo único, I, da CRFB. O próprio Presidente da República, aliás, exerce "a direção superior da administração federal" (art. 84, II, da CRFB). No exercício dessa função, ambos estão obrigados a prestar contas ao Congresso Nacional que as examinará à luz dos princípios constitucionais. Os princípios, aqui, são rigorosamente os mesmos. Não faria sentido aduzir que uma coisa são os princípios exigidos de alguns cargos e outra a dos cargos políticos, pois todos estão sujeitos à mesma medida de responsabilização pela prestação de contas (art. 50, § 2º, da CRFB). Noutras palavras, a atuação dessas autoridades deve-se amoldar aos princípios constitucionais exigidos de toda a Administração Pública.

No Judiciário, a proibição do nepotismo aparece também nas cláusulas que impedem o magistrado de atuar nos feitos "quando for parte ele próprio, seu cônjuge ou companheiro, ou parente, consanguíneo ou afim, em linha reta ou colateral, até o terceiro grau, inclusive" (art. 144, IV, do Código de Processo Civil). Há impedimento, ainda, quando no processo estiver postulando, como defensor público, advogado ou membro do Ministério Público, seu cônjuge ou companheiro, ou qualquer parente, consanguíneo ou afim, em linha reta ou colateral, até o terceiro grau, inclusive (art. 144, III, do Código de Processo Civil). Ressalte-se que tais regras sobre o impedimento materializam a garantia de um processo justo, com vistas a afastar o conflito de interesses entre as partes do processo. Por isso, elas se aplicam a todos os que devem manter um dever de imparcialidade (art. 148, III, do CPC).

Observe-se que, no que tange ao princípio da impessoalidade, a própria Constituição faz incidi-lo especificamente aos cargos de natureza política. Isso se dá, como anotou o ministro Sepúlveda Pertence no julgamento da ADI 1521, na inelegibilidade constante do art. 14, § 7º, da CRFB: *"são inelegíveis, no território de jurisdição do titular, o cônjuge e os parentes consanguíneos e afins, até o segundo grau ou por adoção, do Presidente da República, de Governador de Estado ou Território, do Distrito Federal, de Prefeito ou de quem os haja substituído dentro dos seis meses anteriores ao pleito, salvo se já titular de mandato eletivo e candidato à reeleição".* O mero parentesco é, como se vê, razão suficiente para afastar um dos direitos públicos subjetivos mais relevantes na ordem democrática, a fim de promover a rotatividade do poder e evitar confusão entre público e privado, para usar a metáfora de Nelson Saldanha, entre a praça e o jardim, que, no Brasil, tantas vezes traduz excessivo personalismo:

> Vem sendo sobejamente citada a frase de Tollenare, escrita na primeira metade do século passado, segundo a qual 'neste país, nenhum homem é republico'. Com o testemunho do viajante francês podem-se combinar registros e interpretações mais recentes: por exemplo, as páginas de Sérgio Buarque de Holanda em

> *Raízes do Brasil*, ou a de Nestor Duarte em *A ordem privada e a organização política nacional*, no sentido de descrever e compreender as relações entre vida rural e vida urbana na história social brasileira. Ou ainda certos tópicos de Gilberto Freyre, que registram o desdém do brasileiro colonial pela praça pública como tal: inclusive no sentido da higiene, atirando-se lixo à rua sem a menor cerimônia e sem o menor sentido de respeito ao que fosse comunal ou de todos. De fato, no capítulo II de *Sobrados e Mucambos*, Gilberto Freyre caracterizou o lento triunfo da *praça* (no sentido de vida urbana) sobre o engenho, ou sobre a vida de engenho, com o gradual aumento – no século XIX – do prestígio da *rua;* ao mesmo tempo, porém, registrou a existência no próprio século XIX de uma vida mais de casa do que de rua, em todos os sentidos, bem como a persistência do privatismo na vida histórica do país, inclusive no século corrente.
>
> (...)
>
> O predomínio do sentido privado, no Brasil, há de ter sido em grande medida predomínio do personalismo, inclusive pela larga presença das estruturas *feudais* em nossa história social. Personalismo nas alianças políticas e nas adesões partidárias; personalismo também na secular tendência a confundir instituições com pessoas.[7]

Esses fatos reclamam a norma e a necessidade de, então, impor o princípio republicano. Quanto mais próximo da legitimidade do voto popular, maior a responsabilidade do governante para afastar qualquer conflito de interesse que possa macular sua atuação. Quanto mais alto o cargo, maior deve ser a exigência pela obediência incondicional à Constituição e a seus princípios.

4. Alhures

Cumpre recolher experiências comparadas sobre a matéria. É o que se fará a seguir.

---

7 SALDANHA, Nelson. *O Jardim e a Praça – ensaio sobre o lado privado e o lado público da vida social e histórica.* Porto Alegre: Sergio Antonio Fabris, 1986, pp. 27-28

Não fossem as próprias referências diretas da Constituição à extensão do princípio da moralidade e da impessoalidade, deve-se ter em conta que também quanto a esse ponto as experiências constitucionais de outros países – que não raro são utilizadas para guiar a interpretação dos princípios da Constituição da República – também têm expressado a rejeição ao nepotismo.

Nos Estados Unidos, por exemplo, onde durante a Presidência de John F. Kennedy era conhecida a indicação de parentes para os cargos de confiança, como seu irmão ao cargo de *Attorney General*, há, desde 1967, disposição expressa que estabelece: "um oficial público não pode indicar, empregar, promover, fazer ascender ou defender que se indique, empregue, promova ou que se faça ascender um civil para uma posição em uma agência na qual ele esteja servindo ou sobre a qual ele exerça jurisdição ou controle qualquer indivíduo que seja um parente do próprio oficial público". Parente, aqui, de acordo o *Anti-Nepotism Statute* (Seção 3110 do Título 5 do *U.S. Code*), é o pai, a mãe, o filho, a filha, o irmão, a irmã, o tio, a tia, o primeiro primo, o sobrinho, a sobrinha, o marido, a esposa, o sogro, a sogra, o genro, a nora, o cunhada, a cunhada, o padrasto, a madrasta, o enteado, a enteada, o meio-irmão e a meia-irmã.

Na Argentina, fez-se aprovar, em 1999, a Lei nº 25.188 que dispõe sobre os deveres, proibições e incompatibilidades aplicáveis, sem exceção, a todas as pessoas que desempenhem a função pública em todos os seus níveis e hierarquias. Mais especificamente, previu-se, em seu art. 5º, que se submetem aos ditames da lei os cargos políticos como o de Presidente da República, Senadores, Deputados, Magistrados, Membros do Ministério Público, Defensores Públicos, Chefes de Gabinete dos Ministérios, os Ministros, entre outros. As causas de impedimento são também comuns: nos termos do art. 2º, "i", os funcionários devem abster-se de intervir em todos os assuntos para os quais haja previsão de impedimento legal na lei de processo civil. O Código de Processo, por sua vez, prevê como hipóteses de "*excusación*" o parentesco por consanguinidade ou afinidade dentro do quarto grau e segundo a afinidade com alguma das partes, seus mandatários ou letrados.

Na União Europeia, o nepotismo é definido como uma forma de corrupção. No Primeiro Relatório sobre Alegações de Fraude, Desvio e Nepotismo da Comissão Europeia, apresentado por uma Comissão de Peritos a pedido da própria Comissão, define-se nepotismo como "comportamento eticamente repreensível, como a indicação pública ou a autorização de contratos ou a recomendação de indivíduos para qualquer tipo de recompensa não com base no mérito, mas pelo favoritismo de um familiar, amigo ou outro relacionamento". Esse padrão de atuação é exigido não apenas da Comissão como um órgão público, mas individualmente de cada um de seus agentes e comissários. A experiência desses países, longe de ser exaustiva, é um precioso guia para interpretar o alcance do art. 7º da Convenção das Nações Unidas contra a Corrupção, a qual prevê:

> Artigo 7 Setor Público
>
> 1. Cada Estado Parte, quando for apropriado e de conformidade com os princípios fundamentais de seu ordenamento jurídico, procurará adotar sistemas de convocação, contratação, retenção, promoção e aposentadoria de funcionários públicos e, quando proceder, de outros funcionários públicos não empossados, ou manter e fortalecer tais sistemas. Estes: a) Estarão baseados em princípios de eficiência e transparência e em critérios objetivos como o mérito, a eqüidade e a aptidão; b) Incluirão procedimentos adequados de seleção e formação dos titulares de cargos públicos que se considerem especialmente vulneráveis à corrupção, assim como, quando proceder, a rotação dessas pessoas em outros cargos; c) Fomentarão uma remuneração adequada e escalas de soldo eqüitativas, tendo em conta o nível de desenvolvimento econômico do Estado Parte; d) Promoverão programas de formação e capacitação que lhes permitam cumprir os requisitos de desempenho correto, honroso e devido de suas funções e lhes proporcionem capacitação especializada e apropriada para que sejam mais conscientes dos riscos da corrupção inerentes ao desempenho de suas funções. Tais programas poderão fazer referência a códigos ou normas de conduta nas esferas pertinentes.
>
> 2. Cada Estado Parte considerará também a possibilidade de adotar medidas legislativas e administrativas apropriadas, em consonância com os objetivos da presente Convenção e de conformidade com os princípios fundamentais de sua legislação interna, a fim de estabelecer critérios para a candidatura e eleição a cargos públicos.

> 3. Cada Estado Parte considerará a possibilidade de adotar medidas legislativas e administrativas apropriadas, em consonância com os objetivos da presente Convenção e de conformidade com os princípios fundamentais de sua legislação interna, para aumentar a transparência relativa ao financiamento de candidaturas a cargos públicos eletivos e, quando proceder, relativa ao financiamento de partidos políticos.
>
> 4. Cada Estado Parte, em conformidade com os princípios de sua legislação interna, procurará adotar sistemas destinados a promover a transparência e a prevenir conflitos de interesses, ou a manter e fortalecer tais sistemas.

Em um estudo elaborado para a Transparência Internacional que serviu de base para a construção do Tratado, Gerard Carney afirma que "a obrigação para agir exclusivamente em vista do interesse público estende não apenas a quem exerce o poder, mas também aos que estão em posição cuja competência pode ser utilizada para influenciar o exercício de poder"[8]. Ainda de acordo com o mesmo Relatório, "exemplo de influência imprópria é o de um membro do poder legislativo que faz a indicação a ministro ou outros oficiais de parentes ou amigos para um cargo ou contrato no governo", isso porque o "nepotismo ameaça o exercício de poder com base no interesse público".

Nessa linha de argumentação, também a Organização para a Cooperação e Desenvolvimento aproxima o conceito de nepotismo ao de corrupção, ao definir que corrupção é o abuso de poder público ou privado para ganho pessoal; ela inclui atos de suborno, apropriação indébita, nepotismo e captura do Estado.

5. *"Jetztzeit"*

Todos esses parâmetros estão a indicar, com maior precisão, a zona de certeza dos princípios da impessoalidade, moralidade e efici-

---

8 CARNEY, Gerard. *Conflict of Interest: Legislators, Ministers and Public Officials.* Transparency International. Disponível em: http://www.parliament.am/committee_docs_5/Legcom/Conflict%20of %20Interest_Trans%20 Int%20Carney%20(3).pdf, acesso em 11.09.2019

ência: o exercício de qualquer função pública deve ter em conta apenas o zelo pela coisa pública. A República não admite a existência de conflito de interesse no exercício da função pública. Magistrados não podem ter outra atividade, salvo uma de magistério. Não podem ter filiação partidária. Não podem receber contribuições de entidades privadas. Deputados e Senadores não podem manter contrato com pessoa jurídica de direito público, nem patrocinar interesses privados no âmbito da administração pública.

A fim de não deixar margem à dúvida sobre o sentido próprio dessa interpretação da Constituição: seu espírito ecoa as palavras do Presidente da Assembleia Constituinte, por ocasião da promulgação da Carta:

> A vida pública brasileira será também fiscalizada pelos cidadãos. Do Presidente da República ao Prefeito, do Senador ao Vereador. A moral é o cerne da Pátria. A corrupção é o cupim da República. República suja pela corrupção impune tomba nas mãos de demagogos, que, a pretexto de salvá-la, a tiranizam. Não roubar, não deixar roubar, pôr na cadeia quem roube, eis o primeiro mandamento da moral pública.

Essa zona de certeza deve ser o fio condutor de coerência da história das decisões do Supremo Tribunal Federal sobre nepotismo. A interpretação que excepciona os cargos de natureza política é um capítulo que soa dissonante e não encontra amparo na Constituição e na faticidade que requer a renúncia ao personalismo e a adesão definitiva do Estado brasileiro ao princípio republicano.

Eis um "tempo-de-agora" a reclamar ponderações que conjuguem esperança e afazeres que sejam aptos a ir de encontro às formas colonizadoras de apropriação visível dos espaços públicos. Há nisso um tempo que vem.

Controle da omissão inconstitucional: o caso do direito de greve para servidores públicos (MI 670, MI 708 e MI 712).

Min. Luiz Fux

Um dos traços marcantes da Constituição de 1988 é o seu extenso e não exaustivo catálogo de direitos fundamentais. As lições ensinadas pela História da segunda metade do século XX, a partir de experiências vivenciadas no Brasil e no mundo, fizeram com que essa fosse uma preocupação da nova onda democrática que então nascia. Na tentativa de superação de anteriores regimes autoritários e seus traumas, vislumbrava-se em um extenso rol de direitos um mecanismo de limitação da atuação do Estado, bem como um trunfo a ser utilizado pelo cidadão contra eventuais condutas abusivas de agentes públicos ou privados.

Os direitos, porém, para que sejam concretamente exercidos e usufruídos pelos cidadãos, precisam de normas e da organização de uma estrutura que lhes dê condições fáticas de efetividade. Dessa forma, apesar de seu elevado valor, muitas vezes a mera previsão constitucional da declaração e reconhecimento da existência de um determinado direito na ordem jurídica brasileira não basta a que este seja, de fato, útil e servível ao cidadão real, ao ser humano concreto, a mim e a você, leitor.

Assim, em maior ou menor grau, os direitos fundamentais já declarados na Constituição demandam outros atos estatais que lhes atribua os meios necessários ao seu exercício. Nesse sentido é que a doutrina constitucional aponta a classificação das normas constitucionais entre as de eficácia plena, contida ou limitada, conforme a dimensão da intermediação legislativa necessária à que um determinado direito seja eficaz.

Segundo essa classificação, a eficácia é *plena* quando se tratar de um direito imediatamente aplicável, de forma direta e integral, independentemente de outro ato legislativo futuro que lhe regulamente. São normas que já possuem todos os elementos jurídicos necessários à sua plena aplicação, ainda que demandem providências de ordem fática ou econômica.

De outro lado, a eficácia é *contida* quando, apesar da aplicabilidade direta e imediata, possa ser limitada pelo legislador, mediante outra norma editada. Dessa forma, são normas que produzem efeitos desde quando editadas, independentemente de regulamentação posterior, mas que podem ser, a partir de autorização constitucional, sua eficácia restringida. Ou seja, a norma constitucional é já aplicável, mas a norma infraconstitucional pode restringir as condições de seu exercício.

Por fim, a eficácia é *limitada* quando a aplicabilidade da norma constitucional seja indireta, mediata e diferida, isto é, dependa da edição de outro ato normativo para que o possa ser efetivamente exercido. Assim, exige-se uma intermediação legislativa entre a norma constitucional e sua eficácia, que estabeleça as condições e os limites do exercício do direito. Nesse caso, portanto, é a norma infraconstitucional que torna eficaz a norma constitucional.

Sob esse aspecto, a não edição da norma infraconstitucional exigida pela Constituição torna inviável o exercício do direito fundamental nela previsto. Por essa razão, o texto constitucional instituiu mecanismos de controle, pelo Poder Judiciário, da omissão inconstitucional do Legislativo. Isto é: quando há a omissão legislativa seja contrária à própria Constituição, que exige lei para regular ou viabilizar determinado direito fundamental, há mecanismos que possibilitam o controle judicial sobre essa situação. Uma dessas ferramentas é o mandado de injunção (MI), cabível quando *"a falta de norma regulamentadora torne inviável o exercício dos direitos e liberdades constitucionais e das prerrogativas inerentes à nacionalidade, à soberania e à cidadania"* (art.5º, LXXI, da CRFB/88).

A partir dessas constatações introdutórias, chega-se ao tema próprio dos casos ora comentados: MI 670[1], MI 708[2] e MI 712[3], julgados conjuntamente em 25/10/2007. Discutia-se, ali, sobre um direito fundamental de eficácia limitada, em relação ao qual não havia - e ainda hoje não há - lei regulamentadora: o direito de greve para servidores públicos.

Na organização do Estado brasileiro e da Administração Pública, a Constituição estabelece as normas gerais relativas ao regime jurídico ao qual estão submetidos os servidores públicos, dispondo sobre seus direitos, deveres, garantias e obrigações. Dentre essas disposições, previu-se ao servidor público "*o direito de greve será exercido nos termos e nos limites definidos em lei específica*" (art. 37, VII, da Constituição). Não editada essa "lei específica" exigida pela Constituição, a inércia legislativa passou a ser questionada, em mandados de injunção, perante o Supremo Tribunal Federal por diversas vezes e em diferentes momentos. Mais do que a desfecho atribuído a esses processos, a importância histórica dos julgados é evidenciada pela evolução das sucessivas tentativas de possíveis soluções atribuídas pela Corte aos casos de omissão inconstitucional.

Inicialmente, em postura mais contida e deferente, o STF decidia que a ausência de lei regulamentadora editada pelo Congresso Nacional implicava na impossibilidade de exercício do direito de greve por servidores públicos, enquanto persistisse o estado de omissão.[4] Isso porque se trataria de norma constitucional de eficácia *limitada* e, portanto, dependente de norma regulamentadora, cuja inexistência inviabilizaria seu exercício. Em todo caso, declarava-se o estado de omissão, indicando ao Congresso Nacional a necessidade de edição da norma faltante.

---

1 MI 670, redator para o acórdão Min. Gilmar Mendes, DJe de 31/10/2008.

2 MI 708, rel. Min. Gilmar Mendes, DJe de 31/10/2008.

3 MI 712, rel. Min. Eros Grau, DJe de 31/10/2008.

4 Nesse sentido: MI 20 (Rel. Min. Celso de Mello, DJ de 22/11/1996), MI 485 (Rel. Min. Maurício Corrêa, DJ de 23/08/2002) e MI 585 (Rel. Min. Ilmar Galvão, DJ de 02/08/2002).

Entretanto, essa sinalização que se fez ao Poder Legislativo, instituição no âmbito do qual a questão deveria ser propriamente resolvida, não restou exitosa. Isso porque o estado de omissão inconstitucional persistiu, quando se passou a propor solução diversa. Desde então, passou-se a conferir maior abrangência à compreensão do instrumento do mandado de injunção, que não mais se limitaria à declaração da omissão ou da mora do Poder Legislativo, passando a também conferir soluções efetivas e judiciais à situação de impossibilidade de exercício de um direito constitucional, enquanto inexistente a norma regulamentadora exigida.

Relativamente ao direito de greve do servidor público, a necessidade de regulamentação se dava não apenas por parte dos trabalhadores, mas especialmente por parte dos cidadãos. Sem a existência de uma lei que instituísse as possibilidades e os limites desse direito, a ser exercido por funcionários que devem trabalhar para o bom funcionamento dos serviços públicos, era mais difícil a fixação de parâmetros para o controle de eventuais abusos que pudessem ser cometidos na promoção de uma greve, abrindo espaço ao desamparo dos usuários que necessitam dessa atuação estatal.

Assim, a necessidade da norma regulamentadora referia-se não se destinava apenas a possibilitar o exercício do direito de greve pelos servidores públicos, mas a também estabelecer-lhe limites e restrições, mercê do direito a serviços públicos adequados e contínuos prestados aos cidadãos. Nesse sentido, o Ministro Eros Grau – a quem sucedi no Supremo Tribunal Federal, destacava a existência de um quadro de "selvageria" decorrente do vácuo legislativo, que poderia trazer consequências danosas ao Estado Democrático de Direito e aos cidadãos. Dessa forma, sobre a atuação do STF no caso, o Ministro afirmou que "tendo em vista as imperiosas balizas constitucionais que demandam a concretização do direito de greve a todos os trabalhadores, este Tribunal não pode se abster de reconhecer que, assim como se estabelece o controle judicial sobre a atividade do legislador, é possível atuar também nos casos de inatividade ou omissão do Legislativo"[5].

5 Excerto retirado do voto proferido pelo Ministro Eros Grau, relator do MI 712, durante seu julgamento.

A partir dessas percepções, passou-se a afirmar que, diante das diversas declarações da mora do Congresso Nacional, a omissão legislativa inconstitucional poderia ser suprimida por atuação judicial. Note que a Constituição exige a existência de lei regulamentadora, de modo que a liberdade de ação do Poder Legislativo repousa apenas na delimitação do conteúdo da norma, não alcançando a possibilidade de editá-la ou não.

Como solução intermediária, portanto, passou-se a determinar a aplicação subsidiária aos servidores públicos da Lei nº 7.783/1989, que dispõe sobre o exercício do direito de greve dos trabalhadores em geral. Em seu teor, por exemplo, há a definição das atividades essenciais, em relação aos quais se exige continuidade mesmo durante o período grevista, regulando o atendimento das necessidades cotidianas do cidadão. Essa aplicação que foi concebida como temporária acabou se tornando duradoura, diante da persistência da omissão legislativa em regulamentar o dispositivo constitucional. Com efeito, havia longa inação até mesmo quanto a própria ação em si do Mandado de Injunção, tendo em vista que apenas em 2016 é que foi publicada lei específica quanto ao seu procedimento (Lei nº 13.300), no âmbito da qual, inclusive, foram incorporados diversos entendimentos afirmados pelo Supremo Tribunal Federal.

Dessa forma, em movimento cristalizado pela decisão proferida nos Mandados de Injunção 670, 708 e 712, tornou-se possível a adoção de soluções mais concretizadoras para o persistente cenário de omissão. A partir de então, em outros casos posteriores, a mesma postura foi cautelosamente adotada, a partir da inatividade legislativa a provocações expedidas pelo STF em omissões inconstitucionais. Em diversas situações, passou-se a adotar uma técnica de decisão (*decisões manipulativas*) que busca conferir maiores possibilidades às determinações a serem fixadas pela Corte em casos como esses, diante da complexidade e inevitabilidade do caso em julgamento.

Em 2016, quando editada a Lei nº 13.300, que trata do processo e do julgamento dos mandados de injunção individual e coletivo, passou-se a ter fundamento normativo expresso para tanto. Com efeito, o ato legislativo permite que a decisão judicial, a partir do reconhecimento da mora legislativa, determine prazo razoável para que seja editada a norma regulamentadora, bem como estabeleça as condições de exercício do direito postulado, caso não seja suprida a mora legislativa no prazo determinado ou caso o prazo conferido já tenha sido anteriormente descumprido.

Ademais, a lei adota como premissa que a decisão judicial proferida terá "*eficácia subjetiva limitada às partes e produzirá efeitos até o advento da norma regulamentadora*" (art. 9º), o que significa que, inicialmente, apenas quem ajuizou o processo é que pode ser alcançado pela decisão. Entretanto, há também a previsão de que pode ser "*conferida eficácia ultra partes ou erga omnes à decisão, quando isso for inerente ou indispensável ao exercício do direito, da liberdade ou da prerrogativa objeto da impetração*" (art. 9º, § 1º), isto é, a decisão pode alcançar a todos que necessitem exercitar concretamente determinado direito, ainda que não tenha impetrado um mandado de injunção para tanto. Em todo caso, a decisão vale até que seja editada a norma regulamentadora e, portanto, suprida a omissão legislativa.

Outrossim, a solução atribuída nos julgamentos comentados possibilitou que posteriormente houvesse novos avanços relativamente ao exercício do direito de greve por servidores públicos. Com efeito, em decisões mais recentes, o STF afirmou que "A administração pública deve proceder ao desconto dos dias de paralisação decorrentes do exercício do direito de greve pelos servidores públicos, em virtude da suspensão do vínculo funcional que dela decorre, permitida a compensação em caso de acordo", não se procedendo ao desconto quando "ficar demonstrado que a greve foi provocada por conduta ilícita do Poder Público" (RE 693.456, rel. Min. Dias Toffoli, Tribunal Pleno, julgamento em 27/10/2016). Em outra situação, afirmou também a Corte que "O exercício do direito de greve, sob qualquer forma ou modalidade, é vedado aos policiais civis e a todos os servidores públicos que atuem diretamente na área de segurança pública" (ARE 654.432, redator para o acórdão Min. Alexandre de Moraes, Tribunal Pleno, julgamento em 05/04/2017).

Dessa forma, a exploração do tema, que agora se imagina mais facilmente compreensível pelo leitor, indica posição evolutiva do Supremo Tribunal Federal. A partir do histórico julgamento dos Mandados de Injunção 670, 708 e 712, a Corte passou a afirmar entendimento que, sem descuidar da importância da separação dos poderes e dos limites de sua própria atuação, busca, a partir da tentativa de diálogo entre as instituições, promover soluções que concretamente aprimorem a vida dos cidadãos que batem à sua porta.

Reserva de vagas com base em critério étnico-racial: o princípio da igualdade à luz da ADPF 186 e da ADC 41

Min. Reynaldo Soares da Fonseca
Gabriel C. Soares da Fonseca

Introdução

O artigo 5°, *caput*, de nossa Constituição Federal, prestigia o *princípio da igualdade*. O dispositivo estabelece que "*todos são iguais perante a lei, sem distinção de qualquer natureza*". Trata-se de princípio basilar para o Estado Democrático de Direito cuja importância é reconhecida de forma uníssona. Nada obstante, em não raras vezes, grupos político-sociais e juristas o invocam para sustentar pontos de vista antagônicos, no que tange a sua aplicação em situações concretas.[1] O significado da frase "sem distinção de qualquer natureza" é disputado, assim, por leituras distintas.

De um lado, há quem acredite que o ordenamento jurídico-constitucional não permite certas diferenciações baseadas em questões como "origem, raça, sexo, cor, idade" (art. 3°, IV, CRFB/88). O que se deve levar em consideração é o *mérito*: a capacidade individual de cada um para ser aprovado em um concurso público, por exemplo.

1 "*Uma teoria constitucional contemporânea precisa encarar o fato de que, mesmo acreditando na existência de direitos e da justiça, as pessoas discordam apaixonadamente sobre o seu significado e suas implicações nas situações concretas.*". GALVÃO, Jorge Octávio Lavocat. *Neoconstitucionalismo e o Fim do Estado de Direito.* São Paulo: Saraiva, 2004, p. 12.

Ou, em uma versão mais atenuada, sustenta-se que as desigualdades do país são estritamente sociais e, portanto, não estão relacionadas com a raça, a etnia ou a cor da pele de alguém.

De outro lado, corrente distinta acredita que a visão acima vulnera o princípio da igualdade em sua essência. Como anotado na feliz frase de Augusto Cury: *"o sonho da igualdade só cresce no terreno do respeito pelas diferenças."* Nessa perspectiva, há que se romper com uma leitura formal desse princípio e interpretá-lo à luz das desigualdades *de facto* que existem na sociedade, sobretudo as envolvendo "origem, raça, sexo, cor, idade". Trata-se de observar a igualdade por uma dimensão *material*, tendo em vista que lê-lo por um viés meramente formal é conferi-lo estatura ilusória.[2]

As discussões travadas na ADPF n° 186[3] e na ADC n° 41[4] perpassaram por variados temas, tais como: o racismo velado e estrutural no Brasil; a democratização no acesso ao ensino superior no país e a diversidade nas Universidades; a desigualdade de acesso ao mercado de trabalho pela população negra brasileira; etc.[5] Nada obstante, a discussão jurídica central de ambas as ações estava relacionada à compatibilidade, frente ao princípio da igualdade, de se criar parâmetros distintos para o ingresso em Universidades ou em cargos públicos, em face de questões étnico-raciais. Em outras palavras, o debate central estava conectado justamente com as divergentes leituras do princípio da igualdade.[6]

---

2 COMPARATO, Fábio Konder. Igualdade, Desigualdades. *Revista Trimestral de Direito Público*, 1/1993, pp. 77-78.

3 BRASIL, Supremo Tribunal Federal. *ADPF 186*. Rel. Min. Ricardo Lewandowski, PLENÁRIO, j. 26/04/2012, DJe 20/10/2014.

4 BRASIL, Supremo Tribunal Federal. *ADC 41*. Rel. Min. Luís Roberto Barroso, PLENÁRIO, j. 08/06/2017, DJe 17/08/2017.

5 Vide: MAGALHÃES, Andréa. *A culpa deve ser do Sol:* algumas considerações sobre as cotas raciais no Brasil. *In:* ARABI, Abhner Youssif et al (Coord.). *Constituição da República 30 anos depois:* uma análise prática da eficiência dos direitos fundamentais. Belo Horizonte: Fórum, 2019, p. 177.

6 A propósito, o Ministro Luís Roberto Barroso, relator da ADC 41, ressaltou essa importância: *"começando pelo mais importante, que é se há ou não violação ao princípio da igualdade"*. Em igual sentido, estabeleceu o Ministro

A seguir, iremos explorar os contornos dessas discussões na seguinte ordem. *Em primeiro lugar*, a controvérsia jurídica e a decisão final da ADPF 186 são apresentadas. *Em segundo lugar*, a controvérsia jurídica e a decisão final da ADC 41 são evidenciadas. Por fim, *nas considerações finais*, destaca-se a importância de ambos os julgados do Supremo Tribunal Federal.

1. ADPF 186

A referida arguição de descumprimento de preceito fundamental foi ajuizada pelo DEM (Democratas). Nela, o Partido Político requeria que o STF declarasse a inconstitucionalidade de atos administrativos da Universidade de Brasília (UnB), do CEPE e do CESPE (órgãos vinculados à Universidade responsáveis por seus concursos públicos). Por meio desses atos, a Universidade instituiu, no âmbito de seu processo seletivo de ingresso ("vestibular"), um sistema de reserva de vagas baseado em critério étnico-racial ("cotas raciais").

Em essência, por meio desse sistema: *(a)* para estudantes *negros*, ficariam reservadas 20% (vinte por cento) das vagas, de todos os cursos oferecidos pela universidade, durante 10 (dez) anos; e *(b)* para estudantes *indígenas*, ficariam disponibilizadas "*um pequeno número de vagas*" durante o período de 10 anos.

Em apertada síntese, o *arguente* apresentou 4 (quatro) argumentos[7]:

> (i) "[N]*inguém é excluído, no Brasil, pelo simples fato de ser negro*" e, por conseguinte, não seria necessária "*a adoção de políticas afirmativas racialistas [...] no país*". O preconceito, neste país, estaria relacionado a questões de classe e não de raça.

Luiz Fux: "*a questão mais importante é de se saber por que é necessário que se estabeleçam essas ações afirmativas se a regra mater da Constituição é o princípio da igualdade: todos têm que se submeter às mesmas regras*". BRASIL, Supremo Tribunal Federal. *ADC 41*. Rel. Min. Luís Roberto Barroso, PLENÁRIO, j. 08/06/2017, DJe 17/08/2017, pp. 18 e 118.

7 BRASIL, Supremo Tribunal Federal. *ADPF 186*. Rel. Min. Ricardo Lewandowski, PLENÁRIO, j. 26/04/2012, DJe 20/10/2014, pp. 3-6.

(ii) "[O] *conceito de minoria apta a ensejar uma ação positiva estatal difere em cada país*" e, portanto, importações de conceitos como "*racismo institucionalizado*" e "*teorias de classificação racial*" como a "*birracial*" (brancos e negros), advindos de países como os Estados Unidos, seriam inadequadas ou incompatíveis com a realidade de nosso país.

(iii) "[C]*otas para negros nas universidades geram a consciência estatal de raça, promovem a ofensa arbitrária ao princípio da igualdade, gerando discriminação reversa em relação aos brancos pobres, além de favorecerem a classe média negra*".

(iv) Não se mostra factível a adoção da "*Teoria da Justiça Compensatória*", que "*se lastreia na retificação de injustiças ou de falhas cometidas contra indivíduos no passado*" tanto por particulares, quanto pelo governo. Para o arguente, não se poderia responsabilizar as gerações presentes por erros cometidos no passado, tampouco seria possível "*definir objetivamente* [...] *os beneficiários de determinada política pública*" dando-a, assim, mero caráter simbólico.

De outra sorte, os *arguidos* sustentaram que o combate ao racismo (vertente *repressivo-punitiva* do Estado) não seria suficiente para superar as desigualdades raciais existentes no sistema de ensino. Seria necessário, pois, a atuação *promocional* do Estado: estabelecer políticas públicas que promovam a igualdade racial, em especial ações afirmativas com tal intuito. Segundo eles, a desigualdade no acesso ao ensino não estaria somente relacionada à questão de classe social, mas, também, com a raça e/ou etnia da população: apesar de representarem 44,66% da população brasileira, estudantes universitários negros (pretos e pardos) eram apenas 19,55% do contingente universitário do país, segundo o estudo do IBGE (no ano de 2000) apresentado pela arguida.

Portanto, o sistema de cotas étnico-raciais havia sido estabelecido como "*resposta a uma constatação de que o espaço acadêmico da universidade era altamente segregado racialmente*"[8]. Assim, "*compreender a igualdade de acesso ao ensino como simples igualdade*

8 Pronunciamento de José Jorge de Carvalho, representante da Universidade de Brasília (UnB), na audiência pública sobre o tema.

formal de processos seletivos" seria consagrar e perpetuar a desigualdade racial do país que "*desafia a Constituição e requer a adoção de políticas públicas compensatórias*".[9]

Essa argumentação foi acompanhada tanto pela Advocacia-Geral da União quanto pela Procuradoria-Geral da República, que pugnaram pela integral constitucionalidade do sistema estabelecido pela UnB.

Após vasta participação da sociedade civil, da comunidade científico-acadêmica e de órgãos institucionais, atuando como *amici curiae* ou expressando-se na audiência pública sobre o tema, o Supremo Tribunal Federal julgou a ADPF improcedente, por unanimidade e nos termos do voto do Ministro Lewandowski (relator da arguição). Em resumo, o STF definiu que essas políticas públicas não contrariam o princípio da igualdade, mas, em verdade, o prestigiam na medida em que levam em conta a sua faceta *material*. Para o relator, o ordenamento constitucional brasileiro "*incorporou diversos mecanismos institucionais para corrigir as distorções resultantes de uma aplicação puramente formal do princípio da igualdade*".[10]

É que ações estatais que almejam reverter, no âmbito universitário, desigualdades históricas e estruturais conectadas com questões étnico-raciais na sociedade brasileira "*não podem ser examinadas apenas sob a ótica de sua compatibilidade com determinados preceitos constitucionais isoladamente considerados*"[11], tampouco ser lidos de maneira formalista. Ao revés, deve-se privilegiar uma interpretação sistemática da Constituição que leve em conta o objetivo nacional de construir uma sociedade livre, justa e solidária (art. 3°, I, CRFB/88) amparada na promoção do bem de todos, sem preconceito de raça e de cor (art. 3°, IV, CRFB/88). Nesse ponto, o Estado possui o dever constitucional de despender esforços para promover

9 BRASIL, Supremo Tribunal Federal. *ADPF 186.* Rel. Min. Ricardo Lewandowski, PLENÁRIO, j. 26/04/2012, DJe 20/10/2014, p. 34.

10 BRASIL, Supremo Tribunal Federal. *ADPF 186.* Rel. Min. Ricardo Lewandowski, PLENÁRIO, j. 26/04/2012, DJe 20/10/2014, p. 2.

11 BRASIL, Supremo Tribunal Federal. *ADPF 186.* Rel. Min. Ricardo Lewandowski, PLENÁRIO, j. 26/04/2012, DJe 20/10/2014, p. 3.

tais objetivos, não bastando a repressão de atos preconceituosos ou a não-discriminação estatal.

Demais disso, o Ministro Lewandowski ainda estabeleceu que o processo seletivo diferenciado com base em critérios étnico-raciais está em consonância com a difusão do pluralismo (art. 1°, V, da CRFB/88). Isso se dá, pois, o sistema de "cotas raciais" pode "*assegurar que a comunidade acadêmica e a própria sociedade sejam beneficiadas com pluralismo de ideias*"[12] proporcionado pelas diferentes visões de mundo, experiências e trajetórias dos alunos que integram uma Universidade mais inclusiva, plural e diversa. Atualmente, a justiça social (arts. 170, *caput*, e 193, CRFB/88) está para além da redistribuição de riquezas. Está conectada, na realidade, com a distinção, o reconhecimento e a incorporação, por parte do Estado e da sociedade, de "*valores culturais diversificados, muitas vezes considerados inferiores àqueles reputados dominantes*"[13].

Nada obstante, o relator estabeleceu uma baliza relevante ao seu entendimento: as políticas de ação afirmativa possuem sua legitimidade alicerçada em uma desigualdade social existente. Desse modo, devem existir somente enquanto "*o quadro de exclusão social que lhes deu origem*"[14] persistir, no tempo.

2. ADC 41

A referida ação declaratória de constitucionalidade foi proposta pelo Conselho Federal da Ordem dos Advogados do Brasil (CFOAB) e teve como objeto a constitucionalidade da Lei n° 12.990/2014. Essa lei reservava a candidatos negros 20% (vinte por cento) das vagas oferecidas, nos concursos públicos para provimento de cargos efetivos e empregos públicos, no bojo da Administração Pública Federal – direta e indireta.

12 BRASIL, Supremo Tribunal Federal. *ADPF 186.* Rel. Min. Ricardo Lewandowski, PLENÁRIO, j. 26/04/2012, DJe 20/10/2014, p. 3.

13 BRASIL, Supremo Tribunal Federal. *ADPF 186.* Rel. Min. Ricardo Lewandowski, PLENÁRIO, j. 26/04/2012, DJe 20/10/2014, p. 3.

14 BRASIL, Supremo Tribunal Federal. *ADPF 186.* Rel. Min. Ricardo Lewandowski, PLENÁRIO, j. 26/04/2012, DJe 20/10/2014, p. 3.

Em apertada síntese, o objetivo da ADC proposta era duplo: *(i)* afastar a controvérsia que existia à época sobre a constitucionalidade da lei mencionada; e *(ii)* estabelecer a compatibilidade com a Constituição do parâmetro estabelecido pela Lei para aferir se o candidato é negro ou não (por conseguinte, apto para ingressar por meio do sistema de reserva de vagas étnico-raciais): o da autodeclaração.

Quanto ao primeiro ponto, de um lado, certas decisões judiciais afastavam sua aplicação, por meio do controle difuso, em vista de o magistrado entender que a legislação violava o direito à igualdade (art. 5°, caput, CRFB/88), a vedação à discriminação (art. 3°, IV, CRFB/88), o princípio da eficiência (art. 37, caput, CRFB/88), o princípio do concurso público (art. 37, II, CRFB/88) e o princípio da proporcionalidade.[15] De outro lado, no entanto, vários concursos públicos estavam ocorrendo com a reserva de vagas prevista na legislação, sem demais queixas. Em verdade, até mesmo uma Ação Civil Pública havia sido proposta pelo MPF para garantir a aplicação da Lei, em concursos para ingresso na carreira militar.[16]

Quanto ao segundo ponto, o CFOAB colacionou decisões divergentes no que diz respeito ao procedimento de aferição da condição de cotista: *de um lado,* certos magistrados entendiam que era necessário o estabelecimento de critérios mais objetivos para tal definição (*e.g.* envio de foto ou existência de comissão julgadora presencial afirmando a raça/etnia do candidato); *de outro lado,* juízes sustentavam não ser compatível com a Constituição o estabelecimento de critérios objetivos para classificação racial, sobretudo pelo fato de a questão estar ligada a elementos sociais, e não biológicos.

Nesse sentido, o CFOAB defendia a constitucionalidade da Lei n° 12.990/2014 por meio de *três* argumentos centrais[17]:

15 BRASIL, Supremo Tribunal Federal. *ADC 41.* Rel. Min. Luís Roberto Barroso, PLENÁRIO, j. 08/06/2017, DJe 17/08/2017, p. 3.

16 Vide: BRASIL, Tribunal Regional Federal da 1ª Região, 7ª Vara Federal do Distrito Federal. Proc. nº 0040614-42.2015.4.01.3400.

17 BRASIL, Supremo Tribunal Federal. *ADC 41.* Rel. Min. Luís Roberto Barroso, PLENÁRIO, j. 08/06/2017, DJe 17/08/2017, p. 5.

> (i) "*porque se destina a reduzir a discriminação racial, que se manifesta tanto no campo da educação, quanto no mercado de trabalho.*"
>
> (ii) "*porque busca promover a igualdade material, de modo a 'efetivar a igualdade de oportunidade entre os negros e os brancos no país'.*"
>
> (iii) "*porque busca proporcionar uma maior representatividade aos negros e pardos no serviço público federal, 'garantindo que os quadros [...] reflitam a realidade da população brasileira'.*"

Além disso, entendia que o critério da autodeclaração (estabelecido pelo art. 2° da Lei) seria o mais apropriado constitucionalmente. Entretanto, reconhecia que o uso subsidiário do critério da hetero-atribuição seria legítimo, caso utilizado como forma de controle de fraudes. Isso, desde que assegurados os preceitos constitucionais da dignidade da pessoa humana, do contraditório e da ampla defesa.

Nas informações prestadas e nos pareceres colacionados – é válido ressaltar –, a Presidência da República, o Senado Federal, a Advocacia-Geral da União e a Procuradoria-Geral da República – de forma uníssona – pugnaram pela procedência da ação de modo a declarar a lei analisada como integralmente constitucional.

O Plenário do STF decidiu, por unanimidade e nos termos do voto do Relator, a procedência do pedido, por conseguinte, declarando integralmente constitucional a Lei n° 12.990/2014. As reservas de vagas, com base em critérios étnico-raciais, foram justificadas pelo Ministro Barroso (relator) com fulcro em *três* fundamentos.

Primeiro, a ação afirmativa estabelecida é compatível com o princípio da igualdade. Isso, porque pretende garantir a igualdade material entre os cidadãos, "*por meio da distribuição mais equitativa de bens sociais e da promoção do reconhecimento da população afrodescendente*"[18].

Segundo, não haveria de se falar em violação aos princípios do concurso público, tampouco da eficiência. Quanto ao primeiro princí-

---

18 BRASIL, Supremo Tribunal Federal. *ADC 41*. Rel. Min. Luís Roberto Barroso, PLENÁRIO, j. 08/06/2017, DJe 17/08/2017, p. 1.

pio, o beneficiário da política pública deverá alcançar a nota de corte necessária, como qualquer outro candidato: ele deve ser considerado igualmente apto a exercer o cargo disputado. Já quanto ao segundo princípio, a utilização do fator "raça" como parâmetro no processo seletivo não afeta negativamente o princípio da eficiência. Ao revés, é positiva: contribui para realização do princípio em maior extensão, pois pode garantir uma "burocracia representativa", incorporando pontos de vista e interesses sociais diversos, no processo deliberativo institucional e de tomada de decisão.

Terceiro, a política pública instaurada pela medida legal respeitaria o princípio da proporcionalidade, haja vista que a existência de uma política de cotas para o acesso de negros à educação superior não faz com que a reserva de vagas, no bojo de concursos públicos para o provimento de cargos da administração, sejam desnecessárias ou desproporcionais. Isso, pois *(i) "nem todos os cargos e empregos públicos exigem curso superior"*; *(ii)* mesmo que exijam o curso superior, *"os beneficiários da ação afirmativa no serviço público podem não ter sido beneficiários das cotas nas universidades públicas"*; e *(iii)* independentemente de o concorrente ter ingressado em curso de ensino superior por meio de cotas, permanecem outros fatores que o impedem *"de competir em pé de igualdade nos concursos públicos"*.

Quanto ao critério de aferição, o Ministro Luís Roberto Barroso estabeleceu que a legitimidade de outros critérios baseados na heteroidentificação (*e.g.* a autodeclaração presencial perante comissão do concurso ou o envio de uma foto), mas conferiu total constitucionalidade ao critério da autodeclaração.

Ao fim, o Ministro Relator fixou, ainda, quatro balizas:

> *"**(i)** os percentuais de reserva de vaga devem valer para todas as fases dos concursos;*
>
> ***(ii)** a reserva deve ser aplicada em todas as vagas oferecidas no concurso público (não apenas no edital de abertura);*
>
> ***(iii)** os concursos não podem fracionar as vagas de acordo com a especialização exigida para burlar a política de ação afirmativa, que só se aplica em concursos com mais de duas vagas; e*
>
> ***(iv)** a ordem classificatória obtida a partir da aplicação dos critérios de alternância e proporcionalidade na nomeação dos can-*

> *didatos aprovados deve produzir efeitos durante toda a carreira funcional do beneficiário da reserva de vagas."*

Portanto, a tese de julgamento foi a seguinte:

> "É constitucional a reserva de 20% das vagas oferecidas nos concursos públicos para provimento de cargos efetivos e empregos públicos no âmbito da administração pública direta e indireta. É legítima a utilização, além da autodeclaração, de critérios subsidiários de heteroidentificação, desde que respeitada a dignidade da pessoa humana e garantidos o contraditório e a ampla defesa".

Considerações finais

Os dois julgados analisados representam marcos importantes na jurisprudência do Supremo Tribunal Federal e na própria vida político-social brasileira. Com eles, chancelou-se constitucionalmente políticas públicas cujo louvável intuito é o de combater o quadro de racismo estrutural que, infelizmente, persiste em nosso país. Afinal, conforme indica a Lei 12.888/2010 (Estatuto da Igualdade Racial), é dever do Estado não só reprimir o racismo, mas, também, promover uma igualdade de oportunidades para a população negra participar na vida econômica, social, política e cultural do país. [19]

Como já adiantado, vetor central nessa análise foi o princípio da igualdade. O Supremo destacou, portanto, que a leitura do art. 5°, *caput*, da Constituição Federal, não pode partir de um viés puramente formal, deixando de observar as realidades históricas, sociais, econômicas e políticas do Brasil. Ao contrário, torna-se necessário

19 Art. 20 É dever do Estado e da sociedade garantir a igualdade de oportunidades, reconhecendo a todo cidadão brasileiro, independentemente da etnia ou da cor da pele, o direito à participação na comunidade, especialmente nas atividades políticas, econômicas, empresariais, educacionais, culturais e esportivas, defendendo sua dignidade e seus valores religiosos e culturais.

incorporar, nessa leitura, as desigualdades de fato que existem entre os cidadãos.

Desse modo, a partir de ambos os julgados, extrai-se que o princípio da igualdade deve ser lido tanto em sua faceta formal, quanto material. Em suma, conforme bem explanam o Ministro Luís Roberto Barroso e Aline Osório, a igualdade possui *três* dimensões.[20]

A *primeira* é a *igualdade formal*, pilar do Estado de Direito, que veda a existência de privilégios e de tratamentos discriminatórios sem justificativas plausíveis. A igualdade material, no entanto, possui dois desdobramentos. A *segunda* dimensão é a igualdade material correspondente às demandas por redistribuição de poder e de riquezas. Já a *terceira* é a igualdade material como *reconhecimento*, que se expressa como um dever de tolerância e de respeito às diferenças lastreada no objetivo fundamental da nação: promover o bem de todos, sem preconceitos de origem, raça, sexo, cor, idade e quaisquer outras formas de discriminação (art. 3°, IV).

20 BARROSO, Luís Roberto; OSÓRIO, Aline. "Sabe com quem está falando?": Notas sobre o princípio da igualdade no Brasil contemporâneo. *Direito e Práxis,* Rio de Janeiro, v. 7, n° 13, p. 204-232, 2016, pp. 207-208.

O artigo 283 do Código de Processo Penal em face da Constituição Federal de 1988

Min. Ricardo Lewandowski

O Supremo Tribunal Federal, em 7 de novembro de 2019, concluiu o julgamento das Ações Diretas de Constitucionalidade 43, 44 e 54, ajuizadas, respectivamente, pelo Partido Ecológico Nacional, Conselho Federal da Ordem dos Advogados do Brasil e Partido Comunista do Brasil. A Corte decidiu, por maioria de votos, que é constitucional o art. 283 do Código de Processo Penal.

O referido preceito normativo tem o seguinte teor: "Ninguém poderá ser preso senão em flagrante delito ou por ordem fundamentada de autoridade judiciária competente, em decorrência de sentença condenatória transitada em julgado ou, no curso da investigação ou do processo, em virtude de prisão temporária ou preventiva."

Ao decidir pela constitucionalidade desse dispositivo legal, penso que o STF agiu com total acerto. Naquela ocasião, em que acompanhei a corrente majoritária, alinhavei alguns argumentos, que resumo abaixo.

Iniciei assentando que as constituições modernas surgiram na esteira das sublevações libertárias do século XVIII como expressão da vontade dos cidadãos, veiculada por seus representantes nos parlamentos. Desde então, revestiram-se da forma escrita para conferir rigidez aos seus comandos, pois foram concebidas como instrumentos para conter o poder absoluto dos governantes, dentre os quais se incluem os magistrados.

Apesar de sua rigidez, logo se percebeu que as constituições não poderiam permanecer estáticas, porque tinham de adaptar-se à dinâmica das sociedades que pretendiam ordenar, sujeitas a permanente transformação. Se assim não fosse, seus dispositivos perderiam a eficácia, no todo ou em parte, ainda que vigorassem no papel. Por esse motivo, passou-se a cogitar do fenômeno da mutação constitucional, que corresponde aos modos pelos quais as constituições podem sofrer alterações.

Resumem-se basicamente a dois: um formal, em que determinado preceito é modificado pelos legisladores ou pelos juízes, mediante interpretação, e outro informal, no qual se reconhece o seu desuso por não corresponder mais à realidade dos fatos. Seja qual for a maneira como se dá a mutação do texto constitucional, ela jamais poderá vulnerar os valores fundamentais sobre os quais se sustenta.

A Constituição Federal de 1988 definiu tais barreiras em seu art. 60, § 4°, denominadas pela doutrina de "cláusulas pétreas", justamente para evocar o seu caráter de alicerce de todo o ordenamento legal, a saber: a forma federativa de Estado; o voto direto, secreto, universal e periódico; a separação dos Poderes; e os direitos e garantias individuais.

A presunção de inocência, com toda a certeza, integra a última dessas cláusulas, representando talvez a mais importante das salvaguardas do cidadão, considerado o congestionadíssimo e disfuncional sistema judiciário brasileiro, no bojo do qual tramitam perto de 100 milhões de processos a cargo de pouco mais de 17 mil juízes, obrigados, inclusive, a cumprir metas de produtividade, fixadas pelo Conselho Nacional de Justiça, em uma emulação daquela disciplina industrial stakanovista, taylorista ou fordista, há muito superada.

Salta aos olhos que em tal sistema, o qual, de resto, convive com a intolerável existência de aproximadamente 800 mil presos, encarcerados em condições sub-humanas, dos quais mais 40% são provisórios, situação que caracteriza, segundo esta Suprema Corte, um "estado de coisas inconstitucional", multiplica-se exponencialmente a possibilidade do cometimento de erros judiciais por parte de magistrados de primeira e segunda instâncias.

Daí a relevância da presunção de inocência, concebida pelos constituintes originários no art. 5°, LVII, da Constituição, com a seguinte – e cristalina – dicção: "ninguém será considerado culpado até o trânsito em julgado de sentença criminal condenatória", o que, a toda a evidência, subentende decisão final dos tribunais superiores.

Afigura-se até compreensível que alguns magistrados, operadores do Direito e mesmo leigos queiram flexibilizar essa importante garantia dos cidadãos por ingenuamente acreditarem que assim melhor contribuirão para combater a corrupção endêmica e a criminalidade violenta que assola o país.

Nem sempre, contudo, emprestam a mesma ênfase a outros problemas igualmente graves, como o inadmissível crescimento da exclusão social, o lamentável avanço do desemprego, o inaceitável sucateamento da saúde pública e o deplorável esfacelamento da educação estatal, para citar apenas alguns exemplos, cuja solução contribuiria sobremaneira para a erradicação das condutas ilícitas, especialmente aquelas praticadas pelas classes economicamente menos favorecidas.

Mesmo aos deputados e senadores é vedado, ainda que no exercício do poder constituinte derivado do qual são investidos, extinguir ou minimizar a presunção de inocência, plasmada na Constituição de 1988, porquanto foi concebida como um antídoto contra a volta de regimes ditatoriais, como aquele instalado no Brasil depois de 1964, em que sequestros, torturas, desaparecimentos e o encarceramento sistemático de dissidentes políticos eram praticados sob as vistas de um Judiciário emasculado pelos atos de exceção, quando não complacente com os desmandos.

Com maior razão não é dado aos juízes fazê-lo por meio da estreita via da interpretação, eis que esbarrariam nos intransponíveis obstáculos das cláusulas pétreas, verdadeiros pilares de nossas instituições democráticas.

Ora, a questão trazida nas citadas ações declaratórias de constitucionalidade diz respeito à possibilidade ou não de execução da pena logo após julgamento do recurso em segundo grau de jurisdição, diante da tese provisoriamente fixada pelo Plenário desta Suprema Corte no julgamento do HC 126.292/SP, no qual foi reconhecida repercussão geral da questão constitucional nele ventilada.

Lamentavelmente, a partir daquele entendimento precário e efêmero do STF, um grande número de prisões passou a ser decretado, após a prolação de decisões de segunda instância, de forma automática, sem qualquer fundamentação idônea, com simples remissão a súmulas ou julgados, em franca violação ao que dispõe o art. 5º, LXI, da Carta Magna, segundo o qual "ninguém será preso senão em flagrante delito ou por ordem escrita e fundamentada de autoridade judiaria competente". Esse retrocesso jurisprudencial mereceu o repúdio praticamente unânime dos especialistas em direito penal e processual penal, particularmente daqueles que militam na área acadêmica.

Não se ignora que, com o triunfo das revoluções liberais, no já longínquo "século das luzes", acabou-se com a obrigatoriedade do cumprimento dos caprichos régios sob a justificativa de que *le roi le veut*, ou seja, "o rei o quer". Como consequência, nos dias atuais, ninguém mais pode ser compelido – ao menos nos países civilizados – a cumprir uma determinação judicial ou, pior, a recolher-se a uma prisão simplesmente porque *le juge le veut*, quer dizer, simplesmente porque "o juiz o quer".

Como se sabe, a jurisprudência deste Supremo Tribunal consolidou-se – salvo por um breve lapso de tempo – no sentido de que ofende o princípio da presunção de inocência a execução da pena privativa de liberdade antes do trânsito em julgado da sentença condenatória, ressalvada a hipótese de prisão cautelar, e desde que presentes os requisitos autorizadores previstos no art. 312 do Código de Processo Penal.

Esse, aliás, é o entendimento ao qual sempre me filiei. No julgamento do aludido HC 126.292/SP, em que o Plenário sinalizou possível mudança de paradigma, assentei oralmente, de modo enfático, que o art. 5º, LXI, da Constituição, "é absolutamente taxativo, categórico; não vejo como se possa interpretar esse dispositivo".

Nem se argumente que certas nações culturalmente avançadas adotam a possibilidade de prisão após a decisão condenatória em segundo grau, pois a realidade delas é completamente distinta da nossa, não apenas porque as garantias do cidadão em juízo são escrupulosamente asseguradas, como também porque existe um rigoroso controle externo da atividade judiciária, bem assim um estrito respeito às prerrogativas dos advogados.

Não fosse isso, a opção do constituinte brasileiro, soberanamente adotada em 1988, foi no sentido de não admitir a prisão antes do trânsito em julgado da sentença condenatória, em virtude das notórias distorções que, desde os tempos coloniais, caracterizam a persecução penal entre nós, branda com os privilegiados e implacável com os desassistidos.

A nossa Constituição - convém lembrar - não é uma mera folha de papel, que pode ser rasgada sempre que contrarie as forças políticas do momento. Ao revés, a Carta Magna possui força normativa suficiente para fazer com seus preceitos, notadamente aqueles que garantem os direitos individuais e coletivos das pessoas, sejam cabalmente observados, ainda que anseios momentâneos, mesmo aqueles tidos como prioritários em um determinado momento histórico - a exemplo do combate à corrupção, em que um setor mais mobilizado da sociedade, politicamente motivado, reclama com estridência - requeiram solução diversa. É que a única saída legítima para qualquer crise, real ou imaginária, em um regime que se pretenda democrático, consiste justamente no incondicional respeito às normas constitucionais.

Isso porque não se pode fazer política criminal contra o que dispõe a Constituição, mas sim - e sempre - com amparo nela!

Ora, os constituintes de 1988 atribuíram ao Supremo Tribunal Federal inúmeras e relevantíssimas atribuições, dentre as quais a mais importante é a guarda da própria Constituição, conforme assentado com todas as letras em seu art. 102.

Por isso, entendo que no julgamento do HC 126.292/SP, naquela assentada, o Plenário da Corte, maioria então formada, retirou do art. 5°, LVII, da CF um sentido que dele não poderia extrair - nem mesmo no mais elástico dos entendimentos - pois resultou na vulneração de um mandamento constitucional claro, unívoco, direto e objetivo, inclusive protegido pelo próprio Texto Magno, como visto, contra iniciativas tendentes a aboli-lo.

Insisto em que não se mostra possível superar a taxatividade daquele dispositivo constitucional, salvo em situações de cautelaridade, por tratar-se de comando constitucional absolutamente imperativo, categórico, com relação ao qual não cabe qualquer tergiversação, pois, como já diziam os jurisconsultos de antanho, *in claris cessat interpretatio*. E o texto do inciso LVII do art. 5° da Carta Magna, ademais, além de ser claríssimo, jamais poderia ser objeto de uma inflexão jurisprudencial para interpretá-lo *in malam partem*, ou seja, em prejuízo dos acusados em geral.

Por fim, não custa recordar que o art. 30 da Declaração Universal dos Direitos do Homem de 1948, elaborada sob os auspícios da Organização das Nações Unidas e subscrita pelo Brasil – considerada pelos especialistas verdadeiro *jus cogens* internacional, ou seja, de observância obrigatória por todos os Estados que a assinaram -, consagrou o princípio da proibição do retrocesso em matéria de direitos e garantias fundamentais, plenamente aplicável à espécie.

Diante disso, outra não poderia ser a conclusão da Suprema Corte, secundada por mim e por mais cinco de seus integrantes, a não ser aquela que assenta a integral compatibilidade do art. 283 do Código de Processo Penal com a Constituição Federal de 1988.

O julgamento da medida cautelar na ADPF nº 347 e a implementação das audiências de custódia no Brasil

Min. Rogerio Schietti Cruz

Seria cômodo, a título de celebração dos grandes julgamentos do Supremo Tribunal Federal, selecionar uma de suas decisões mais famosas, porém, considerando que um edifício sólido é feito não apenas dos adornos que o tornam admirável, mas também daquelas estruturas subterrâneas que lhe conferem robustez, preferi um **julgado particularmente revelador de uma Corte Constitucional que não foge da espinhosa missão de apontar as chagas da sociedade brasileira**.

Trata-se da Medida Cautelar na ADPF nº 347, de relatoria do Ministro Marco Aurelio. Neste precedente, o STF reconheceu, pela primeira vez, o "estado de coisas inconstitucional", expressão da proteção dos direitos fundamentais em sua dimensão objetiva, cuja identificação acarreta mandados de ação e deveres de proteção dos direitos fundamentais pelo Estado, segundo a lição autorizada de Clara Inés Vargas Hernández, juíza da Corte Constitucional da Colômbia, que desenvolveu e aplicou esse instituto, ainda no final do século XX[1].

1 La garantía de la dimensión objetiva de los derechos fundamentales y labor del juez constitucional colombiano en sede de acción de tutela: el llamado "estado de cosas inconstitucional. Estudios Constitucionales, Revista del Centro de Estudios Constitucionales, Santiago, Chile, Año 1, nº 1, 2003, pp. 203-228.

O Plenário do STF, em 27/8/2015, ao julgar pedido de medida cautelar no referido feito – no qual o Partido Socialismo e Liberdade (PSOL) pede a adoção de diversas providências no tratamento da questão prisional do país, em decorrência do reconhecimento de violação de direitos fundamentais da população carcerária – deferiu a medida acautelatória, para, entre outras medidas, determinar aos juízes e tribunais que realizassem audiências de custódia, viabilizando o comparecimento do preso perante a autoridade judiciária no prazo máximo de 24 horas, contados do momento da prisão.

A Corte, ao reconhecer "quadro de violação massiva e persistente de direitos fundamentais, decorrente de falhas estruturais e falência de políticas públicas e cuja modificação depende de medidas abrangentes de natureza normativa, administrativa e orçamentária", caracterizou o sistema penitenciário nacional como "estado de coisas inconstitucional".

Mas, antes de adentrarmos às questões tratadas pelo precedente objeto de nosso estudo, vale relembrar o contexto do qual emergiu essa decisão.

I. Histórico

É certo que a **CPI da Câmara dos Deputados sobre o Sistema Carcerário**, em 2009, foi um divisor de águas no que tange à questão da prisão no Brasil, ao salientar que a superlotação *"é a mãe de todos os demais problemas do sistema carcerário"*, *in verbis*:

> Celas superlotadas ocasionam insalubridade, doenças, motins, rebeliões, mortes, degradação da pessoa humana. A CPI encontrou homens amontoados como lixo humano em celas cheias, se revezando para dormir, ou dormindo em cima do vaso sanitário. Em outros estabelecimentos, homens seminus gemendo diante da cela entupida. Em outros estabelecimentos, redes sobre redes em cima de camas. Mulheres com suas crianças recém-nascidas espremidas em celas sujas [...]. Assim vivem os presos no Brasil. Assim são os estabelecimentos penais brasileiros na sua grande maioria. Assim é que as autoridades brasileiras cuidam dos seus presos pobres. E é assim que as autoridades colocam, todo

> santo dia, feras humanas jogadas na rua para conviver com a sociedade[2].

Ao mesmo tempo, o **CNJ realizava inspeções**, oportunidades em que constatava o mesmo quadro deplorável: celas amontoadas de gente, com presos espremidos, sem camas ou colchões, dormindo em esquema de revezamento, no chão, em redes suspensas no teto, e até em "tocas" incrustadas nas paredes ou de pé, ou, ainda, ante a inexistência de celas suficientes, o cumprimento das penas poderia se dar em banheiros, corredores, pátios, barracos improvisados e até mesmo em canil. Ficou famoso o caso do Espírito Santo, onde, em decorrência da completa falta de espaço para cumprirem suas penas, encarcerados ficaram amontoados em contêineres metálicos sujeitos a elevadíssimas temperaturas[3].

A situação já era calamitosa há muito, de modo que foi natural a intervenção da **Corte Interamericana de Direitos Humanos**, que condenou o Estado brasileiro a cumprir medidas provisórias para garantir a erradicação das situações de risco e providenciar a proteção à vida e à integridade pessoal, psíquica e moral de pessoas privadas de liberdade em várias penitenciárias do país. São exemplares as decisões exaradas pela CIDH, na (a) Medida Provisória de 22/5/2014, relativa ao Centro Penitenciário Professor Aníbal Bruno, de Recife/PE; nas (b) Resoluções expedidas em 19/6/2002, 29/8/2002, 22/4/2004, 7/7/2004, 21/9/2005, 2/5/2008, 25/11/2009, no caso da Penitenciária Urso Branco, de Porto Velho/RO; nas (c) Resoluções de 17/11/2005, 4/7/2006 e 3/7/2007, relativas ao Complexo do Tatuapé, de São Paulo/SP; nas (d) Resoluções de 28/7/2006 e 30/9/2006, pertinente à Penitenciária Dr. Sebastião Martins Silveira, de Araraquara/SP; bem como na (e) Medida Provisória de 18/11/2014, no do Complexo de Pedrinhas, de São Luiz/MA. A

---

2 Câmara dos Deputados. Relatório da CPI do Sistema Carcerário, 2009. p. 244. Câmara dos Deputados. Disponível em: <http://bd.camara.gov.br/bd/handle/bdcamara/2701>. Acesso em 8/11/2019.

3 CNJ. "Mutirão Carcerário – Raio-X do Sistema Penitenciário Brasileiro". 2012. Disponível em: <https://www.cnj.jus.br/wp-content/uploads/2011/10/mutirao_carcerario.pdf>. Acesso em 8/11/2019.

Comissão Interamericana de Direitos Humanos também proferiu a (f) Resolução de 30/12/2013, na qual concedeu medidas cautelares contra o Estado Brasileiro para salvaguardar a vida e a integridade pessoal dos internos do Presídio Central de Porto Alegre/RS.

Nesse contexto, e a partir da constatação da incompatibilidade desse quadro com diversos tratados internacionais sobre direitos humanos ratificados pelo país, como o Pacto dos Direitos Civis e Políticos, a Convenção contra a Tortura e outros Tratamentos e Penas Cruéis, Desumanos e Degradantes e a Convenção Interamericana de Direitos Humanos, o **PSOL endossou petição da Clínica de Direitos Fundamentais da UERJ e ajuizou a Arguição de Descumprimento de Preceito Fundamental nº 347**, pedindo ao STF a declaração de **estado de coisas inconstitucional** do sistema penitenciário brasileiro e, por conseguinte, a adoção de inúmeras providência visando a sua superação no prazo de 3 anos, entre elas, a realização de audiências de custódia, de modo a viabilizar o comparecimento do preso perante o Juiz em até 24 horas contadas do momento da prisão.

II. Estado de coisas inconstitucional

O pedido de reconhecimento do **estado de coisas inconstitucional** revela-se inédito na história do direito brasileiro e indica a tentativa de adotarmos novos mecanismos que aparelhem nossa Suprema Corte de ferramentais mais efetivos na iniciativa de coibir situações de desrespeito massivo à direitos fundamentais.

Trata-se de técnica de decisão desenvolvida pela Corte Constitucional da Colômbia, na decisão SU-559, de 6/11/1997[4], com a missão de enfrentar situações de violações graves e sistemáticas dos direitos fundamentais – cujas causas sejam de natureza estrutural, isto é, decorram de falhas estruturais em políticas públicas adotadas pelo Estado –, exigindo uma atuação conjunta de diversas entidades estatais. Nesse caso em particular, a Corte cingiu-se a (a) declarar a

4 CORTE CONSTITUCIONAL DA COLÔMBIA. Sentença T-025/04. Disponível em: <http://www.corteconstitucional.gov.co/relatoria/2004/t-025-04.htm>. Acesso em 10/11/2019.

violação da Constituição pelo estado de coisas que originou a ação de tutela e a (b) advertir as autoridades competentes que tal estado de coisas deveria ser corrigido em um prazo razoável.

Por sua vez, na sentença T-153, de 28/4/1998, a Corte colombiana, ao reconhecer o estado de coisas inconstitucional em relação às condições do sistema penitenciário nacional, mais especificamente das prisões Modelo e Bellavista, **aperfeiçoou a técnica**, ao impor o dever de implementação de políticas públicas por parte de determinadas entidades estatais – como, por exemplo, o Instituto Nacional Penitenciário e Carcerário, o Departamento Nacional de Planejamento e o Ministério da Justiça –, no prazo de três meses, de modo a viabilizar a construção e reforma de unidades prisionais, a fim de garantir condições dignas de vida aos presos, determinando, ainda, a obrigação de a Defensoria do Povo e a Procuradoria-Geral da Nação monitorarem a correta implementação das providências[5]. Não obstante a evolução, **a decisão da Corte foi criticada** por ter priorizado a construção de novos presídios como forma de superação do estado de coisas inconstitucional, ao invés de enfrentar as causas de hiperencarceramento, como a edição de leis penais mais rígidas ("populismo penal") e o excesso de prisões preventivas.

Seguindo adiante, a Corte Constitucional da Colômbia continuou no aprimoramento do instituto, pois, na sentença T-025, de 22/1/2004[6], ao analisar com o problema dos *desplazados*[7] – pelo menos cinco milhões de pessoas foram deslocadas na Colômbia por motivos de violência –, considerou que as políticas públicas então exis-

---

5 CORTE CONSTITUCIONAL DA COLÔMBIA. Sentença T-153/98. Disponível em: <http://www.corteconstitucional.gov.co/relatoria/1998/t-153-98.htm>. Acesso em 10/11/2019.

6 CORTE CONSTITUCIONAL DA COLÔMBIA. Sentença T-025/04. Acesso em 11/11/2019. Disponível em: <http://www.corteconstitucional.gov.co/relatoria/2004/t-025-04.htm>.

7 Consultoría para los Derechos Humanos y el Desplazamiento (Codhes). *¿Consolidación de qué?* Informe sobre desplazamiento, conflicto armado y derechos humanos en Colombia en 2010. Disponível em https://reliefweb.int/sites/reliefweb.int/files/resources/Informe_completo_115.pdf . Acesso em 11/11/2019.

tentes eram incapazes de superar o estado de coisa inconstitucional. Todavia, ao contrário da decisão anterior, nesta, **a Corte colombiana não se limitou a reconhecer o estado de coisas inconstitucional ou a determinar a sua superação** por meio de providências a serem adotadas pelos entes estatais, **mas impôs inúmeras medidas a diversos órgãos públicos com o fim de sanar as falhas estruturais** em políticas públicas voltadas à população deslocada, além de manter a sua jurisdição para monitorar a implementação das providências. Ao mesmo tempo, **ao invés de limitar-se à expedição de ordens às autoridades públicas, a Corte expediu ordens de procedimentos na elaboração, aplicação e controle das políticas públicas necessárias.** Assim, ao criar espaço de diálogo para discutir quais políticas públicas deveriam ser implementadas, por meio da convocação de audiências públicas, a Corte estabeleceu um procedimento participativo e gradual de implementação[8].

Ao final desse longo processo de estabilização da jurisprudência, a Corte Constitucional da Colômbia, no que tange a eventual pedido de reconhecimento do estado de coisas inconstitucional, demanda a demonstração das seguintes condições: (a) vulneração massiva e generalizada de direitos fundamentais de um número significativo de pessoas; (b) prolongada omissão das autoridades no cumprimento de suas obrigações para garantia e promoção dos direitos; (c) constatação de que a superação das violações de direitos pressupõe a adoção de medidas complexas por uma pluralidade de órgãos, envolvendo mudanças estruturais, com alocação de recursos públicos, correção ou implementação de políticas públicas, etc.; e (d) potencialidade de congestionamento da justiça, se todos os que tiverem os seus direitos violados acorrerem individualmente ao Poder Judiciário[9].

---

8 GARAVITO, César Rodríguez; FRANCO, Diana Rodríguez. *Cortes y cambio social* – como la Corte Constitucional transformó el desplazamiento forzado em Colombia. Bogotá: Centro de Estudios de Derecho, Justicia e Sociedad, Dejusticia, 2010, p. 133. Disponível em http://www.pensamientopenal.com.ar/system/files/2015/01/doctrina40483.pdf. Acesso em 11/11/2019.

9 CAMPOS, Carlos Alexandre de A.. *Da Inconstitucionalidade por Omissão ao "Estado de Coisas Inconstitucional".* Tese de doutorado aprovada na Faculdade de Direito da UERJ, sob a orientação do Prof. Daniel Sarmento, 2015, pp. 134-138.

Clara Inés Vargas Hernández, magistrada da Corte Constitucional da Colômbia, ao defender a jurisprudência em questão, afirma que, em uma leitura preliminar, "a garantia objetiva dos direitos fundamentais escaparia à órbita de proteção do juiz constitucional no lugar da ação de tutela", visto que "as iniciativas para a adoção de providências que garantissem tais direitos estariam exclusivamente nas mãos do Congresso da República e do Governo Nacional"[10].

No entanto, ressalta que "a ausência de políticas públicas claras e coerentes em vários aspectos da vida pública nacional ou a presença de insuficiências graves ou contradições palpáveis, entre as existentes constituem uma situação de fato que, como tal, acaba prejudicando constantemente uma ampla gama de direitos fundamentais de muitas pessoas", de modo que, "em resposta a essas situações estruturais, o juiz constitucional colombiano elaborou a figura do 'estado de coisas inconstitucionais', ao qual apelou em alguns casos, embora seja pertinente esclarecer que a grande maioria dos processos de tutela foi resolvida exclusivamente no clássico conceito de dimensão subjetiva dos direitos fundamentais"[11].

A autora entende que o julgamento T-153 de 1998 "é uma das decisões mais elaboradas sobre a garantia objetiva dos direitos fundamentais através da ação de tutela", visto que "o juiz constitucional não se limitou a examinar a situação específica em que estavam os presos ativos, mas inscreveu o caso sub judice em um problema estrutural e social complexo, como a crise no sistema penitenciário e penitenciário colombiano", preocupando-se em "procurar as causas do problema, examinar suas repercussões no gozo de direitos fundamentais, estudar as características e inconsistências daqueles que há anos sofrem políticas públicas elaboradas e executadas no assunto, e, finalmente, emitir um conjunto de ordens peremptórias a várias autoridades públicas preocupadas com a crise no setor, cer-

10 *La garantía de la dimensión objetiva de los derechos fundamentales y labor del juez constitucional colombiano en sede de acción de tutela: el llamado "estado de cosas inconstitucional.* Estudios Constitucionales, Revista del Centro de Estudios Constitucionales, Santiago, Chile, Año 1, nº 1, 2003, p. 210.

11 *Ibidem*, p. 211.

tificando-se de deixar alguns controles estabelecidos para cumprir a sentença"[12].

E, como bem disse o relator da ADPF nº 347, Ministro Marco Aurelio, "apenas o Supremo revela-se capaz, ante a situação descrita, de superar os bloqueios políticos e institucionais que vêm impedindo o avanço de soluções, o que significa cumprir ao Tribunal o papel de retirar os demais Poderes da inércia, catalisar os debates e novas políticas públicas, coordenar as ações e monitorar os resultados"[13]. E o relator continua, explicando que a obstrução dos canais políticas - a constituir "barreiras à efetividade da própria Constituição e dos tratados Internacionais sobre Direitos Humanos" - se dá diante da dificuldade em imaginar-se "candidatos que tenham como bandeira de campanha a defesa da dignidade dos presos". Isso porque, "a rejeição popular faz com que a matéria relativa à melhoria do sistema prisional enfrente o que os cientistas políticos chamam de 'ponto cego legislativo' (*legislative blindspot*): o debate parlamentar não a alcança"[14].

Com efeito, como bem enfatizado no voto condutor, "legisladores e governantes temem os custos políticos decorrentes da escolha por esse caminho, acarretando a incapacidade da democracia parlamentar e dos governos popularmente eleitos de resolver graves problemas de direitos fundamentais"[15]. Daí a necessidade de atuação do Poder Judiciário.

---

12 *Ibidem*, p. 220.

13 STF, ADPF 347 MC, Rel. Ministro Marco Aurélio, Tribunal Pleno, julgado em 09/09/2015, DJe 19/2/2016.

14 STF, ADPF 347 MC, Rel. Ministro Marco Aurélio, Tribunal Pleno, julgado em 09/09/2015, DJe 19/2/2016.

15 STF, ADPF 347 MC, Rel. Ministro Marco Aurélio, Tribunal Pleno, julgado em 09/09/2015, DJe 19/2/2016.

III. Reconhecimento do estado de coisas inconstitucional no julgamento na medida cautelar ajuizada no âmbito da ADPF 347 e determinação de realização de audiências de custódia

III.a. Previsão da audiência de custódia no direito internacional e a reforma do CPP em 2008

Inicialmente, impossível deixar de lembrar – pelo apreço que reservo ao tema – que, no exercício da Procuradoria-Geral de Justiça do Distrito Federal, enviei ofício à Presidência do Tribunal de Justiça do Distrito Federal e dos Territórios, em outubro de 2004, solicitando a implementação – no que, infelizmente, não fui atendido –, junto ao plantão judiciário local, de uma rotina de atendimento aos casos de pessoas presas em flagrante, na tentativa de conferir efetivação do direito do preso a ser conduzido sem demora à presença de uma autoridade judiciária, visto que, nos termos dos Decretos 592/92 e 678/92, o Pacto Internacional sobre Direitos Civis e Políticos de Nova York- PIDCPNY e o Pacto de San Jose da Costa Rica (Convenção Americana de Direitos Humanos- CADH), incorporaram tais direitos ao direito positivo brasileiro.

Isso porque, em ambos os textos normativos, prevê-se o dever de condução da pessoa presa, sem demora, à presença de um juiz ou outra autoridade autorizada por lei a exercer funções judiciais (art. 7, item 5, da CADH, e art. 9 item 3 do PIDCPNY), assim redigidos:

> PIDCPNY. Art. 9º, 3. Qualquer pessoa presa ou encarcerada em virtude de infração penal deverá ser conduzida, sem demora, à presença do juiz ou de outra autoridade habilitada por lei a exercer funções judiciais e terá o direito de ser julgada em prazo razoável ou de ser posta em liberdade.
>
> CADH. Art. 7º, 5. Toda pessoa privada de liberdade tem direito a recorrer a um juiz ou tribunal competente, a fim de que se decida, sem demora, sobre a legalidade de sua prisão ou detenção e ordene sua soltura se a prisão ou a detenção forem ilegais.

Não obstante a vigência desses comandos normativos desde 1992, mantiveram os juízes e tribunais a mesma rotina derivada, diretamente, do que dizia – e ainda diz – o CPP, relativamente ao momento de apresentação do preso à autoridade judiciária. Segundo esse procedimento, a apresentação do preso a um juiz somente ocorreria por ocasião de seu interrogatório judicial, o que, amiúde, demorava meses.

E, paradoxalmente, a reforma legislativa de 2008, graças à qual importantes modificações foram introduzidas no CPP, com vistas à sua modernização, veio a sacrificar mais ainda o direito à condução do preso, sem demora, à presença de um juiz. Isso porque, até então, o interrogatório judicial era o primeiro ato de instrução, realizado logo após a citação do réu, bem antes da audiência de instrução e julgamento. Com as modificações introduzidas pela Lei nº 11.719/2008, o interrogatório judicial passou a ser o último ato de instrução, ao final da audiência de instrução e julgamento, após a tomada de declarações do ofendido, a inquirição das testemunhas arroladas pela acusação e pela defesa e eventuais esclarecimentos dos peritos, acareações e reconhecimento de pessoas e coisas. A alteração do procedimento comum veio com o bom propósito de transformar o interrogatório do acusado em meio primordialmente defensivo, permitindo-lhe exercer a autodefesa após colhida, em sua presença, e sob o contraditório judicial, a prova da acusação.

Entretanto, o aperfeiçoamento da regra procedimental trouxe esse efeito negativo, de transferir, já para o final do processo – **muitas vezes anos após a prisão** – o primeiro contato pessoal entre o acusado e a autoridade judiciária competente para julgá-lo.

Esse modelo carecia de urgente correção, de sorte, inclusive, a colocar nosso processo no mesmo nível do já praticado em diversos outros países, os quais determinam a condução do preso à presença de um juiz, notadamente na fase inquisitorial da persecução penal, com o objetivo precípuo de exercer o controle de legalidade e de jurisdicionalidade sobre aquelas medidas, especialmente as de natureza cautelar, que pudessem afetar direitos individuais do investigado.

Sem embargo da importância dessa inovação legislativa, perdurava a ausência de efetiva realização do direito do preso a ser conduzido sem demora à presença de uma autoridade judiciária, o que somente veio a se efetivar com a implementação das audiências de custódia (ou de apresentação do preso) por resolução do Conselho Nacional de Justiça.

III.b. A Resolução nº 213 do CNJ

Por esforço pessoal do Ministro Ricardo Lewandowski, então Presidente do Supremo Tribunal Federal e do Conselho Nacional de Justiça, este órgão editou, no final de 2015, a Resolução nº 213, a qual entrou em vigor no dia 1º de fevereiro de 2016.

Pode-se asserir que tal normativa foi editada com foco, principalmente, em dois principais objetivos, a saber: a) diminuir o número de pessoas presas provisoriamente no país, com a otimização do uso das medidas cautelares introduzidas por força da Lei nº 12.403/2011; b) combater e reduzir os casos de tortura de presos.

Nesse sentido, a Resolução nº 213/2015, do CNJ, tem sido a fonte normativa que, na ausência de lei, vem permitindo, gradativamente, a todos os juízes e tribunais do país tornar efetivo o direito à condução do preso sem demora à presença da autoridade judiciária competente, cabendo a cada tribunal regulamentar de que modo essas audiências hão de ser realizadas.

III.c. Finalidades da audiência de custódia

Quanto ao objetivo de controlar a legalidade da prisão do conduzido, a audiência de custódia vem em apoio ao que já constituía objeto da avaliação judicial no mecanismo instituído pelo CPP, em seu art. 310, que, com a redação dada pela Lei nº 12.403/2011, reforçou o seu dever de, ao examinar o auto de prisão em flagrante, o qual deve ser-lhe encaminhado – independentemente da realização de audiência de custódia – no prazo de 24 horas após a prisão (conforme disposto no § 1º do art. 306 do CPP).

Ainda que, portanto, já houvesse tal obrigação de fiscalizar se a prisão em flagrante havia obedecido, formal e materialmente, aos ditames da lei, reclamava-se que a atuação judicial era amiúde protocolar, porque, na verdade, a autoridade judiciária a quem se remetia o auto flagrancial examinava apenas um conjunto de documentos, consubstanciado em relatos de testemunhas quase sempre consistentes nas declarações dos policiais condutores do preso, e na indicação, mecanizada, de que o preso havia sido informado sobre seus direitos, entre os quais o de permanecer calado, de ter assistência de um advogado, de ser comunicado sobre os motivos de sua prisão, de receber nota de culpa, e de avisar pessoa da família ou alguém por ele indicado.

Com a apresentação do preso em audiência, poucas horas após sua prisão, pretende-se que essa fiscalização seja mais efetiva, viva, pessoal e comprometida pela presença do maior interessado no exame desse ato constritivo à sua liberdade. Na medida em que o juiz, o promotor de justiça e o defensor do autuado têm de examinar não mais apenas um conjunto de papeis, mas sim a realidade simbolizada pela pessoa que se encontra na frente de todos, espera-se maior rigor e zelo na aferição da legalidade do que se passou anteriormente, bem assim a humanização do processo decisório[16] em razão desse contato imediato com o preso, favorecendo a justiça da providência cautelar a ser adotada naquele momento.

A audiência de custódia cumpre, assim, a finalidade de salvaguardar os direitos do indivíduo desde o momento em que o Estado intervém em sua esfera de liberdade. Por isso, o disposto no art. 8º da Resolução, segundo o qual cumprirá à autoridade judicial, como juiz garante das liberdades públicas, (a) esclarecer o que é a audiência de custódia; (b) dar ciência sobre seu direito de permanecer em silêncio; (c) questionar se lhe foi dada ciência de seus direitos constitucionais, particularmente o direito de consultar-se com advogado; (d) indagar sobre as circunstâncias de sua prisão ou apreensão, etc.

Mas é na verificação do respeito à **integridade física e moral do preso** – por parte dos agentes públicos que com ele tiveram contato, da detenção até a apresentação em juízo – que reside, quiçá, o objetivo mais importante da audiência de custódia. Conforme já manifestamos alhures[17], a condução do preso à presença de um juiz, poucas horas após sua detenção, até mais do que um meio de controle da legalidade da prisão e de averiguação de sua necessidade, é instrumen-

---

16 SOUZA DE OLIVEIRA, Gisele et. al. *Audiência de custódia: dignidade humana, controle de convencionalidade, prisão cautelar e outras alternativas (Lei 12.403/2011).* Rio de Janeiro: Lumen Juris, 2015, p. 123.

17 SCHIETTI CRUZ, Rogerio. *Audiências de custódia e redução da tortura*. Disponível em http://www.conjur.com.br/2016-jan-11/rogerio-schietti-cruz-audiencias-custodia-reducao-tortura. Acesso em 10/11/2019.

to de fundamental importância no enfrentamento da tortura, chaga histórica de nossa tradição autoritária.

A Resolução 213/2015 é clara em determinar ao juiz que, notando a existência de indícios da prática de tortura na pessoa trazida à sua presença, ou se dela ouvir a afirmação de que foi vítima de tortura ou de maus tratos, deve determinar "o registro das informações, adotadas as providências cabíveis para a investigação da denúncia e preservação da segurança física e psicológica da vítima, que será encaminhada para atendimento médico e psicossocial especializado" (art. 11). Esse mesmo art. 11, em seu § 2º, minudencia o cuidado que se deve ter para dar seguimento à notícia ou suspeita de violência cometida contra o conduzido.

Releva enfatizar que, muito embora signatário, desde 1991, da Convenção das Nações Unidas contra a Tortura e outros Tratamentos ou Penas Cruéis, e a despeito de dispor de inúmeros dispositivos legais de repúdio a essas práticas medievais, o Brasil, desditosamente, ainda não foi capaz de ostentar uma realidade minimamente aceitável no trato da tortura. O problema, de fato, não é meramente jurídico. Antes, é cultural. Pesquisas variadas indicam que boa parte da população ainda cultiva a ideia de que direitos humanos são outorgados apenas aos "humanos direitos", o que se explica, possivelmente, por hábitos adquiridos desde a formação colonial do povo brasileiro, sempre tolerante a que criminosos sejam tratados e punidos com suplícios ou sofrimento físico e moral, além do que é legalmente previsto como sanção para o ilícito penal cometido, ou como meio para revelar a pretendida verdade.[18]

Com as audiências de custódias, esse quadro patológico pode ser, ao menos, atenuado pela atuação criteriosa da autoridade judiciária

18 Se mesmo em relação ao condenado não se admite a imposição de sofrimento desnecessário, mais ainda se reclama, como o faz Vittorio Grevi, garantir aos presos cautelares um "regime carcerário isento de qualquer conteúdo de aflitividade", de modo que a medida cautelar não tenha outra função que a mera custódia, "em condições de grande decoro, sem suplemento de modalidades penosas ou mortificantes, as quais não sejam *de per si* conexas ao dado objetivo da privação da liberdade" (GREVI, Vittorio. *Alla ricerca di un processo penale "giusto"*. Milão: Giuffre, 2000, p. 21).

e do representante do Ministério Público que, não custa lembrar, antes de ser órgão titular de eventual ação penal, é incumbido pela Constituição Federal da defesa da ordem jurídica e dos interesses sociais e individuais indisponíveis, destacando-se, entre suas relevantes funções, a de "zelar pelo efetivo respeito dos Poderes Públicos e dos serviços de relevância pública aos direitos assegurados nesta Constituição, promovendo as medidas necessárias a sua garantia". Daí a razão pela qual prevê o art. 4º da Resolução que a audiência de custódia será realizada na presença do *Parquet* e da Defensoria Pública, caso a pessoa detida não possua defensor constituído no momento da lavratura do flagrante, sendo "vedada a presença dos agentes policiais responsáveis pela prisão ou pela investigação durante a audiência de custódia".

No entanto, importa mencionar que algumas pesquisas realizadas por órgãos de defesa de direitos humanos[19] relatam a permanência de um comportamento omissivo em muitos casos de tortura ou maus-tratos referidos em audiência pelo preso, como se a violência por ele sofrida já estivesse naturalizada na rotina forense. Certamente em parte dos casos o relato do preso pode simplesmente ter como objetivo justificar eventual confissão ou "colaboração" do preso sobre o crime que lhe é atribuído, mas naturalizar a violência institucional é definitivamente um sintoma cultural que as audiências de custódia não mais podem coonestar.

IV. Considerações finais

Cabe uma observação final – entre inúmeras outras ainda passíveis de abordagem sobre esse novo instituto – relativamente ao con-

19 Como a realizada pela Conectas Direitos Humanos, cujo principal objetivo foi identificar como os relatos de violência policial surgem no contexto das audiências de custódia e como as instituições do sistema de Justiça – Magistratura, Ministério Público, Defensoria Pública e o Instituto Médico Legal – absorvem as denúncias e lidam com elas. Os resultados detalhados do estudo podem ser encontrados no sítio eletrônico da organização (www.conectas.org).

teúdo das informações obtidas na entrevista da pessoa presa, ao ser ouvida durante a audiência de custódia.

Como qualquer inciativa nova, notadamente as que interferem em relações de poder e introduzem novas rotinas de trabalho, as audiências de custódia trouxeram desconforto a alguns agentes públicos integrantes do sistema de justiça criminal, os quais resistiram à sua implementação. [20]

Passado o momento inicial e já se podendo dizer que as audiências de custódia são uma realidade inarredável - ainda que carentes da aguardada regulamentação por lei, em tramitação no Congresso Nacional - o cuidado que se deve ter é o de não permitir que as finalidades para as quais esse instrumento de proteção dos direitos humanos foi concebido acabem de algum modo se esvaindo ou se enfraquecendo.

No que concerne à finalidade a nosso ver mais importante - a significativa redução do número de casos de maus tratos e tortura a presos - o risco maior, como já sublinhado linhas atrás, é o de se naturalizar esses relatos, trazidos em audiência, com a consequente manutenção do quadro atual.

Vale o alerta[21] de que não se pode tratar um relato de agressão ao preso como se fosse invariavelmente um crime de meras lesões corporais (de ação pública condicionada à representação), indagando ao conduzido se, em decorrência da violência sofrida, deseja representar contra o agressor. É preciso ter-se como possível a prática do crime de tortura, positivado na Lei nº 9.455/1997, sendo desnecessário colher qualquer manifestação favorável do ofendido para a apuração da *notitia criminis*.

---

20 Apenas para exemplificar, cite-se o ajuizamento no STF de Ação Direta de Inconstitucionalidade 5.240, pela Associação dos Delegados de Polícia do Brasil (Adepol), logo após a entrada em vigor de provimento conjunto do Tribunal de Justiça e a Corregedoria Geral de Justiça do Estado de São Paulo (Provimento Conjunto 03/2015), por meio do qual se implantaram as audiências de custódia naquela unidade da Federação.

21 DA ROSA, Alexandre Morais. *Quando o juiz manipula a audiência de custódia*. Disponível em http://www.conjur.com.br/2016-jul-08/limite-penal-quando-juiz-manipula-audiencia-custodia. Acesso em 12/11/2019.

Outro risco que se corre nesse momento de consolidação das audiências de custódia é o de os principais atores do sistema de justiça criminal desconsiderarem as claras indicações constantes da Resolução 213/2015 quanto ao **não aproveitamento, para fins probatórios futuros, do conteúdo das declarações prestadas voluntariamente pelo preso** durante a entrevista com a autoridade judiciária.

A Resolução é explícita ao dizer que o juiz deve "abster-se de formular perguntas com finalidade de produzir prova para a investigação ou ação penal relativas aos fatos objeto do auto de prisão em flagrante;" (inc. VIII, art. 8º), bem como, mais adiante, no § 1º do mesmo art. 8º, dirige igual vedação aos demais sujeitos processuais. Decerto que, no relato do fato que motivou a prisão em flagrante da pessoa ouvida, provavelmente serão revelados detalhes da conduta do conduzido (sobretudo a confissão) que poderiam subsidiar a futura ação penal. Mas, a se permitir esse aproveitamento posterior das informações a respeito do mérito do fato criminoso, a audiência de custódia acabaria por se transformar em uma armadilha para o preso. Isso porque, sendo o depoimento prestado perante uma autoridade judicial, na presença do defensor e do representante do Ministério Público, essa "confissão" poderia ter o valor de autêntica prova, por ter sido supostamente produzida sob o contraditório judicial.

Mesmo que não se tomasse tal confissão como prova, mas apenas como um elemento informativo – tal qual se dá em relação à "confissão" prestada eventualmente no interrogatório do autuado ao ser lavrado o auto de prisão em flagrante – seria inevitável ocorrer um comprometimento do caráter garantidor da audiência de custódia, inibindo o comportamento da pessoa presa ao relatar o que aconteceu e, por conseguinte, retirando do juiz a possibilidade de ter uma compreensão mais acurada sobre os fatos, com vistas à escolha da providência cautelar a adotar no caso examinado. Somente com a certeza de que suas declarações não serão utilizadas em seu desfavor na futura ação penal, poderá o conduzido exercer, na plenitude, o direito de ser ouvido perante a autoridade judiciária competente.

A audiência de custódia oferece chance inestimável de reinventarmos o processo penal brasileiro, salvando-o de boa parte da violência que o avilta. Cabe à comunidade jurídica, bem como à sociedade, fazer valer o instituto no que tem de melhor, e lutar por uma regulamentação que aumente, ainda mais, a sua eficiência, de modo a propiciar que o início da *persecutio criminis* não seja manchado por ações que retirem da pessoa presa em flagrante sua dignidade e, junto com ela, a chance de ter voz e, assim, defender-se.

RE 363.889 – Relativização da coisa julgada de ação de investigação de paternidade anteriormente julgada sem exame de DNA

Min. Sidnei Beneti

1. Relativização da coisa julgada

O precedente, com repercussão geral atribuída por unanimidade pelo STF em Tribunal Pleno (CF, art. 102, § 3º; CPC/1973, art. 543-A e 543-B), concluiu que: **(a)** não há obstáculo na coisa julgada, por relativizada, na **(b)** repropositura de ação de investigação de paternidade julgada improcedente, caso **(c)** não tenha havido, no processo anterior, exame de DNA, inviabilizado por **(d)** falta de condições econômicas para pagamento do custo pelo autor e quando **(e)** inexistente custeio do exame pelo Estado.

Em profundo debate após cuidadosos votos, com destaque para o aspecto processual no voto-vista vencedor proferido pelo Ministro Luiz Fux e votos-vencidos proferidos pelos Ministros Marco Aurélio e Cezar Peluso, votaram com Relator os Ministros Gilmar Mendes, Ellen Gracie, Joaquim Barbosa, Ayres Britto, Ricardo Lewandowski, Carmen Lúcia e Celso de Mello)

2. A Ementa-síntese do precedente

A tese sintetizada pela Ementa do julgado assumiu a maior importância, porque qualificada pela repercussão geral, norteando Súmula com validade de acórdão[1], limitou a relativização da coi-

---

1 CPC/1973, art., 543-A, § 7º. "A Súmula da decisão sobre a repercussão geral constará de ata, que será publicada no Diário Oficial e valerá como acórdão".

sa julgada à impossibilidade, no processo anterior, de realização do exame devido à impossibilidade decorrente de falta de recursos econômicos por parte do autor e falta de fornecimento pelo Estado. Numerosas considerações *obiter dicta* foram registradas nos votos então proferidos.

Eis a Ementa do julgado:

> "RECURSO EXTRAORDINÁRIO. DIREITO PROCESSUAL CIVIL E CONSTITUTIONAL. REPERCUSSÃO GERAL RECONHECIDA. AÇÃO DE INVESTIGAÇÃO DE PATERNIDADE, DECLARADA EXTINTA, COM FUNDAMENTO EM COISA JULGADA, EM RAZÃO DA EXISTÊNCIA DE ANTERIOR DEMANDA EM QUE NÃO FOI POSSÍVEL A REALIZAÇÃO DE EXAME DE DNA, POR SER O AUTOR BENEFICIÁRIO DA JUSTIÇA GRATUITA E POR NÃO TER O ESTADO PROVIDENCIADO A SUA REALIZAÇÃO. REPROPOSITURA DA AÇÃO. POSSIBILIDADE, EM RESPEITO Á PREVALÊNCIA DO DIREITO FUNDAMENTAL À BUSCA DA IDENTIDADE GENÉTICA DO SER, COMO EMANAÇÃO DE SEU DIREITO DE PERSONALIDADE.
>
> "1. É dotada de repercussão geral a matéria atinente à possibilidade da repropositura de ação de investigação de paternidade, quando anterior demanda idêntica, entre as mesmas partes foi julgada improcedente, por falta de provas, em razão da parte interessada não dispor de condições econômicas para realizar o exame de DNA e o Estado não ter custeado a produção dessa prova.
>
> "2. Deve ser relativizada a coisa julgada estabelecida em ações de investigação de paternidade em que não foi possível determinar-se a efetiva existência de vínculo genético a unir as partes, em decorrência da não realização do exame de DNA, meio de prova que pode fornecer segurança quase absoluta à existência de tal vínculo.
>
> "3. Não devem ser impostos óbices de natureza processual ao exercício do direito fundamental à busca da identidade genética como natural emanação do direito de personalidade de um ser, de forma a tornar-se igualmente efetivo o direito à igualdade entre os filhos, inclusive de qualificações, bem assim o princípio da paternidade responsável.
>
> "4. Hipótese em que não há disputa de paternidade de cunho biológico, em confronto com outra, de cunho afetivo. Busca-se o reconhecimento de paternidade com relação a pessoa identificada.
>
> 5. Recurso extraordinários conhecidos e providos".

3. O caso

O autor, com mais de 29 anos à época do julgamento pelo STF, ajuizou novo processo de ação de investigação de paternidade, após haver sido julgada improcedente idêntica ação, que movera quando menor, representado pela genitora, por não comprovação, no processo anterior, da indigitada paternidade, a despeito da ouvida de diversas testemunhas, sem, contudo, realização de exame de DNA, devido a não possuir, o autor, condições econômicas de arcar com os custos do exame e a não haver, à época, previsão legal de pagamento de aludo exame pelo Estado, como passou a ser previsto ao tempo da propositura de novo processo pela Lei nº 1097/96, do Distrito Federal[2] . (O autor, registre-se, havia também ingressado com anteriores processos de idêntica ação, extintos processos por desistência).

O despacho saneador afastou a alegação de coisa julgada, determinando a realização do exame de DNA. Recorreu o réu e o Tribunal de Justiça deu provimento à apelação, julgando extinto o processo, sem julgamento do mérito, ao obstáculo da coisa julgada (CPC/1973, art. 267, V).

O autor e o Ministério Público interpuseram Recurso Extraordinário, com fundamento na CF/1988, art. 102, III, "a", sustentando, conforme relatório do Ministro Dias Toffoli, ter havido "violação dos artigos 5º, inciso XXXVI e 227, § 6º, da Constituição Federal, consubstanciada pelo reconhecimento da impossibilidade do prosseguimento da ação de investigação de paternidade, com fundamento em coisa julgada, dado o ajuizamento de anterior demanda, com o mesmo objeto cuja sentença de improcedência já havia transitado em julgado".

4. Repercussão geral

O voto do Ministro relator, dada a multiplicidade de recursos sobre o tema, propôs o reconhecimento da repercussão geral (CF, art.

2 Lei do Distrito Federal 1097, de 6.4.1996. – "Dispõe sobre a realização de exames de DNA para instruir processos de reconhecimento de paternidade e maternidade".

102, § 3º; CPC/1973[3], art. 543-A e 543-B[4]), o que foi determinado por unanimidade.

Da repercussão geral, no sistema do CPC/2015, art. 1.39, decorre que "os órgãos colegiados declararão prejudicados os demais recursos versando sobre idêntica controvérsia ou os decidirão aplicando a tese firmada". Quer dizer: a controvérsia, tal como e nos limites julgados, está resolvida pelo Poder Judiciário nacional, devendo os julgadores, de todas as instâncias, observar o precedente, cuja Súmula constou da ata do julgamento, passando a valor como acórdão para casos idênticos, em virtude do disposto no art. 1035, § 11, do CPC/2015[5], e, consequentemente, do preceituado pelo art. 927[6] .

A ampliação temática da questão central posta sob o regime de repercussão geral, isto é, o *desbroquelamento* da eficácia da coisa julgada que qualificava a imutabilidade da sentença do anterior julgamento, operou o alargamento do conhecimento recursal a outras questões, permitindo o debate e o julgamento de matérias não deduzidas expressamente no recurso extraordinário.

Diante da repercussão geral, puderam ser expostos argumentos diversos, sustentados pelos Ministros integrantes do julgamento, em votos muitos dos quais dotados do maior detalhamento jurídico e alusão a bases fáticas.

Assim é que foram inseridos, nos votos vencedores, fundamentos extraídos das condições de eficácia da coisa julgada anterior e da prevalência do direito fundamental à busca da identidade genética do ser humano, como emanação do direito de personalidade – bem

---

3 CF, art. 102, § 3º, com a redação da Emenda Constitucional 45, de 8.12.2004.

4 CPC/1973, art. 543-A e 543-B, om a redação da Lei nº 11.418, de 19.12.2006, aplicável ao recurso, julgado em 2.6.2011.

5 CPC/2015, art. 1035, (...) § 11. "A Súmula da decisão sobre a repercussão geral constará de ata, que será publicada no diário oficial e valerá como acórdão".

6 CPC 2015, art. 927, "Os juízes e os tribunais observarão: (...) IV. "Os enunciados das súmulas do Supremo Tribunal federal em matéria constitucional e do Superior Tribunal de Justiça em matéria infra-constitucional".

como, ainda, entre outras, profundas digressões a respeito da teoria da prova processual e do direito à gratuidade da Justiça.

Ampliou-se, sem dúvida, a motivação, na votação prevalecente, afastando-se, contudo, argumentos dela restrititivos, constantes dos densos votos vencidos, proferidos pelos Ministros Marco Aurélio e Cezar Peluso.

5. Posição doutrinária e jurisprudencial

O julgado admitiu, expressamente, que "deve ser relativizada a coisa julgada estabelecida em ações de investigação de paternidade em que não foi possível determinar-se a efetiva existência de vínculo genético a unir as patres, em decorrência da não realização do exame de DENA, meio de prova que pode fornecer segurança quase absoluta quanto à existência de tal vínculo"[7].

Proclamou, o julgado, a chamada *relativização da coisa julgada*, objeto de detida fundamentação sobretudo nos votos de relator, proferido pelo Ministro Dias Toffoli, e do Voto-Vista do Ministro Luiz Fux, ambos expondo o forte debate doutrinário a respeito[8].

7 Ementa do julgado, nº 3.

8 Citados em voto: **1)** José Carlos Barbosa Moreira. Considerações sobre a chamada "relativização" da coisa julgada material, in: Temas de direito processual, Nona Série. São Paulo: Saraiva, 2007/2) **2)** Luiz Guilherme Marinoni. O princípio da segurança dos atos jurisdicionais (A questão da relativização da coisa julgada material). In: Relativização da coisa julgada (Org. Fredie Didier Jr). Salvador: Editora Jus Podium, 2004, p. 276-7;**)** e Coisa julgada inconstitucional. São Paulo: RT 2020, p. 191-8; **3)** Teresa Arruda Alvim Wambier e José Miguel Garcia Medina. Relativização da coisa julgada, In: Relativização da coisa julgada (Org. Fredie Didier Jr). Salvador: Jus Podium, 2004, p. 242; **4)** Leonardo Greco. Instituições de processo civil. Vol. II. Rio de Janeiro: Forense, 2010, p. 363; **5)** Roberto Omar Berizonce. La "relatividade" de la cosa juzgada y sus nuevos confines. In: Revista de derecho procesal. Vol. 2008. 1. Santa Fe: Rubinzal-Culzoni, 2008, pp. 179 e seg.; **6)** Flávio Marcelo Gomes. Coisa julgada e estado de filiação – o DNA e o desafio à estabilidade da sentença. Porto Alegre: Sérgio Antonio Fabris, 2009, pp. 294-7; **7)** Cristiano Chaves de Farias. Um alento ao futuro: novo tratamento da coisa julgada nas ações relativas à filiação. In: Relativização

Projeto de reforma do Código Civil de 2002, aliás, tratou expressamente, da matéria no art. 1606, afastando a coisa julgada relativa à sentença proferida em ações de investigação de paternidade sem prévio exame de DNA[9].

---

da coisa julgada (Org.Fredie Didier Jr. Salvador: Jus podium, pp. 73-80; **8)** Adalgisa Wiedemann Chaves. Efeitos da coisa julgada: as demandas para o reconhecimento da filiação e o avanço da técnica pericial. In: Direitos fundamentais do direito de família (Coord.. Belmiro Pedro Welter e Rolf Hanssen Madaleno. Porto Alegre: Livraria do Advogado, 2004, p. 27; **9)** Humberto Theodoro Júnior e Juliana Cordeiro Faria. Reflexões sobre o princípio da intangibilidade da coisa julgada e sua relativização. In: Coisa julgada inconstitucional (Org. Carlos Valder do Nascimento e José Augusto Delgado). Belo Horizonte: Foprum, 2008, p. 173; **10)** Donaldo Armelin. Flexibilização da coisa julgada. In: Coisa julgada inconstitucional (Org. Carlos Valder do Nascimento e José Augusto Delgado. Belo Horizonte: Forum, 2008, p. 223. **11)** Alexandre de Freitas Câmara. Relativização da coisa julgada material. In: Relativização da coisa julgada (Oredg. Fredie Didier Jr). Salvador: Jus Podium, 2004, p. 31-2; **12)** Odilon Romano Neto. Coisa julgada inconstitucional: proposta interpretativa dos arts. 475-I, § 1º, e 741, parágrafo único do CPC. Dissertação de mestrado apresentada à universidade do estado do Rio de Janeiro, 2010, p. 174; **13)** Maria Berenice Dias. Investigação de paternidade, prova e ausência de coisa julgada material. Re vista Brasileira de Direito de Família, IBDFAM, Ano I, vol. 1, Porto Alegre: Síntese, 1999, p. 18-21; **14)** Humberto Theodoro Júnior, Prefácio a Teresa Arruda Alvim Wambier. O dogma da coisa julgada: hipóteses de relativização. São Paulo: Revista dos Tribunais, 2003; e Reflexões sobre o princípio da intangibilidade da coisa julgada e sua relativização. In: Coisa julgada inconstitucional.2ª ed., Belo Horizonte: Forum, 2008; Renan Lotufo, Flexibilização da coisa julgada, in: Coisa julgada inconstitucional., 2ª ed., Belo Horizonte: Forum, 2008; **15)** Eduardo Talamini. Coisa julgada e sua revisão. São Paulo: Revista dos Tribunais, 2005; Belmiro Pedro Welter. Coisa julgada na investigação de paternidade. São Paulo: Síntese, 200

---

9 O Projeto de Lei nº 699/2011 visou à alteração do art. 1606 do Código Civil de 2002, para a inserção de parágrafo com a seguinte redação: "§ 2º. Não fazem coisa julgada as ações de investigação de paternidade decididas sem a realização do exame de DNA, ressalvada a hipótese do § 4º do art. 1601" (projetado, este último parágrafo (4º do art. 1601) assim: "§ 4º. A recusa injustificada à realização das provas médico-legais acarreta a presunção da inexistência da relação de filiação".

Na nova ação, em que tirado o precedente em repercussão geral, o autor invocou a então novidade legislativa, consistente na edição da Lei do Distrito Federal 1097/96, que passou a assegurar o custeio do exame de DNA como elemento do regime de assistência jurídica aos necessitados (CF, art. 5º, LXXIV[10]), diante da qual se tornaria ineficaz a coisa julgada, anteriormente constituída (CPC/1973, art. 468[11]).

No Superior Tribunal de Justiça, conforme resenhou o Voto-Vista do Ministro Luiz Fux, após divergência na 3ª e na 4ª Turmas[12], firmou-se na 2ª Seção, em julgamento conjunto de ambas as Turmas, a orientação de impossibilidade de afastamento da coisa julgada[13]. Seguiram, após, coerentemente com a orientação firmada pela 2ª Seção, reconhecendo a ocorrência de coisa julgada, numerosos julgamentos[14].

6. Coisa julgada formal ou material anterior?

Assistonia aparente, mas não real, ocorreu entre o voto-condutor do Ministro Dias Toffoli firmando-se em que na ação anterior ter-se-ia produzido coisa julgada formal, ante a extinção do processo sem julgamento do mérito (como constava, aliás, do C'PC/1973, art. 267, V) e o voto-vista proferido pelo Ministro Luiz Fux, que enfrentou a

10 CF, art. 5º, LXXIV. "O Estado prestará assistência jurídica integral e gratuita aos que comprovarem insuficiência de recursos"

11 CPC/1973, art. 468. "A sentença, que julgar total ou parcialmente a lide, tem força de lei nos limites da lide e das questões decididas".

12 Respeitando a coisa julgada: REsp 107248/GO, Rel. Min. Menezes Direito, 3ª T., DJ 29.6.1998; e afastando a coisa julgada, Resp 826698/MS, Rel. Min. Nancy Andrighi, 3ª T., DJe 23.5.2008; e Resp 226436/PR, Rel. Min. Sálvio de Figueiredo Teixeira, 4ª T., DJ 4.2.2002).

13 REsp 706987/SP, Rel. p/ Acórdão Minl Ari Pargendler, 2ª S. DJe 10.10.2008, maioria de votos.

14 REsp. 960805/RS, Rel. Min. Aldir Passarinho Júnior, 4ª T., DJe 18.5.2009; AgRg no REsp 646140/SP, Rel. Min. João Otávio de Noronha, 4ª T., DJe14.9.2009; AgRg no Resp 363558/DF, Rel. Min. Luís felipe Salomão, 4ª T., j. 4.2.2010; AgRg no REsp 895545/MG, Rel. Min. Sidnei Beneti, 3ª T., DJe 7.6.2010; e AgRg no Resp 899981/MG, Rel. Minl Vasco Della Giustina, 3ª T., Dje 1.9.2010.

questão do ponto de vista da coisa julgada material anteriormente produzida ante o reconhecimento da coisa julgada.

Não há, contudo, contradição.

Quanto ao processo então *sub judice* (em que interposto o recurso extraordinário julgado), houvera, efetivamente, extinção do processo, sem julgamento do mérito, pelo tribunal de origem, reformando a rejeição da alegação de coisa julgada proclamada pelo despacho saneador, conformando-se, portanto, apenas coisa julgada formal, visto que não examinado o mérito desse processo, repita-se, o processo em que interposto o recurso extraordinário.

Quanto ao processo anterior, contudo, julgado improcedente por não provada a paternidade pelo autor, como era de seu ônus provar, ocorrera a coisa julgada material (pois, como é sabido, e foi frisado nos votos do julgamento, a sentença que julga improcedente a ação por falta de provas produz a imutabilidade devido a coisa julgada material e não apenas formal).

7. Repetição da ação ou nova ação?

Interessante questão processual colocou-se, esboçada, mas não nuclearizada nos diversos votos proferidos, embora o voto-vista do Ministro Luiz Fux tenha tangenciado a matéria ao se referir à possibilidade de ação rescisória, consistente em saber se se tratava de repetição da mesma ação em processo novo, ou de ação diversa em novo processo.

Na verdade, o julgamento do STF tratou de ação diversa – ao menos em parte acrescida – visto que a ação anterior havia sido julgada com base exclusivamente na causa de pedir e no pedido consistentes na alegação de paternidade – que foi rejeitada – ao passo que a nova ação cumulava duas causas de pedir e dois pedidos:

a) primeiramente pedido de superação da coisa julgada material constituída no processo anterior, sob a causa de pedir consistente no surgimento de fundamento novo consistente na edição de Lei do Distrito Federal que determinou o custeio oficial de exames de DNA (matéria nova, estranha aos limites objetivos da coisa julgada da sentença anterior);

b) em seguida, pedido de reconhecimento da paternidade, sob a causa de pedir próxima e remota consistente na concepção do autor em virtude de relações sexuais mantidas por sua genitora com réu, apontado como genitor.

O julgamento do STF superou essa delicada questão processual mediante a aplicação direta de preceitos que forneceram base constitucional – quais sejam a prevalência do direito fundamental à busca da identidade genética como emanação do direito de personalidade, o direito à igualdade e qualificação entre filhos e princípio da paternidade responsável, com relação a pessoa identificada.

Não é à-toa que a ementa do julgamento expressamente consignou, no seu item 3, que "não devem ser impostos óbices de natureza processual ao exercício do direito fundamental à busca da identidade genética como natural emanação do direito de personalidade de um ser".

8. Futuros desafios para o Direito de Família

Ao fim de jornada acadêmica sobre Direito de Família, um eminente Professor de Direito Civil do Rio de Janeiro contou que assistiu a uma arguição para a Faculdade de Direito da UERJ, em que o saudoso Professor Antonio Chaves, diante da afirmação do candidato de que o grande desafio do Direito de Família do porvir seria o enfrentamento das uniões homoafetivas, contrariou firmemente a opinião, contrapondo que os maiores problemas de Direito de Família não se situariam na homoafetividade, mas, sim, nas descobertas e aplicações concretas da medicina genética – entre as quais se situa o exame do DNA, então inexistente.

Como ocorreu com a relativização da coisa julgado no tocante a novas ações de investigações de paternidade, já surgiram, surgem e surgirão novas questões, de enorme relevância para as relações de filiação e suas consequências concretas.

O mais relevante, contudo, é que o julgamento do Recurso Especial 363.889, Relator o Ministro Dias Toffoli, abriu caminho para o ajuste do verdadeiro dogma processual da coisa julgada à evolução científica, em obediência aos princípios constitucionais que regem as relações modernas atinentes à paternidade e à maternidade.

Entre os desafios a serem vencidos pelo Direito Civil e pelo Direito processual, portanto, foi vencida etapa de enorme significação jurídica para a concretização de direitos fundamentais. Após o julgado, já se venceram muitos outros desafios. O futuro dirá a respeito de tanto que ainda virá a ser apresentado ao deslinde pelo Supremo Tribunal Federal.

Extradição 1085
Caso Cesare Battisti

Paulo Cesar Villela Souto Lopes Rodrigues

I. Introdução

Na tarde de sábado, dia 12 de janeiro de 2019, o italiano Cesare Battisti, 64 anos, foi detido por agentes brasileiros e italianos, enquanto caminhava tranquilamente na cidade de Santa Cruz de la Sierra, na Bolivia. No dia seguinte, domingo, foi embarcado num vôo direito de La Paz para Roma e entregue por autoridades bolivianas ao governo na Italia. Era o fim de uma longa história de fugas que se iniciara no início dos anos 1980, e de uma batalha judicial que teve como episódio central o julgamento da Extradição nº 1085, em 16 de dezembro de 2009, pelo Plenário do Supremo Tribunal Federal.

Cesare Battisti fugiu da prisão na Itália em 1981, enquanto aguardava julgamento por quatro homicídios supostamente cometidos entre 1977 e 1979, quando era membro do grupo de extrema esquerda Proletários Armados pelo Comunismo (PAC). Em 1997, foi condenado à revelia pela Justiça Italiana à prisão perpétua. Em fuga pelo mundo, o italiano sempre reconheceu ter feito parte do grupo extremista, mas também sempre negou ter cometido os homicídios de que era acusado.

Após passar décadas na França e no México, Cesare Battisti chegou ao Brasil em 2004, onde viveu escondido até ser preso para fins de extradição em 18 de março de 2007, no Rio de Janeiro. Começava a batalha judicial travada pela Italia para conseguir efetivar o cumprimento da pena de prisão perpétua imposta em julgamento confirmado pela Corte de Apelações de Milão anos antes. Em dezembro de 2009, o Plenário do Supremo Tribunal Federal autorizou a entrega em extradição. A palavra final, no entanto - como ato político que encerra o procedimento de cooperação juríidca em materia penal: a extradição -, caberia ao então presidente da República, Luiz Inácio Lula da Silva, que recusou a entrega quase um anos depois do julgamento, em 31 de dezembro de 2010: último dia de seu segundo mandato.

II. O Processo

Crime comum ou crime político? A resposta a essa pergunta era fundamental para decidir se o Brasil poderia entregar à Italia seu nacional Cesare Battisti, acusado de matar, em Udine, em 1977, Antonio Santoro; em Milão, em 1979, Pierluigi Torregiani e Andrea Campagna; e, em Mestre, no mesmo ano de 1979, Lino Sabadin.

No Supremo Tribunal Federal, a defesa do extraditando foi promovida pelo hoje Ministro da Corte, Luís Roberto Barroso, Professor Titular de Direito Constitucional da Universidade do Estado do Rio de Janeiro, mas que inicara sua vida acadêmica na mesma universidade como professor de Direito Internacional Privado, pelas mãos do saudoso Professor Jacob Dolinger, razão porque, tratando-se, como de fato se tratava, de tema de cooperação jurídica internacional, o debate já se anunciava, desde seu início, de altíssima complexidade técnica.

Embora o extraditando tenha negado em seu interrogatório envolvimento com os fatos, e até mesmo pertencer à organização política ao tempo dos fatos, a defesa sustentava a tese de que, independentemente da relação do extraditando com o grupo ou com os eventos ocorridos, a circunstância de se tratar de crime cometido com motivação política, por si só, impediria a extradição, nos termos do art. 77, VII, do já revogado Estatuto do Estrangeiro, que regulava a matéria.

Essa tese não foi acolhida pelo Tribunal, que entendeu terem sido os homicídios cometidos *"sob o império e normalidade institucional de Estado Democrático de direito, sem conotação de reação legítima contra atos arbitrários ou tirânicos"*[1], concluindo tratar-se de crimes comuns, passíveis de extradição.

1 Item 3 da ementa do julgado

Outro ponto relevante do julgamento foi o fato de ter o extraditando solicitado refúgio ao Brasil durante a tramitação da extradição. O refúgio é uma medida humanitária destinada a proteger quem sofra perseguição por pertencer a determinado grupo (político, étinico, religioso etc) e que, por esta razão, não possa voltar em segurança para o seu país de nacionalidade, domicílio ou residência habitual. No direito internacional, é previsto na Convenção das Nações Unidas sobre Refugiados, de 1951, e, no direito brasileiro, na Lei nº 9.474/97.

Pela lei brasileira, o mero pedido de refúgio obsta toda e qualquer tramitação de procedimento de saída compulsória do estrangeiro, como é exemplo a extradição. Trata-se da observância da regra *non refoulement*, de direito internacional, que exige o prévio exame do pedido de refúgio para que se possa promover a saída forçada do estrangeiro. Por essa razão, a Extradição nº 1085 teve sua tramitação interrompida até que o Coselho Nacional para Refugiados - CONARE, examinasse o pedido de refúgio formulado pelo extraditando. Examinado e indeferido administrativamente o refúgio pelo CONARE, voltou a tramitar o pedido extradicional no Supremo.

Ocorre que, da decisão que indeferiu o refúgio, foi interposto recurso administrativo para o Ministro da Justiça, que o concedeu, sob o fundamento de que o extraditando, com a condenação, sofria, em verdade, perseguição política.

Como a lei brasileira (art. 1º, incisos I, II e III, da Lei nº 9.474/97) estabelece expressamente em quais situações pode-se considerar alguém na condição de perseguido para a obtenção de refúgio, entendeu o Tribunal que se tratava de ato vinculado, e que o fundamento utilizado pelo Ministro da Justiça para sua concessão não apresentava *"correspondência entre os motivos declarados e o suporte fático da hipótese legal invocada como causa caracterizadora dessa condição"*[2], razão porque, no próprio processo de extradição, incidentalmente e de ofício, afastou o ato de concessão do refúgio por considerá-lo nulo.

No mérito, entendeu o Tribunal preenchidos os requisitos para conceder autorização para entrega em extradição, nos termos do art. 77, do revogado Estatuto do Estrangeiro, quais sejam: a dupla tipi-

2 item 2 da ementa do julgado

cidade, inciso X, ou seja, as condutas são típicas no Brasil e na Italia; a dupla punibilidade, inciso VII, tendo em vista a não ocorrência da prescrição, consideradas as legislações brasileira e italiana; e, ainda, que não havia qualquer óbice ao deferimento da extradição entre aqueles fixados pelo art. 77 da Lei nº 6.815/80: (i) Cesare Battisti não era nacional brasileiro; (ii) sua extradição foi requerida por Estado que mantém Tratado de Extradição com o Brasil; (iii) a prisão foi decretada por Juízo regularmente investido de jurisdição e constituído em momento anterior aos fatos; e (iv) o Brasil não detinha jurisdição para o julgamento do crime.

Nesse contexto, a extradição foi autorizada pelo Tribunal. No entanto, o debate estava ainda longe de terminar

Autorizada a extradição pelo Supremo Tribunal Federal, que se ocupa, tão somente, de examinar a legalidade do procedimento de cooperação jurídica internacional em matéria penal, cabia agora ao Presidente da República o ato político consistente em entregar ou não o italiano em extradição já autorizada.

Em dezembro de 2010, o então presidente Lula, no último dia de seu mandato, assinou o decreto com o qual negou ao governo italiano o pedido de extradição. Começava então um novo ciclo de embates no Supremo Tribunal Federal.

Irresignada, a República Italiana voltou ao Supremo, por meio de Petição Avulsa que fora autuada como Reclamação nº 11243, sob Relatoria do Ministro Gilmar Mendes, sustentando que o Chefe do Executivo, ao não efetivar a entrega, descumprira o tratado Brasil-Itália de extradição que obriga a entrega do extraditando salvo quando, nos termos de seu artigo III, 1, *f*, *"a parte requerida tiver razões ponderáveis para supor que a pessoa reclamada será submetida a atos de perseguição"*. Salientou que o tratado bilateral ostenta natureza jurídica de lei ordinária no Brasil, quando internalizado.

A questão agora posta ao exame da Suprema Corte foi então a de saber se o Presidente da República estava ou não obrigado à entrega, pela só força da decisão do Tribunal que a autorizou, e, ainda, se podia deixar de efetivá-la, valendo-se de seu poder discricionário, e se isso consubstanciaria descumprimento do tratado, que, como sustentou a República Italiana, ostenta *status* jurídico de lei ordinária.

O Tribunal, por maioria, entendeu que a só decisão do Supremo não obriga o Presidente da República. Firme e antiga jurisprudência do Tribunal indica que compete ao Supremo em extradição, tão somente, o exame da legalidade do pedido, de modo que: (i) negada a extradição, não pode o Presidente da República entregar o extraditando; e, (ii) autorizada a extradição, cumpre ao Chefe do Executivo decidir, discricionariamente, sobre a entrega. Neste específico ponto, salientou o Ministro Ayres Britto, de modo inspirado, que a questão equacionava-se na seguinte fórmula: "*se o Supremo diz não é não; se diz sim, é talvez*".

Ocorre que, no caso sob exame, havia a previsão legal de obrigatoriedade da entrega, expressamente prevista no tratado, caso autorizada pelo Supremo a extradição, e, tendo sido ela autorizada, o Tribunal deveria decidir se, ainda assim, o Presidente poderia deixar de fazê-lo, sem descumprir a lei, ou seja, o próprio tratado.

Novamente, por maioria, entendeu o Tribunal que ao Chefe do Executivo era permitido não entregar o extraditando, desde que fudamentasse, como de fato fez, a não entrega em "*razões ponderáveis para supor que a pessoa reclamada será submetida a atos de perseguição*", não havendo necessidade de verificação efetiva destas "*razões ponderáveis*" na medida em que se tratava de um ato de soberania, ou ato político, bastando, portanto, que o Presidente da República afirmasse sua existência.

Divergindo deste entendimento, os Ministros Cezar Peluso, Ellen Gracie e Gilmar Ferreira Mendes, admitiam o controle (e revisão) judicial do ato de recusa de entrega, examinando os fudamentos da recusa pelo Chefe do Executivo, em exame do mérito do ato administrativo, a partir do que se denomina *Teoria dos Motivos Determinantes*. Um pouco mais além, foi o Ministro Gilmar Ferreira Mendes ao sustentar que no Estado Democrático de Direito não há atos infensos ao controle judicial, na medida em que todos os atos do administrador público devem ser motivados, e, motivados, podem ser sempre objeto de controle judicial.

Vencido o relator da Reclamação nº 11243, Ministro Gilmar Ferreira Mendes, o Ministro Luiz Fux foi designado como Redator para o Acordão, e nele deixou assentadas relevantes passagens em tema de controle judicial dos atos de soberania[3].

3 "RECLAMAÇÃO. PETIÇÃO AVULSA EM EXTRADIÇÃO. PEDIDO DE RELAXAMENTO DE PRISÃO. NEGATIVA, PELO PRESIDENTE DA REPÚBLICA, DE ENTREGA DO EXTRADITANDO AO PAÍS REQUERENTE. FUNDAMENTO EM CLÁUSULA DO TRATADO QUE PERMITE A RECUSA À EXTRADIÇÃO POR CRIMES POLÍTICOS. DECISÃO PRÉVIA DO SUPREMO TRIBUNAL FEDERAL CONFERINDO AO PRESIDENTE DA REPÚBLICA A PRERROGATIVA DE DECIDIR PELA REMESSA DO EXTRADITANDO, OBSERVADOS OS TERMOS DO TRATADO, MEDIANTE ATO VINCULADO. PRELIMINAR DE NÃO CABIMENTO DA RECLAMAÇÃO ANTE A INSINDICABILIDADE DO ATO DO PRESIDENTE DA REPÚBLICA. PROCEDÊNCIA. ATO DE SOBERANIA NACIONAL, EXERCIDA, NO PLANO INTERNACIONAL, PELO CHEFE DE ESTADO. ARTS. 1º, 4º, I, E 84, VII, DA CONSTITUIÇÃO DA REPÚBLICA. ATO DE ENTREGA DO EXTRADITANDO INSERIDO NA COMPETÊNCIA INDECLINÁVEL DO PRESIDENTE DA REPÚBLICA. LIDE ENTRE ESTADO BRASILEIRO E ESTADO ESTRANGEIRO. INCOMPETÊNCIA DO SUPREMO TRIBUNAL FEDERAL. DESCUMPRIMENTO DO TRATADO, ACASO EXISTENTE, QUE DEVE SER APRECIADO PELO TRIBUNAL INTERNACIONAL DE HAIA. PAPEL DO PRETÓRIO EXCELSO NO PROCESSO DE EXTRADIÇÃO. SISTEMA "BELGA" OU DA "CONTENCIOSIDADE LIMITADA". LIMITAÇÃO COGNITIVA NO PROCESSO DE EXTRADIÇÃO. ANÁLISE RESTRITA APENAS AOS ELEMENTOS FORMAIS. DECISÃO DO SUPREMO TRIBUNAL FEDERAL QUE SOMENTE VINCULA O PRESIDENTE DA REPÚBLICA EM CASO DE INDEFERIMENTO DA EXTRADIÇÃO. AUSÊNCIA DE EXECUTORIEDADE DE EVENTUAL DECISÃO QUE IMPONHA AO CHEFE DE ESTADO O DEVER DE EXTRADITAR. PRINCÍPIO DA SEPARAÇÃO DOS PODERES (ART. 2º CRFB). EXTRADIÇÃO COMO ATO DE SOBERANIA. IDENTIFICAÇÃO DO CRIME COMO POLÍTICO TRADUZIDA EM ATO IGUALMENTE POLÍTICO. INTERPRETAÇÃO DA CLÁUSULA DO DIPLOMA INTERNACIONAL QUE PERMITE A NEGATIVA DE EXTRADIÇÃO "SE A PARTE REQUERIDA TIVER RAZÕES PONDERÁVEIS PARA SUPOR QUE A PESSOA RECLAMADA SERÁ SUBMETIDA A ATOS DE PERSEGUIÇÃO". CAPACIDADE INSTITUCIONAL ATRIBUÍDA AO CHEFE DE ESTADO PARA PROCEDER À VALORAÇÃO DA CLÁUSULA PERMISSIVA DO DIPLOMA INTERNACIONAL. VEDAÇÃO À INTERVENÇÃO DO JUDICIÁRIO NA POLÍTICA EXTERNA BRASILEIRA. ART. 84, VII, DA CONSTITUIÇÃO DA REPÚBLICA. ALEGADA VINCULAÇÃO DO PRESIDENTE AO TRATADO. GRAUS DE VINCULAÇÃO À JURIDICIDADE. EXTRADIÇÃO COMO ATO POLÍTICO-ADMINISTRATIVO VINCULADO A CONCEITOS JURÍDICOS INDETERMINADOS. NON-REFOULEMENT. RESPEITO AO DIREITO DOS REFUGIADOS. LIMITAÇÃO HUMANÍSTICA AO CUMPRIMENTO DO TRATADO DE

EXTRADIÇÃO (ARTIGO III, 1, f). INDEPENDÊNCIA NACIONAL (ART. 4º, I, CRFB). RELAÇÃO JURÍDICA DE DIREITO INTERNACIONAL, NÃO INTERNO. CONSEQUÊNCIAS JURÍDICAS DO DESCUMPRIMENTO QUE SE RESTRINGEM AO ÂMBITO INTERNACIONAL. DOUTRINA. PRECEDENTES. RECLAMAÇÃO NÃO CONHECIDA. MANUTENÇÃO DA DECISÃO DO PRESIDENTE DA REPÚBLICA. DEFERIMENTO DO PEDIDO DE SOLTURA DO EXTRADITANDO. 1. Questão de Ordem na Extradição nº 1.085: "A decisão de deferimento da extradição não vincula o Presidente da República, nos termos dos votos proferidos pelos Senhores Ministros Cármen Lúcia, Joaquim Barbosa, Carlos Britto, Marco Aurélio e Eros Grau". Do voto do Min. Eros Grau extrai-se que "O conceito de ato vinculado que o relator tomou como premissa (...) é, no entanto, excessivamente rigoroso. (...) o conceito que se adotou de ato vinculado, excessivamente rigoroso, exclui qualquer possibilidade de interpretação/aplicação, pelo Poder Executivo, da noção de fundado temor de perseguição". 2. A prova emprestada utilizada sem o devido contraditório, encartada nos acórdãos que deram origem à condenação do extraditando na Itália, no afã de agravar a sua situação jurídica, é vedada pelo art. 5º, LV e LVI, da Constituição, na medida em que, além de estar a matéria abrangida pela preclusão, isto importaria verdadeira utilização de prova emprestada sem a observância do Contraditório, traduzindo-se em prova ilícita. 3. O Tratado de Extradição entre a República Federativa do Brasil e a República Italiana, no seu artigo III, 1, f, permite a não entrega do cidadão da parte requerente quando "a parte requerida tiver razões ponderáveis para supor que a pessoa reclamada será submetida a atos de perseguição". 4. O art. 560 do CPC, aplicável subsidiariamente ao rito da Reclamação, dispõe que "Qualquer questão preliminar suscitada no julgamento será decidida antes do mérito, deste não se conhecendo se incompatível com a decisão daquela". 5. Deveras, antes de deliberar sobre a existência de poderes discricionários do Presidente da República em matéria de extradição, ou mesmo se essa autoridade se manteve nos lindes da decisão proferida pelo Colegiado anteriormente, é necessário definir se o ato do Chefe de Estado é sindicável pelo Judiciário, em abstrato. 6. O art. 1º da Constituição assenta como um dos Fundamentos do Estado Brasileiro a sua soberania – que significa o poder político supremo dentro do território, e, no plano internacional, no tocante às relações da República Federativa do Brasil com outros Estados Soberanos, nos termos do art. 4º, I, da Carta Magna. 7. A Soberania Nacional no plano transnacional funda-se no princípio da independência nacional, efetivada pelo Presidente da República, consoante suas atribuições previstas no art. 84, VII e VIII, da Lei Maior. 8. A soberania, dicotomizada em interna e externa, tem na primeira a exteriorização da vontade popular (art. 14 da

CRFB) através dos representantes do povo no parlamento e no governo; na segunda, a sua expressão no plano internacional, por meio do Presidente da República. 9. No campo da soberania, relativamente à extradição, é assente que o ato de entrega do extraditando é exclusivo, da competência indeclinável do Presidente da República, conforme consagrado na Constituição, nas Leis, nos Tratados e na própria decisão do Egrégio Supremo Tribunal Federal na Extradição nº 1.085. 10. O descumprimento do Tratado, em tese, gera uma lide entre Estados soberanos, cuja resolução não compete ao Supremo Tribunal Federal, que não exerce soberania internacional, máxime para impor a vontade da República Italiana ao Chefe de Estado brasileiro, cogitando-se de mediação da Corte Internacional de Haia, nos termos do art. 92 da Carta das Nações Unidas de 1945. 11. O sistema "belga" ou "da contenciosidade limitada", adotado pelo Brasil, investe o Supremo Tribunal Federal na categoria de órgão juridicamente existente apenas no âmbito do direito interno, devendo, portanto, adstringir-se a examinar a legalidade da extradição; é dizer, seus aspectos formais, nos termos do art. 83 da Lei 6.815/80 ("Nenhuma extradição será concedida sem prévio pronunciamento do Plenário do Supremo Tribunal Federal sobre sua legalidade e procedência, não cabendo recurso da decisão"). 12. O Presidente da República, no sistema vigente, resta vinculado à decisão do Supremo Tribunal Federal apenas quando reconhecida alguma irregularidade no processo extradicional, de modo a impedir a remessa do extraditando ao arrepio do ordenamento jurídico, nunca, contudo, para determinar semelhante remessa, porquanto, o Poder Judiciário deve ser o último guardião dos direitos fundamentais de um indivíduo, seja ele nacional ou estrangeiro, mas não dos interesses políticos de Estados alienígenas, os quais devem entabular entendimentos com o Chefe de Estado, vedada a pretensão de impor sua vontade através dos Tribunais internos. 13. In casu, ao julgar a extradição no sentido de ser possível a entrega do cidadão estrangeiro, por inexistirem óbices, o Pretório Excelso exaure a sua função, por isso que functus officio est – cumpre e acaba a sua função jurisdicional –, conforme entendeu esta Corte, por unanimidade, na Extradição nº 1.114, assentando, verbis: "O Supremo Tribunal limita-se a analisar a legalidade e a procedência do pedido de extradição (Regimento Interno do Supremo Tribunal Federal, art. 207; Constituição da República, art. 102, Inc. I, alínea g; e Lei n. 6.815/80, art. 83): indeferido o pedido, deixa-se de constituir o título jurídico sem o qual o Presidente da República não pode efetivar a extradição; se deferida, a entrega do súdito ao Estado requerente fica a critério discricionário do Presidente da República" (Ext 1114, Relator(a): Min. CÁRMEN LÚCIA, Tribunal Pleno, julgado em 12/06/2008). 14. A anulação, pelo Supremo Tribunal Federal, da decisão do Ministro da Justiça que concedeu refúgio político ao extraditando, não o autoriza, a posteriori, a substituir-se ao Chefe de Estado e determinar a remessa do extraditando às autoridades italianas. O descumprimento do Tratado de Extradição, ad argumentandum tantum, gera efeitos apenas no plano internacional, e não no plano interno, motivo pelo qual não pode o Judiciário compelir o Chefe de Estado a entregar o súdito estrangeiro. 15. O princípio da separação dos Poderes (art. 2º CRFB), indica não competir ao Supremo Tribunal Federal rever o mérito de decisão do Presidente da República, enquanto no exercício da soberania do país, tendo em vista que o texto constitucional conferiu ao chefe supremo da Nação a função de representação externa do país. 16. A decisão presidencial que negou a extradição, com efeito, é autêntico ato de soberania, definida por Marie-Joëlle Redor como o "poder que possui o Estado para impor sua vontade aos indivíduos que vivem sobre seu território" (De L'Etat Legal a L'Etat de Droit. L'Evolution des Conceptions de la Doctrine Publiciste Française. 1879-1914. Presses Universitaires d'Aix-Marseille, p. 61). 17. O ato de extraditar consiste em "ato de vontade soberana de um Estado que entrega à justiça repressiva de outro Estado um indivíduo, por este perseguido e reclamado, como acusado ou já condenado por determinado fato sujeito à aplicação da lei penal" (RODRIGUES, Manuel Coelho. A Extradição no Direito Brasileiro e na Legislação Comparada. Tomo I. Rio de Janeiro: Imprensa Nacional, 1930. p. 3). 18. A extradição não é ato de nenhum Poder do Estado, mas da República Federativa do Brasil, pessoa jurídica de direito público externo, representada na pessoa de seu Chefe de Estado, o Presidente da República. A Reclamação por descumprimento de decisão ou por usurpação de poder, no caso de extradição, deve considerar que a Constituição de 1988 estabelece que a soberania deve ser exercida, em âmbito interno, pelos três Poderes (Executivo, Legislativo e Judiciário) e, no plano internacional, pelo Chefe de Estado, por isso que é insindicável o poder exercido pelo Presidente da República e, consequentemente, incabível a Reclamação, porquanto juridicamente impossível submeter o ato presidencial à apreciação do Pretório Excelso. 19. A impossibilidade de vincular o Presidente da República à decisão do Supremo Tribunal Federal se evidencia pelo fato de que inexiste um conceito rígido e absoluto de crime político. Na percuciente observação de Celso de Albuquerque Mello, "A conceituação de um crime como político é (...) um ato político em si mesmo, com toda a relatividade da política" (Extradição. Algumas observações. In: O Direito Internacional Contemporâneo. Org: Carmen Tiburcio; Luís Roberto Barroso. Rio de Janeiro: Renovar, 2006. p. 222-223). 20. Compete ao Presidente da República, dentro da liberdade interpretativa que decorre de suas atribuições de Chefe de Estado, para caracterizar a natureza dos delitos, apreciar o contexto político atual e as possíveis perseguições contra o extraditando relativas ao presente, na forma do permitido pelo texto do Tratado firmado (art. III, 1, f); por isso que, ao decidir sobre a extradição de um estrangeiro, o Presidente não age como Chefe do Poder Executivo Federal (art. 76 da CRFB), mas como representante da República Federativa do Brasil. 21. O juízo referente ao pedido extradicional é conferido ao "Presidente da República, com apoio em juízo discricionário, de caráter eminentemente político, fundado em razões de oportunidade, de conveniência e/ou de utilidade (...) na condição de Chefe de Estado" (Extradição nº 855, Ministro Relator Celso de Mello, DJ de 1º.7.2006). 22. O Chefe de Estado é a figura constitucionalmente capacitada para interpretar a cláusula do Tratado de Extradição, por lhe caber, de acordo com o art. 84, VII, da Carta Magna, "manter relações com Estados estrangeiros". 23. O Judiciário não foi projetado pela Carta Constitucional para adotar decisões políticas na esfera internacional, competindo esse mister ao Presidente da República, eleito democraticamente e com legitimidade para defender os interesses do Estado no exterior; aplicável, in casu, a noção de capacidades institucionais, cunhada por Cass Sunstein e Adrian Vermeule (Interpretation and Institutions. U Chicago Law & Economics, Olin Working Paper, Nº 156, 2002; U Chicago Public Law Research Paper nº 28). 24. É assente na jurisprudência da Corte que "a efetivação, pelo governo, da entrega do extraditando, autorizada pelo Supremo Tribunal Federal, depende do Direito Internacional Convencional" (Extradição nº 272. Relator(a): Min. VICTOR NUNES, Tribunal Pleno, julgado em 07/06/1967). 25. O Supremo Tribunal Federal, na Extradição nº 1.085, consagrou que o ato de extradição é ato vinculado aos termos do Tratado, sendo que a exegese da vinculação deve ser compreendida de acordo com a teoria dos graus de vinculação à juridicidade. 26. O pós-positivismo jurídico, conforme argutamente aponta Gustavo Binenbojm, "não mais permite falar, tecnicamente, numa autêntica dicotomia entre atos vinculados e discricionários, mas, isto sim, em diferentes graus de vinculação dos atos administrativos à juridicidade" (Uma Teoria do Direito Administrativo. 2ª ed. Rio de Janeiro: Renovar, 2008. p. 208). 27. O ato político-administrativo de extradição é vinculado a conceitos jurídicos indeterminados, em especial, in casu, a cláusula do artigo III, 1, f, do Tratado, permissiva da não entrega do extraditando. 28. A Cooperação Internacional em matéria Penal é limitada pela regra do non-refoulement (art. 33 da Convenção de Genebra de 1951), segundo a qual é vedada a entrega do solicitante de refúgio a um Estado quando houver ameaça de lesão aos direitos fundamentais do indivíduo. 29. O provimento jurisdicional que pretende a República Italiana é vedado pela Constituição, seja porque seu art. 4º, I e V,

III. Conclusão

Não tendo sido entregue após o Tribunal ter autorizado a extradição, Cesare Battisti teve sua situação migratória regularizada no Brasil e passou a aqui viver como um estrangeiro regular.

Com o término do governo Dilma Roussef, a República Italiana pediu novamente ao Brasil a entrega do italiano na extradição já autorizada em 2009.

Em agosto de 2017, o Ministro Luiz Fux mandou prender Cesare Battisti e autorizou que fosse extraditado, caso o então Presidente da República, Michel Temer, assim decidisse. Entendeu o Ministro que o fato de ele não ter sido entregue em 2010 não significava ter adquirido o direito de permanecer no Brasil.

O Presidente Michel Temer então assinou o decreto de extradição e Battisti passou a ser considerado foragido desde o dia 14 de dezembro de 2017.

Em 12 de janeiro de 2019, Cesare Battisti, 64 anos, foi detido por agentes brasileiros e italianos, enquanto caminhava tranquilamente na cidade de Santa Cruz de la Sierra e embarcado, no dia seguinte, para Roma. Como foi entregue pela Bolívia, e não pelo Brasil, o compromisso de não executar pena de prisão perpétua, exigido pelo Brasil em extradição, não precisaria ser observado.

Em 25 de março de 2019, Cesare Battisti admitiu a Alberto Nobili, coordedanor do departamento antiterrorismo do Ministério Público de Milão sua participação nos quatro homicídios de que era acusado: *"Eu falo apenas de minhas responsabilidades, não delatarei*

estabelece que a República Federativa do Brasil rege-se, nas suas relações internacionais, pelos princípios da independência nacional e da igualdade entre os Estados, seja pelo fato de, no supracitado art. 84, VII, conferir apenas ao Presidente da República a função de manter relações com Estados estrangeiros. 30. Reclamação não conhecida, mantendo-se a decisão da Presidência da República. Petição Avulsa provida para que se proceda à imediata liberação do extraditando, se por al não estiver preso." STF. Pleno. Julgado em 08.06.2011.

ninguém. Estou ciente do mal que fiz e peço desculpas aos familiares [das vítimas]".[4]

4 https://istoe.com.br/battisti-confessa-participacao-em-homicidios-pela-1a-vez/

Inconstitucionalidade da prisão civil do depositátio infiel e a supralegalidade dos tratados internacionais de direitos humanos RE 349703

Pedro Felipe de Oliveira Santos

1. Panorama da controvérsia constitucional

A prisão civil do depositário infiel consistiu em tema pacífico nos tribunais domésticos até a adesão do Brasil à Convenção Americana de Direitos Humanos (Pacto de São José da Costa Rica), em 1992. O artigo 7º desse tratado internacional prevê que "ninguém deve ser detido por dívidas", salvo mediante "mandados de autoridade judiciária competente em virtude de inadimplemento de obrigação alimentar". No entanto, essa norma conflita diretamente com o artigo 5º, inciso LXVIII, da Constituição Federal de 1988, que, confirmando o modelo adotado pelo Brasil desde o Decreto Lei nº 911/1969, apresentou previsão de prisão civil em duas situações, "o inadimplemento voluntário e inescusável de obrigação alimentícia" e o "depositário infiel".

Desde a incorporação da Convenção Americana ao direito brasileiro, pedidos contrários à prisão de depositários infiéis, especialmente no bojo de contratos de alienação fiduciária em garantia, passaram a veicular tese inovadora: tratados internacionais em direitos humanos incorporados domesticamente teriam status diferenciado em relação à legislação ordinária. Assim, a Convenção Americana teria paralisado a eficácia das normas específicas do Decreto Lei nº 911/1969, deixando a prisão civil do depositário infiel sem regulamentação.

Entretanto, o Supremo Tribunal Federal inicialmente rechaçou essa tese. Até o final do julgamento do recurso extraordinário nº 349.703,[1] em 2008, que reconheceu a inconstitucionalidade da prisão civil do depositário infiel, a corte entendia que os tratados internacionais incorporados ao regime doméstico mantinham status de lei ordinária. Assim, conflitos entre lei ordinária e tratados internacionais se resolveriam pelas regras comuns de conflitos de lei no tempo, conforme a então Lei de Introdução ao Código Civil (Decreto-Lei nº 4.657/1942, atualmente Lei de Introdução às Normas do Direito Brasileiro – conforme reforma efetuada pela Lei nº 12.376/2010). Nesse sentido, a Convenção Americana, como norma geral, não teria revogado o Decreto Lei nº 911/1969, como norma especial. Ademais, também vigorava o entendimento de que a própria constituição previu expressamente essa modalidade de prisão, pelo que não se poderia admitir revogação de norma constitucional por tratado internacional com valor de lei ordinária. Nesse ponto, havendo conflito formal ou material entre constituição e tratado internacional, prevaleceria a primeira. Em 1997, no julgamento da ADI 1480, de relatoria do Ministro Celso de Mello, que versava a Convenção nº 158 da Organização Internacional do Trabalho, o Supremo Tribunal Federal reafirmou entendimentos anteriores de que tratados internacionais não teriam força de norma constitucional. Confira-se trecho da ementa do julgado:

> SUBORDINAÇÃO NORMATIVA DOS TRATADOS INTERNACIONAIS À CONSTITUIÇÃO DA REPÚBLICA. – No sistema jurídico brasileiro, os tratados ou convenções internacionais estão hierarquicamente subordinados à autoridade normativa da Constituição da República. Em conseqüência, nenhum valor jurídico terão os tratados internacionais, que, incorporados ao sistema de direito positivo interno, transgredirem, formal ou materialmente, o texto da Carta Política. O exercício do treaty-making power, pelo Estado brasileiro – não obstante o polêmico art. 46 da Convenção de Viena sobre o Direito dos Tratados (ainda em curso de tramitação perante o Congresso Nacional) -, está sujeito à necessária observância das limitações jurídicas impostas pelo texto constitu-

1 STF, RE 349.703, Rel. Min. Ilmar Galvão, Plenário, DJ 03.12.2008.

> cional. CONTROLE DE CONSTITUCIONALIDADE DE TRATADOS INTERNACIONAIS NO SISTEMA JURÍDICO BRASILEIRO. – O Poder Judiciário – fundado na supremacia da Constituição da República – dispõe de competência, para, quer em sede de fiscalização abstrata, quer no âmbito do controle difuso, efetuar o exame de constitucionalidade dos tratados ou convenções internacionais já incorporados ao sistema de direito positivo interno. Doutrina e Jurisprudência. PARIDADE NORMATIVA ENTRE ATOS INTERNACIONAIS E NORMAS INFRACONSTITUCIONAIS DE DIREITO INTERNO. – Os tratados ou convenções internacionais, uma vez regularmente incorporados ao direito interno, situam-se, no sistema jurídico brasileiro, nos mesmos planos de validade, de eficácia e de autoridade em que se posicionam as leis ordinárias, havendo, em conseqüência, entre estas e os atos de direito internacional público, mera relação de paridade normativa. Precedentes. No sistema jurídico brasileiro, os atos internacionais não dispõem de primazia hierárquica sobre as normas de direito interno. A eventual precedência dos tratados ou convenções internacionais sobre as regras infraconstitucionais de direito interno somente se justificará quando a situação de antinomia com o ordenamento doméstico impuser, para a solução do conflito, a aplicação alternativa do critério cronológico ("lex posterior derogat priori") ou, quando cabível, do critério da especialidade. Precedentes.[2]

Nos anos seguintes, apesar da jurisprudência do Supremo Tribunal Federal ter se mantido firme no sentido da constitucionalidade da prisão civil do depositário infiel, os tribunais inferiores gradualmente incorporaram a tese em sentido contrário, esvaziando o instituto da prisão da prisão civil do depositário infiel. Essa transformação de entendimento foi catalisada por profundas mudanças na cultura jurídica brasileira durante as décadas de 1990 e de 2000, entre as quais dois pontos se destacam. Primeiro, o movimento de constitucionalização do direito brasileiro promoveu uma releitura moral de diversos institutos jurídicos, com enfoque na prevalência dos direitos humanos e da dignidade da pessoa humana. Segundo,

2 STF, ADI 1480 MC/DF, Rel. Min. Celso de Mello, Tribunal Pleno, DJ 04.09.1997.

a penetração do direito internacional público na prática jurídica doméstica favoreceu uma melhor assimilação dos instrumentos de governança internacional pela comunidade jurídica local, com ênfase na atuação de órgãos regionais, como a Corte Interamericana de Direitos Humanos.

2. O *leading case* RE 349703

A jurisprudência da prisão civil do depositário infiel tomou novo rumo a partir de 2003, quando se iniciou o julgamento do recurso extraordinário nº 349.703/RS pelo plenário do Supremo Tribunal Federal. Esse julgamento estendeu-se até 2008 e trouxe profundas transformações não apenas **à cultura de preservação de direitos fundamentais, como também à integração dos instrumentos de governança internacional ao direito brasileiro.**

Nesse caso, o acórdão recorrido incorporara a jurisprudência contrária ao então entendimento do STF, no sentido de não cabimento da prisão do depositário infiel em contratos de alienação fiduciária em garantia. No entanto, a fundamentação do acórdão recorrido pouco tangenciou os argumentos de natureza constitucional que seriam analisados pelo Supremo, focando em questões de Direito Civil relativas a diferenças formais entre contratos de depósito e contratos de alienação fiduciária.

O relator do recurso, Ministro Ilmar Galvão, enquadrou a controvérsia sobre o prisma do direito constitucional. Em seu voto, ele ressaltou que o debate sobre a possível revogação do Decreto Lei nº 911/1969, norma especial, pela Convenção Americana, norma geral, teria perdido sentido com a edição do novo Código Civil de 2002, que veiculou norma geral também fazendo referência à prisão civil do depositário infiel. Assim, se antes a questão jurídica poderia ser resolvida a partir da análise de conflitos de lei no tempo, o certo é que o artigo 652 do Código Civil de 2002 trazia norma geral admitindo a prisão do depositário infiel, renovando o argumento de que a norma posterior permissiva prevaleceria sobre o tratado internacional.

Por outro lado, o relator afirmou que o debate sobre o status da Convenção Americana no direito doméstico consistia em ponto ainda relevante para os deslinde da controvérsia. Com base nesse exato ponto, ele afirmou que, apesar de ter sempre acompanhado a jurisprudência quanto ao tema, alteraria o seu posicionamento a partir daquele julgamento, inclinando-se ao argumento de que as normas estabelecidas em tratados internacionais de direitos humanos integrariam o bloco de constitucionalidade, nos termos do artigo 5º, parágrafo 2º, da Constituição ("§2º Os direitos e garantias expressos nesta Constituição não excluem outros decorrentes do regime e dos princípios por ela adotados, ou dos tratados internacionais em que a República Federativa do Brasil seja parte"). Ao final, o relator negou conhecimento ao recurso, o que, na prática, manteve o acórdão recorrido que impedia a prisão do depositário infiel.

Na mesma sessão de julgamento, votaram os Ministros Moreira Alves e Sydney Sanches, que divergiram do relator para conhecer e dar provimento ao recurso, nos termos da jurisprudência pacífica do tribunal. O primeiro seguiu argumentação mais pragmática, no sentido de que, "sem a prisão civil o instituto da alienação fiduciária em garantia se enfraquece extremamente, e se trata de uma garantia de acentuado caráter social para possibilitar o devedor de utilizar-se da coisa comprada, não podendo pagá-la integralmente".[3] Por sua vez, o segundo fez referência à jurisprudência estável quanto ao tema. Em seguida, o Ministro Gilmar Mendes pediu vista dos autos.

O julgamento foi retomado em 2006. Convém ressaltar que o Congresso Nacional promoveu uma alteração constitucional importante nesse intervalo, consistente na emenda constitucional nº 45/2004. Dentre diversas inovações, essa emenda inseriu o parágrafo terceiro no artigo 5º da Constituição, segundo o qual "[o]s tratados e convenções internacionais sobre direitos humanos que forem aprovados, em cada Casa do Congresso Nacional, em dois turnos, por três quintos dos votos dos respectivos membros, serão equivalentes às emendas constitucionais."[4] Esse ponto trouxe uma complicação ao argumento apresentado pelo relator do caso, Ministro Ilmar Galvão, uma vez que a Convenção Americana não fora incorporada

---

3 STF, RE 349.703, Rel. Min. Ilmar Galvão, Plenário, DJ 03.12.2008 (Inteiro teor).

4 *Idem.*

ao direito brasileiro com o mesmo quórum legislativo de emenda constitucional. Assim, haveria um impedimento formal para que a Convenção Americana fosse considerada efetivamente como norma de constitucional.

Esse ponto foi levado em consideração pelos votos subsequentes. O voto-vista do Ministro Gilmar Mendes trouxe uma tese sofisticada que já vinha sendo defendida por diversos internacionalistas: os tratados internacionais em direitos humanos que não tivessem sido aprovados com quórum de emenda constitucional teriam natureza supralegal, posicionando-se normativamente abaixo da constituição, mas acima da legislação ordinária. No desenvolvimento do seu voto, o Ministro Gilmar Mendes analisou, uma a uma, as quatro vertentes em torno da controvérsia: a) os tratados e convenções em direitos humanos teriam natureza supraconstitucional; b) os tratados e convenções em direitos humanos teriam caráter constitucional; c) os tratados e convenções em direitos humanos teriam natureza de lei ordinária; d) os tratados e convenções em direitos humanos teriam natureza supralegal.

O primeiro posicionamento – o caráter supraconstitucional dos documentos internacionais – foi rechaçado com base na doutrina da supremacia da constituição, adotada pelo Supremo Tribunal Federal em diversos precedentes. Nessa perspectiva, para o Ministro, a constituição é o instrumento que garante o poder das autoridades competentes de celebrar tratados internacionais e de incorporá-los à nossa jurisdição, não havendo espaço para doutrinas que considerem a prevalência de documentos internacionais sobre o direito interno.

Em seguida, o relator analisou o segundo posicionamento a partir da ótica dos parágrafos primeiro, segundo e terceiro do artigo 5º da Constituição. Como já mencionado, os tratados internacionais que versam direitos humanos integrariam, em tese, o bloco de constitucionalidade, em similar status em relação às normas constitucionais. No entanto, a inclusão do parágrafo terceiro nesse dispositivo, por meio da emenda nº 45/2004, traria um agravante: os tratados ratificados pelo Brasil anteriormente à vigência da emenda constitucional, não submetidos ao processo legislativo especial de aprovação pelo Congresso Nacional, não poderiam ser equiparados a normas constitucionais.

Por conta da referida reforma constitucional, o terceiro posicionamento também deveria ser rechaçado, na ótica do Ministro Gilmar Mendes. O Ministro reconheceu que a tese da legalidade ordinária dos tratados já teria sido chancelada pelo Supremo em inúmeras ocasiões, mas mudanças contextuais e normativas sugeririam que esse entendimento estaria defasado. Em destaque, na visão de Sua Excelência, a gradual abertura do Estado Constitucional a ordens jurídicas supranacionais de direitos humanos teria criado o que o professor Peter Haberle denomina de Estado Constitucional Cooperativo, aquele que "não mais se apresenta como um Estado Constitucional voltado para si mesmo, mas que se disponibiliza como referência para os outros Estados Constitucionais membros de uma comunidade, e no qual ganha relevo o papel dos direitos humanos e fundamentais."[5] Nesse sentido, a deferência da Constituição Federal aos instrumentos de governança internacional, em diversos de seus dispositivos, seria justificativa adequada para a alteração de jurisprudência pelo Supremo Tribunal Federal, pelo menos em relação aos tratados internacionais que versam direitos humanos.

Em seguida, o Ministro Gilmar Mendes adotou o quarto posicionamento, votando pela supralegalidade dos tratados internacionais em direitos humanos não aprovados pelas casas legislativas com quórum de emenda constitucional. Esse mesmo entendimento é adotado pelas constitui**ções** da Alemanha, França e Grécia. Para o Ministro, uma vez reconhecida a supralegalidade desses documentos internacionais, "a sua internalização no ordenamento jurídico, por meio do procedimento de ratificação previsto na Constituição, tem o condão de paralisar a eficácia jurídica de toda e qualquer disciplina normativa infraconstitucional com ela conflitante."[6] Na prática, a Convenção Americana, por não ter caráter constitucional, não revogou o artigo 5º, inciso LXVII, da Constituição. No entanto, a prisão civil do depositário infiel deixou de ter aplicabilidade "pelo efeito paralisante desses tratados em relação à legislação infraconstitucional que disciplina a matéria, incluídos o artigo 1287 do Código Civil de

5 *Idem.*

6 *Idem.*

1916 e o Decreto Lei 911/1969."[7] Ademais, o efeito supralegal também paralisa a legislação infraconstitucional posterior que com o tratado seja conflitante, a exemplo do artigo 652 do Código Civil de 2002.

Em conclusão, o Ministro Gilmar Mendes afirmou que desde a adesão do Brasil à Convenção Americana de Direitos Humanos, em 1992, "não há base legal para aplicação da parte fina do art. 5º, inciso LXVII, da Constituição, ou seja, a prisão civil do depositário infiel." Com base nessa argumentou, ele conheceu do recurso extraordinário e lhe negou provimento. Nessa mesma seção, os Ministros Ricardo Lewndowski, Marco Aurélio e Carmen Lúcia acompanharam o Ministro Gilmar Mendes. O Ministro Celso de Mello pediu vista.

O caso retornou ao plenário em 12.03.2008. O Ministro Celso de Mello, em voto-vista, negou provimento ao recurso, mas divergiu parcialmente do Ministro Gilmar Mendes na fundamentação. Ele concordou com o Ministro Gilmar Mendes, no sentido de que o tempo é fator essencial na interpretação constitucional, de modo que alterações contextuais imporiam um novo olhar sobre as normas jurídicas. Segundo o Ministro Celso de Mello, o fenômeno da mutação constitucional ali invocado pelo Tribunal não implica o reconhecimento de erro ou equívoco interpretativo em julgados pretéritos, mas decerto a necessidade de "adaptação dos sentidos possíveis da letra da Constituição aos câmbios reservados numa sociedade que, como a atual, está marcada pela complexidade e pelo pluralismo."[8] No entanto, o Ministro Celso de Mello entendeu que os tratados internacionais em direitos humanos celebrados antes da Emenda Constitucional nº 45/2004 têm natureza constitucional, pois quanto a eles incidiria o parágrafo segundo do artigo 5º, que lhes confere esse status. Para o Ministro, a distinção realizada pelo parágrafo terceiro do artigo 5º, quanto ao quórum legislativo de emenda constitucional, incluído pela referida emenda, apenas valeria prospectivamente. Nesse sentido, o DL nº 911/69 não teria sido recepcionado pela Constituição Federal.

Em seguida, o Ministro Menezes de Direito pediu vista dos autos. O julgamento foi retomado em 03.12.2008, ocasião em que o Ministro

7 *Idem.*

8 *Idem.*

Menezes de Direito também negou provimento ao recurso, mas acompanhou a fundamentação do Ministro Gilmar Mendes. Por sua vez, o Ministro Cesar Peluzzo também negou provimento ao recurso, mas acompanhou a fundamentação do Ministro Celso de Mello, por entender que o artigo 5º faria distinção entre duas categorias: tratados internacionais sem status de emenda constitucional, mas materialmente constitucional, e tratados internacionais material e formalmente constitucionais. A despeito dessa formal distinção, a consequência seria apenas a de definir os efeitos os requisitos do ato de denúncia pelo qual o Estado pode-se desligar de seus compromissos internacionais. No entanto, para o Ministro Peluzzo, ambos os tipos seriam *ipso facto* materialmente constitucionais.

Ao final, o recurso foi conhecido em parte e teve provimento negado. A tese da supralegalidade dos tratados internacionais de direitos humanos não incorporados sobre o rito de emenda constitucional sagrou-se vencedora.

3. Repercussão do julgamento

A inviabilidade da prisão civil do depositário infiel já se encontrava relativamente pacificada nos tribunais de segundo grau no momento em que o Supremo Tribunal Federal concluiu o julgamento do RE 349703. Nesse sentido, poder-se-ia cometer o equívoco de se pensar que esse julgamento não trouxe repercussões relevantes para o direito brasileiro. No entanto, a deliberação ali declinada pela Corte tornou-se histórica por diversos outros motivos.

Primeiro, esse julgamento trouxe evidências consistentes da transição do Supremo Tribunal Federal de uma corte civilista para um corte constitucional. Enquanto os votos vencidos, proferidos ainda em 2003, apegaram-se a argumentos de Direito Civil, o modelo de argumentação dos votos vencedores abraçou as transformações da cultura jurídica brasileira nas décadas de 1990 e de 2000, especialmente quanto à incorporação de análises principiológicas balizadas nos vetores da supremacia da constituição, dos direitos fundamentais, e da dignidade da pessoa humana.

Segundo, esse julgamento consistiu em passo importante para a integração dos instrumentos de governança internacional ao direito brasileiro. Afinal, a globalização não acontece apenas nas searas econômica, política e cultura. A globalização também é um fenômeno que repercute no sistema jurídico.[9] O modelo constitucionalista de proteção dos direitos humanos que vigora hoje no Brasil é fenômeno transnacional, que se espalhou pelos quatros cantos do globo especialmente a partir da década de 70.[10] Não por acaso os votos vencedores trouxeram argumentos baseados no direito comparado. A própria tese da supralegalidade dos tratados internacionais já havia sido incorporada por diversos países europeus e posteriormente migrou para a América Latina, sendo adotada pelo Brasil e Paraguai.

Terceiro, nesse julgamento, o Supremo Tribunal Federal posicionou a República Federativa do Brasil em sintonia com os movimentos supranacionais de integração regional que floresceram na América Latina com mais vigor nas décadas de 1990 e de 2000. O símbolo de nação atenta aos direitos humanos e fiel executora de tratados internacionais reforça a imagem positiva do Brasil na comunidade internacional, bem como fortalece a confiança que os organismos internacionais, os demais países e os agentes econômicos privados mantêm em relação ao nosso país.

9 Kennedy, D. (2006). Three Globalizations of Law and Legal Thought: 1850–2000. In D. Trubek & A. Santos (Eds.), *The New Law and Economic Development: A Critical Appraisal* (pp. 19-73). Cambridge: Cambridge University Press.

10 Ackerman, Bruce, "The Rise of World Constitutionalism" (1997). Faculty Scholarship Series. Paper 129; Sujit Choudhry, The Migration of Constitutional Ideas. Cambridge: Cambridge University Press, 2006.

Células-tronco embrionárias de humanos: o STF e a conciliação da pesquisa científica com a vida em uma sociedade solidária e fraterna

Valter Shuenquener de Araujo

> *"O sempre lúcido ministro Celso de Mello assentou que a presente Adin é a causa mais importante da história deste Supremo Tribunal Federal (ao que se sabe, é a primeira vez que um Tribunal Constitucional enfrenta a questão do uso científico-terapêutico de células-tronco embrionárias). Causa cujo desfecho é de interesse de toda a humanidade. Causa ou processo que torna, mais que todos os outros, esta nossa Corte Constitucional* ***uma casa de fazer destino****. Pois o que está em debate é mais que a natureza da concepção ou do biológico início do homo sapiens"*[1].

Da relevância do julgamento pelo STF da ADI 3.510 sobre células-tronco embrionárias e a Lei de Biossegurança.

Na ordem de relevância dos maiores julgamentos ocorridos no Supremo Tribunal Federal, o que se refere às células-tronco embrionárias se situa, seguramente, no topo da lista, especialmente se consideramos a repercussão social, filosófica e científica da matéria apreciada na Ação Direta de Inconstitucionalidade (ADI) nº 3.510.

A temática debatida pelo STF na referida ADI envolve uma preocupação ética universal relacionada ao início da vida, bem como **à**

---

1 Trecho extraído do voto proferido pelo Ministro Ayres Brito na condição de relator da ADI 3.510.

possibilidade de se graduar a relevância das diversas etapas deste ciclo.[2] A controvérsia dos autos se deu em torno da possibilidade de realização de pesquisas científicas e de terapias com o uso de células-tronco embrionárias de embriões humanos produzidos por fertilização *in vitro* e não utilizados no respectivo procedimento que sejam inviáveis ou que estejam congelados há mais de três anos. Essa utilização das células-tronco foi expressamente autorizada pelo artigo 5º da Lei nº 11.105, de 24 de março de 2005, Lei de Biossegurança, que possui o seguinte teor:

> Art. 5º É permitida, para fins de pesquisa e terapia, a utilização de células-tronco embrionárias obtidas de embriões humanos produzidos por fertilização in vitro e não utilizados no respectivo procedimento, atendidas as seguintes condições:
>
> I – sejam embriões inviáveis; ou
>
> II – sejam embriões congelados há 3 (três) anos ou mais, na data da publicação desta Lei, ou que, já congelados na data da publicação desta Lei, depois de completarem 3 (três) anos, contados a partir da data de congelamento.
>
> § 1º Em qualquer caso, é necessário o consentimento dos genitores.
>
> § 2º Instituições de pesquisa e serviços de saúde que realizem pesquisa ou terapia com células-tronco embrionárias humanas deverão submeter seus projetos à apreciação e aprovação dos respectivos comitês de ética em pesquisa.
>
> § 3º É vedada a comercialização do material biológico a que se refere este artigo e sua prática implica o crime tipificado no art. 15 da Lei nº 9.434, de 4 de fevereiro de 1997.

---

2 Sobre o tema, Oscar Vilhena Vieira afirma que: "*A dor de ver uma semente sendo comida por um passarinho não é equiparável àquela de ver uma árvore derrubada por um raio, como nos lembra o filósofo Michael Sandel*". VIEIRA, Oscar Vilhena. Que vida, biológica ou moral? In: folha de São Paulo. Opinião. São Paulo, 03 de maio de 2007. Disponível em: https://www1.folha.uol.com.br/fsp/opiniao/fz0305200708.htm. Acesso em: 03/11/2019.

A ADI 3.510 foi ajuizada em 30 de maio de 2005 pelo, então, Procurador-Geral da República Claudio Lemos Fonteles, que, também, é membro leigo da Ordem de São Francisco e integrou a "Ação Popular", movimento estudantil da esquerda católica que esteve no comando da UNE na década de 1960.[3] A tese central sustentada pela Procuradoria-Geral da República (PGR) foi a de que a referida previsão legal ofenderia o direito à vida, haja vista que ela se iniciaria com a fecundação.

Como prova da relevância do julgado, foi nele que o Supremo Tribunal Federal realizou, pela primeira vez na sua história, uma audiência pública para colher subsídios necessários ao julgamento da ação. As portas da Suprema Corte foram abertas para que especialistas na área pudessem expor seus argumentos técnicos. Vinte e duas pessoas, contrárias e favoráveis à utilização de células-tronco embrionárias em pesquisas cientificas, participaram da audiência pública que ocorreu no dia 20 de abril de 2007. Como se não bastasse, a preocupação com a legitimação do julgamento fez com que diversas instituições fossem admitidas como amigas da Corte (*amici curiae*). Foram elas as seguintes: CONECTAS Direitos Humanos; Centro de Direito Humanos – CDH; Movimento em Prol da Vida - Movitae; Instituto de Bioética, Direitos Humanos e Gênero e Confederação Nacional dos Bispos do Brasil - CNBB.[4]

---

3 BRASIL. Procuradoria-Geral da República. Biografia – Cláudio Fonteles. Disponível em: http://www.mpf.mp.br/pgr/institucional/procurador-geral-da-republica/galeria-dos-ex-pgrs/galeria/biografia-de-claudio-fonteles. Acesso em: 14 de outubro de 2019.

4 VASCONCELOS, Verônica Acioly de. Argumentação jurídica racional na construção da decisão judicial: o caso da lei de biossegurança e a existência da vida em "razão do lugar" embrionário. VASCONCELOS, Verônica Acioly de; SUXBERGER, Antonio Henrique Graciano. *In*: Liberdade e fraternidade: a contribuição de Ayres Britto para o direito. Salvador: JusPODIUM, 2018, pp. 617-618. NASCIMBENI, Asdrubal Franco. *Pesquisas com células-tronco: implicações éticas e jurídicas*. São Paulo: Lex, 2008. p. 140.

Do julgamento da ADI 3.510 no Plenário do Supremo Tribunal Federal

Em 29 de maio de 2008, o Brasil parou para acompanhar o julgamento da ADI 3.510.[5] De um lado, os que defendiam a necessidade de o Brasil não ficar para trás em relação aos países que realizam pesquisas com células-tronco embrionárias de humanos. De outro, o pensamento, não raro associado ao religioso, de que a lei impugnada violaria preceitos éticos universais e atemporais. País dividido e muitas informações desencontradas contribuíram para tornar o julgamento o tema central de sua época.

Surgiram três posições no Plenário do STF. Para **seis ministros** do STF, que representam a maioria da Corte, a Lei de Biossegurança não ofenderia o direito à vida e à dignidade da pessoa humana. Foram eles os ministros Carlos Ayres Britto, relator da ação direta, Ellen Gracie, Cármen Lúcia, Joaquim Barbosa, Marco Aurélio e Celso de Mello.

Dois outros ministros, Cezar Peluso e Gilmar Mendes, também acompanharam o entendimento de que a lei impugnada seria constitucional, mas foram além. Defenderam adicionalmente que o STF deveria declarar, em sua decisão, a necessidade de um órgão central fiscalizar rigorosamente a ética das pesquisas, o que poderia ser feito pela Comissão Nacional de Ética em Pesquisa (Conep). Após muitos debates no Plenário, a sugestão não foi acolhida.

A **terceira posição** foi defendida pelos ministros Carlos Alberto Menezes Direito, Ricardo Lewandowski e Eros Grau. Além de outras ressalvas que apresentaram para a liberação das pesquisas com células-tronco embrionárias no Brasil, elas só poderiam ser feitas, se a retirada das células-tronco não destruísse os embriões viáveis.

Em síntese feita pelo Ministro Barroso em trabalho acadêmico sobre o tema, pode-se afirmar que:

5 O histórico julgamento da ADI 3.510 pelo STF ocorreu em duas partes. A primeira em 5 de março, e a segunda, final, em 28 e 29 de maio de 2008.

> a votação, em rigor, foi de **seis votos favoráveis** à pesquisa, sem qualquer limitação aos termos da lei; **dois votos** favoráveis à pesquisa, mas com a exigência de sua prévia aprovação por um comitê central de ética; e **três votos** no sentido de não admissão das pesquisas que importassem na destruição do embrião, o que significa, no estágio contemporâneo, a sua proibição.[6]

O relator da ADI 3.510, ministro Ayres Britto, foi muito firme ao afirmar que a Constituição brasileira protege a vida, a saúde, o planejamento familiar e a pesquisa científica. Esse conjunto de valores precisa ser interpretado de forma sistêmica, a fim de que o desfecho do processo hermenêutico em casos difíceis como este seja o melhor para os destinatários da norma. E, nessa linha, é preciso destacar que as pesquisas com células-tronco são orientadas para a cura de doenças, medida que se concilia com uma das diretrizes da nossa Constituição da República, a de disseminar o espírito fraternal na sociedade.

Na perspectiva do Min. Ayres Britto, a existência da vida humana estaria condicionada à implantação do embrião no útero humano, impondo-se uma participação ativa da futura mãe. Para o relator, o zigoto, caracterizado pelo embrião em seu estágio inicial, corresponderia à primeira fase do embrião humano. Seria uma célula-ovo ou célula-mãe, mas que não se confundiria com a pessoa natural, haja vista que, ainda, não é dotada de um cérebro formado. Nesse mesmo sentido, a Ministra Ellen Gracie também considerou que, por não estar ainda no útero, seu ninho natural de desenvolvimento, o pré-embrião não poderia ser classificado como pessoa.

Para a ministra Cármen Lúcia, que acompanhou integralmente o relator, as pesquisas com células-tronco embrionárias não violam o direito à vida. Ao contrário, tais estudos contribuem para dignificar a vida humana.

O ministro Joaquim Barbosa, ao acompanhar integralmente o voto do relator pela improcedência da ação, ressaltou que em paí-

6 BARROSO, Luís Roberto. *Supremo Tribunal Federal, direitos fundamentais e casos difíceis*. Revista do Ministério Público do Rio de Janeiro. Rio de Janeiro, v. 48, n. 48, pp. 119-120, abr./jun. 2013.

ses como Espanha, Bélgica e Suíça, esse tipo de pesquisa é permitida com restrições semelhantes às já previstas na lei brasileira, como a obrigatoriedade de que os estudos atendam ao bem comum, que os embriões utilizados sejam inviáveis à vida e provenientes de processos de fertilização *in vitro* e que haja um consentimento expresso dos genitores para o uso dos embriões nas pesquisas. Destacou, ainda, que a proibição das pesquisas com células embrionárias, nos termos da lei, "*significa fechar os olhos para o desenvolvimento científico e os benefícios que dele podem advir*".

Na perspectiva do ministro Cezar Peluso, que também proferiu voto favorável às pesquisas com células-tronco embrionárias, elas não ofendem o direito à vida, porque os embriões congelados não equivalem a pessoas. Ademais, chamou atenção para a importância de que essas pesquisas sejam rigorosamente fiscalizadas e ressaltou a necessidade de o Congresso Nacional aprovar instrumentos legais para tanto.

Segundo o ministro Marco Aurélio, que votou na linha do relator, o artigo 5º da Lei de Biossegurança "*está em harmonia com a Constituição Federal, notadamente com os artigos 1º e 5º e com o princípio da razoabilidade*". E advertiu para o risco de o STF assumir o papel de legislador, ao propor restrições a uma lei que, segundo ele, foi aprovada com o apoio de 96% dos senadores e de 85% dos deputados federais. Ademais, afirmou que jogar no lixo embriões descartados para a reprodução humana seria um gesto de egoísmo e uma grande cegueira, quando eles poderiam ser usados para curar doenças.

Na análise do ministro Celso de Mello, que votou pela constitucionalidade do preceito impugnado, o Estado não pode ser influenciado pela religião e destacou a importância das pesquisas com células-tronco para a redução do sofrimento das pessoas e a cura de doenças.

O ministro Gilmar Mendes também aderiu à corrente majoritária e reconheceu que o artigo 5º da Lei de Biossegurança é constitucional. Por outro lado, defendeu que a Corte deixasse expresso em sua decisão a ressalva da necessidade de controle das pesquisas por um Comitê Central de Ética e Pesquisa vinculado ao Ministério da Saúde.

A posição vencida foi capitaneada pelo saudoso ministro Carlos Alberto Menezes Direito. Para ele, as pesquisas com células-tronco poderiam ser mantidas, mas desde que os embriões humanos viáveis não fossem destruídos. Em suas palavras, "*as células-tronco embrio-*

nárias são vida humana e qualquer destinação delas à finalidade diversa que a reprodução humana viola o direito à vida". Foi acompanhado pelos ministros Eros Grau e Ricardo Lewandowski. Ao votar pela constitucionalidade do artigo 5º da Lei de Biossegurança, o ministro Eros Grau chegou a apresentar três condições a serem observadas. A primeira, que se criasse um comitê central no Ministério da Saúde para controlar as pesquisas. Em segundo lugar, que fossem fertilizados apenas quatro óvulos por ciclo e, finalmente, que a obtenção de células-tronco embrionárias fosse realizada a partir de óvulos fecundados inviáveis, ou sem danificar os viáveis.

Em seu voto, o ministro Menezes Direito lançou mão de um amplo e vertical estudo que identifica o profundo dissenso entre os países do mundo a respeito da possibilidade de pesquisas com células-tronco embrionárias de seres humanos. No âmbito da União Europeia, por exemplo, prevaleceu a decisão, de 25/4/2007, que deixou os estados-membros livres para autorizar ou proibir as pesquisas com células-tronco embrionárias. Na Itália, as pesquisas não são permitidas. Na Grã-Bretanha, por outro lado, as pesquisas com células-tronco embrionárias são autorizadas e regulamentadas desde 1990 por meio do "*Human Fertilisation and Embriology Act*" - HFE.[7]

Em Portugal, a Lei n° 32/2006 também autoriza pesquisas com embriões, contanto que sejam atendidas determinadas condições, tal como a proibição da criação de embriões e da investigação científica para fins outros que não a prevenção, o diagnóstico ou a terapia de embriões. A utilização de embriões, portanto, só pode ocorrer se em benefício da humanidade e, de toda maneira, deverá ser aprovada pelo Conselho Nacional de Procriação Medicamente Assistida.

Impactos da decisão na vida das pessoas

As pesquisas com células-tronco embrionárias de seres humanos podem revelar a cura para as mais diversas espécies de doenças. Dentre elas, podemos citar as atrofias espinhais progressivas, as dis-

7 Disponível em: http://services.parliament.uk/bills/2007-08/humanfertilisationandembryology.html. Acesso em: 27/10/2019.

trofias musculares, as ataxias, a esclerose lateral amiotrófica, a esclerose múltipla, as neuropatias e as doenças de neurônio motor, a diabetes, o mal de Parkinson e outras tantas síndromes.

A análise do 12º Relatório do Sistema Nacional de Produção de Embriões produzido pela Agência Nacional de Vigilância Sanitária – Anvisa nos permite concluir que, no período de 2008 a 2018, foram doados 1.381[8] embriões para a realização de pesquisas com células-tronco embrionárias no Brasil.[9] Portanto, uma quantidade de material genético destinado a pesquisas que não pode ser desprezada.

A decisão do STF possibilitando a continuação das pesquisas com células-tronco embrionárias evitou que o Brasil ficasse alijado de participar da saudável corrida cientifica destinada a promover a cura de doenças e o bem-estar da humanidade. Em seu voto, o ministro Ayres Britto salienta que dos vinte e cinco Estados com nível de desenvolvimento tecnológico comparado ao Brasil, vinte e quatro fazem pesquisas com células-tronco embrionárias. Do grupo, apenas a Itália proibiria as pesquisas. Nos Estados Unidos, haveria uma limitação do financiamento por parte do governo federal, mas não dos Estados.

Quanto à possibilidade de cura e os seus efeitos na população brasileira, há, em nosso país, entre 10 a 15 milhões de pessoas com diabetes; de 3 a 5% da população com doenças genéticas, congênitas ou que tiveram início na infância ou idade adulta, e aparecem entre 8.000 e 10.000 novos casos de lesão medular por ano (paraplegia ou tetraplegia).[10]

Nesse contexto, é fácil concluir como as pesquisas científicas com células-tronco embrionárias podem contribuir para o bem-estar

8 Disponível em: SisEmbrio/Anvisa-2019. Acesso em: 17/6/2019.

9 Disponível em: http://portal.anvisa.gov.br/documents/4048533/4994015/12%C2%BA+Relat%C3%B3rio+do+Sistema+Nacional+de+Produ%C3%A7%C3%A3o+de+Embri%C3%B5es+-+SisEmbrio.pdf/29f37c42-803d-4fe9-8f16-cf6cfc70f40e). Acesso: 30/09/2019. Acesso em: 28/10/2019.

10 Disponível em: http://bibliotecadigital.mpf.mp.br/bdmpf/bitstream/handle/11549/7785/BC_18e19_Art02.pdf?sequence=2&isAllowed=y. Acesso em: 02/11/2019.

e a melhora na qualidade de vida de milhares de brasileiros e de milhões de pessoas ao redor do mundo.

Conclusões sobre o julgado

Além dos valores que estão em jogo, o nível de relevância de um litígio no STF guarda relação estreita com as dificuldades encontradas para superar os argumentos apresentados por cada um dos lados. Há casos, como na hipótese da ADI 3.510, em que o ponto de vista oposto também tem consistência. Razões opostas que são ambas plenamente aceitáveis e a solução representará um caminho escolhido, mas não o erro do trajeto abandonado. Esta é a beleza do caso das células-tronco. Não temos aqui uma conclusão de que uma posição é certa e outra a errada, mas convicções influenciadas por fundamentos filosóficos, religiosos, científicos, morais e, sobretudo, jurídicos.

O arcabouço normativo constitucional, que está recheado de valores que se encontram em estado de permanente tensão e que comportam as mais variadas interpretações e dimensionamentos, não nos oferece uma única resposta correta para perguntas tão difíceis como a que precisou ser feita no julgamento da ADI 3.510: o que é e quando começa a vida? As etapas do ciclo da vida podem merecer níveis distintos de proteção pelo Estado?

Por mais que a posição vencedora seja, ao menos na minha perspectiva pessoal, a mais correta juridicamente e a melhor para a sociedade, na medida em que ela não viola a dignidade do ser humano e preceitos éticos universais,[11] os argumentos sustentados pela corrente que ficou vencida também merecem integral respeito. Talvez esta seja uma das maiores lições a serem extraídas da ADI 3.510. Tão importante quanto discutir o que é a vida e quando ela se inicia, é termos tolerância em relação ao pensamento diferente, especialmente quando estamos diante de questões extremamente complexas.

---

11 A lei impugnada autoriza a pesquisa com embriões congelados há mais de três anos ou inviáveis, que, de qualquer forma, nunca seriam implantados em um útero materno. Assim, não havendo a implantação no útero materno, não se poderia falar de ofensa à vida, que só se potencializa uma vez atendida esta condição.

Este livro foi impresso nas oficinas gráficas da Editora Vozes Ltda.,
Rua Frei Luís, 100 – Petrópolis, RJ.